# »Kann man denn auch nicht lachend sehr ernsthaft sein?«

## Sprachen und Spiele des Lachens in der Literatur

# »Kann man denn auch nicht lachend sehr ernsthaft sein?«

## Sprachen und Spiele des Lachens in der Literatur

*Herausgegeben von*
*Daniel Fulda, Antje Roeben und Norbert Wichard*

De Gruyter

ISBN 978-3-11-023229-5
e-ISBN 978-3-11-023230-1

*Bibliografische Information der Deutschen Nationalbibliothek*
Die Deutsche Nationalbibliothek verzeichnet diese Publikation in der Deutschen Nationalbibliografie; detaillierte bibliografische Daten sind im Internet über http://dnb.d-nb.de abrufbar.



Satz: Bernhard Spring, Halle/Saale
Druck: Hubert & Co. GmbH & Co. KG, Göttingen
∞ Gedruckt auf säurefreiem Papier

Printed in Germany

www.degruyter.com

# Inhalt

# Vorwort

Die europäische Poetik thematisiert die Emotionalität der Literatur traditionell in den Polaritäten von Scherz und Ernst, Komik und Tragik, Freude und Trauer sowie Lachen und Leiden. In diesem Spannungsfeld bewegen sich die Figuren auf der Bühne oder das Erzählen ebenso wie die beabsichtigte Wirkung beim Zuschauer oder Leser. Besonders dauerhaft institutionalisiert wurde diese bipolare Struktur für das Drama: Seit Aischylos und Aristophanes stehen sich Tragödie und Komödie als gegensätzliche Varianten des Schauspiels gegenüber – gegensätzlich im Personal, Handlungsverlauf, Weltbild und eben in ihrer emotionalen Ausrichtung. Selbst die in der neuzeitlichen Literatur immer häufiger auftretenden Mischformen konstituieren sich meist mit Bezug auf diese Polarität. „Der scherzenden, der ernsten Maske Spiel" – so spannt der Prolog zum *Wallenstein* gleich mit dem ersten Vers das Spektrum der dramatischen Möglichkeiten auf.

Während jene Masken im attischen Theater oder in der Commedia dell'arte tatsächlich getragen wurden, können sie bei Schiller als metonymische Verweise auf die Künstlichkeit der theatralen Repräsentation gelesen werden. Scherz und Ernst, Komik und Tragik, Lachen und Leiden werden im Theater – wie in der Literatur generell – kunstvoll erzeugt. Das gilt es sich bewusst zu machen, weil all das Genannte auch und anscheinend sogar vorgängig im ‚Leben', in der außerliterarischen Realität auftritt. Hinsichtlich des ‚Tragischen' kann man solche lebensweltliche Vorgängigkeit zwar mit guten Gründen bezweifeln, galten bei Aristoteles und seinen Nachfolgern doch allein bestimmte *Dramen*handlungen und -figuren als ‚tragisch', so dass die um 1800 aufkommenden Philosophien eines ontologisch oder metaphysisch Tragischen eigentlich nur Hypostasierungen poetologischer Kategorien sind. Gelacht hingegen wird zweifelsohne auch im wahren Leben – darauf weist im vorliegenden Band die letzte Sektion –, und komisch erscheint nicht erst eine schauspielerisch oder narrativ stilisierte Figur oder Situation, sondern schon der berühmte Mann, der auf der Straße stolpert und stürzt (auf diese Urszene führt Henri Bergson das Lachen zurück). Gleichwohl ist auch für den Bereich des Komischen festzuhalten, dass komische Literatur nicht einfach lebensweltlich Komisches reproduziert oder darstellt. Sie kann motivisch daran anschließen und bedarf wohl sogar einer lebensweltlich eingeübten „Gestimmtheit"[1] des Publikums zum Lachen, um komisch zu wirken. Vor allem aber ist literarische Komik durch ihre eigenen Techniken oder ‚Sprachen' geprägt, mit denen sie Lachen provoziert. Lachen in der Literatur und als deren Effekt ist ein Gegenstand komplexer Sprachspiele oder Inszenierungen, wie man heute nicht nur

---

1 Walter Pape: „In der Wissenschaft ist alles wichtig". Wissenschaft der Komik – Komik der Wissenschaft. In: Peter Hanau u. a. (Hg.): Engagierte Verwaltung für die Wissenschaft. Fs. für Johannes Neyses. Köln 2007, S. 371–380, hier S. 372.

mit Bezug aufs Theater sagt. Wie die nachfolgenden Beiträge anhand einer ganzen Reihe von Gattungen und Texten zeigen, wird es durch die jeweiligen literarischen Formen programmiert, von Fastnachtspiel und Komödie über Parodien, Travestien und weitere Formen der spielerischen *variatio* bis hin zum Sprachspiel, zum Einsatz des Dialektes oder zum satirischen Witz. Näher betrachtet, sind es nicht nur zwei Masken, in denen die Literatur ‚spielt' – eine lachende und eine ernste –, sondern viele verschiedene.

Ob ihr Ausdruck dabei stets *entweder* lachend *oder* ernst ist, lässt sich weiter fragen. „Kann man denn auch nicht lachend sehr ernsthaft sein?", entgegnet Minna von Barnhelm dem Major Tellheim, als er ihr vorhält, sie verkenne den Ernst seiner Lage, wenn sie sich darüber lustig mache, dass er sie als verabschiedeter Offizier nicht heiraten mag.[2] Und sie begründet auch, warum ein Zugleich von Lachen und Ernst möglich und geboten sei: „Das Lachen erhält uns vernünftiger, als der Verdruß." Gemeint ist also nicht ein dionysisches oder karnevalistisches Lachen, das alle Ordnungen, alle Normen und damit allen Ernst sprengt oder zumindest zeitweise hinter sich lässt, sondern ein Lachen, das ‚nur' freier mit dem Ernsten umgeht (Minna ist es völlig ernst damit, Tellheim zu heiraten), ein Lachen, das das Ernste umspielt, womöglich um desto erfolgreicher darauf hinzusteuern. Was seine Lautstärke angeht, ist dieses ‚vernünftige' Lachen gewiss reduzierter als das Lachen der sogenannten Vitalsphäre. Doch ist es ihm gegenüber im Vorteil, insofern es nicht bloß in Ausnahmesituationen seinen Platz und dort eine Ventilfunktion hat: „das vergeht wie der Karneval", wird das ‚fleischliche' Lachen durch den Lachfeind Jorge von Burgos abgetan, der das überlegte Lachen hingegen fürchtet, weil es überlegen mache.[3]

Eine Gemengelage von Lachen und Ernst, von entgrenzender Komik und strategischer Zielorientierung, von scheinbar mutwilligem Spiel (wie Tellheim es Minna vorwirft) und geradezu didaktischer Absicht zeigt häufig auch die Literatur, die lachen macht. Die Vernunft kommt dabei sowohl als das Vermögen zum Tragen, das beim Zuschauer oder Leser gestärkt werden soll, wie auch als das, was der Autor einsetzen muss, um auf geistreiche Weise zu belustigen bzw. um auf lustige Weise seine Botschaft zu verbreiten. *Ridendo dicere verum* ist nach einer Horaz-Stelle (Sat. I,1,24) geradezu sprichwörtlich geworden als poetologische Maxime. Ausbauen lässt sich dies – das zeigen die Beiträge der zweiten Sektion anhand von Beispielen vom reformatorischen Drama bis zur Gegenwartserzählung – didaktisch ebenso wie kritisch: Die Adressaten zum Lachen zu bringen kann, so das Kalkül vormoderner Komödien- oder Satirendichter, empfänglicher für eine mitgegebene Lehre machen; Narrheit vorzuführen heißt zugleich, sie bloßzustellen; über etwas

2 Gotthold Ephraim Lessing: Werke. In Zus.arb. mit Karl Eibl hg. v. Herbert G. Göpfert. Bd. 1–8. Darmstadt: Wiss. Buchges. 1996, Bd. 1, S. 676 (IV,6). Das folgende Zitat ebd.

3 Umberto Eco: Der Name der Rose. A. d. Ital. von Burkhart Kroeber. München, Wien 1982, S. 603.

zu witzeln bedeutet, es in Frage zu stellen; eine Person oder Situation als lächerlich darzustellen kann als scharfe Kritik wirken.

Ausgeschöpft wird das kritische Potential des Lachens freilich erst, wenn es sich nicht allein gegen andere richtet, gegen Person und Zustände, von denen der Lachende sich distanzieren kann, sondern wenn man sich selbst ins zu Belachende einschließt. Über sich selbst lachen zu können hat nicht zuletzt den Nutzen – wie in der dritten Sektion gezeigt wird –, eigene Lächerlichkeit vermeiden zu helfen. Denn es bedeutet, so Thorsten Sindermann, „seine Person und Perspektive, die zunächst ihre Geltung hat, zur Disposition stellen zu können in Auseinandersetzung und Austausch mit Alternativen, und sie im Falle von guten Gegengründen variieren und korrigieren zu können."[4] Das „Erkennen der Relativität", das nach Walter Pape im Lachen liegt,[5] trifft dann auch den eigenen Standpunkt. Im Deutschen wird diese selbstreflexive, in ihrer kritischen Aggressivität gemilderte Komik traditionell häufig Humor genannt. Der Ernst dieser Komik ergibt sich nicht aus einem festliegenden vernünftigen Ziel, das lachenderweise zu erreichen ist, und besteht auch nicht nur in der Verstandesanstrengung, die meist zum Lachenmachen gehört, sondern im gewussten eigenen Betroffensein. In diesem Sinne ernst zu nehmen ist die Erkenntnis, dass es den festen Standpunkt, auf den man sich zurückziehen könnte, um über (alles) andere zu lachen, nicht gibt.

Minna übrigens lacht nicht mit solcher Selbstrelativierung, denn sie glaubt, Tellheims Lage richtiger als er zu beurteilen, was das Stück indes widerlegt. Denn vom Vorwurf der Bestechlichkeit kann weder Tellheim sich selbst noch könnte Minna ihn entlasten (wenn sie die Tragweite der Sache denn einsähe), sondern dies vermögen nur der König oder sein Gericht. Selbst – oder gerade? – die so zupackende, realitätstüchtige Minna verkennt, was sich in Tellheims Lage tun lässt (nämlich nichts außer abzuwarten). Ihr Lachen bleibt wirkungslos, jedenfalls was die Einrichtung und den Gang der Dinge, Welt oder Gesellschaft betrifft. Man kann das als Selbstrelativierung des ganzen Stücks und sogar der Gattungsform Komödie verstehen: Der Selbstsicherheit, mit der die Protagonistin „lachend sehr ernsthaft sein" möchte, wird widerlegt, indem der Handlungsverlauf ihre Abhängigkeit von externen, unerreichbaren Mächten vorführt. Der Angst des Jorge von Burgos, eine „zur schneidenden Waffe" geschmiedete „Kunst des Lachens" würde Oben und Unten verkehren und die Autorität (in Ecos Roman: der Kirche) stürzen – dieser Angst, die zugleich die Hoffnung seines Gegenspielers William von Baskerville und vieler moderner Intellektueller ist,[6] gibt *Minna von Barnhelm* keine Nahrung. Man könnte versucht sein, darüber in eine andere Variante sehr ernsten Lachens zu geraten, nämlich in „das schreckliche Lachen des Menschenhasses",

---

4 Thorsten Sindermann: Über praktischen Humor. Oder eine Tugend epistemischer Selbstdistanz. Würzburg 2009 (Epistemata. Reihe Philosophie 460), S. 162.

5 Pape: „In der Wissenschaft ist alles wichtig", S. 379.

6 Eco: Der Name der Rose, S. 605, vgl. ebd., S. 607.

das aus Tellheim herausbricht, als er von der gegen ihn geführten Klage berichtet.[7] Überaus ernst beschwört ihn da Minna: „Wenn Sie an Tugend und Vorsicht glauben, Tellheim, so lachen Sie so nicht! Ich habe nie fürchterlicher fluchen hören, als Sie lachen.“ Hier erst nimmt sie sich zurück und erkennt an, dass auch der Lachende nicht über allem steht.

Nun stellt Lessings Meisterlustspiel nicht allein hinsichtlich des Verhältnisses von Lachen und Ernsthaftigkeit einen gattungsreflexiven Text dar. Bezug auf die Komödientradition nimmt es vielmehr auch durch die Konversion des lächerlich großsprecherischen *miles gloriosus* in einen ebenso ernst- wie tugendhaften Offizier. Variationsbeziehungen dieser und anderer Art sind wiederum keine Ausnahme, sondern geradezu ein Konstituens von Gattungskontinuitäten sowie Motor des literaturgeschichtlichen Prozesses (ein Beispiel für die planmäßige Einhegung von Komik führt der Beitrag über die nationalpädagogisch tschechische Rezeption der Wiener Volkskomödie vor). Häufiger als die Erhebung ins Seriöse dürften allerdings – wie die Beiträge der ersten Sektion zeigen – die Parodie und andere Formen des komisierenden Rückbezugs auf vorliegende Muster sein. Auch hier kann man von einem Wechselspiel von Ernsthaftigkeit und Lachen sprechen: Sich in komischer Variation und selbst spottend auf literarische Muster zu beziehen ist in der Regel weniger als Herabsetzung der Vorlage zu verstehen denn als Gewinnung schöpferischen Freiraums oder sogar als Reverenz. Und dabei gilt: Je präsenter eine literarische Tradition ist, desto leichter lassen sich durch Anspielungen komische Funken aus ihr schlagen. Komisierung stellt eine dritte Möglichkeit zwischen bloßer Reproduktion und prinzipieller Ablehnung eines literarischen Musters dar, die überdies ihrerseits wieder zum Gegenstand eines ernsthaften, emphatischen Umgangs mit Literatur werden kann.

Die Beiträge dieses Bandes wurden verfasst für Walter Pape anlässlich seines 65. Geburtstags. Als *Sprachen und Spiele des Lachens in der Literatur* lässt sich ein weitläufiges, in sich vielgestaltiges Themenfeld umreißen, auf dem viele seiner akademischen Arbeiten angesiedelt sind, beginnend mit der Dissertation über Joachim Ringelnatz, der später die erste vollständige, kritische und kommentierte Ausgabe dieses Kabarettisten, Lyrikers und Schöpfers des Kuttel Daddeldu sowie eine Gesamtausgabe des Briefwerks folgten.[8] Die von Walter Pape bevorzugt interpretierten Autoren Wilhelm Busch, Johann Nestroy und Thomas Bernhard sowie seine zahlreichen Arbeiten zur Gattung Komödie bezeugen ebenfalls ein besonderes Interesse an komischer Literatur, sei es artistischer, humoristischer oder

---

7 Lessing: Werke Bd. 1, S. 678. Das folgende Zitat ebd.

8 W. P.: Joachim Ringelnatz. Parodie und Selbstparodie in Leben und Werk. Mit einer Joachim-Ringelnatz-Bibliographie und einem Verzeichnis seiner Briefe. Berlin, New York 1974; Joachim Ringelnatz: Das Gesamtwerk in sieben Bänden. Hrsg. von W. P. Berlin 1982–1985, 2., durchges. und erw. Aufl. Zürich 1994, 2005 auch als Band 121 der Digitalen Bibliothek; Joachim Ringelnatz: Briefe. Berlin 1988.

grotesker Ausprägung. Sogar die Habilitationsschrift über *Das literarische Kinderbuch*[9] unternimmt Ausflüge in diesen Bereich, wenn sie die Kasperlkomödien Franz von Poccis als versuchte Befreiung im schrankenlosen Spiel oder Wilhelm Buschs Bildergeschichten als missverstandene Satire analysiert. Dass Komik und Lachen in der heutigen deutschen Literaturwissenschaft keine vernachlässigten, weil nicht hinreichend ernst erscheinenden Themen mehr sind, ist maßgeblich auch Walter Papes Verdienst. Seine Studien haben dabei häufig Pionierarbeit geleistet, auf die zahlreiche Nachfolger aufbauen konnten.

Der Erwartung, das Komische könne von Realitätszwängen befreien, steht Walter Pape eher skeptisch gegenüber. Was sich an Literatur analysieren lässt, ist vielmehr – so verstehen wir ihn –, wie Komik und Humor den Blick auf die Welt verschieben und welches literarische, nicht zuletzt sprachkünstlerische Kapital daraus zu schlagen ist. Walter Papes Interesse an den Sprachen des Lachens ist demnach wesentlich auch ein Interesse an ästhetischen Fragen: an Illusionsbildung und Illusionszerstörung, am Sprachspiel und an Sprachreflexion, an der kreativen wie kognitiven Leistung von Metaphern, an Text-Bild-Verhältnissen, an Wahrnehmung und Verfremdung. Wohlgemerkt hat er dieses weitere sehr weite Feld keineswegs nur mit Blick auf Phänomene literarischer Komik bestellt, sondern mindestens ebenso hartnäckig in allgemeiner literatur- und kunstwissenschaftlicher Perspektive, mit dem Ertrag zahlreicher Aufsätze sowie dreier zusammen mit Frederick Burwick herausgegebener, vielrezipierter Sammelbände.[10]

Ginge es hier darum, Walter Papes wissenschaftliches Œuvre insgesamt zu würdigen, so wären eine ganze Reihe weiterer Themen und zahlreiche weitere Schriften anzuführen: viel zur Politischen Lyrik von den Befreiungskriegen bis zu Erich Fried, viel auch über Achim von Arnim, einiges zu Gotthelf sowie zum – die Brücke zu diesem Thema führt über das Problem der Metapher – Kannibalismus in der Literatur. Nun liegt gerade in der Literaturwissenschaft die Frage nahe, was den Forscher persönlich mit seinen Themen verbinde (besonders gern wird angesichts eines Themas wie des letztgenannten danach gefragt). Mit Blick auf die Sprachen und Spiele des Lachens dürfte es jedem, der Walter Pape kennt, leichtfallen, eine Antwort zu geben. Lächelnde Distanzwahrung und zugleich Sympathie; Menschen und Situationen in ihrer Relativität zu sehen; sich selbst zurückzunehmen und dadurch Ziele zu erreichen; indirekte Mitteilung durch Anspielungen und Ironie: dies alles sind Eigenschaften und Fähigkeiten, die ihn auszeichnen, sind Merkmale, in denen Persönlichkeit und wissenschaftlicher Gegenstand sich entsprechen – eine Allianz, von der auch die Lehre Walter Papes profitiert, etwa in den beliebten Vorlesungen zu Sprachspiel, Sprachkritik und Sprachkrise.

---

9 W. P.: Das literarische Kinderbuch. Studien zur Entstehung und Typologie. Berlin, New York 1981.

10 Aesthetic Illusion. Theoretical and Historical Approaches. Berlin, New York 1990; Reflecting Senses: Appearance and Perception in Literature, Culture, and the Arts. Ebd. 1995; The Boydell Shakespeare Gallery. Bottrop 1996.

Seine persönlichen ‚Sprachen des Komischen' sind weniger das laute Lachen als die Selbstironie und der hintergründige Humor (der unausgesprochen womöglich sogar seine Abgründe hat) und gelegentlich auch die Parodie, speziell auf das eigene Fach.[11] Derartige Zurückhaltung stellt bekanntlich nicht den typischen Habitus eines Professors dar, wahrscheinlich aber den angenehmsten. Von den Kollegen wird diese Haltung umso mehr geschätzt, wie die wiederholten Einladungen zu Gastprofessuren an der University of California sowie ans Humanities Research Institute in Irvine zeigen. Seine Fähigkeit, Interessen zu vermitteln und Impulse zu geben, um gemeinsam voranzukommen, hat Walter Pape unter anderem als langjähriger Dekan der Philosophischen Fakultät in Köln sowie als Präsident der Internationalen Arnim-Gesellschaft zur Geltung bringen können. Früchte getragen hat sie ebenso in den von ihm aufgebauten und gepflegten Partnerschaften des Kölner Instituts für deutsche Sprache und Literatur I mit dem Institut für germanische Studien der Karls-Universität Prag (die 1999 zur Universitätspartnerschaft ausgeweitet wurde) sowie mit dem German Department der Cambridge University. Dass Walter Pape das Zentrum für Internationale Beziehungen und Öffentlichkeitsarbeit der Philosophischen Fakultät leitet, ist dessen mehr als naheliegende Konsequenz.

Von seiner Haltung eines leisen Lächelns kann ebenso profitieren, wer bei und von ihm lernt (wovon Kollegen nicht einmal ausgeschlossen sind). Walter Pape missioniert nicht für eine wissenschaftliche oder ideologische Heilslehre, sondern lenkt den Blick auf deren – und die eigene – Bedingtheit. Wider die auf Selbsterhebung zielende Bewunderung kanonischer Autoren und Werke (oder heute auch: der genialen Theorie) vermittelt er Liebe zur Literatur als Kennerschaft ihrer Kunstleistung. Studenten und Nachwuchswissenschaftlern macht er nicht Vorgaben, sondern gibt er Maßstäbe an die Hand. Wir sind froh und sehr dankbar, in seine Schule gegangen zu sein. Denn von Walter Pape lässt sich weit mehr als Wissen und Methode lernen. Zum 65. Geburtstag wünschen wir ihm mit allen beitragenden Freunden, Schülern und Kollegen, dass das vernünftige Lachen weiterhin hält, was sich der Klassiker-Arzt und spätere Charitéprofessor Christoph Wilhelm Hufeland davon verspricht, denn das Lachen ist, so Hufeland, „die gesündeste aller Lebensbewegungen, […] befördert Verdauung, Blutumlauf, Ausdünstung, und ermuntert die Lebenskraft in allen Organen."[12]

Daniel Fulda, Halle
Antje Roeben und Norbert Wichard, Köln

---

[11] W. P.: „Die tiefere Bedeutung des Wurststurzes": Zur Hypersemantisierung performativer Akte und des Kontingenten in Nestroys Komödien aus kulturwissenschaftlicher Sicht. Ein Projekt für das 21. Jahrhundert. In: Nestroyana 25 (2005) H.1/2, S, 5–12.

[12] Zitat im Beitrag von Roger Paulin, S. 259. Für ausdauernde Hilfe bei der Redaktion und Einrichtung des Bandes danken wir sehr cand. phil. Bernhard Spring, Halle.

# I. Parodie, Variation, Vieldeutigkeit. Das Komische in den Strukturen von Literatur und Theater

Marian Hobson (London)

# Voltaire und die Oper

## Zwischen Spektakel und Vernunft

„Deux êtres qui se parlent sans jamais s'écouter ni se répondre“:[1] Mit dieser These eines wechselseitigen Unverständnisses der Beteiligten wird das Duett in einer Schrift beschrieben, die anlässlich des großen Opernstreits in der Mitte des 18. Jahrhunderts, der so genannten *Querelle des Bouffons*, erschien. Sie benennt zugleich ein bedeutendes Merkmal der Opern-Rezeption der Zeit, nämlich das satirische Missverständnis. Der Vorwurf, die Oper sei optisch ebenso überfrachtet wie intellektuell wenig überzeugend, ist keine Reaktion von vorgestern – man denke an die Marx Brothers und ihren wunderbaren Film *A night at the opera* aus dem Jahr 1935. Wie im Folgenden zu zeigen sein wird, ist auch die Reaktion Voltaires, ebenso wie die der Marx Brothers, durchaus ambivalent: Spott über die Oper ja, aber in Verbindung mit einem gewissen Respekt. Die Marx Brothers waren nach allem, was man weiß, sehr musikalisch; auch wenn die Musik ihres Films eher dem Kaffeehaus zu entstammen scheint, so liebten sie doch die höheren Register der Kunst, nicht ohne sich – das muss gesagt sein – darüber nach Herzenslust zu mokieren. Ebenso verhält es sich bei Voltaire. Wie viele andere seiner Zeitgenossen empfand er die Paradoxien des Genres nicht als eine Einschränkung, sondern als Quelle freudigen Aufbegehrens. Anders als ich früher einmal gedacht habe, als ich mich erstmals mit dem Thema zu beschäftigen begann, stellt der Spott Voltaires über die Oper keine Herabsetzung seines Gegenstandes dar. Er erlaubt es vielmehr, dass man freudig genießt, ohne sich allzu sehr beeindrucken zu lassen – also eine Wertschätzung auf der einen Seite, verbunden mit einem Reflex der Abwehr auf der anderen.

### Der Spott

Zum Zeitpunkt seiner Entstehung, auf der Schwelle vom 16. zum 17. Jahrhundert in Florenz, ist dieses großartige und kostspielige Genre noch beinahe ausschließlich den Königen und ihren Höfen vorbehalten. Am Ende des Jahrhunderts bzw. am Anfang des folgenden öffnen hingegen die ersten öffentlichen Opernbühnen: in Paris im Jahre 1670 in einem Jeu de Paume,[2] dann von 1673 an in der Académie de Musique und im Palais Royal, das über immerhin dreitausend Plätze verfügt

---

[1] „Zwei Wesen, die zueinander sprechen, ohne aufeinander einzugehen.“

[2] Die Adresse war 42, rue Mazarine.

sowie mit ähnlichem Verlauf in London (das Royal Theatre und Covent Garden nehmen ihre Arbeit in den 1720er Jahren auf), vor allem jedoch in Italien und in der Republik Venedig. In Paris wird erstmals im Jahr 1770 ein Gebäude errichtet, das von seinem Architekten ausschließlich für die Aufführung von Opern bestimmt war (es erleidet das typische Schicksal eines Opernhauses und fällt im Jahr 1781 den Flammen zum Opfer).[3] Umgekehrt werden Opern auch in ganz kleinen Privattheatern aufgeführt – unter anderem in Cirey, im Schloss der Madame du Châtelet, der Gefährtin Voltaires, die sich als Sängerin und Blaustrumpf zugleich versuchte. Voltaire sagt über sie in einem Brief, sie begeistere sich für „Oper, Komödie und Kometen".[4] Das Theater von Cirey wird von Madame de Graffigny folgendermaßen beschrieben: „Le théâtre est fort joli, mais la salle est petite: un théâtre et une salle de marionnettes."[5] In Ferney ist der Rahmen schon ein wenig großzügiger: Man kann ein Diner für bis zu achtzig Personen geben, gefolgt von einer Opernaufführung und einem Ball (Bekanntlich hatte die Miniaturisierung des Theaterlebens in Cirey eine wichtige Bedeutung für das literarische Werk Voltaires, so auch für seine Meisterwerke, die philosophischen Erzählungen.)

Die Oper, so wie man sie allgemein in Paris oder spezifischer in Voltaires Umfeld kannte, umfasst also die Dimension des Grandiosen ebenso wie die des Intimen oder gar des Kleinen, des Winzigen.[6] Wie ich bereits erwähnte, gilt die Oper im 18. Jahrhundert wie auch in anderen Jahrhunderten im Kleinen gleichfalls wie im Großen als extravagante, gar absonderliche Darstellungsform, die man wunderbar parodieren, verspotten oder karikieren kann. Denn das 18. Jahrhundert ist ein schamloses Jahrhundert. Und mehr als jeder andere ist Voltaire ein Meister der gezielten Respektlosigkeit (*impertinence*): Er habe „der zunehmenden Severität der Welt" die Stirn geboten, sagt Nietzsche, der Voltaires Dreistigkeit sehr schätzt.[7] (Ich werde auf die Bedeutung dieser „Impertinenz" später noch einmal zurück-

---

3 Cuthbert Girdlestone: La tragédie en musique. Genève 1972. Der Saal, der an seiner Stelle in nur 86 Tagen errichtet wurde, kann bis zu 6000 Zuschauer fassen. Aus ihm wurde später das Théâtre de la Porte Saint-Martin, 18 boulevard Saint-Martin.

4 Brief vom 4. Oktober 1748 an den Comte d'Argental (D. 3773), (D = Correspondance, in Complete Works, Hg. v. Theodore Besterman, 1968 fol.). Mathematisch begabt, wie sie war, interessierte sich Madame du Châtelet auch für Astronomie.

5 „Die Bühne ist sehr hübsch, aber der Saal ist winzig: eine Bühne und ein Puppenstübchen." Und in der Tat wurde dort mit Puppen (Marionetten) gespielt: „Je sors des marionettes qui m'ont beaucoup diverties [...]. Le fond de la salle n'est qu'une loge peinte garnie comme un sopha, et le bord sur lequel on s'appuie est garni aussi. Les décorations sont en colonnades avec des pots d'orangers entre les colonnes", Correspondance de Madame de Graffigny Bd. I, Brief 64, 16. Dezember 1738. Hg. v. English Showalter (ich gebe ein Zitat wieder aus Edmond van Straeten: Voltaire musicien. Annales de l'Académie de Belgique, xxxiv, 3e. série, Bd. IV, 1874, S. 30).

6 Die moderne englische Komponistin Judith Weir hat eine Oper geschrieben, die sechs Minuten lang ist.

7 Friedrich Nietzsche: Werke. Bd. I. Hg. v. Karl Schlechta. Frankfurt/M. 1984, S. 594. Laut Nietzsche ist es die „französische Form", deren strenge Konventionen es erlauben, wie am Rande eines Abgrunds zu tanzen. Ebd., S. 578.

kommen). Er liebt den fröhlichen Spott und möchte, dass sich dieser um jeden Preis Gehör verschaffe – so zum Beispiel in Bezug auf den Komponisten Rameau: „Je voudrais que Newton eût fait des vaudevilles; je l'en estimerais davantage."[8] Natürlich spricht er hier weniger leichtfertig, als man vielleicht glauben könnte; zur selben Zeit beginnt er an einem Werk zu arbeiten, das als bedeutend gelten muss hinsichtlich seines Umfangs sowie seines Inhalts: die *Eléments de la philosophie de Newton* (1738).[9] Nichtsdestotrotz schockiert die Bemerkung wegen ihrer Unverfrorenheit. Und dennoch: So etwas in voller Kenntnis der Umstände zu behaupten, ist kein Zeichen von Oberflächlichkeit. Es ist mehr als einfach nur der Tonfall des „grand seigneur". Vielmehr drückt sich in dieser Bemerkung eine geistige Freiheit aus, eine Freiheit, die nichts Revolutionäres hat, die vielmehr eine Brücke schlägt zwischen dem Ernst des Lebens und seinen Freuden, die uns in der Schwebe hält zwischen Heiterkeit und besinnlichem Nachdenken.

Das 18. Jahrhundert, vor allem in der ersten Hälfte, schätzt den Esprit, man scherzt und stichelt ohne Gnade (denken Sie an den Film *Ridicule!*). Nichtsdestotrotz findet man auch Gefallen an der Oper, obgleich „es nichts so Lächerliches gibt, als mitten in einer Handlung zu singen, gleichwohl, ob man sich über eine politische Entscheidung berät oder Befehle auf dem Schlachtfeld erteilt."[10] Das 18. Jahrhundert ist ein Jahrhundert der Vernunft: Das Theater soll vernünftig sein, man verlangt nach Wahrscheinlichkeit, fordert eine Einheit des Ortes und der Zeit; aber in der Oper, wie soll das gehen? Versuchen wir uns vor Augen zu führen, in welchem Ausmaß eine Oper aus der Zeit zwischen 1700 und 1750 nicht nur uns, sondern auch den Zeitgenossen albern und geradezu absurd erscheinen konnte. In Italien und in England ebenso wie in Frankreich waren die Sänger Berühmtheiten, vergleichbar mit den großen Stars des modernen Sports: Sie konnten enorme Summen für ihre Auftritte verlangen, waren berüchtigt für ihren Luxus und ihre Prasserei. In Italien und in England waren die größten Stars *castrati*; in London witzelte man darüber, wie sehr die Zeugungsunfähigkeit der Sänger die erotischen Beziehungen zu ihren weiblichen Bewunderinnen vereinfachen musste. In *Candide* lässt Voltaire seinen adeligen Italiener Pococuranté sagen:

> J'aimerais peut-être mieux l'opéra, si on n'avait pas trouvé le secret d'en faire un monstre qui me révolte. Ira voir qui voudra de mauvaises tragédies en musique, où les scènes ne sont faites que pour amener très mal à propos deux ou trois chansons en musique qui font valoir le gosier

---

[8] „Ich wünschte, Newton hätte auch Vaudevilles geschrieben; ich würde ihn dafür um so mehr schätzen.", Brief an Berger vom 24. April 1735 (D 903).

[9] Die Geschichte dieses Textes ist besonders komplex. Vgl. hierzu die exzellente Ausgabe von R. L. Walters und W. H. Barber, 1992. Oxford: Voltaire Foundation.

[10] „[i]l n'y a rien de si ridicule que de faire chanter en agissant, soit qu'on délibère dans un conseil, soit qu'on donne des ordres dans un combat." Charles de Saint-Evremond: Les idées morales et critiques de Saint-Evremond: essai d'analyse explicative. Hg. v. H. J. Barnwell. Paris 1957, S. 187, aus einem Brief zitierend.

d'une actrice, se pâmer de plaisir qui voudra ou qui pourra en voyant un châtré fredonner le rôle de *César* ou de *Caton*, et se promener d'un air gauche sur les planches.[11]

Die Opern mit ihren römischen Sujets (man denke an gewisse Opern von Händel, oder auch an den *Catone in Utica* von Vivaldi), die von Mut und Tugend handeln, stehen in einem scharfen Kontrast zu den affektierten und manierlichen Kastraten, von denen sie gesungen werden. Zudem, sagt Voltaire zu Recht, sind diese Opern, so historisch und römisch sie sich auch geben mögen, reine Erfindungen.[12] „L'Opéra, qui est parmi nous l'empire des fables, est à peu près parmi les théâtres ce qu'est l'*Orlando furioso* parmi les poëmes épiques."[13] Er vergleicht also die Oper im Hinblick auf ihre Kapriziosität, ihre Extravaganz und ihre Komik mit dem Gedicht des Ariost. Was nichts anderes bedeutet, als der Oper eine fantastische Qualität zu unterstellen: Ein solcher Vergleich zeigt erneut Voltaires ebenso energisches wie witziges Urteil, wohingegen weniger luzide Kommentatoren, genauso wie Voltaire selbst an anderer Stelle, die konventionelle Machart dieser Opern, den vorhersehbaren Charakter ihrer Handlungen betonen. Denn die Theater müssen stets auch ihre technischen Möglichkeiten zur Geltung bringen, die Götter vom Himmel herabsteigen, die Teufel aus den Vorhöfen der Hölle herbeistürzen zu lassen. Die Komponisten wiederum müssen dafür Sorge tragen, dass die Sängerinnen und Sänger ihre Koloraturen und ihre Triller zum Besten geben können – und zugleich darauf achten, dass die Arien gerecht verteilt sind (noch in den 1780er Jahren musste Mozart solche Auflagen beachten).

Die Üppigkeit der Inszenierung geht also mit der wundersamen Unwahrscheinlichkeit der Sujets einher; die Fantastik, genauer gesagt Mythologie und Magie, macht den Kern der Opern und ihrer Handlungen aus.

C'est le merveilleux visible qui est l'âme de l'opéra françois [es ist der Deutsche Grimm, der hier spricht]; ce sont les Dieux, les Déesses, les Demi-dieux, des Ombres, des Génies, des

---

11 „Ich würde mich ja vielleicht mit der Oper anfreunden, wenn man es nicht darauf angelegt hätte, daraus ein so abschreckendes Monstrum zu machen. Erfreue sich wer will an diesen schlechten Musiktheatern, in denen die Handlung nur dazu dient, ein paar Liedchen hervorzubringen, die die Kehle einer Sängerin entblößen, entzücke sich wer will (oder wer kann) an dem Anblick eines Kastraten, der die Rolle von Cäsar oder Caton zum Besten gibt und dabei ungelenk über die Bühne stolziert." Moland, Bd. XXI, S. 202.

12 Andere Sujets sind weniger streng und weniger historisch, sind z.B. der Mythologie oder den mittelalterlichen Romanen entnommen. Vgl. u.a. *Les Paladins* von Rameau, der sein Thema von La Fontaine übernimmt, der sich wiederum bei Ariost inspirierte; oder die Kompositionen von Händel mit ihren eklektische Sujets, die entweder aus Romanen (*Orlando* oder *Amadigi de Gaula*), aus der römischen Geschichte (*Giulio Cesare in Egitto*) oder aus der Bibel (*Jephta*) stammen.

13 „Die Oper, die bei uns das Reich des Märchenhaften ist, ist für das Theater das, was *Orlando furioso* für die epischen Gedichte ist." Remarques sur *Medée*. In: Moland: Commentaire sur Corneille, Bd. xxxi, S. 182. Cf. Diderot: Salon de 1761. In: Roger Lewinter (Hg.): Œuvres completes, Bd. V. Paris 1970. „Ce peintre [Boucher] est à peu près en peinture ce que l'Arioste est en poésie." Nur wenig später hat Boucher auch einige Bühnenbilder für die Oper entworfen.

> Fées, des Magiciens, des Vertus, des passions, des idées abstraites, des êtres moraux personnifiés qui en sont les acteurs.[14]

Und Voltaire versteht diese Fantastik zu nutzen: In seiner Oper *Pandore*, begonnen um 1740, verwendet er das Motiv der Titanen, die gegen die Bewohner des Himmels kämpfen. Der Kampf der Titanen mit den Göttern ist damals ein besonders beliebtes Klischee. Nur wenig später beschreibt der Dramaturg Collé die Szene einer Oper von Rameau mit den folgenden Worten:

> Ils [les Titans] entassent montagnes sur montagnes; une machine énlève les géants et les montagnes à la fois, en sorte que l'illusion est poussée au point de croire que ce sont les fils de la terre qui grimpent sur les roches qu'ils mettent les unes sur les autres, & qui les font monter jusqu'au ciel, où ils attaquent les dieux.[15]

Tatsächlich handelt es sich bei den französischen Opern der Zeit um eine Abwandlung von mehr oder weniger feststehenden Elementen: „les mêmes descentes de divinités, les mêmes enlèvements au ciel, les mêmes palais, forêts enchantées, paysages marins."[16] Und dennoch, die Stereotypen dieser wundersamen Märchenwelt kontrastieren auf komische Weise mit den kleinen Unfällen und Unzulänglichkeiten der Bühnenrealität: das Zittern der Leinwand, wenn ein Arbeiter dahinter vorbeigeht, „le Ciel représenté par certaines guenilles bleuâtres, suspendues à des bâtons ou à des cordes, comme l'étendage d'une blanchisseuse",[17] schwebende Dekors, manchmal sogar halsbrecherisch gefährlich für die Sänger, die Pfiffe, die den Bühnenarbeitern den Wechsel eines Bühnenbildes ankündigen. Die Anhäufung von zusammengewürfelten Figuren und Ereignissen, diese „wilde Mischung aus Göttern, Kobolden, Monstern, Königen, Schäfern und Feen, wo sich Freude und Furor, Spiel und Tanz, Bälle und Kanonen vermischen"[18] und die Handlungen, deren Verläufe alles andere als verständlich sind, werden noch unzusammenhän-

---

[14] „Die Seele der französischen Oper sind fantastische Erscheinungen; Götter und Göttinnen, Halbgötter, Gespenster, Genien, Feen, Zauberer, Tugenden, Leidenschaften, abstrakte Ideen und verkörperte moralische Idealvorstellungen sind ihre Helden", Grimm, Artikel *Poème lyrique*, in l'*Encylopédie* Bd. XII, 1765.

[15] „Sie [die Titanen] türmen Felsenberge auf, dann hebt eine Maschine sowohl die Berge als auch die Riesen empor, so dass die Illusion entsteht, es seien die Erdensöhne selbst, die die Felsen erklimmen, die sie aufgetürmt haben und die bis zum Himmel reichen, wo sie die Götter angreifen." *Journal et Mémoires de Charles Collé.* Hg. v. Honoré Bonhomme. Paris 1869, Bd. 1, S. 70.

[16] „Die gleichen plötzlichen Erscheinungen der Götter, das gleiche Verschwinden zum Himmel, die immer gleichen Paläste, verzauberten Wälder, Unterwasserwelten", Vgl. Hélène Leclerc: Les *Indes galantes 1745*. In: Revue d'histoire du theatre. 1953, Bd. 5, S. 273. Die Bemerkung bezieht sich auf eine Aufführung aus dem 19. Jahrhundert, trifft aber ebenso auf das gesamte 18. Jahrhundert zu.

[17] „Der Himmel dargestellt anhand einiger blauer Stofffetzen, die an Stöcken oder Seilen hängen, wie die Wäsche auf der Leine", Ebd., S. 283.

[18] „[o]n voit pêle-mêle des Dieux, des lutins, des monstres, des Rois, des bergers, des fées, de la fureur, de la joye, un jeu, une gigue, une bataille et un bal." Jean-Jacques Rousseau: La nouvelle Héloïse, II, xxiii, *Œuvres complètes,* édition de la Pléiade, Bd. II 1968, S. 281.

gender durch eine weitere Besonderheit der französischen Oper, nämlich die Ballette, die in regelmäßigen Abständen in die Handlung eingeschoben werden.[19] Diejenigen, die der französischen Oper kritisch gegenüberstehen, wie Grimm oder Rousseau, spotten über den Kontrast zwischen diesen obligatorischen Tänzen und den Ansprüchen der „tragédie en musique“. So zuweilen auch Voltaire selbst:

> L'opéra est un spectacle aussi bizarre que magnifique, où les yeux et les oreilles sont plus satisfaits que l'esprit, où l'asservissement à la musique rend nécessaire les fautes les plus ridicules, où il faut chanter des ariettes dans la destruction d'une ville, et danser autour d'un tombeau; où l'on voit le palais de Platon et celui du Soleil, des dieux, des démons, des magiciens, des prestiges, des monstres, des palais fermés et détruits en un clin d'œil. On tolère ces extravagances, on les aime même, parce qu'on est là dans le pays des fées, et pourvu qu'il y ait du spectacle, de belles danses, une belle musique, quelque scène intéressante, on est content.[20]

In den Augen der Zuschauer kompensiert die französische Oper die Strenge der französischen klassischen Tragödie, ihre visuelle Kargheit, ihren Mangel an Handlungselementen, wo selbst das Sich-Hinsetzen manchmal einen Gipfel an Aktivität darstellen kann (so zum Beispiel in *Bérénice*). Sie ersetzt die Plausibilität der Tragödie durch Unwahrscheinlichkeit, die Ausgewogenheit der Gestaltung durch eine scheinbar zufällige Aneinanderreihung von unzusammenhängenden Szenen, und die Erregung der Leidenschaften durch eine bunte Mischung heterogener Eindrücke. Fast scheint es, als habe diese Möglichkeit, das Unwahrscheinliche auf die Bühne zu holen, zu einer Art hyperbolischem Exzess geführt, der Rousseau zufolge den großen Erfolg des Genres erklärt: die Operndichter strebten danach,

> éluder ce qu'avait de peu naturel l'union de la Musique au discours dans l'imitation de la vie humaine [...]. Pour soutenir une si forte illusion, il fallut épuiser tout ce que l'art humain pouvait imaginer de plus séduisant.[21]

Die französische Oper wäre demnach – in den Augen von Autoren wie Grimm, Diderot und Rousseau – das ebenso logische wie absurde Produkt dieser Übertreibung, weshalb die Genannten auch allesamt – wenn auch in unterschiedlichem

---

[19] Was zum Teil die große Anzahl von Tänzen in den Opern Rameaus erklärt.

[20] „Die Oper ist ein ebenso bizarres wie erhabenes Spektakel, das Augen und Ohren mehr befriedigt als den Geist, und bei dem die Unterordnung unter die Musik die peinlichsten Missgriffe bewirkt, wo man fröhliche Lieder zum Untergang einer Stadt trällern, und auf Gräbern Tänze aufführen muss; wo man den Palast von Platon sieht und den der Sonne, Götter, Dämonen, Zauberer, falsche Vorspiegelungen, Monster, Paläste, die von einem Moment zum anderen geschlossen und vernichtet werden. Man toleriert diese Extravaganzen, ja man liebt sie sogar, weil man sich hier in einer Märchenwelt wähnt, und solange das Spektakel stimmt, schöne Tänze, eine schöne Musik, die eine oder andere ansprechende Szene, so ist man zufrieden.“ Moland Bd. II, S. 52.

[21] „alles zu vermeiden, was die Unnatürlichkeit der Verbindung aus Musik und Handlung in der Nachahmung des menschlichen Lebens augenfällig werden lassen könne [...]. Um eine so starke Illusion zu schaffen, mussten sie alles mobilisieren, was die menschliche Kunst an Verführungsmöglichkeiten zu bieten hatte.“ Jean-Jacques Rousseau: Dictionnaire de musique, Artikel zu „Opéra“, Œuvres complètes, édition de la Pléiade, Bd. V, 1995, S. 951.

Maße – der französischen Oper kritisch gegenüberstehen und der italienischen *opera buffa* den Vorzug geben, die sie als die natürlichere und weniger konventionelle Form betrachten.

Dem begegnen die Anhänger der französischen Oper zu Recht, wie es scheint, mit dem Argument, dass die italienischen Opern nicht minder konventionell seien als die französischen („Il y a autant de convention dans les plaisirs que donnent les Operas Italiens que dans celui que les nôtres nous occasionnent"[22]). Aber wenige Bouffonisten (die Loge des Königs, die Anhänger der *opera buffa*) akzeptieren in den 1750er Jahren noch einen solchen Relativismus in Fragen der Musik, wie er in den 30er Jahren möglich war. Sie schießen sich vor allem auf den größten französischen Komponisten, den genialen Musiker Rameau, ein. Am Anfang seiner Karriere wurde Rameau dafür gescholten, dass er zu italienisch sei; am Ende ist er es – in den Augen seiner Kritiker – zu wenig. An dieser Stelle gilt es, zwischen zwei Arten italienischer Musik zu unterscheiden: auf der einen Seite die Tradition von Corelli und später Vivaldi, auf der anderen die Musik neapolitanischen Ursprungs, die *musica buffa*. Die erstere wurde beschrieben als „chaos de sons tricottez et pétillans",[23] mit einer Violine „qui frise et [...] prétentaille" in einer allzu virtuosen Komposition, ohne erkennbares Sujet („on n'entend plus le sujet") und einem scheinbar unmotivierten Wechseln der Tonlagen. Diderot, zusammen mit d'Alembert derjenige der Enzyklopädisten, der Rameau am aufgeschlossensten gegenüber stand, bezeichnet diesen bereits im Jahr 1749 (also noch vor den Angriffen Rameaus auf die Enzyklopädie) als „singulier, brillant, composé, savant, trop savant quelquefois".[24]

Der Stil von Rameau, behaupten dessen Feinde, sei in der Musik die Entsprechung zur preziösen Literatur: Er zwinge die menschliche Stimme, die Geschwindigkeit und Intonation der Instrumente nachzuahmen; er mache auf gewagte, allzu gewagte Weise Gebrauch von Dissonanzen, die entweder gar nicht oder von einer anderen Stimme aufgelöst werden. Für Rameau ist die Musik in der Tat eine mentale und sogar abstrakte Struktur, die den nicht wahrnehmbaren Rahmen einer jeden Komposition bildet. Gegen Rameau führen die Bouffonisten und Rousseau die italienische Musik der *buffoni*, Musik neapolitanischen Ursprungs, die zweite der beiden erwähnten Kategorien, ins Feld. Diese stellt unbekümmert ihre volkstümlichen Ursprünge zur Schau, verwendet zumeist komische Libretti, eine leichte und eingängige Melodie mit einem ebenso klaren und repetitiven Bass („Trommelbass") – all das ist das absolute Gegenteil der französischen „tragédie en musique". Der Streit war dementsprechend erbittert, sodass am Ende gar Rousseau in

---

22 Jacques Cazotte, Observations sur la lettre de Jean-Jacques Rousseau au sujet de la musique françoise. 1753, S. 9.

23 Marian Hobson: The Object of Art. Cambridge, 1982, S. 261.

24 „einzigartig, brillant, gefasst, gelehrt, allzu gelehrt bisweilen", Les Bijoux indiscrets, Œuvres completes. Hg. v. Roger Lewinter, Bd. I, S. 534.

seinen *Bekenntnissen* zu dem Ausspruch verleitet wurde, die sogenannte „Guerre des Bouffons" habe eine politische Revolution verhindert.

## Das Werk

Nach allem, was bislang gesagt wurde, könnte man meinen, dass Voltaire auf der Seite der Bouffonisten gewesen sei. Aber die Dinge sind bei weitem nicht so einfach. Opern oder Musikstücke, für die Voltaire den Text geschrieben hat und die es tatsächlich auf die Bühne geschafft haben, gibt es nur zwei. Beide behandeln jeweils einen Moment von nationaler politischer Bedeutung, zwei Ereignisse aus dem Jahr 1745: eine königliche Hochzeit im Fall von *La Princesse de Navarre*, und den Sieg von Fontenoy im österreichischen Erbfolgekrieg in *Le Temple de la gloire* – zwei Werke von offizieller Tragweite also – geschrieben, um vor der königlichen Familie und den Würdenträgern des Reiches aufgeführt zu werden. Beide Stücke wurden von Rameau vertont und in beiden Fällen hat Voltaire die Autorschaft geleugnet, zumindest für eine gewisse Zeit: „Je désavoue absolument *Le Temple de la gloire* et *La Princesse de Navarre*. Ils ne sont pas dans l'édition de Dresde, et ne doivent pas y être".[25] Man darf darin keine Ablehnung Rameaus sehen: im Gegenteil, Voltaire überlässt diesem seinen Teil des Honorars für *Le Temple de la gloire* als Zeichen der Bewunderung und dies sogar in schwierigen Momenten der Zusammenarbeit – „le bizarre Rameau", sagt er, „ce pauvre Rameau est fou" und fügt sogleich hinzu „permis d'être fou à celui qui a fait l'acte des *Incas*".[26]

*La Princesse de Navarre* ist keine Oper im strengen Sinne, eher ein Theaterstück mit musikalischen Einlagen, geschrieben für die Hochzeit des Kronprinzen mit einer Infantin von Spanien im Jahr 1745.[27] Der Text scheint mir jedoch von Interesse zu sein; es handelt sich, in einer eigentümlichen Kreuzung der Gattungen, um eine „heroische Komödie". Voltaire beschreibt das Werk mit den folgenden

---

25 „Ich bestreite jegliche Verantwortung für *Le Temple de la gloire* und *La Princesse de Navarre*. Sie stehen beide nicht in der Edition von Dresden und haben darin nichts zu suchen", Brief an Michel Lambert aus dem Jahr 1751 (D 4382).

26 „der komische Rameau", „dieser arme Rameau ist verrückt", „wer den Akt der *Incas* geschrieben hat, hat ein Recht darauf, verrückt zu sein", Brief an Président Hénault vom 14. September 1744 (D 3029).

27 Die arme Frau, die allgemein als hässlich und unbeholfen galt, starb wenig später – vermutlich im Wochenbett. Die komische Oper von Rameau, *Platée*, war ebenfalls Teil der Feierlichkeiten und es ist nicht ausgeschlossen, dass die Handlung sich zwar indirekt, aber doch auf sehr persönliche Weise auf die Infantin bezieht. Sie handelt von einer Frosch-Nymphe, die vom König der Götter auf grausame Art hinters Licht geführt wird. Dieses sogenannte *ballet bouffon* wahrt zwar die Strukturen der klassischen französischen Oper, bereitet aber zugleich den Weg für die italienischen *buffoni* und wird hinterher von deren Anhängern entsprechend gewürdigt. Vgl. Cuthbert Girdlestone: Jean-Philippe Rameau. His life and works. New York 1969, S. 439.

Worten: „Un de ces ouvrages dramatiques, où les divertissements en musique forment une partie du sujet, où la plaisanterie se mêle à l'héroïque, et dans lesquels on voit un mélange de l'opéra, de la comédie et de la tragédie."[28]

Eine solche Mischung der Gattungen ist nicht gerade typisch für Voltaires Theaterproduktionen: In der Regel schreibt er Tragödien und die eine oder andere Komödie. Trotz seiner Bewunderung für „Rameau-Euklid" hat er in diesem Fall versucht, die Zusammenarbeit mit dem Komponisten zu vermeiden, und zwar just wegen des Genres, der heroischen Komödie. Allerdings hatte er hier kaum eine Wahl – eine der an den Höfen des 18. Jahrhunderts so geläufigen Intrigen zwingt ihn dazu: Rameau ist der Favorit der sehr musikalischen Madame de la Pouplinière, diese wiederum ist die Favoritin (dieses Mal in sexueller Hinsicht) des Duc de Richelieu, des ersten Vertrauten des Königs. Richelieu ist den Anliegen Voltaires nicht geneigt und versagt ihm die Unterstützung der „petits violons", der beiden Orchesterchefs der Oper, Rebel und Francœur, denen Voltaire gerne den Auftrag erteilt hätte. Die Argumente Voltaires gegen eine musikalische Zusammenarbeit mit Rameau sind jedoch erhellend und geben meiner Ansicht nach Aufschluss darüber, warum es sich bei seinem Werk nicht um eine Oper handelt:

> [La pièce étant une comédie] je pourrais ajouter quelques airs aux divertissements et surtout à la fin; mais dans le cours de la pièce je me vois perdu si on souffre des divertissements trop longs. Je maintiens que la pièce est intéressante et ces divertissements n'étant point des intermèdes mais étant incorporés au sujet, et faisant partie des scènes, ne doivent être que d'une longueur qui ne refroidisse pas l'intérêt.[29]

Voltaire äußert hier Bedenken gegen eines der Hauptmerkmale von Rameaus Werken: das Intermedium, und zwar insbesondere den Tanz, der sich sowohl in Rameaus Vorlagen als auch in dessen eigenen Kreationen findet, die ja häufig auf der Grundlage von Tänzen fußen. Voltaire unterstreicht dagegen die Originalität seines eigenen Werkes und die Konsequenzen, die sich daraus ergeben:

---

28 „Eines dieser dramatischen Werke, bei denen die musikalischen Divertissements einen Teil der Handlung darstellen, wo sich der Humor mit dem Heroischen vermischt, und die wir als eine Mischung aus Oper, Komödie und Tragödie betrachten." Voltaire. Hg. v. Moland, IV, S. 273–274.

29 „[Da es sich um eine Komödie handelt] könnte ich den Divertissements einige Arien hinzufügen, vor allem am Ende; aber was das Stück als ganzes angeht so habe ich kein gutes Gefühl, wenn man allzulange Divertissements zulässt. Ich behaupte, dass das Stück interessant ist und dass diese Divertissements keine einfachen Zwischenspiele darstellen, sondern Teil der Bühnenhandlung sind, und dass sie als solche eine gewisse Länge nicht überschreiten sollten, weil sonst die Gefahr besteht, dass die Anteilnahme der Zuschauer schwindet." Brief an den Comte d'Argental, aus Cirey, den 11. Juli 1744 (D 2999).

> Ne pourrait-on pas [...] faire entendre [au Duc de Richelieu] que cette musique continuellement entrelacée avec la déclaration du comédien, est un nouveau genre pour lequel les grans échaffaudages de symphonies ne sont point du tout propres?[30]

Voltaire fühlt sich nicht immer der Höflingsrolle gewachsen, die er spielen müsste, um dieses Projekt zu einem erfolgreichen Abschluss zu führen und um seine eigene Karriere voranzutreiben. Zwar sagt man ihm nach, er sei „glatt wie ein Aal, flink wie ein Wiesel, und emsig wie eine Biene".[31] Er selbst schreibt:

> Ne plaindrez-vous pas un pauvre diable qui est bouffon du roi à cinquante ans, et qui est plus embarrassé avec les musiciens, les décorateurs, les comédiens, les comédiennes, les chanteurs, les danseurs, que ne seront les huit ou neuf électeurs pour fair un César allemand?[32] Je cours de Paris à Versailles, je fais des vers en chaise de poste. Il faut louer le roi hautement, Mme la dauphine finement, la famille royale tout doucement, contenter la cour, ne pas déplaire à la ville.[33]

Im Brief folgt diesem ein hübscher Sechszeiler, in dem Voltaire ein Loblied auf die Freundschaft singt. Nicht zu unterschätzen sind jedoch auch die tatsächlichen Schwierigkeiten, die sich aus der Zusammenarbeit mit Rameau ergaben. Collé äußert sich diesbezüglich etwas später, im Jahr 1764, wie folgt:

> Tous ceux qui ont travaillé avec lui étaient obligés d'étrangler leurs sujets, de marquer leurs poèmes, de les défigurer, à la fin de lui amener des divertissements et il ne voulait que de cela, il brusquait les auteurs à un point qu'un galant homme ne pouvait pas soutenir de travailler une seconde fois avec lui.[34]

Und Voltaire selbst schreibt, halb verärgert, halb amüsiert, dass Rameau von ihm verlange, „dass ich alles in vier Verse packe, was acht Verse lang ist und in acht, was vier."[35] Die Musik von *La Princesse de Navarre* darf dennoch als sehr gelungen gelten – seinem Biographen Cuthbert Girdlestone zufolge demonstriert sie die

---

30 „Könnte man ihm [dem Duc de Richelieu] denn nicht zu verstehen geben, dass diese Musik, die sich ganz und gar mit dem Redefluss des Schauspielers verbindet, ein ganz neues Genre ist, für das die großen symphonischen Aufwallungen absolut nicht geeignet sind?" Ebd.

31 Im Original: „flexible comme une anguille, vif comme un lézard, et laborieux comme un écureil", Edmond van Straeten, (n. 4) S. 34.

32 Kaiser Karl VII. war soeben gestorben.

33 „Bedauern Sie einen armen Teufel, der mit fünfzig Jahren noch den Hofnarr geben muss, und der mit den Musikern, Bühnenbildnern, Schauspielern und Schauspielerinnen, Sängern, und Tänzern mehr Mühe hat, als die acht oder neun Wahlmänner, die einen deutschen Kaiser küren mussten. Ich eile von Paris nach Versailles, schreibe meine Verse in der Postkutsche. Man muss den König lauthals loben, die Kronprinzessin geschmackvoll, die königliche Familie sachte, dabei den Hof zufriedenstellen und sich nicht mit der Stadt überwerfen." Vgl. Voltaire: Correspondance, Brief an Cideville vom 31. Januar 1745 (D 3073).

34 „Alle die, die mit ihm arbeiteten, mussten ihre Stücke vergewaltigen, mussten ihre Dichtungen abschneiden, sie verstümmeln, ihm schließlich Divertimenti anschleppen, denn er wollte nichts anderes, er stieß die Menschen vor den Kopf auf eine Art und Weise, dass kein Mann von Ehre ein zweites Mal mit ihm arbeiten wollte", Van Straeten, (n. 4), S. 89.

35 „que j'aye à mettre en quatre vers tout ce qui est en huit et en huit tout ce qui est en quatre." Vgl. Voltaire: Correspondance (D 3029).

enorme Vielfalt, die der 61-jährige Rameau beherrscht, der nun auch Anleihen beim Stil der neuen italienischen Musik macht, also dem Stil, der sich in Paris erst ganze zehn Jahre später, mit Ankunft der *buffoni*, etablieren wird.[36]

Die Umstände wollten es, dass Rameau die wesentlichen Elemente seiner Musik später wiederverwendet hat. Bei diesem Vorgang hat Jean-Jacques Rousseau eine wichtige Rolle gespielt, den sowohl Voltaire als auch Rameau mit der Aufgabe betraut hatten, das Stück für die öffentlichen Bühnen zu überarbeiten. Dabei erwies sich selbst das Theater von Versailles als eine Station von kurzer Dauer, wie Voltaire selbst berichtet:

> Monsieur le Duc de Richelieu a fait élever un théâtre de 56 pieds de profondeur dans le grand manège de Versailles et a fait construire une salle dont les décorations et les embellissmens sont tellement ménagés, que tout ce qui sert au spectacle doit s'enlever en une nuit et laisser la salle ornée pour un bal paré, qui doit former la fête du lendemain.[37]

Das Lustspiel *La Princesse de Navarre* war also hinsichtlich seiner Aufführungspraxis ebenso ephemer, wie es heterogen von seiner ganzen Anlage her war. Und noch ein weiterer Faktor spielt in diese Vielfalt der Intentionen hinein: Voltaire musste ein Werk schaffen, eine Art Repertorium, das allen Künstlern von Rang und Namen die Gelegenheit bot, ihre Talente zur Schau zu stellen, und das zudem sämtliche Register bediente, vom Spaßigen bis zum Heroischen, in einer Mischung aus Oper, Komödie und Tragödie. Das Stück selbst ist eine Kreuzung aus Corneilles *Cid* und Shakespeares *Viel Lärm um nichts* und würde in meinen Augen durchaus eine Neuauflage verdienen. Einem Brief von Madame de Graffigny zufolge hat es jedoch nur sehr geringen Erfolg gehabt.[38]

Hier folgen nicht nur komische Szenen unmittelbar auf ernste Szenen, auch innerhalb der einzelnen Szenen finden solche Vermischungen statt. Der Ton und der Charakter der Handlung wechseln ständig. Das Ganze wirkt ein bisschen wie ein Marivaux in spanischen Pluderhosen. Voltaire hat dieses Hybrid hartnäckig gegen die Verfechter des höfischen Geschmacks verteidigt: „Tenez-moi quelque compte d'avoir mis au théâtre un personnage neuf dans l'année 1744 et d'avoir dans ce personnage comique mis de l'intérêt et de la sensibilité".[39] Er bestreitet, dass das Komische immer niedrig sein müsse:

---

36 Cuthbert Girdlestone: Rameau, S. 297. Das Schicksal von Rameaus Originalaufnahmen ist so wechselvoll wie Ebbe und Flut: die einzige verfügbare Aufnahme – und auch sie nur unvollständig – ist in Großbritannien vergriffen.

37 „Der Duc de Richelieu hat eine Bühne von 56 Fuß Höhe in der großen Arena von Versailles errichten lassen und einen Saal, dessen Dekor so eingerichtet ist, dass alles, was zum Theater gehört, über Nacht abgebaut werden kann und der Saal fertig vorbereit ist für den Kostümball, der am nächsten Tag stattfinden soll." Voltaire: Avertissement à la Princesse de Navarre. Hg. v. Moland, Bd. IV, S. 273.

38 Vgl. u.a. Brief 614, in Correspondance, Bd. VI.

39 „Halten Sie mir zugute, dass ich eine Figur auf die Bühne gebracht habe, die im Jahr 1744 einzigartig war und dass ich dieser komischen Figur Bedeutung und Gefühl verliehen habe."

> Ne pouvez-vous pas distinguer le bas du familier et le naïf de l'un et de l'autre? Il n'y a de bas que les expressions populaires, et les idées du peuple grossier. Un Jodelet est bas, parce que c'est un valet, ou un vil bouffon à gages.[40]

Dies sind natürlich die Worte eines Dichters, der sich gegen den Hof und seine starren Vorgaben zu behaupten versucht. Aber für Voltaire geht es nicht allein darum, freie Hand für seine Arbeit zu bekommen. Er ist davon überzeugt, eine Möglichkeit gefunden zu haben, wie man das Sujet in unterschiedlichen Stillagen behandeln kann, ohne dabei die Einheit des Genres zu gefährden. Das Resultat ist eine Liebeskomödie, die ihren Gegenstand verfehlt, mit einem Protagonisten, einem jungen Eroberer, der ständig über die Stränge schlägt und der lernen muss, seine Heldentaten zu verheimlichen. Zu alledem kommt noch eine politische Botschaft: Spanien ist Frankreich unterlegen, weil es einem Herrscher folgte, der grausam war und weder Glaube noch Moral besaß: „Presque tout l'ouvrage est donc une fiction dans laquelle il a fallu [...] introduire un peu de bouffonerie, au milieu des plus grands intérêts, et des fêtes au milieu de la guerre."[41]

Schon kurze Zeit später, nach dem Sieg von Fontenoy (im österreichischen Erbfolgekrieg, am 11. Mai 1745), ist Voltaire wieder an der Arbeit. Seine Oper *Le Temple de la gloire* wird am 27. November 1745 uraufgeführt und zum Jahreswechsel auf die Opernbühne verlegt:

> Il était temps d'essayer si le vrai courage, la modération, la clémence qui suit la victoire, la félicité des peuples, étaient des sujets aussi susceptibles d'une musique touchante, que de simples dialogues d'amour, tant de fois répétés sous des noms différens, & qui semblaient réduire à un seul genre la poêsie lyrique.[42]

Erneut verteidigt sich der Dichter gegen die überkommenen Vorstellungen des Hofes und die gewohnten Themen des Lustspiels, genau so, wie er sich noch kurz zuvor gegen die landläufige Verbindung von „komisch" und „niedrig" verwahrt

---

40 „Können Sie nicht das Niedere vom Gewöhnlichen und beide zusammen vom Naiven unterscheiden? Niedrig sind nur die volkstümlichen Schöpfungen, und die Ideen des einfachen Volkes. Ein Jodelet [Julien Bedeau, französischer Schauspieler, der sich auf die Rolle eines grobschlächtigen Dieners spezialisiert hatte; Anm. der Übersetzerin] ist niedrig, weil er ein Diener ist, und für schlechtes Geld seine Possen macht." Vgl. Voltaire: Brief vom 11. Juli 1744 an den Comte d'Argental, s. Anm. 28. Interessanterweise greift seine Handlung das Motiv von Rameaus Oper *Platée* auf, die als Höhepunkt der gleichen Festlichkeiten uraufgeführt wurde: Platée, ebenso wie die Kammerzofe Sanchette, glaubt fälschlicherweise, sie werde geliebt; beide sind jedoch Opfer einer Täuschung, die im ersten Fall die Eifersucht Junos heilen, und im zweiten eine fehlgeleitete Liebe auffangen soll.

41 „Fast das ganze Werk ist also eine Fiktion, in die es [...] mitten in die größten Dramen hinein ein paar Possen einzufügen galt, und Freudenfeiern mitten in den Krieg." Vgl. Voltaire: Avertissement à La Princesse de Navarre, S. 274.

42 „Es war an der Zeit herauszufinden, ob nicht der wahre Edelmut, die Mäßigung, die Milde, die auf den Sieg folgt, das Glück der Völker Gegenstand einer anrührenden Musik sein könnten, wie die einfachen Liebesdialoge, die man unter so vielen verschiedenen Namen wiederholt hatte, und die die lyrische Dichtung auf ein einziges Genre zu reduzieren schienen." Vgl. Voltaire: Préface au Temple de la gloire, Moland, Bd. 4, S. 347.

hatte. Er wiederholt, dass er sein Libretto nicht auf ein einzelnes Genre reduziert sehen will – betont vielleicht sogar ein wenig zu stark den Neuheitswert seines Werkes, das von drei königlichen Heeresführern handelt: dem grausamen Tyrann Belus, dem trägen Bacchus, der sich ganz dem Luxus und dem Genuss hingibt, und schließlich Kaiser Trajan, der durch seinen kriegerischen Mut die „Ehre von Rom“ und durch seine Milde und Gerechtigkeit „das Glück der Welt“ erlangt. Das indirekte Kompliment an Louis XV., der der Schlacht beigewohnt hatte, die Moritz von Sachsen geschlagen hatte, ging jedoch fehl. Man sagt, Voltaire habe einen Höfling in Hörweite des Königs gefragt: „Ist Trajan zufrieden?“, als einzige Reaktion jedoch nur einen eisigen Blick geerntet. Auch als er den Abbé von Voisenon fragte, ob er sich *Le Temple de la gloire* angesehen habe, war die Antwort vernichtend: „J'y suis allé; elle était absente; j'ai fait inscrire mon nom.“[43]

Voltaire hat versucht, eine Reihe von kontrastierenden Figuren zu schaffen und sie in eine Handlung zu integrieren, die um den Gegensatz zwischen der „Höhle des Neides“ und dem „Tempel des Ruhms“ strukturiert ist. Der Beginn der Oper, „Profonds abîmes du Ténare“, ist imposant – die Melodie hat sich im Kopf von Rameaus *Neffen* festgesetzt, der sie in dem gleichnamigen Dialog von Diderot zum Besten gibt – und er ist in der Tat spektakulär: Die Höhle des Neides verschwindet, und wir gelangen zu den Musen. Diese verwehren dem Tyrannen Belus den Zutritt zum Tempel, ebenso Bacchus, der sich kopf- und ziellos mal dem Liebesspiel, mal dem Kampf mit seiner Mätresse widmet. Allein Trajan, der seine Feinde durch Dankbarkeit an sich zu binden weiß, darf vom „Tempel des Ruhmes“ in den „Tempel der Glückseligkeit“ fortschreiten. Jedem der drei Heeresführer hat Voltaire eine Partnerin zur Seite gestellt: eine verlassene Frau für Belus, eine verführte Liebhaberin für Bacchus, und eine treue, keusche und geduldige Ehegattin für Trajan.

*La Princesse de Navarre* und *Le Temple de la gloire* unterscheiden sich nicht nur im Hinblick auf ihren Inhalt, sondern auch bezüglich der Anlässe, für die sie geschrieben wurden. Das erstere erscheint mir wahrhaft innovativ im Hinblick auf seinen Stil, das Heroisch-Komische. Auch wenn *La Princesse de Navarre* im 18. Jahrhundert einige Male aufgeführt wurde, hat doch keines der beiden Werke – vielleicht zu Unrecht – seinen Weg ins heutige Repertoire gefunden. Zwei weitere Opern hingegen, *Samson* und *Pandore*, die es nie auf die Bühne geschafft haben, sind von den Kritikern mit mehr Aufmerksamkeit bedacht worden. Diese Opern dehnen die Grenzen des Genres noch weiter aus, in Richtung Oratorium oder auch in Richtung einer Oper des 19. Jahrhunderts wie Saint-Saëns' *Samson und Dalila*. Dass *Samson*, geschrieben im Jahr 1733, den Geschmack seiner Zeitgenossen brüskiert, das weiß Voltaire nur zu gut: „On le donne seulement comme une es-

---

[43] „Ich bin hingegangen; sie war nicht da, ich habe mich eintragen lassen.“ René Pomeau zufolge klingt die Geschichte glaubwürdig.

quisse d'un genre extraordinaire."[44] Im Gegensatz zur üblichen Form der Oper verzichtet er hier beinahe völlig auf rezitative Elemente; im Gegensatz zu den gewohnten Sujets lässt die Verführung Samsons durch Dalila jegliche Galanterie vermissen. Von Rameau, der die Oper vertont, verlangt Voltaire, dass er den französischen mit dem italienischen Geschmack verbinde; und er schreibt jede Menge Chöre. Doch „das Parterre folgt anderen Gesetzen als die Bibel" wie auch Voltaire erkennt.[45] Der wahre Grund, warum das Werk niemals vollendet wurde, ist jedoch – Voltaire zufolge – in erster Linie politischer Natur gewesen:

> On était près de le jouer, lorsque la même cabale, qui fit suspendre depuis les représentations de *Mahomet ou le fanatisme*, empêcha qu'on ne représentât l'opéra de *Samson* – tandis qu'on permettait que ce sujet parût sur le théâtre de la comédie italienne et que Samson y fît des miracles conjointement avec Arlequin, on ne permit pas que le même sujet fût anobli sur le théâtre de l'académie de musique.[46]

Die Schwierigkeiten, *Samson* auf die Bühne zu bringen, irritieren Voltaire ebenso wie Rameau und hindern beide daran, ihr Werk zu einem erfolgreichen Abschluss zu bringen. Nach der Verurteilung der *Lettres philosophiques* zieht sich Voltaire nach Cirey zurück, wo er sich fortan anderen Werken widmet; Rameau hingegen beginnt die Zusammenarbeit mit Fuzelier für *Les Indes galantes* (1735).

*Samson* greift eine Strömung in der Theatertheorie und -praxis des 18. Jahrhunderts auf, die ich bislang außer Acht gelassen habe. Voltaire erklärt: „C'était plutôt une faible esquisse d'une tragédie dans le goüt des anciens avec des choeurs qu'un opéra avec des fêtes."[47] Die Konzeption einer Tragödie, die sich am griechischen Modell orientiert, die aber eine Episode des Alten Testamentes zum Gegenstand hat, bezeugt Voltaires Streben nach Innovation. In seinem *Samson* ist die „morale amoureuse", wie er es nennt, noch nicht vollständig einer rüden und kriegerischen Handlung gewichen, aber sie ist gewissermaßen abgeschwächt. Sie taucht später in den dargestellten Ereignissen wieder auf: Nach den Siegen Samsons ist sie der Grund seines Untergangs – Dalila nimmt sich das Leben und der erblindete Samson lässt den Götzentempel über den Köpfen der Philister zusammenbrechen. Dieses Bühnenspektakel, zusammen mit seinen Chören, der Abwesenheit eines Rezitativs und einer Handlung ohne Komparsen und Mitwisser, gibt Voltaire

---

44 „Man betrachtet es als Entwurf eines nicht existenten Genres."

45 „autre chose est la Bible, autre chose est le Parterre." Girdlestone: Rameau, S. 275.

46 „Man war drauf und dran das Stück zu spielen, als dieselbe Kabale, die schon die Vorstellung von *Mahomet ou le fanatisme* [Tragödie von Voltaire, Anm. der Übersetzerin] unterbunden hatte, verhinderte, dass man den *Samson* auf die Bühne brachte. Während man zugleich duldete, dass das Stück im Theater der Comédie Italienne gegeben wurde und Samson zusammen mit Harlekin seine Possen trieb, ließ man nicht zu, dass dasselbe Sujet durch eine Aufführung auf der Bühne der Académie de Musique geadelt wurde." Moland, Bd. III, S. 3.

47 „Es handelte sich eher um den schwachen Entwurf einer Tragödie im Stil der Alten mit Chören, als um eine Oper mit Intermedien" Voltaire an Rameau, Dezember (?) 1733 (D 690).

Recht, wenn er behauptet, sein *Samson* zeuge von einem völlig neuen Geschmack.[48]

Gleiches hätte er auch von der Oper *Pandore* behaupten können, die um 1740 herum entstand. Hier entwickelt sich ein Liebesdrama aus der Vermischung verschiedener Mythen, von Pygmalion, der das Bild einer Frau erschafft, in das er sich verliebt, über Prometheus, der den Göttern das Feuer stiehlt, bis hin zu Pandora, die Leid und Unheil über die Menschen bringt. Das Libretto ist von einem republikanischen Geist durchzogen: Die Titanen begehren gegen den Alleinherrscher Jupiter auf, die Götter werden als Feinde der Menschen dargestellt. Shelley und sein Gedicht *Prometheus* haben diesen aufrührerischen Geist beerbt. In einem Brief an einen Komponisten, der sich um den Auftrag für das Werk bemühte, schreibt Voltaire:

> *Pandore* n'est pas un bon ouvrage, mais il peut produire un beau spectacle et une musique variée, il est plein de duo, de Trio et de chœurs. C'est d'ailleurs un opéra philosophique qui devrait être joué devant Bayle et Diderot; il s'agit de l'origine du mal moral et du mal physique; Jupiter y joue d'ailleurs un assez indigne role.[49]

Zugleich tritt jedoch der Zwiespalt Voltaires angesichts der ernsten Tonlage in der Oper, wie überhaupt in der französischen Kultur der 1730 und 1740er Jahre, offen zutage. Als ein italienischer Kommentator das Verschwinden der wahren Tragödie beklagt, antwortet er gut gelaunt:

> S'il entend qu'aucune nation n'a de théâtre où des chœurs occupent presque toujours la scène et chantent des strophes, des épodes et des antistrophes accompagnées d'une danse grave; qu'aucune nation ne fait paraître ses acteurs sur des échasses, le visage couvert d'un masque qui exprime la douleur d'un côté et la joie de l'autre, que la déclamation de nos tragédies n'est point notée et soutenue par des flûtes, il a sans doute raison.[50]

Gleichzeitig jedoch konzediert er: „C'est peut-être dans vos tragédies nommées opéra, que cette image subsiste."[51] Was die modernen Opern-Tragödien (so nennt er sie selbst) daran hindere, die Würde der antiken Tragödien zu erreichen, sei ihre

---

48 „Je veux que ma Dalila chante de baux arts où le goust français soit fondu dans le goust italien." Voltaire an Thiériot, Brief vom 25. Dezember 1735 (D 971).

49 „*Pandore* ist kein gutes Werk, aber es gibt immerhin eine gute Unterhaltung ab mit seiner abwechslungsreichen Musik, den vielen Duetten, Terzetten und den Chören. Im Übrigen ist es eine philosophische Oper, die vor Leuten wie Bayle und Diderot aufgeführt werden sollte; es geht um den Ursprung des Bösen im Physischen und im Sittlichen; Jupiter kommt darin übrigens eine wenig schmeichelhafte Rolle zu." Brief vom 4. November 1765 an Jean Benjamin de La Borde (D12966).

50 „Wenn er damit sagen will, dass keine Nation ein Theater hat, in dem die Chöre fast die ganze Zeit auf der Bühne sind und Strophen, Antistrophen und Epoden singen, begleitet von einem ersten Tanz; dass keine Nation ihre Schauspieler auf Stelzen auftreten lässt, das Gesicht versteckt hinter Masken, die auf der einen Seite den Schmerz und auf der anderen die Freude darstellen; dass die Deklamation unserer Tragödien nicht musikalisch unterlegt ist und von Flöten begleitet wird, dann hat er ohne Zweifel recht." Voltaire: Dissertation sur la tragedie ancienne et moderne, Moland, IV, 489.

51 „Es ist vielleicht in den Tragödien, die ihr Opern nennt, dass dieses Bild am ehesten fortlebt."

Zerstückelung durch „les petits airs coupés, de ces ariettes détachées, qui interrompent l'action" sowie die Belanglosigkeit ihrer Sujets, die sie verkommen lasse zu einem „fade panégyrique de la morale amoureuse". Diese gut gelaunte Kritik am antiken Theater und an der modernen Oper zugleich, diese Bewunderung für eine große Tradition, verbunden mit einem schonungslosen Aufzeigen ihrer lächerlichen Elemente, sagt einiges aus über den Erfolg eines großen, eines sehr großen Werkes wie *Candide*.

Diese beiden „tragédies en musique" mochten demnach vielleicht als „impertinent" gelten wegen der politischen Konnotationen, die sie enthielten. Aber dieser inhaltlichen ist eine formale Interpretation der „Impertinenz" entgegenzustellen. Hier komme ich noch einmal auf die Respektlosigkeit Voltaires zu sprechen. Impertinent nennt man das, was sich nicht gehört. Im modernen Französisch und auch im Englischen bedeutet impertinent „dreist", „unverschämt", „ungehörig". Seiner ursprünglichen Bedeutung zufolge impliziert dieser Begriff eine logische Zäsur, eine Inkonsequenz in der Abfolge der Ideen – die Dinge passen einfach nicht zusammen. Die Aufeinanderfolge heterogener Szenen ist für Voltaire zunächst ein typisches Stilmittel der französischen Oper; aber das Spiel mit den Gegensätzen ist genauso gut ein Merkmal des Komischen, es ist das, was uns zum Lachen bringt. Der plötzliche Wechsel des Stils oder der Bedeutung verwirrt uns, die Komik, wenn sie Tiefgang hat, zwingt uns, uns neu zu besinnen. Komik und Horror liegen in *Candide* so eng beisammen, dass sich ihre Wirkung nicht in einem bloßen Nach- oder Nebeneinander erschöpft; sie bewirken mehr als den freudigen Jubel gefolgt von einem Abwehrreflex, wie wir es aus der Komödie kennen. In der Erzählung ist ihre Wirkung genuin „impertinent", weil sich hier in ein und demselben Moment – und nicht in einer Abfolge – das befreiende Gelächter mit dem subtilen Schmerz der Ironie verbindet.

aus dem Französischen übersetzt von Konstanze Baron

Frederick Burwick (Los Angeles)

# *Der fliegende Holländer*, als er noch lustig war

Zugegeben, viele Jahre sind schon vergangen, seit ich das letzte Mal eine Aufführung von Richard Wagners *Der fliegende Holländer* sah, doch bin ich mir ziemlich sicher, dass es nicht viel zum Lachen gab. In den verschiedenen Quellen, aus denen Wagner Humor hätte schöpfen können, stößt man immer wieder auf Scherze, Witze und Ironie, z. B. in Heinrich Heines *Aus den Memoiren des Herrn von Schnabelewopski* (1833), wo Heines Hauptfigur in einem Amsterdamer Theater eine Aufführung von *The Flying Dutchman* erlebt. Am ersten Januar 1827 fand im Adelphi Theater in London die Uraufführung des Melodramas *The Flying Dutchman*, Musik von George Rodwell, Libretto von Edward Fitzball statt.[1] Rodwell, der Direktor des Adelphi Theaters, war auch als Komponist bekannt. Rodwells *The Spring Lock* (English Opera House, 19. August 1829), Libretto von Richard Brinsley Peake, gilt als sein größter Erfolg. Ich möchte nicht behaupten, dass das Stück großen musikalischen Wert hat, vor allem nicht im Vergleich mit Wagners Oper, doch lohnt sich eine nähere Betrachtung, um feststellen zu können, wie der gleiche Stoff scherzhaft behandelt werden kann, wie Bühnentäuschungen die Ironie des Stückes unterstützen und ergänzen und wie das Lustige immer wieder das Schauderhafte zurückdrängt.

Die englische tragikomische Fassung des Fliegenden Holländers ist kein Einzelfall. Ein ähnlicher Kontrast kommt auch bei James Robertson Planchés *The Vampire* (1820) und Heinrich August Marschners *Der Vampyr* (1828) vor. Die Urquelle, die durch die französische Bearbeitung von Charles Nodiers *Le Vampire* (1820) vermittelt wurde, war John Polidoris *The Vampyr* (1819). Wilhelm August Wohlbrück, Marschners Schwager, benutzte für sein Libretto zwei Quellen: die deutsche Bearbeitung von Heinrich Ludwig Ritter und die Bühnenbearbeitung von Planché, der, um das Komische hervorzuheben, mehrere Szenen mit einem betrunkenen Schotten hinzugefügt hatte. Im Gegensatz dazu wollte Wohlbrück das Komische vermeiden und nur das Grausame wirken lassen. Für die Aufführung von

---

1 Edward Fitzball: The Flying Dutchman; or The Phantom Ship: a nautical drama, In Three Acts. Printed from the acting copy, with remarks, biographical and critical, by D.G. [George Daniel]: To which are added, a description of the costume, cast of the characters, entrances and exits, relative positions of the performers on the stage, and the whole of the stage business. As now performed at the Adelphi Theatre. London, 1829; Fitzball: Thirty-Five Years of a Dramatic Author's Life. London 1859. Bd. 1, S. v–vi.

Marschners *Der Vampyr* in London (1829) musste Planché das Stück ins Englische übertragen, wagte aber nicht, seine komischen Szenen wiederherzustellen.[2]

Die englische Bühnenbearbeitung von *Der fliegende Holländer*, deren Fassung auf *Blackwood's Magazine* (Mai 1821) beruht, ist keinesfalls so wirkungsvoll aufgebaut wie Wagners Oper.[3] Die *Dramatis Personae* sind ungefähr gleich: Kapitän Peppercoal hat die Parallelrolle von Daland, dem norwegischen Seefahrer. Statt einer Tochter, wie Senta, hat Peppercoal eine Nichte, Lestelle Vanhelm. Statt Mary, ihrer Amme, hat Lestelle eine Begleiterin, Lucy. An der Stelle von Erik, dem Jäger, hat Lestelle den charmanten Lieutenant Mowdrey als Liebhaber. Der namenlose Holländer heißt Vanderdecken, Kapitän der Geisterschiffe. Bei Wagner ist dem dämonischen Kapitän alle sieben Jahre ein Tag gewährt, an dem er um eine treue Braut werben kann. In der englischen Fassung kommt diese Gelegenheit nur nach einer hundertjährigen Wartezeit und auch dann nur unter der Bedingung des absoluten Schweigens. Diese hundertjährige Wiederbelebung des ertrunkenen Kapitäns und seines versunkenen Schiffes findet nur bei Zusage von Rockalda, dem bösen Geist der Meerestiefe, statt.

Der erste Aufzug von Fitzballs *The Flying Dutchman* zeigt eine Grotte auf dem Meeresboden. Planchés *The Vampire* (1820) und Marschners *Der Vampyr* (1828) zeigen beide gleich am Anfang den Vampir, Lord Ruthwen, wie er den bösen Mächten verfallen ist. In Planchés Melodrama treffen sich Unda und Ariel in Fingals Höhle und geben dem Vampir eine Frist von vierundzwanzig Stunden, um eine Braut zu werben und ihr Blut zu trinken. Ähnlich beginnt Fitzballs Melodrama in einer dämonischen Grotte, nur werden hier Bühneneffekte zur Erhöhung der dramatischen Handlung eingesetzt. Auf dem Bühnenhintergrund erscheint das von einer *laterna magica* projizierte Bild eines mondbeleuchteten Sees. Unheimliche blaue Flammen werden auf silbernen Steinen reflektiert. Mitten in der Bühne steht eine große Schale, von einer gelb-roten Flamme beleuchtet. Die Bühne ist sonst dunkel, so dass man in dem flackernden Licht und Schatten die auf einem Thron sitzende Figur nur langsam gewahr wird. Es ist Rockalda, der böse Geist der Meerestiefe, die einen neptunischen Dreizack in den Händen hält. Links und rechts

---

2 Frederick Burwick: Vampire auf der Bühne. In: Christian Begemann (Hg.): Dracula Unbound, Kulturwissenschaftliche Lektüren des Vampirs. Freiburg i. B. 2008, S. 191–211.

3 Blackwood's Magazine (Mai 1821): „She was an Amsterdam vessel and sailed from port seventy years ago. Her master's name was Captain Hendrik van der Decken. He was a staunch seaman, and would have his own way in spite of the devil. For all that, never a sailor under him had reason to complain; though how it is on board with them nobody knows. The story is this: in doubling the Cape [of Good Hope] they were a long day trying to weather the Table Bay. However, the wind headed them, and went against them more and more, and Van der Decken walked the deck, swearing at the wind. Just after sunset a vessel spoke to him, asking him if he did not mean to go into the bay that night. Van der Decken replied: ‚May I be eternally damned if I do, though I should beat about here till the day of judgment.' And to be sure, he never did go into that bay, for it is believed that he continues to beat about in these seas still, and will do so long enough. This vessel is never seen but with foul weather along with her."

erscheinen acht kleine Wasserkobolde und führen einen grotesken Tanz vor Rockaldas Thron auf. Dieser Reigen endet mit einem kakophonischen Crescendo, während dessen die Kobolde die Bühne verlassen. In der darauffolgenden Stille erscheint die im Meer lebende Hexenkönigin und kreist langsam um die Bühne. Beim Gongsignal kehrt sie zu ihrem Thron zurück. Erst jetzt taucht Vanderdecken, der ertrunkene Kapitän des Geisterschiffes „Fliegender Holländer", aus den Wellen und blauen Flammen auf. Bleich und hager trägt er eine Piratenfahne, den Jolly Roger, legt sie neben den Thron und kniet untertänig Rockalda zu Füßen.

> VANDERDECKEN: Mighty genius of the deep, behold me at thy feet. My century having expired, I come to claim its renewal, according to thy promise--give me, once more, to revisit my native earth invulnerable, and, if I please, invisible, to increase the number of thy victims; and name thy own conditions.

Das spektakuläre Auftreten Vanderdeckens wird nun weiter dramatisiert, indem Rockalda seinen Wunsch erfüllt und ihm den Mantel der Unsichtbarkeit und den Schutz der Unverwundbarkeit gewährt. An diesem Tag, dem einzigen in diesem Jahrhundert, darf Vanderdecken wieder an Land treten, um eine Braut suchen, aber nur unter dem Eid der Schweigsamkeit:

> ROCKALDA: And now go seek a bride to share thy stormy fate. Rockalda's fatal death-book make her sign, and become my slave. She's thine, and thou shalt renew thy present respite when another century has expired; but, remember, on earth, as the shadow of man is silent, so must thou be. Voice is denied thee 'till thy return; lest, in thy treachery, thou disclose to human ear the secrets of the deep.[4]

Der zweite Auftritt eröffnet für die Zuschauer den Ort von Vanderdeckens schauderhafter Suche nach einer Braut: Am Kap der Guten Hoffnung steht ein mächtiges, altes Schloss. Eingeschlossen in einem Turm wohnt Lestelle Vanhelm, die Nichte Kapitän Peppercoals, zusammmen mit Lucy, ihrer Begleiterin. An der Wand hängt ein prächtiges Gemälde, das einen Dreimaster darstellt. Es ist der „Fliegende Holländer". Das Gemälde ist auf 1727 datiert, auf die Zeit der letzten Seefahrt vor genau hundert Jahren. Das Schiff, so sagt man, ist öfters bei stürmischem Wetter wahrzunehmen.[5] Dieser dramatische Hintergrund wird durch das Gespräch der beiden jungen Frauen kontrastiert, die sich gerade über ihre Liebhaber unterhalten. Um eine profitable Ehe für seine Nichte zu arrangieren, hatte Kapitän Peppercoal Mynheer Peter Von Bummel aus Amsterdam zum Kap der Guten Hoffnung eingeladen. Lestelle liebt aber den eleganten Lieutenant Mowdrey, der einen Geheimweg gefunden hat, um Lesette zu besuchen, ohne von ihrem wachsamen Onkel entdeckt zu werden. Beim Schein des Leuchtsignals während des Sonnenuntergangs überquert Mowdrey den Fluss auf der Rückseite des Schlosses und klettert das Gitterwerk hoch, um ein geheimes Stelldichein mit sei-

---

4 Fitzball: The Flying Dutchman, Act I, scene i. S. 9–11.
5 George Daniel: Preface. In: Edward Fitzball: The Flying Dutchman, S. 2.

ner Geliebten in ihrer Turmkammer zu verbringen. Auch sein Diener, der Maler Toby Varnish, findet seine Neigung zu Lucy erwidert.

Trotz der Dramatisierung der auf Spuk ausgerichteten Szenen bietet das Stück bis zu diesem Punkt nicht viel zum Gruseln oder gar zum Lachen. Komische Situationen werden jedoch schon bald durch eine Komödie von Irrungen ausgelöst. Die nächtlichen Besuche in Lestelles Turmkammer finden gleichzeitig mit der Wiederkehr des geisterhaften Vanderdeckens statt, der in Lestelle die wieder lebendig gewordene Gestalt seiner verlorenen Braut erkannte. Er versucht, sie auf sein Geisterschiff zu locken. Neben Mowdrey und Vanderdecken kommt Peter Von Bummel als dritter Besucher zu Lestelles Kammer, da auch er sie nach dem Wunsch ihres Onkels als Frau umwerben will. Die Intrige vom heimlichen Kommen und Gehen auf Schleich- und Zauberwegen wird noch weiter gesteigert durch Verkleidungen. In einer Kammer von Lestelles Turm hängt das Gemälde vom Schiff; in einer zweiten Kammer, ihrem Schlafgemach, hängen zwei Porträts, ebenfalls aus dem Jahre 1727: Das eine stellt den jungen Kapitän Vanderdecken dar, das zweite seine als Hirtin verkleidete Braut. Es hätte genauso gut ein Porträt von Lestelle sein können. Vanderdeckens Kiste, die Jahrhunderte hindurch unberührt unter den beiden Porträts geblieben war, enthält das Hirtinnenkleid, das damals von Vanderdeckens verlorener Frau getragen worden war. Als Vanderdecken in Lestelles Schlafzimmer auftaucht, verwendet er seine Zauberkraft, um sein Porträt zu verwandeln, sodass es aussieht wie der versprochene Bräutigam, Peter Von Bummel. Peppercoals Mannschaft soll nun Von Bummel als den Geisterpiraten fangen. Mowdrey, der ebenfalls die Sage vom *Fliegenden Holländer* gut kennt, tarnt sich als der Pirat, weil er dadurch hofft, Peppercoals Matrosen wegjagen zu können, um Lestelle als seine Braut zu entführen. Um Peppercoals Aufsicht zu entkommen, verkleidet sich Toby Varnish als Bär und versucht, sich als das dressierte Tier des Piraten auszugeben. Dies gelingt ihm jedoch nicht, weil bald erkannt wird, dass der Bär nicht echt ist; Peppercoal lässt ihn fangen und einsperren. Ein Brief von Lucy an Mowdrey wird durch Zufall von Peter abgefangen und gelesen. Weil er daher weiß, dass Mowdrey sich als Vanderdecken verkleiden will, will Peter sich auch als Vanderdecken verkleiden, um vor seinem Nebenbuhler in Lesettes Kammer zu gelangen.

In Gegensatz zu Wagners Oper ist die Handlung von Vanderdeckens Suche nach einer Braut umgewandelt in eine Komödie von Verkleidungen, Personenverwechslungen und übernatürlichen Täuschungseffekten.[6] Das Adelphi Theater bot

---

[6] Die Anregung dieser Beschreibung von Täuschungseffekten folgt langjährigen Gesprächen mit Walter Pape, die auch in den folgenden Bänden belegt sind: Walter Pape: Comic Illusion and Illusion in Comedy. The Discourse of Emotional Freedom. In: Ders., Frederick Burwick (Hg.): Aesthetic Illusion, Theoretical and Historical Approaches. Berlin 1990, S. 229–249; Walter Pape: „Die Sinne triegen nicht“. Perception and Landscape in Classical Goethe. In: Ders., Frederick Burwick (Hg.): Reflecting Senses Perception and Appearance in Literature, Cultural, and the Arts. Berlin 1995, S. 96–121.

all die Bühnenaustattung, die Fitzball brauchte, um seine Bühneneffekte auszuführen. Als Hauslichter besaß das Theater einen großen, von der Decke hängenden Gasleuchter.[7] Mit austauschbaren farbigen Linsen waren die Rampenlichter, die ebenfalls durch Gas beleuchtet wurden, in einem Souffleurkasten aufgestellt, der hoch und nieder geschraubt werden konnte, um die Bühne zu erhellen oder zu verdunkeln. Mitten auf der Bühne war eine „Teufelsfalle“ eingebaut, die Vanderdeckens magisches Erscheinen und Verschwinden ermöglichte. Bei einer der Kulissen befand sich auch eine versteckte Öffnung, durch die er verschwinden konnte. Sein Kostüm – „Green old-fashioned dress, with white sugar loaf buttons---belt---high boots---old English hat---red feather“[8] – wurde in der dämonischen Szene von einer Clegg Lampe aus der Arbeitsgalerie herunter blau bestrahlt, sodass er richtig geisterhaft aussah. Bei seiner magischen Gebärde hielt er einen kleinen Spiegel, womit er einen farbigen Strahl erzeugte, der durch das reflektierte Licht entstand. Am Ende des ersten Aufzugs explodiert dann ein Brief mit Schießpulver, was auf Zauberkräfte hindeuten soll. Als er sein Porträt umwandelt, dass es wie Von Bummel aussieht (II.ii), schlägt ein elektrischer Strahl von seiner Fingerspitze auf die Bildfläche. Zu diesem Kunstgriff wurde eine versteckte voltaische Säule verwendet. Der Lichtbogen erscheint, als Vanderdecken langsam die positive Elektrode in seinem Handschuh von der negativen Elektrode im Bildrahmen entfernt. Um zu zeigen, dass der „unsichtbare“ Vanderdecken in der Nähe ist, leuchtet das Bild vom „Fliegenden Holländer“ rötlich auf. Wenn die Schiebewände der beiden Turmzimmer zurückgeschoben sind, blicken die Zuschauer auf einen breiten mondbeleuchteten Seegang. Der Bühnenhintergrund war dabei von hinten mit einer *laterna magica* beleuchtet, die auf Gleisen hin- und hergeschoben wurde, um die Täuschungseffekte von schlagenden Wellen zu bewirken.[9]

Als Lestelle, Lucy und Peppercoal die Geschichte von dem alten Seeräuber und seinem Geisterschiff in der zweiten Szene diskutieren, wird Lestelle klar, dass sie und Lucy in dem Turm wohnen, in dem der Holländer beim letzen Mal versucht hatte, eine Braut zu gewinnen. Erschrocken schaut sich Lucy im Dunkeln um, „haunted by the Flying Dutchman, who comes here once in a century to visit his old habitation, and to carry off poor young maidens by stealth to his den under the sea.“ Peppercoal hegt keinen Aberglauben, spottet aber über die alte Geschichte: „I don’t believe a word of it; though they do tell me, that the old lady that’s painted in

---

7 Horace Foote: Companion to the Theatres; and Manual of the British Drama. London 1829, S. 26.

8 Daniel: Preface, S. 4.

9 Frederick Burwick: Romantic Drama: from Optics to Illusion. In: Stuart Peterfreund (Hg.): Literature and Science: Theory and Practice. Boston 1990, S. 167–208; Frederick Burwick: Science and Supernaturalism: Sir David Brewster and Sir Walter Scott. In: E.S. Shaffer (Hg.): Comparative Criticism. Bd. 13. Cambridge 1991, S. 82–114.

the turret chamber, with a long marlinspike in her fist, with a crook at the end of it, was the dead Dutchman's dead wife; and that the old sea-trunk that stands under the window contains the clothes in which he last beheld her." (I.ii, p. 14)

Der nächste Auftritt (Act I, scene iii) soll an Bord des Schiffes „Enterprise" stattfinden. Der Bühnenhintergrund zeigt den See und die untergehende Sonne. Was nicht auf der Bühne gezeigt wird, kann genau so faszinierend sein wie die dargestellte Szene. Um die Einbildungskraft des Publikums anzuregen, muss ein Schauspieler nur das beschreiben, was angeblich in den linken oder rechten Seitenanschlüssen versteckt bleibt. So schaut der Matrose Tom Willis durch ein Fernrohr in die Kulissen links und gibt kund, dass sie sich dem Kap der Guten Hoffnung nähern. Unterwegs aus London, um seine versprochene Braut zu treffen, leidet Peter Von Bummel an einer schlimmen Seekrankheit und freut sich, dass die lange Reise fast zu Ende ist. Tom schaut ein zweites Mal durch das Fernrohr und meldet, dass das Land verschwunden ist. Beim dritten Mal schreit er, dass ein Geisterschiff zu sehen ist. Der „Fliegende Holländer" erscheint auf dem Bühnenhintergrund als phantasmagorisches Lichtbild. Das Bild verschwindet und aus dem dunklen Schatten klettert Vanderdecken durchnässt an Bord. Er versucht, die Todesurkunde an die Matrosen auszuteilen, aber keiner will sie annehmen. Nach der Bühnenanweisung heißt es:

> Peter attempts to snatch the letter, when it explodes--- a sailor is about to seize Vanderdecken, who eludes his grasp, and vanishes through the deck---Tom Willis fires on R., Von Swiggs on L.---a Sailor falls dead on the deck---Vanderdecken, with a demoniac laugh, rises from the sea in blue fire, amidst violent thunder---at that instant the Phantom Ship appears in the sky behind---Vanderdecken and the Crew in consternation exclaim ‚Ah! Vanderdecken! Vanderdecken!'.

Der Vorhang fällt. Akt I ist zu Ende.

Am Anfang des zweiten Aktes liefert Fitzballs Charakter wieder den Bericht von dem, was hinter den Kulissen verborgen ist. Genau wie Tom Willis durch sein Fernrohr angeblich die Küste sehen konnte, so kann auch Mowdrey tief im rechten Seitenflügel einen Fluss sehen, und auf der anderen Seite des Flusses ein Schloss, und oben auf dem Schlossturm ein Fenster, und im Fenster seine Geliebte, die ihm zuwinkt. Durch seine Beschreibung gewinnen die unsichtbaren Schatten Form und Substanz. Mowdrey bestätigt, was es seitwärts von der Bühne zu sehen gibt: „There she is again! ... I'm sure 'tis Lestelle at the lattice, yonder. … She waves her handkerchief. … That was to have been the signal." Da es sich hier um ein gängiges Bühnenmittel handelt, akzeptieren die Zuschauer Mowdreys Bericht ohne Weiteres. Dass das „Gesehene" nur eine schauspielerische Einbildung ist, wird sofort ironisch bloßgelegt, indem Mowdreys Freund das, was im Schatten rechts von der Bühne zu sehen ist, ganz anders deutet. Mowdreys ernsthaftes und intensives Schauen wird von Varnish parodiert, indem er in den linken Seitenflügel hineinschaut: „Eh! ah! what do I see? ... Can I believe my eyes? … O, sir! I spy nothing less than Chancery Lane, Lincoln's Inn, and the Court of Equity, running a race through the back woods of Africa." In diesem illusionszerstörenden Moment erlaubt sich Fitzball einen satirischen Scherz gegen die damalige Kolonialpolitik in Südafrika.

Verkleidet als der geisterhafte Vanderdecken will Mowdrey nun seine Geliebte entführen. Nachdem Kapitän Peppercoal Varnish bereits gefangen genommen hat, will er nun auch Mowdrey beim Einbrechen ertappen. Mit seinen Pistolen auf Varnish gerichtet, wartet Peppercoal auf Mowdreys Versuch, sich in den Turm einzuschleichen. In der Zwischenzeit hat sich auch Peter als Vanderdecken verkleidet. Fitzball spielt weiter mit den unsichtbaren Charakteren in den Seitenflügeln. Die Turmszenen eignen sich großartig zu solcher Spielerei, da die beiden Turmkammern nur eine einzige Tür nach innen haben. Nach außen gibt es nur ein Fenster. Also müssen Mowdrey und Peter durch das Fenster klettern. Vanderdecken dagegen kann durch seine Zauberkräfte überall in Erscheinung treten. Als Peppercoal mit dem gefangenen Varnish wartet, ist ein lautes Klopfen am Fenster zu hören. Varnish weiß, dass es nicht Mowdrey sein kann und fürchtet deshalb, dass der tote Pirat gekommen ist. Er fällt auf seine Knie als Peter hereinklettert:

CAPT. P. *[Laughing.]* Ha, ha, ha! Well, sir, why don't you hoist your sail, and open the window to his ghost ship.
VAR. *[Imploringly.]* N---o! no, sir!
*[Captain Peppercoal snatches up a pistol.]*
CAPT. P. But I say yes; yes, blubber, open the window, sir, or I'll pop a bullet through your topmast, I will.
VAR. Ye---ye---yes, sir! O---h! o---h! I see his cloven foot through the---I smell brimstone---I! o---h!
*[Captain Peppercoal presents the pistol.]*
Yes, sir.
*[Varnish opens the window and falls, as Peter, with an enormous mask, hat, and feathers, presents himself at the window in flat---a dark lantern in his hand.]*
PET. *[In a gruff voice.]* B---oo!
CAPT. P. *[Throws the candle and candlestick and fires a pistol at Peter.]* Miss'd him, by Jupiter.
*[Peter runs out , stage left.---Varnish gets behind the screen.]*
CAPT. P. *[Calling without, stage left]* Smutta, get a blunderbuss; give him a raking fire at his stern, and blow away the gingerbread work!
PET. *[Through the window]* What am I to do? They smoke the plot below---twenty of 'em at my heels---here's a reception for a lover: I---
*[Pistol fires without; Peter tumbles in at the window and overturns the table, &c.]*
I'm shot! o---h!
*[His mask falls off.]*
VAR. *[Throwing down the screen.]* Spare all I have, and take my life.

Varnish und Peter erkennen einander als alte Freunde, können jedoch nicht weiter ihre Wiedervereinigung feiern, weil Peppercoal mit seinen bewaffneten Matrosen zurückkommt. Varnish schafft es noch, aus dem Fenster zu entkommen, doch die Strickleiter fällt herunter und Peter muss schnell in der geschlossenen Kammer ein Versteck finden. Mit einem Witz über die Privatloge im Londoner Theater steigt er in Vanderdeckens Reisekiste.

PET. *[Getting up and putting on his mask the hind part before.]* Toby! my Toby. Oh!
VAR. Peter, my Peter, oh!
*[Noise.]*
They return; what's to be done---they've taken away the ladder!
*[Looking out of the window.]*
Ah! the rope ladder---here it is; follow me; but first lock that door.
*[He flings the rope ladder out of window and escapes, while Peter locks the door]*
PET. Don't go without me.
VAR. *[Behind the flat.]* Hollo! the rope ladder has given way.
PET. The ladder given way! what am I to do?
*[Noise at L. D.]*
No closet, no outlet; a chest---fast! confusion!
*[Snatches a knife from the table and forces the lock open.]*
Devil take the knife, I've cut my finger; I'll tie it up with old Peppercoal's table-cloth.
CAPT. P. *[Without]* Bear a hand.
PET. They're coming; box open, in I go! I fancy myself in England,---I've got a private box all to myself.
*[Gets into the box, R.---A crash without.]* (II, v, pp. 34–35)

Alle, die sonst zu Lestelles Hilfe eilen würden, sind abgelenkt und anders beschäftigt. Keiner ist da, um sie zu verteidigen. Vanderdecken kann sie ohne Hindernisse entführen. Seine Unsichtbarkeit, seine Unverwundbarkeit, seine magischen Kräfte scheinen ihm den Sieg zu sichern, als er die ohnmächtige Lestelle fortträgt. Mowdrey ist hilflos. Der Wächter, der vor Lestelles Kammertür steht, ist leicht überwunden. Leise überquert Vanderdecken die halbdunkle Bühne und stellt sich hinter den ahnungslosen Wächter. Lestelle tritt ein und sieht den bedrohten Wächter. Mit einer Handgebärde Vanderdeckens erscheint eine glühende Rose auf dem Lauf seines Karabiners. Die Rose ist ein Docht mit brennendem Phosphor. Auf einem feinen Draht hängend scheint die Flammenrose den Wächter von der Bühne zu verjagen. Mowdrey versucht, Lestelle zu schützen, doch sieht er Vanderdecken nicht, der von hinten kommt und bei Lestelle anlangt:

LES. How is this? A sudden chillness rushes through my veins---I faint---I die! Ah, Mowdrey, see, that horrid spectre!---support me.
*[Swoons in Mowdrey's arms.]*
MOW. Lestelle, Lestelle! All here I behold--- the trees, the fortress---nothing more. Ah, this cold hand ---her bosom, too, no longer palpitates. I dare not call for aid---the water---in the hollow of my hand—
*[Music.---He supports Lestelle in his arms to a bank, and hurries towards the water. In the meantime, Vanderdecken covers her with his mantle, and Lestelle vanishes.---Exit Vanderdecken]*
MOW. *[Returning.]* Lestelle! my love, my life! my--- horror!---lost, lost! Help, help! *[Falls.]*

Der Schluss von Akt II ist eine Phantasmagoria, die die Entführung Lestelles darstellt:

*[Storm.---A mist begins to arise, through which Vanderdecken is seen crossing the sea in an open boat with Lestelle,--- the storm rages violently---the boat is dashed about upon the waves---it sinks suddenly with Vanderdecken and Lestelle---the Phantom Ship appears (a la phantasmagorie) in a peal of thunder.---The stage and audience part of the Theatre in total darkness.* (II, vi, pp. 38–39)

Am Anfang des dritten Aktes ist die Komödie der Irrungen wieder im vollen Gang. Peter ist immer noch als Vanderdecken verkleidet und in der Reisekiste versteckt. Peppercoal schickt seinen Steuermann, Smutta, mit einigen Matrosen, um Vanderdecken fortzujagen. Als er den Turm leer findet, meinte Smutta, es könnte doch Piratengold in der Kiste sein und öffnet sie. Peter springt in seinem Piratenkostüm hoch, während Smutta und die Matrosen weglaufen. Peter flieht und nimmt das Hirtinnenkleid mit als zweite Verkleidung. Varnish kommt in seinem Bärenkostüm zurück, sieht die offene Kiste und versteckt sich darin. Da Smutta jetzt weiß, dass es sich nur um einen falschen Vanderdecken in der Reisekiste handelt, kommt er zurück und glaubt, einen verkleideten Piraten in der Kiste zu finden. Da springt aber ein Bär heraus, tanzt herum, wirft Münzen auf den Boden und läuft fort. Die Matrosen sind noch dabei, die Münzen aufzulesen, als Peter zurückkommt, als hübsche Hirtin verkleidet. Die Münzen werden vergessen, und die Matrosen wenden ihre Aufmerksamkeit der Hirtin zu.

Nach dieser komischen Szene findet der nächste Auftritt in einer dunklen Seehöhle statt. Hinten ragt eine riesige Klippe hoch. Wasser fließt stürmisch herunter. Die Höhle scheint immer tiefer zum Meeresboden zu sinken. Vanderdecken trägt Lestelle nach vorne und legt sie auf einen großen Stein nieder. Als Lestelle wieder zu sich kommt, deutet Vanderdecken auf das Buch, das sie als seine ewige Braut unterscheiben soll. Lestelle weigert sich, die Feder zu ergreifen. Vanderdecken hält ihre Hand, um ihre Unterschrift zu erzwingen. Lestelle schreit und Mowdrey springt dazu. Er ist aber hilflos gegen die übernatürlichen Kräfte Vanderdeckens. Mowdrey zieht sein Schwert und schlägt mehrmals zu. Vanderdecken lacht nur und bleibt unverletzt. Er hebt seinen sterblichen Gegner hoch und wirft ihn zu Boden. Seinen Sieg feiernd, schreit Vanderdecken laut: „Mortal, die!“ Die Höhle wird vom Donner geschüttelt und Vanderdecken wird seines Irrtums gewahr. Er hat den Eid der Schweigsamkeit gebrochen.

> The spell which admits my stay on earth is destroyed with my silence. I must be gone to my phantom ship again, to the deep and howling waters; but ye, the victims of my love and fury, yours is a dreadful fate---a hundred years here, in torpid life, to lie entombed till my return. Behold!

Vanderdecken zeigt auf das Buch und erklärt die Zauberkraft:

> Seest thou this magic book: its mystic pages, consumed by the hand of a sailor's son, on ocean born, would set ye free; but never can that be accomplished, for in Vanderdecken's absence 'tis denied that human footstep e'er seek this cavern, or pierce those flinty walls.

Lestelle und Mowdrey, die fürchteten, hundert Jahre gefangen zu sein, werden nun unerwartet von Varnish gerettet. Der nimmt eine Fackel und setzt das Zauberbuch in Flammen. „'Tis done! 'Tis done!“, schreit er. Vanderdecken verschwindet und Varnish und das Liebespaar können die Höhle verlassen. Wie Heines Schnabelewopski am Schluss der Amsterdamer Aufführung feststellt, wird „der arme Holländer zwischen Tod und Leben hin und her geschleudert, keins von beiden wolle ihn behalten; sein Schmerz sei tief wie das Meer, worauf er herumschwimmt, sein Schiff sei ohne Anker und sein Herz ohne Hoffnung.“[10]

Ein zweites Melodrama brachten Rodwell und Fitzball zwei Jahre später heraus, *The Devil's Elixir, or the Shadowless Man* (Covent Garden, 20. April 1829), frei nach E.T.A. Hoffmann, mit Motiven aus Chamisso.[11] Bruder Francesco, umgetauft nach Hoffmanns Bruder Medardus, ist in die schöne Aurelia verliebt, nur ist Aurelia die Verlobte seines Bruders. Mittels eines Schlucks des Elixiers gewinnt Francesco das Aussehen seines Bruders, aber als Doppelgänger ohne Schatten. Wie in *The Flying Dutchman* spielt Fitzball auch in diesem Stück mit wiederholten Anregungen zwischen Bühne und Seitenflügel; auch hier verwendet er ein verblüffendes Repertoir von Illusionseffekten.

Hauptsächlich aus Deutschland und Italien eingeführt, war die *Opera seria* in England in diesen Jahren nicht unbekannt. Die populären Melodramen waren immer eine Mischgattung. Das Komische wurde in das Schauderhafte eingeführt, das Grobe und Lächerliche zusammen mit dem Übernatürlichen vereint. Das Publikum wollte lachen und staunen. Sir David Brewster war der begabteste Zauberer der visuellen Tricks. Für die Londoner Theater enwickelte er die „natürliche Magie“ der optischen Wissenschaft.[12] Fitzball war nicht der einzige, der sich mit Täuschungseffekten beschäftigte, doch war er unter den zeitgenössischen Dramatikern besonders erfolgreich. Durch seine Entwicklung und Anwendung optischer Täuschungen und seine dramatischen Dialoge mit unsichtbaren Charakteren und Ereignissen in beiden Bühnenflügeln wurden die Zuschauer durch ihre eigene Einbildung gefesselt. Fitzball wusste, wie er das Adelphi Theater verzaubern konnte; das Publikum kam gerade deshalb, um Geister und Dämonen, schlagende Wellen, sinkende Schiffe, flackernde Flammen und unerklärliche Erscheinungen zu erleben. Und die Zuschauer wollten auch dabei lachen können. Bei einer Wagner-Oper haben die Gäste ganz andere Erwartungen.

---

[10] Heinrich Heine: Sämtliche Schriften. 12 Bde. Hg. v. Klaus Briegleb. München 1968–1976. Bd. 1, S. 529–530.

[11] Edward Fitzball, George Herbert Rodwell: The Devil's Elixir. London 1829; E.T.A. Hoffmann: Die Elixiere des Teufels. Berlin 1815–16; Adelbert von Chamisso: Peter Schlemihls wundersame Geschichte. Nürnberg 1814.

[12] Sir David Brewster: Letters on Natural Magic. London 1822, S. 56–97.

VOLKER NEUHAUS (Osnabrück)

# „… we're in a detective story, and we don't fool the reader by pretending we're not".[1]

## Das Spiel mit der Gattung als Quelle der Komik im Detektivroman

### I. Die ‚Dichtung' und ihre ‚Gattungen'

„Von der Dichtkunst selbst und ihren Gattungen" will Aristoteles in seiner *Poetik* handeln – europäische Dichtung existiert von ihren Anfängen bis 1770 nur in Gattungen und ihr erster Theoretiker unterscheidet diese ‚Gattungen' („eida") durch drei Merkmalgruppen oder, wie wir heute sagen würden, Mengenkreise: In ihrer Grundbestimmung sind für Aristoteles alle Dichtungen „mimesis" (so etwas wie ‚künstlerische, kunstvolle Imitation') handelnder Menschen; sie unterscheiden sich nach ihren Gegenständen, nach den jeweils gebrauchten Ausdrucksformen von der Prosa über die Flötenmelodie bis zum Tanz und nach dem ‚Medium' – „tropos" sagt Aristoteles und nennt zwei: den einzelnen Sänger oder Rhapsoden wie bei Homer oder mehrere Schauspieler wie im attischen Theater. Denn selbstverständlich war in der Antike bis zum Aufkommen der hellenistischen Verlage mit ihren Sälen voller Schreiber jede Form von Dichtung „actus", einmaliges Geschehen – Lyrik war instrumental begleiteter gesungener Vortrag, Epos rhapsodische Rezitation und Drama die tragischen Zyklen oder die Komödien bei den diversen Athener Dionysosfesten. Was uns heute allein als Text erhalten ist, sind im Grunde nur unsinnliche Bruchstücke einstmals höchst lebendiger Gesamtkunstwerke.

Diese „eidos" genannte feste Zuordnung von Gegenstand, Sprach- und Versform sowie Darbietungsweise hat offensichtlich von Anfang an zum Spiel mit ihr gereizt – am augenfälligsten bei der in der Antike als Werk Homers geltenden *Batrachomyomachie*, dem ‚Frosch-Mäuse-Krieg', bei dem der für das Epos obligate ‚hohe' Inhalt im Personal und seinen Handlungen auf ‚niedere' Frösche und Mäuse transformiert wird, während die Hexameter im hohen Ton von *Ilias* und *Odyssee* beibehalten werden.

Weniger offenkundig und daher vielleicht kunstvoller erscheinen uns Formen des Kurzschlusses zwischen den nachgeahmten Handlungen und ihrer szenischen Repräsentation, wie sie uns in den wenigen erhaltenen griechischen Tragödien von Anfang an begegnen. Im Auftaktstück *Agamemnon* der einzigen erhaltenen Inhaltstrilogie, der *Orestie* des Aischylos von 458 v. Chr., verkündet der Wächter als

[1] John Dickson Carr: The Hollow Man. Harmondsworth, Middlesex 1954, S. 186.

Sprecher des Prologos die „choron katastasin pollon“ (V. 23) und meint damit zugleich den Ausbruch vieler Freudentänze im mythischen Argos wie den unmittelbar bevorstehenden Aufzug des Bühnenchors im athenischen Theater; wie auch seine Ankündigung, „selbst als erster im Tanz zu hüpfen“ (V. 31), auf den nun hereintanzenden Chor vorausweist.

Ebenso fällt im Zweiten Stasimon von Sophokles' *Ödipus* der Chor wortwörtlich ‚aus der Rolle‘, wenn er als Antwort auf Iokastes nihilistische Absage an alle Götterorakel und Seherspüche singt: „ti dei me choreuein?“ – „wieso ist es [wenn denn die Götter nichts mehr gelten] dann noch legitim, hier als Chor aufzutreten?“. Diesen Satz sprechen eher die den Chor bildenden athenischen Bürger der 420er Jahre angesichts der aktuellen Infragestellung aller alten Götterkulte als die Thebaner Ältesten, die sie verkörpern, und Adressat ist nicht die aus Verzweiflung gottlos gewordene Iokaste, sondern sind die Sophisten als athenische Aufklärer.

Ist dieser bewusste Fiktionsbruch dem Wertkonservativen Sophokles bitterer Ernst, so dürfte eine andere Stelle im selben Drama ästhetisches Wohlgefallen bis zum Schmunzeln ausgelöst haben: Wenn Teiresias Ödipus des Vatermords und des Inzests mit der Mutter anklagt, fragt der König ihn, ob dies „Kreons oder seine eigenen Erfindungen“ seien (V. 378) – und das Publikum weiß, dass hinter Teiresias' Maske in der Tat der Schauspieler des Kreon steckt.

Dieses im klassischen Griechenland anhebende Spiel setzt sich kontinuierlich fort, so lange es fest umrissene Gattungen gibt, deren scheinbar unverbrüchliche Konventionen allein Brüche sichtbar – und reizvoll – werden lassen, bis hin zu Goethes *Mitschuldigen*, in denen der im Alkoven verborgene Ehemann und Hahnrei Söller das Liebesgeflüster seiner Frau und ihres Galans unter Bruch der Bühnenillusion den Zuschauern gegenüber kommentiert und sogar froh ist, dass deren Gegenwart immerhin die kühnsten Intimitäten verhindern würde. Goethe stellt die erste wie die zweite Fassung – der Gag mit Söllers Reden ‚ad spectatores‘ findet sich exakt gleich in beiden – 1769 fertig, wenn man so will im letzten Moment, bevor um 1770 mit lyrischem und dramatischem Roman, bürgerlichem Trauer- und adligem Lustspiel sowie dem epischen Theater des *Götz* und dem lyrisch-epischen des *Urfaust* die große Gattungsmischung, auch ‚Moderne‘ genannt, anhebt, um rund 200 Jahre das Feld zu behaupten.

Aber das Spiel zwischen dichterischer ‚mimesis‘ und dem in ihren diversen Spielarten Repräsentierten bleibt weiterhin reizvoll. Wenn etwa bei Christian Morgenstern die Form der Repräsentanz das Handeln des Repräsentierten beeinflusst und sein „aesthetisches Wiesel [...] auf einem Kiesel / inmitten Bachgeriesel“ sitzt und das nur „um des Reimes willen“ tut, spricht Alfred Liede in seinem schier unerschöpflichen Standardwerk *Dichtung als Spiel. Studien zur Unsinnspoesie an den Grenzen der Sprache* zu Recht von einem „uralten Spiel".[2] Noch extremer verhält es sich, wenn der mimetische Akt das Repräsentierte erst hervorbringt und Morgensterns *Nasobem* aus des Dichters „Leyer / zum ersten Mal ans Licht" tritt und „seitdem" „auf seinen Nasen" einherschreitet, oder wenn sich, wie bei Luigi Pirandello, der Stoff erst noch seine mimetische Repräsentanz suchen muss (*Sei personaggi in certa d'autore*, 1921).

## II. Der Detektivroman als neue Gattung

Exakt in dieser Zeit der Vermischungen und Entgrenzungen des von Aristoteles so sorgfältig Geschiedenen um 1770 formiert sich eine Gattung neu: Beginnend mit der Gothic Novel konstituiert sich zur selben Zeit im europäischen Schauerroman, im romantischen Roman und in der fälschlich so genannten europäischen und amerikanischen Unterhaltungsliteratur des 19. Jahrhunderts mit Edgar Allan Poe als dem führenden Theoretiker der Geheimnisroman, um sich im Werk des von nahezu allen Genrehistorikern völlig unterschätzten Émile Gaboriau zum eigentlichen Detektivroman zu konsolidieren: Getragen von der französischen Wiederentdeckung Poes nimmt Gaboriau dessen Seriendetektiv Auguste Dupin und verbindet eine solche zentrale Ermittlergestalt mit dem Stoffkomplex des roman feuilleton – nicht zufällig war er zuvor Sekretär bei einem der letzten Großen dieses Genres gewesen, bei Paul Féval. In Gaboriaus ersten und wohl auch besten Buch, *L'affaire Lerouge* (1863), ist Poes Dupin zum pensionierten kleinen Beamten Tabaret mutiert. In späteren Romanen übernimmt ein irgendwo im Polizeiapparat angesiedelter Lecoq diese Rolle, ohne aber das für alle späteren Seriendetektive unerlässliche unverwechselbare Profil zu entwickeln.

Arthur Conan Doyle ist es dann, der 1887 mit dem ersten Auftreten von Sherlock Holmes in *A Study in Scarlet* den Typ des Detektivs schlechthin kreiert, um ihn mit dem Beginn der Kurzgeschichtenserie um diesen Helden 1891 einen beispiellosen Triumphzug antreten zu lassen. Exakt zur selben Zeit, da der Apotheker Dr. Oetker das bisher lose verkaufte namenlose Backpulver 1893 in kleinen gelben Tüten mit der Silhouette eines Frauenkopfs zum unverwechselbaren Markenartikel macht, schafft Doyle den Markenartikel in der Literatur, übrigens auch mit unverwechselbarem Icon, Logo oder Signet: Die Holmes-Silhouette mit Deerstalker Cap, Adlerprofil und gebogener Pfeife ist bis zum heutigen Tag weltweit ein Markenzeichen wie der Stern beim Mercedes oder das „M" bei McDonalds.

Holmes' gigantischer Schatten ragt über alle Detektive bis zum heutigen Tag: Seit dem Jahrgang 1891 des „Strand Magazine" verengt sich der analytisch er-

---

2 Alfred Liede: Dichtung als Spiel. Studien zur Unsinnspoesie an den Grenzen der Sprache. Zweite Auflage. Mit Nachtrag *Parodie*, ergänzender Auswahlbibliographie, Namenregister u. Vorwort neu hg. v. Walter Pape. Berlin, New York 1992, I, S. 281.

zählte Geheimnisroman[3] zum bis heute blühenden Detektivroman; wird der möglichst skurrile Seriendetektiv nahezu zur conditio sine qua non des Erfolgs in diesem Genre, bis hin zu den allerneuesten Romanen von Ian Rankins oder Fred Vargas. Diesen Typus, im Englischen ‚detective story' oder ‚mystery', im Französischen ‚roman policier' und im Deutschen ‚Detektivroman', häufiger und vager aber ‚Krimi' genannt, kann man, selbstverständlich unter Einschluss der von Dashiell Hammett begründeten und von Raymond Chandler propagierten ‚amerikanischen Schule' oder ‚hard-boiled school', durchaus als Gattung im vormodernen Sinne definieren:

> Bis zum Ende des 18. Jahrhunderts ist eine Gattung ein deutlich umrissenes Modell, in dem nicht nur ein obligater Komplex von Stoffen, Motiven und Personen, nicht nur eine obligate Sprache und Technik, sondern auch ein vorgeschriebenes Weltbild und ein vorgeschriebener Gedankengehalt so zusammengehören, daß keiner seiner Bestandteile verrückbar oder auswechselbar ist.[4]

Alewyn hat diesen vormodernen Gattungsbegriff nie auf das parallel zur Gattungszerstörung neu entstehende Genre des Detektivromans angewandt, dies sei deshalb hier nachgeholt, was unschwer möglich ist, da Alewyn selbst das ‚Modell' in seiner „Anatomie des Detektivromans" exakt beschrieben hat:[5] Der „obligate Komplex von Stoffen, Motiven und Personen" besteht aus Verbrechen und ihren Folgeerscheinungen im Sinne des Strafgesetzes; das Personal bilden im britischen Christie-Typ neben einem Privatdetektiv der örtliche Squire, der Police Constable, der grundsolide, nur ein wenig beschränkte Inspector, Pfarrer, Arzt und sonstige Landgrößen mit ihren teils deviaten Kindern, in der amerikanischen Hammett-Chandler-Schule neben einem hartgesottenen Privatdetektiv korrupte Politiker und hemdsärmelige Industriebosse mitsamt ihrer Entourage aus Ehefrauen, Kindern, Geliebten, Rechtsanwälten, Ärzten usw. sowie in beiden Fällen genretypische Figuren wie der höchst verdächtige Unschuldige und der von niemandem verdächtigte wirkliche Schuldige.

---

3 ‚Analytisch' bezieht sich hier wie stets in diesem Aufsatz auf Dietrich Weber: Theorie der analytischen Erzählung. München 1975. Ich hoffe irgendwann – unter Jacobi Vorbehalt – in den zehner Jahren unseres Jahrtausends eine zweiteilige „Geschichte des analytischen Erzählens" vorzulegen. Teil I: Vom Schauerroman bis Gaboriau. Teil II: Von Sherlock Holmes bis 20xx.

4 Richard Alewyn: Gestalt als Gehalt. Der Roman des Barock. In: Ders.: Probleme und Gestalten. Essays. Frankfurt/M. 1974, S. 118.

5 Ebd., S. 361–394. Zu Alewyns Position allgemein siehe: Volker Neuhaus: Richard Alewyns Forschungen zum Detektivroman. In: Klaus Garber, Ute Szell (Hg.): Das Projekt Empfindsamkeit und der Ursprung der Moderne. München 2005, S. 253–261. Eine Korrektur seiner Verkennung der amerikanischen Schule bietet unter Verbindung des Alewyn'schen Ansatzes mit Webers „Theorie der analytischen Erzählung" Volker Neuhaus: Mysterion tes anomias. In: Dagmar Schier, Malchus Giersch (Hg.): CID. Computergestützte Interpretation von Detektivromanen. Frankfurt/M. et al. 1995, S. 11–45, vor allem S. 36f.

Die „obligate Sprache“ ist eine gehobene literarische;[6] in der britischen Schule ist sie eher den großen Erzählern des späten 19. Jahrhunderts verpflichtet, im amerikanischen Typ steht sie der Hemingway-Schule nahe, die sie zum Teil mitbegründet hat – zum Ärgernis konservativer Genre-Verächter liegen Hammetts Lakonismen zeitlich vor denen Hemingways. Die „obligate Technik“ ist die der analytischen Erzählung; das „vorge-schriebene Weltbild“ ist das unserer von Naturgesetzen geregelten Wirklichkeit, das Vampire oder Wiedergänger ebenso ausschließt wie Parallelwelten, Aliens oder Todesstrahlen. Der „vorgeschriebene Gedankengehalt“ besteht in der immer wieder erneuerten Einsicht, dass in der sündigen Welt einer gefallenen Schöpfung das vor allem in den britischen Romanen beschworene „mystery of iniquity“ aus dem Zweiten Brief des Apostels Paulus an die Thessalonicher (2,7) obwaltet, weshalb jedem Menschen, auch dem anscheinend harmlosesten, ausnahmslos alles Böse und Gemeine zuzutrauen ist. Deshalb hat Alewyn den Detektivroman geradezu das „Gleichnis der Zerstörung einer heilen Welt“ genannt.[7]

## III. Doyles Sherlock Holmes und das Spiel mit der Gattung

Mit jedem dieser Elemente sowie mit ihrer teilweisen oder vollständigen Interaktion kann, gerade weil ihr Gefüge so fest ist, gespielt werden, und Variationen und Brüche auf einer dieser unverbrüchlichen Gattungsebenen stören die Fiktion, fallen auf und führen zu komischen Effekten, nicht anders als in der attischen Tragödie. Der eher als Beatle denn als Krimi-Autor bekannte John Lennon hat eine Kurzparodie zu Doyle vorgelegt, in der er bewusst mit der obligaten Sprachkonvention bricht;[8] Katzen-, Schafs- oder Hundekrimis ersetzen geradezu als Modeerscheinung das herkömmliche Personal durch Tiere und deren Probleme; Douglas Adams außerordentlich erfolgreiche Parodie auf die Gattung Detektivroman, *Dirk*

---

6 Alewyn konstatiert, „daß es immerhin einige Detektivromane geben dürfte, die besser geschrieben sind als das meiste, was heute in Deutschland literarisch ernst genommen wird“ (Anatomie des Detektivromans. In: Ders.: Probleme und Gestalten. Essays. Frankfurt/M. 1974, S. 361). Sieht man von der antimodernen Zuspitzung ab, ist dem zuzustimmen; gebrochen wird mit dieser Konvention höchstens in auch sonst genresprengenden Splatter- oder Schlitzerromanen der Ellroy-Schule, von denen der eher konservative Julian Symons schreibt: Die „‚America.Means Violence‘ School“ geht davon aus, „that their work should have little concern for grammatical or even particularly literate prose.“ Ihr Ursprung läge „partly in the pulp books of Jim Thompson, David Goodis and others, but also in strip cartoon stories that use the minimum of wordage, or dispense with it altogether.“ „Line by line and page by page they are extremely bad writers, their only virtue energy.“ (Julian Symons: Bloody Murder. From the Detective Story to the Crime Novel. A History. Further revised and updated second edition with a new Postscript. London 1994, S. 319–321).

7 Ebd., S. 386.

8 Durchgesehener Neudruck des Artikels *Parodie* aus dem Reallexikon der deutschen Literaturgeschichte. Hg. v. Werner Kohlschmidt, Wolfgang Mohr. Berlin, New York, 1977 Sp. 12–72, im Anhang zu „Dichtung als Spiel“, ebd. II, S. 319–422.

*Gently's Holistic Detective Agency* von 1987 lässt Parallelwelten und Zeitreisen zu, und Paul Auster und Gilbert Adair parodieren und destruieren in ihren jeweils trilogistischen Spielsequenzen einmal das Hard-boiled Genre und im anderen Falle die Christie-Schule, wie noch zu zeigen sein wird.

Mit dem allerersten Auftreten von Sherlock Holmes in *A Study in Scarlet* beginnt mit der Formierung der Gattung sogleich auch das Spiel mit ihr, das bis zum heutigen Tag anhält und das unser Thema ist. Nachdem Watson soeben die zur Legende gewordene WG mit Holmes bei Mrs. Hudson begründet und sein Treiben eine Zeitlang beobachtet hat, eröffnet er seinem neuen Freund zu dessen offensichtlichem Missvergnügen, er erinnere ihn an Edgar Allan Poes Auguste Dupin und an Émile Gaboriaus Detektiv Lecoq und setzt hinzu, er habe gar nicht gewusst, dass solche Gestalten außerhalb von Erzählungen überhaupt existierten. D. h. der erfolglose Mediziner Arthur Conan Doyle, M.D., legt in markierter Intertextualität, wie man heute sagen würde, explizit seine literarischen Quellen und Vorbilder offen und gibt damit gleich in Form der Litotes die Fiktionalität des Ganzen preis: Indem er seinen ‚wirklichen' Helden von zwei literarischen Gestalten abstammen lässt, bedient er sich derselben rhetorischen Figur der Bejahung durch Verneinung, die die gesamte Gattungsgeschichte durchzieht und nachgerade zu den Stereotypen des Genres gehört: „Schließlich sind wir hier ja nicht in einem Detektivroman." Wie Carr in unserem titelgebenden Zitat betont, hat noch kein Autor damit jemals einen Leser an der Nase herumgeführt, sondern betont damit eher die Fiktionalität seines Textes.

Und genau diese Selbstpreisgabe Doyles nimmt sein französischer Rivale Maurice Leblanc 1908 auf, wenn er seinen Meisterdieb Arsène Lupin – natürlich erfolgreich – mit einem gewissen Herlock Sholmès und seinem stets ein wenig angetrunkenen Adlatus Dr. Wilson die Klinge kreuzen lässt. Sholmès erscheint bei Leblanc als Wunder der Natur, die sich den Spaß erlaubt hätte, die beiden außergewöhnlichsten Produkte der Krimi-Phantasie, Poes Dupin und Gaboriaus Lecoq, zu benutzen, um nun ein noch phantastischeres und noch irrealeres Wesen in der Wirklichkeit zu erschaffen. Ja, bisweilen frage man sich, ob der Held der weltweit berühmten Abenteuer nicht in Wirklichkeit ein Mythos sei, lebend dem Hirn eines großen Romanciers vom Range eines Conan Doyle entsprungen.[9]

Maurice Leblanc ist nur einer von mittlerweile nicht mehr zu zählenden Autoren, die wegen des Urheberrechts in Form des Privatdrucks oder unter leicht verfremdetem Namen Holmes-Geschichten imitierten. Die erfolgreichste Adaptation des Doyle'schen Holmes-Kosmos wuchs zu einem förmlichen Parallel-Universum aus: August Derleths Solar Pons-Geschichten. Der 19-Jährige hatte sich 1928 mit

---

9 Maurice Leblanc: Arsène Lupin contre Herlock Sholmès. Le Livre de Poche. Paris 1963, S. 74. Siehe dazu auch: Volker Neuhaus: „Zu alt, um nur zu spielen". Die Schwierigkeiten der Deutschen mit dem Kriminalroman. In: Sandro M. Moraldo (Hg.): Mord als kreativer Prozess. Heidelberg 2005, S. 9–19, vor allem S. 14ff.

einer Holmes-Story an Doyle gewandt und um Verwendung der Originalnamen nachgesucht, was Doyle verständlicherweise ablehnte. So wurde daraus die bändereiche Solar Pons-Saga, die nach Derleths Tod sogar von einem anderen Autor höchst erfolgreich fortgesetzt wurde.

Derleth hat seine Holmes-Derivate selbst so charakterisiert: „not the ‚ridiculing imitation designed for laughter', but the ‚fond and admiring one less widely known as pastiche'".[10] In der Tat forderten die im „Strand Magazine" von Serie zu Serie in nachgerade geometrischer Progression – übrigens auch was Doyles Honorare betraf – unaufhaltsam populärer werdenden Geschichten Imitationen jeder Art geradezu heraus: Ihr scharf akzentuiertes sparsames Personal – der geniale Holmes, der biedere Watson, ein kleiner Set wechselnder, aber stets plumper Scotland Yard-Vertreter und Mrs. Hudson im Hintergrund – und ihr eigenes markantes Profil – friedliches Setting in der Baker Street, eine knappe Holmes'sche Scharfsinnsprobe, ein plötzlich auftauchendes, möglichst bizarres Problem, rätselhafte Unternehmungen von Holmes mit oder ohne Watson, eine überraschende Auflösung. Dass sie stets komisch eingefärbt wirkten, war kaum zu vermeiden, waren doch die Originale mit Holmes' monströser Eitelkeit, Scotland Yards Dummheit und Watsons oft naiver *bravado* selbst schon ‚tongue in cheek' geschrieben – siehe etwa die Einführung von Holmes als Überbietung Dupins und Lecoqs bereits im Erstling *A Study in Scarlet.*

Eine der allerersten Holmes-Parodien war Doyle selbst gewidmet und wurde von ihm dankbar lachend quittiert und in seiner Autobiographie der Nachwelt überliefert: Er hatte mit dem durch seinen *Peter Pan* später berühmt gewordenen Kollegen und Freund Sir James Matthew Barrie gemeinsam ein Libretto verfasst, und die Operette hatte sich als Flop erwiesen. Barrie schickte ihm daraufhin die Kurzversion einer Holmes-Geschichte, in der er und Doyle den Meisterdetektiv in der Baker Street aufsuchen, um ihn auf das Problem anzusetzen, warum niemand ihr Stück sehen will. Sollte er den Fall ablehnen, droht Doyle ihm mit Auslöschung seiner Existenz. Holmes' Antwort ist denkbar einfach: „Because they prefer to stay away." Von seinem wütenden Autor daraufhin eliminiert, löst Holmes sich auf und nur ein Rauchring bleibt, aber bei seinem Verschwinden stößt er noch einen fürchterlichen Fluch aus: „Fool, fool! I have kept you in luxury for years. By my help you have ridden extensively in cabs, where no author was ever seen before. *Henceforth you will ride in buses!*"

Barries zweite Parodie aus derselben Zeit wurde sogar unmittelbar nach Holmes' die Londoner City erschütternden Sturz in die Reichenbachfälle (*The Final Problem*, Strand Magazine, Dezember 1893) in Form von angeblichen Korrespondentenberichten aus der Schweiz am 29. Dezember 1893 in der „St. James's Gazette" veröffentlicht. Watsons soeben veröffentlichter Bericht über die Vorgänge

---

[10] Richard Lancelet Green: Introduction to „The Further Adventures of Sherlock Holmes", London 1985, S. 22.

sei auf große Skepsis gestoßen, und man hege den Verdacht, Watson selbst sei Holmes' Mörder. Dann taucht sogar die Vermutung auf, Arthur Conan Doyle sei die „black figure" gewesen, die Watson „clearly outlined against the green behind him" auf dem Weg zur Mordstelle gesehen habe. Vermutlich seien die beiden Mediziner nicht nur Kollegen, sondern auch Komplizen bei Holmes' Ermordung gewesen.[11]

In diesen beiden frühen Krimi-Parodien wird also in das Spiel mit der Fiktion unter deren Preisgabe bereits der Autor einbezogen, der in der Tat seine Geschöpfe ‚umbringen' bzw. verschwinden lassen kann – es wird uns bei Paul Auster und Gilbert Adair wieder begegnen. Hier sei nur noch auf eine Weihnachtsgeschichte hingewiesen, die Henning Mankell und Hakan Nesser gemeinsam verfasst haben: Mankells Detektiv Wallander verfährt sich am Heiligen Abend im dichten Schneetreiben auf dem Weg zu seiner Tochter irgendwo bei Kassel und gerät nach Maardam, dem Ort in dem fiktiven mitteleuropäischen Niemandsland, an dem Hakan Nessers Romane spielen. In einer Maardamer Kneipe trifft er in der Tat dessen Detektiv van Veeteren; zufällig sitzen auch ihre Autoren zwei Tische weiter, und die vier beginnen eine Partie Bridge. Als der Kellner sie hinauskomplimentieren will, immerhin sei ja Heiligabend, schreibt einer der beiden Autoren kurzerhand den Dialog um, und sie dürfen weiterspielen und sich am Tresen und aus dem Kühlschrank bedienen, bis der Schneesturm sich legt.[12]

## IV. Pastiche, Parodie & Co

Man könnte Alfred Liedes grundlegende Ausführungen zur literarischen Parodie[13] komplett mit Beispielen aus der Holmes-Nachfolge illustrieren: Liede unterscheidet als zwei grundsätzliche Varianten[14] die „artistische" und die „kritische" Parodie, und Sebastian Wolfe schreibt in *Introduction* zu seiner Sammlung solcher Holmes-Parodien im weitesten Sinne, *The Misadventures of Sherlock Holmes*:[15]

---

11 Sherlock Holmes Parodies by J. M. Barrie. In: Sir Arthur Conan Doyle, Richard Lancely Green: The Uncollected Sherlock Holmes. London 1983, S. 367–382.

12 Henning Mankell, Hakan Nesser: Eine unwahrscheinliche Begegnung. Aus dem Schwedischen von Gabriele Haefs. In: Annamari Arrakosi (Hg.): Weihnachtsgeschichten aus Skandinavien. Reinbek b. Hamburg 2004, S. 178–191.

13 Parodie, Sp. 12–72.

14 Die dritte, „agitatorische Parodie" (ebd. S. 398–406) interessiert unter unserem Aspekt des Spiels mit der Gattung als Quelle der Komik weniger. Unter den Holmes-Adaptionen wird dieser Typ beispielsweise vom Film „Sherlock Holmes in Washington" (Universal Pictures 1943, Regie R.W. Neill) repräsentiert, in dem das bewährte Team aus Basil Rathbone und Nigel Bruce im Rahmen der Psychological Warfare Nazi-Spione jagt. Die deutsche Synchronisation zerstörte diesen „agitatorischen" Charakter, indem sie den originalen Text auf eine Gangsterbande und deren Diebstahl pharmazeutischer Formeln hin abwandelte.

15 Sebastian Wolfe: The Misadventures of Sherlock Holmes. New York 1991. Denselben Titel hatte schon Ellery Queen 1944 für eine solche Sammlung verwandt, die aber, wohl wegen

> The distinctions between parodies, pastiches and burlesques are not very clear, so suffice to say that I have included plenty of all three: burlesques such as the ones by Robert L. Fish[16] and the late John Lennon[17] go straight for the belly-laugh, but to read a whole book of them would be like dining exclusively on cranberry sauce, so I have balanced the menu with parodies – gentler satires such as the ones by Ardath Mayhar and Maurice Baring – and pastiches, by which I mean fully-fledged stories inspired directly (H.R.F. Keating) or indirectly (Anthony Boucher, H.F. Heard) by the great original.[18]

Wie bei allen Phänomenen der Intertextualität wächst der Reiz der Lektüre mit der Kennerschaft – je besser man mit den Holmes-Corpus vertraut ist, desto mehr Freude bereitet dem Leser von *Der Name der Rose* das Netz der Anspielungen, die Umberto Ecos William von Baskerville und seinen Adson mit Holmes und Watson verbinden.

Die Zahl solcher Parodien im weitesten Sinne ist inzwischen unübersehbar:

> Ellery Queen listed as long ago as 1951 some of the parody names – Thinlock Bones, Picklock Holes, Sharock Jolnes, Sherlaw Kombs, Solar Pons and Holmlock Shears are just a few – and now we find Holmes appearing as a Martian Bird, as a dog, as a time-traveller, as a fraud and as an abject failure [...] there are seemingly no limits to the inventiveness of Holmes parodists, and I for one have no complaints about that

heißt es in Wolfes *Introduction.* Und dies gilt erst recht, seit das Auslaufen des Urheberrechts nicht mehr zu Ver- und Entstellungen des Personals zwingt und das

---

rechtlicher Schritte der Doyle'schen Rechteinhaber vom Markt genommen wurde. Eine weitere dieser Sammlungen: Green: Introduction.

16 Fish (1912–1981) veröffentlichte seit den sechziger Jahren regelmäßig „Schlock Homes"-Geschichten, die das originale Doyle-Holmes-Verfahren absurdisierten und auf lächerliche Fälle anwandten. Es erschienen drei Sammlungen: *The Incredible Schlock Homes* (1966), *The Memoirs of Schlock Homes* (1974) und zum postumen Abschluss *Schlock Homes: The complete Bagel Street Saga* (1990).

17 In *A Spaniard in the Works* (1965) bietet der damalige Beatle mit *The Singularge Experience of Miss Anne Duffield* eine Parodie um Sharock Womlbs und Doctor Whopper, bei der vor allem die für Doyles Gattungstradition „obligate Sprache" (Richard Alewyn) durch Verhörungen, Verschreibungen, Volksetymologien: und mehr- wie doppel- und zweideutige Verballhornungen im Geiste des späten Joyce ersetzt wird. Ich zitiere den ersten Satz: „I find it recornered in my nosebook that it was a dokey and winnie dave towart the end of Marge in the ear of our Loaf 1892 in Much Bladder, a city off the North Wold." (Wieder abgedruckt bei Wolfe: Misadventures, S. 225–231.)

18 Vgl. dazu die ähnliche, aber ausführlichere Diskussion im Abschnitt „Begriff" bei Liede: Dichtung, S. 319–322. Die Mr. Mycroft-Geschichten von Henry Fitzgerald Heard (1889–1971) aus dem Freundeskreis Aldous Huxleys entfalten ihren Reiz nur dann, wenn der Leser im bienenzüchtenden Ruheständler Mr. Mycroft in den Sussex Downs Sherlock Holmes erkennt, der wegen des Urheberrechts unerkannt bleiben muss – auch für seinen Nachbarn und Chronisten Silchester. Dies führt zu einem besonderen Gag: Als Holmes ihm am Ende des Falles einmal seinen wahren Namen nennt, kann der bis zum Autismus egozentrische Ich-Erzähler nichts damit anfangen und vergisst ihn gleich wieder. *Horribile dictu* ist dieser Bezug sogar Julian Symons, dem renommierten Autor, gelehrten Historiker und profunden Kenner des Genres entgangen. In seinem Standardwerk *Bloody Murder. From the Detective Story to the Crime Novel: A History* schüttelt er über Heards ersten und besten Roman der Mycroft-Holmes-Serie, *A Taste for Honey* (1941), nur den Kopf: „Long-windedly philosophical, it has curiosity value only." (S. 195)

exklusive Spiel unter der Maske oder im noblen streng limitierten Privatdruck zum Massensport wurde. Von ihnen allen gilt, was Alfred Liede generell von der vormodernen Parodie sagt: „Ihre vollste Blüte erreicht die artistische Parodie aber dort, wo die Dichtkunst zur Hauptsache als Wissen und Kunsthandwerk betrachtet und vom Dichter keine künstlerische Originalität und keine Rücksichtnahme auf das geistige Eigentumsrecht anderer erwartet wird. Da ist dann alle Dichtung Parodie und Cento.“[19]

Wie zwischen Walther von der Vogelweide und Reinmar dem Alten, zwischen Opitz und seinen ausländischen Vorbildern einerseits und Opitz und seiner Schule andererseits vollzieht sich auch beim Detektivroman ab der Wende zum 20. Jahrhundert die Gattungsentwicklung in imitatio, variatio und aemulatio, auch für ihn gilt, was Liede vom Minnesang sagt: „Das scherzhafte Spiel mit dem Üblichen gehört jedoch zu jeder höfischen Kunst und ist neben dem Formkunststück beinahe die einzige Möglichkeit, die anderen Dichter zu übertreffen.“[20]

In Deutschland hat man dieses Spiel nie adäquat zu würdigen gewusst, ja, man hat es nicht einmal zur Kenntnis genommen, wie die deutsche Rezeption des Kurzromans *A Study in Scarlet* zeigt, in dem dieses Spiel zugleich mit Holmes' erstem Auftritt anhebt – die Verweise auf Poes Dupin und Gaboriaus Lecoq fehlen in den während der Dauer des Copyrights allein legalen Fassungen der Verlage Robert Lutz und Scherz, ohne dass diese stark bearbeiteten Texte als ‚gekürzt‘ gekennzeichnet wären.[21]

## V. Imitatio und variatio als Mimesis der Mimesis im Detektivroman

Aristoteles hatte in der Einleitung seiner *Poetik* die Mimesis, die für ihn das Wesen der Dichtung ausmacht, zur anthropologischen Konstante erklärt. Das Nachahmen sei dem Menschen angeboren, es zeige sich von Kindheit an, der Mensch lerne durch Nachahmen, er sei geradezu das Wesen, das in besonderem Maße zur Nachahmung befähigt sei. Diesen Gedanken wendet Alfred Liede auch auf die Parodie an, sie ist sozusagen eine Mimesis der Mimesis: „Das bewusste Nachahmen, von dem die Parodie nur eine Sonderform bildet, ist ein Urtrieb des Menschen, und zwar vor allem eine Geschicklichkeitsübung“.[22] Für Kunst als Kunstfertigkeit, Artistik, ‚Künstlichkeit‘ im positiven Sinne des 18. Jahrhunderts hat die deutsche

---

[19] Liede: Dichtung, S. 323.

[20] Ebd., S. 323f.

[21] Generell gilt, dass alle deutschen Taschenbuchübersetzungen angloamerikanischer ‚Krimis‘ bis in die 80er Jahre hinein meist hanebüchen übersetzt, brutal gekürzt und grotesk bearbeitet sind. Das macht alle deutschen Aufsätze zum Genre, die sich auf solche Quellen stützen, ebenso ungenießbar wie unbrauchbar. Aber auch heute gilt noch bei angeblich vollständigen und ungekürzten Übersetzungen renommierter Häuser für wichtige kürzere Passagen die Maxime: „Was ich nicht übersetzen kann, das seh' ich als entbehrlich an.“

[22] Liede: Dichtung, S. 322.

Tradition aber so gut wie keinen Platz. „Das an der Goethezeit gebildete Wertempfinden der deutschen Literaturwissenschaft mit seiner Überbetonung des schöpferischen Individuums besaß lange Zeit keinen Sinn für die Parodie als kunstvolle Nachahmung".[23]

Dies gilt für den Detektivroman und seine Entfaltung durch imitatio, variatio und aemulatio immer noch. Einer der wenigen angesehenen Kritiker, der diese Eigentümlichkeit einer neuen Gattung nicht denunzierte, sondern in ihrer Eigenart zu würdigen wusste, war Bertolt Brecht. Schon 1926 hatte er gerade seinen Schematismus gepriesen,[24] und in den dreißiger Jahren schreibt er: Der Kriminalroman

> hat ein Schema und zeigt seine Kraft in der Variation. Kein Kriminalromanschriftsteller wird die leisesten Skrupel fühlen, wenn er seinen Mord im Bibliothekszimmer eines lordlichen Landsitzes vorgehen lässt, obwohl das höchst unoriginell ist [...] Wer, zur Kenntnis nehmend, dass ein Zehntel aller Morde in einem Pfarrhof passieren, ausruft: ‚Immer dasselbe!', der hat den Kriminalroman nicht verstanden. [...] Die Originalität liegt in anderem. Die Tatsache, daß ein Charakteristikum des Kriminalromans in der Variation mehr oder weniger festgelegter Elemente liegt, verleiht dem ganzen Genre sogar das ästhetische Niveau. Es ist eines der Merkmale eines kultivierten Literaturzweiges.[25]

Diese Einsicht hindert Uwe Baur aber nicht daran, noch fast sechzig Jahre später Brechts „Merkmale eines kultivierten Literaturzweigs" ganz naiv für Kriterien der Trivialität zu erklären:

> Der Begriff Trivialliteratur ist somit wissenschaftlich brauchbar als Sammelbezeichnung für fiktionale Literatur, deren Eigenart in der massenhaften Variation von normativen Gattungsschemata gesehen wird u. die sich dadurch von spezifischen – aber anderen – Normen des ‚hochliterarischen' Systems seit dem Ende des 18. Jh. absetzt (etwa Originalität, Innovation, Thematisierung von Intertextualität, begleitende Theoriediskussion).[26]

Baur erhebt hier nicht nur ein Postulat zum nicht zu hinterfragenden Gesetz, sondern ignoriert auch schlicht, dass neben der Innovation in der Variation sich kaum eine Gattung so durch „Thematisierung von Intertextualität, begleitende Theoriediskussion" auszeichnet wie der Detektivroman: Alle bedeutenden Vertreter des Genres sind zugleich als seine Theoretiker, Historiker, Anthologisten usw. aufgetreten. Aber auch hier gilt Liedes Diktum, Deutschland habe „– etwa schon im Gegensatz zu England und Frankreich – nie ein breiteres literarisch versiertes und Sprachkunstwerke genießendes Publikum besessen."[27]

Für ein solches Publikum aber schreiben die großen Autoren der zweiten Autorengeneration ihre Werke. Sie stehen dabei auf den Schultern der ersten Gene-

---

23 Ebd., S. 321.

24 Bertolt Brecht: Glossen über Kriminalromane. In: Ders.: Gesammelte Werke in 20. Bd. Hg. v. Elisabeth Hauptmann. Bd. 18. Frankfurt/M. 1967, S. 31–33.

25 Bertolt Brecht: Über die Popularität des Kriminalromans. In: Ders.: Gesammelte Werke in 20 Bd. Hg. v. Elisabeth Hauptmann. Bd. 19. Frankfurt/M. 1967, S. 450f.

26 Uwe Baur: Trivialliteratur. In: Volker Meid (Hg.): Literaturlexikon. Begriffe, Realien, Methoden. Bd. 14. Gütersloh, München 1993, S. 446.

27 Ebd., S. 321.

ration nach Doyle, der Gründungsmütter und -väter des klassischen Detektivromans, die sich bemühten, sich positiv vom weltweit erfolgreichen Wildwuchs der Wallace-Werke – pejoratives Adjektiv dazu: wallacey – abzusetzen und den Detektivroman als ernstzunehmende literarische Form zu etablieren. Agatha Christie, Dorothy L. Sayers und S. S. van Dine, um nur die drei herausragendsten Gestalten dieser Generation zu nennen, führten zum einen übereinstimmend die Doyle noch fremde Regel des Fair Play ein, nach der die Lösung zwar überraschend sein muss, aber alle Elemente der Lösung zuvor dem Leser mitgeteilt werden müssen. Christie und S. S. van Dine erschöpfen sich dabei in – im Falle Christies: mehr oder weniger – sauber konstruierten und erzählten Plots, während Sayers ihre *mysteries* zunehmend mit Elementen des Gesellschaftsromans verband, um das Genre zum *main stream* zurückzuführen.

Die für unser Thema zentrale Gruppe von John Dickson Carr und Ellery Queen bis zu Michael Innes und Edmund Crispin könnte man mit Julian Symons ‚the Farceurs' nennen, „those writers for whom the business of fictional murder was endlessly amusing".[28] Sie finden die Gattung praktisch fertig vor, die Regeln des Spiels aufgestellt[29] und kennen die Klassiker. Man kennt sich auch untereinander, sitzt regelmäßig im „Detection Club",[30] einer Art Ehrenstammtisch oder Autoren-TÜV zwecks Qualitätssicherung des Genres zusammen, lästert über die Konkurrenz und tauscht Handwerkskniffe aus. So wird das Genre für sie zur Bühne, auf der ihre Stücke vor einem kundigen Publikum aufgeführt werden, unter dem sie auch ihre Kollegen wissen. Dabei ist ihnen bewusst, dass die geheimnisvollen Verbrechen in ihren Romanen „mit der tatsächlichen Welt des Verbrechens etwa soviel Ähnlichkeit haben wie die Schäferdichtung mit dem wahren Landleben", wie es bei Michael Innes einmal ebenso treffend wie anschaulich heißt.

## VI. Das Spiel mit offenen Karten oder die Preisgabe der Fiktion als Fiktion

Was lag da näher, als das Spiel auch offen zu spielen und ihm so, wie bei den *ouvert*-Spielen beim Skat, eine neue Dimension zu eröffnen. Vorreiter scheint John Dickson Carr gewesen zu sein, als er 1935 vor der Lösung eines der für ihn typischen locked room mysteries in *The Hollow Man* seinen Detektiv Dr. Fell einen Vortrag über die Varianten des Geschlossenen Raumes im Detektivroman halten

---

[28] Julian Symons: Bloody Murder, S. 129. Symons trifft andere Abgrenzungen und nennt andere Autoren. Sein Begriff hat sich als so glücklich erwiesen, dass er einen eigenen Beitrag von Judith Rhodes in Rosemary Herberts (Hg.) The Oxford Companion to Crime & Mystery Writing. Oxford 1999, S. 151f. bekam.

[29] Siehe dazu etwa: Julian Symons: Rules of the Game, S. 390f. Nicht übersehen werden darf Symons' grundsätzliche Einschätzung: „These rules were set down with a twinkle in the eye, or tongue in cheek."

[30] Siehe etwa: Julian Symons: The Detective Club, S. 115f.

lässt und das mit dem Argument verteidigt, dem mein Aufsatz seinen Titel verdankt. Carr hat diesen Ebenenwechsel zur Erheiterung seiner Leser später noch mehrfach vollzogen, und der 15 Jahre jüngere Edmund Crispin hat ihn dankbar übernommen: Sein Detektiv, der Oxford Don Gervase Fen, nennt sich selbst gern den einzigen Literaturwissenschaftler als Privatdetektiv in der Genregeschichte – wohl eine Hommage an sein unmittelbares Vorbild Michael Innes alias John Innes Stewart, den ersten Literaturwissenschaftler als Krimiautor in der Genregeschichte. Bei einer Verfolgungsjagd lässt Fen den Wagen an einer Weggabelung nach links fahren – schließlich erscheine das Buch bei Victor Gollancz, dem Vorzeige-Linken der britischen Intellektuellenszene.[31]

Raymond Chandlers berühmte vernichtende Attacke auf den klassischen Detektivroman und sein ebenso flammendes Plädoyer für die Schule Dashiell Hammetts in *The Simple Art of Murder* (1944) trifft mithin voll ins Leere: Im Namen des ‚Realismus' – was auch immer das sein mag – greift er ein höchst kunstvolles Spiel an, so als könnte man dem Schachspiel vorwerfen, echte Pferde bewegten sich ganz anders und echte Türme überhaupt nicht. Aber nicht nur das – er übersieht, dass auch die amerikanische Schule längst zu einem Spiel geworden ist. Richard Alewyn hat zu Recht darauf hingewiesen, dass die Romane der ‚hardboiled school' ihre Leser „in ein Milieu versetzen, dessen Sitten und Gebräuche ihm kaum weniger fremd sind als die von Tausendundeiner Nacht (was für ‚Realismus' ausgegeben wird, wo es doch schiere Romantik ist)."[32] Andere Autoren haben zu dieser Zeit längst erkannt, dass auch diese Romane ein Spiel spielen – Chandlers Pamphlet wird geradezu gerahmt von zwei solchen parodistischen Musterbeispielen: 1943 hatte C.W. Grafton – übrigens der Vater von Sue Grafton – seinen Erstlingsroman *The Rat Began to Gnaw the Rope* veröffentlicht, in dem der Detektiv und Ich-Erzähler von sich sagt, er sei kein Hercule Poirot, sondern eher ein gescheiterter Perry Mason, Whiskey trinke er, weil Privatdetektive den häufiger inhalierten als Atemluft, und ein zwielichtiger Chauffeur sehe aus wie Humphrey Bogart. Von der Flasche Whiskey für die Nacht im Schlagwagen übergibt er sich, wem er entgegentritt, der schlägt ihn zusammen, und den zufällig gefundenen Revolver kriegt er im entscheidenden Moment gar nicht erst aus dem Gürtel – die Parodie auf die amerikanische Schule[33] ist ebenso unübersehbar wie in Ellery Queens *Double, double* von 1950. Dort tritt eine Journalistin auf, die es – wie schon Holmes in *A Study in Scarlet* – eigentlich nicht gibt, und Ellery bestätigt das:

> Es gibt sie auch nicht, Rima. Die Frau ist reine Illusion. Das Silbermotiv verrät den Symbolismus. Sie kommt direkt von der Leinwand. Ihr ursprüngliches Zuhause war ein Buch. Ich muß

---

[31] Siehe dazu ausführlicher: Volker Neuhaus: Vorüberlegungen zu einer Geschichte des analytischen Erzählens. In: Arcadia 12 (1977), S. 269f.

[32] Alewyn: Anatomie, S. 389.

[33] Siehe dazu ausführlich: Volker Neuhaus: Nachwort zu C.W. Grafton „Das Wasser löscht das Feuer nicht". Köln 1990, S. 230ff.

schamvoll gestehen, dass ich selbst einmal eine Figur wie Malvina erfunden habe [...]. Ihre literarische Bildung ist unvollkommen, wenn Sie den literarischen Prototyp Malvina Prentiss nicht studiert haben ... Chandler. Oder Cain. Oder Gardner.[34]

## VII. Spielformen des deutschen Detektivromans

„Lange Zeit“, schreibt Alfred Liede, habe das deutsche Lesepublikum „keinen Sinn für die Parodie als kunstvolle Nachahmung“[35] gehabt. Das ist seit einiger Zeit anders geworden, und das ist gut so. Gisbert Haefs hat mit Balthasar Matzbach einen deutschen Privatdetektiv der Dr. Fell-Sir Henry Merrivale-Nero Wolfe-Schule geschaffen, und das titelgebende Tier etwa in *Und oben sitzt ein Rabe* entstammt direkt Edgar Allan Poes berühmtem Gedicht.[36] Jakob Arjouni hat in seine Romanserie um den türkischstämmigen Privatdetektiv und Ich-Erzähler Kemal Kayankaya den Anfang aus dem Erstlingsroman seines großen Vorbilds Hammett, *Rote Ernte*, als verdecktes Zitat geschmuggelt – naive Leser stört es nicht, aber den Kenner freut es, ebenso wie zahllose andere Entlehnungen aus den Vorbildern.[37] Beide wandeln ihre angloamerikanischen Vorbilder in imitatio, variatio und aemulatio ab; Haefs-Matzbach die englische, Arjouni-Kayankaya die amerikanische Schule.

Genauso verhält es sich mit den ebenfalls äußerst erfolgreichen Tierkrimis aus deutschen Federn, bei denen das Alewyn'sche Gattungsschema beibehalten und lediglich das Personal ausgetauscht wurde: Tiere spielen die Hauptrollen, und Menschen kommen in Katzen- oder Schafsromanen nur so vor wie sonst Tiere im Menschenroman. Akif Pirinccis *Felidae* von 1989 plündert bedenkenlos das Arsenal der amerikanischen Schule mit dankbaren Anleihen bei der britischen Tradition, markierten wie unmarkierten: Der smarte, Chandlers Phil Marlowe nachempfundene Francis trifft den kampferprobten Loner à la John Wayne ebenso wie den Gangsterkönig mit seinen Gorillas, den armchair detective Pascal oder die blinde Schöne.[38]

---

34 Siehe dazu Ellery Queen: „... und raus bist du“, mit e. Nachw. v. Volker Neuhaus. Köln 1999, S. 295ff.

35 Liede: Dichtung, S. 321.

36 Gisbert Haefs: Und oben sitzt ein Rabe. Erstausgabe München 1983, gründlich überarbeitete Neuausgabe. Zürich 1987.

37 *Happy Birthday, Türke!* (1985), *Mehr Bier* (1987), *Ein Mann ein Mord* (1991), *Kismet* (2001). Grundlegend hierzu Thomas Kniesche: Vom Modell Deutschland zum Bordell Deutschland. Jakob Arjounis Detektivromane als literarische Konstruktionen bundesrepublikanischer Wirklichkeit. In: Sandro M. Moraldo (Hg.): Mord als kreativer Prozess. Heidelberg 2005, S. 21–39.

38 Natürlich wird Francis, wie Hammetts Continental Op und Chandlers Phil Marlowe, umgehend zum Seriendetektiv. Die weiteren Bände sind: *Francis* (1993), *Cave Canem* (1999), *Das Duell* (2002), *Salve Roma!* (2004) und *Schandtat* (2007).

Die Schafherde in Leonie Swanns *Glennkill* ermittelt im Team, wie die Polizisten um Sjöwall-Wahlöös Martin Beck. Herrin des Ermittlungsverfahrens ist Miss Maple, das klügste Schaf von Glennkill, das seinen Namen daher hat, dass es einst dem Schäfer den Ahornsirup vom Brot geleckt hat, aber unentbehrlich sind auch der verfressene Mopple the Whale mit seinem untrüglichen Gedächtnis, Othello mit seinen bitter in Zoo und Zirkus gewonnenen Erfahrungen mit der Menschenwelt und seinem Mentor Melmoth, dem Bruder von Sir Ritchfield, der seinerseits nachgerade das Urbild aller ebenso würdigen wie grenzsenilen Chief Constables oder Local Squires darstellt. Gemeinsam finden sie die Lösung und führen sie als Pantomime bei einer Schaf-Show vor. Natürlich heißt der im Fall des toten Schäfers offiziell ermittelnde menschliche Inspector Holmes. Ausgerechnet mit diesem Namen hätte er nie zur Polizei gehen dürfen, das weiß dieser permanent erfolglose Inspector Lestrade der Schafweiden inzwischen selbst. Doch wie sein Vorbild bei Doyle bekommt er die Lösung des Falls frei Haus geliefert und streicht selbst die Anerkennung ein:

> Inspector Holmes sah fassungslos zu, wie sich auf der Bühne des Smartest-Sheep-of-Glennkill-Contest sein Fall von alleine löste. Selbstmord also. Und das mit dem Spaten war die grauhaarige Frau gewesen. Darauf wäre er nie im Leben gekommen. Aber im Nachhinein kam es ihm gar nicht so unplausibel vor.[39]

## VIII. ‚The detective story to end all detective stories'

Alle streng geregelten Gattungen wecken insgeheim den Wunsch, einmal so perfekt zur Erscheinung gebracht zu werden, dass die Idee dieses eine Mal eine so vollkommene Gestalt annimmt, dass darin die Gattung im Sinne Hegels ‚aufgehoben' scheint. Diesem unerfüllbaren Wunsch scheinen mir die vielen Sonette über das Sonett entsprungen zu sein – ‚the sonnet to end all sonnets', ‚the limerick to end all limericks', ‚the detective story to end all detective stories'.

Dasselbe Ziel kann ein Autor aber auch auf entgegengesetztem Weg, sozusagen gegenläufig erreichen, indem er eine Gattung in der scheinbaren Erfüllung zugleich ins Leere stoßen lässt und durch Dissoziation zur Selbstauflösung bringt – Christian Gryphius' *Ungereimtes Sonett* ist hierfür ein berühmtes Beispiel. In diesem Sinne ist Paul Austers New York-Trilogie[40] die Auflösung des hard-boiled-Genres, ‚the private-eye story to end all private-eye stories'. Ein Privatdetektiv bekommt einen scheinbar harmlosen und übersichtlichen Auftrag, der ihn aber rasch und unaufhaltsam in ein Labyrinth hineinsaugt, aus dem es kein Entrinnen zu geben scheint – *The Big Sleep*, Chandlers Erstling, ist ein Muster für diesen gattungstypischen Aufbau. Bei Auster wird das Erzählen selbst zum Labyrinth, in

---

[39] Leonie Swann: Glennkill. Ein Schafskrimi. München 2005, S. 364.

[40] Paul Auster: *City of Glass*. Los Angeles 1985. Ders.: *Ghosts*. Los Angeles 1986. Ders.: *The Locked Room*. Los Angeles 1986.

dem sich Auftraggeber und Private Eye, Detektiv und Beschatteter, Verfolger und Verfolgter, Täter und Opfer und nicht zuletzt Leser und Autor in ihren Rollen und Identitäten mehr und mehr vertauschen und verlieren. Je mehr die Gattungserwartungen ins Leere stoßen, löst sich die Gattung vor unseren Augen mit ihren Bestandteilen auf.

Auf Paul Austers Trilogie als kritische Parodie der amerikanischen Schule antwortet Gilbert Adair mit einer Trilogie von postmodernen Pastiches des Agatha Christie-Musters. Die Titel sind dabei exemparisch: Wie *The Act of Roger Murgatroyd* (2006), *A Mysterious Affair of Style* (2007) und *And then there was no one* (2009) weltweit populäre Christie-Titel verballhornen und spielerisch verfremden, tun die Romane das mit Christie-Plots, bis der Margret Rutherford/Miss Marple-Verschnitt Evadne Mount im dritten Band bei einem Detektivroman-Kongress in Holmes' geheiligtem Meiringen den Autor Gilbert Adair als Täter eines höchst abstrusen Mords entlarvt und unter ständigen Referenzen auf die postmoderne Selbstreferenzialität eigenhändig in die Reichenbachfälle stürzt. Im Fallen noch schreibt Adair sozusagen die letzten Sätze des Buches nieder, und der allerletzte bildet den Titel: „And then there was no one.“[41]

1893 hatte Arthur Conan Doyle den von ihm erfundenen „Napoleon of Crime“, den Erzschurken Professor Moriarty, in tödlicher Umklammerung mit dem genialsten Meisterdetektiv aller Zeiten in die Klamm gestürzt. Wenige Tage später hatte James M. Barrie in einer Parodie den Autor Arthur Conan Doyle selbst in seine Geschichte eintreten und Holmes höchstpersönlich töten lassen. 2008 stößt nun der Detektiv den Autor Adair in die Fälle, in denen 115 Jahre zuvor der Autor Doyle seinen Detektiv Holmes verschwinden ließ. Wie sagte doch Brecht: Der Kriminalroman hat „ein Schema und zeigt seine Kraft in der Variation“.

---

[41] Eine zusätzliche Pikanterie bekommt der Vorgang dadurch, dass Gilbert Adair 1992 mit seiner Satire auf die Postmoderne, *The Death of the Author*, international berühmt wurde.

JÜRGEN LENERZ (Köln)

# Verwechslungen

Täglich unterlaufen uns Versprecher, meist, ohne dass wir (oder unsere Gesprächspartner) es bemerken: Die meisten Versprecher „korrigieren“ wir als Hörer automatisch, indem wir genau das verstehen (und zu hören glauben), was wir als sinnvoll, richtig und angemessen in der jeweiligen Gesprächssituation erachten. Wir folgen damit unbewusst auch als Hörer dem sogenannten Kooperationsprinzip, das Grice für Sprecher so formuliert hat: „Mache deinen Gesprächsbeitrag jeweils so, wie es von dem akzeptierten Zweck oder der akzeptierten Richtung des Gesprächs (*talk exchange*), an dem du teilnimmst, gerade verlangt wird.“[1] Wie häufig man sich wirklich verspricht, merkt man erst, wenn man bewusst auf Versprecher achtet. Dann bekommt man allerdings meist den Sinn der Äußerungen nicht mehr mit.

Versprecher[2] sind in der Regel Verwechslungen sprachlicher Einheiten, die in irgendeiner Weise beim Prozess der Sprachproduktion sozusagen gleichzeitig bearbeitet werden und einander sowohl hinreichend ähnlich als auch untereinander hinreichend verschieden sind. Damit werfen Versprecher ein klares Licht auf die Struktur des sprachlichen Systems, indem sie eben zeigen, worin die relevanten Merkmale der Gleichheit und der Verschiedenheit zwischen den Elementen des Systems bestehen. Versprecher sind, um es mit Richard Wiese zu formulieren, „Fenster zur Sprachstruktur“,[3] welche sich in der Sprachverarbeitung zeigt, denn wenn anstelle von *„praktischer Zweck“* als Versprecher *„zwecktischer Prack“*[4] gesagt wird, dann müssen zum Zeitpunkt der Realisierung die Silben *zweck* und *prack* beide im Verarbeitungsprozess präsent sein, damit sie eben vertauscht/verwechselt werden können. Auch in dem Versprecher *„Ich wollte sie stockbrieflich verfolgen lassen“*[5] muss das Phonem /o/ von *verfolgen* bereits bei der Produktion von *steckbrieflich* in irgendeiner Weise ‚gleichzeitig‘ präsent sein.

---

1 Herbert Paul Grice: Logic and Conversation. In: Peter Cole, Jerry L. Morgan (Hg.): Speech acts. Syntax and Semantics, Bd. 3. New York 1975, S. 41–58; Herbert Paul Grice: Logik und Konversation. Übers. v. Georg Meggle. In: Georg Meggle (Hg.): Handlung, Kommunikation, Bedeutung. Frankfurt/M. 1993 (stw 1083), S. 243–265, hier S. 248.

2 Eine erste Orientierung bietet der Wikipedia-Artikel „Linguistische Versprecher-Theorien“, dort auch weitere Literatur. Beispielsammlungen sind zahlreich (siehe: www.wikipedia.org/wiki/Linguistische_Versprecher-Theorien).

3 Richard Wiese: Versprecher als Fenster zur Sprachstruktur. Studium Linguistik 21 (1987), S. 45–55.

4 Helen Leuninger: Reden ist Schweigen, Silber ist Gold. Gesammelte Versprecher. 2. Auflage. Zürich 1993, S. 83.

5 Ebd., S. 84.

Aus linguistischer Sicht sind Versprecher im Wesentlichen rein formaler Natur, indem sie an sich sinnlose Verwechslungen sprachlicher Einheiten wie Phoneme, Silben etc. darstellen. Dass man sie (in der Regel post hoc) als „freudsche Versprecher" deutet, hat aus dieser Sicht mehr mit dem „Möchtegernvoyeur, dem Hörer nämlich"[6] zu tun als mit dem Unterbewusstseins des Sprechers. Dieses soll sich nach den Vertretern des Freud'schen Ansatzes etwa in dem folgenden Beispiel einer Kontamination zeigen, bei der die verwechselten Wörter quasi gleichzeitig realisiert werden:

> Ein anderer erzählt von irgendwelchen Vorgängen, die er beanstandet, und setzt fort: Dann aber sind Tatsachen zum Vorschwein gekommen [...] Auf Anfragen bestätigt er, daß er diese Vorgänge als Schweinereien bezeichnen wollte. ‚Vorschein' und ‚Schweinerei' haben mitsammen das sonderbare ‚Vorschwein' entstehen lassen.[7]

Wie dem auch sei (Freud oder nicht): Festzuhalten ist, dass wir als Hörer, wenn wir Versprecher bemerken (und sie nicht stillschweigend und unbewusst ignorieren und korrigieren), in ihnen nachträglich irgendeinen ‚tieferen' Sinn erkennen möchten. Unsere Interpretationsmaschine ist offenbar stets aktiv. Und zumeist regt ein Versprecher (wie auch andere Verwechslungen, etwa bei Handlungen) uns zum Lachen an. Wieso? Nun, zum ersten ist eine Verwechslung, da nicht intentional, stets ein Hinweis darauf, dass jemand sich geirrt hat, dass er seine (Sprech-)Handlung nicht völlig unter Kontrolle hat und sich irgendwie idiotisch benimmt. Umberto Eco lässt den Mitarbeiter Jacopo Belbo des Verlags Garamond dem Ich-Erzähler Casaubon[8] darlegen, dass er die Menschen einteilt in „die Idioten, die Dämlichen, die Dummen und die Irren".[9] Er beschreibt den Idioten wie folgt: „‚Der Idiot redet gar nicht, er sabbert bloß, er ist spastisch. Er pflanzt sich den Pudding auf die Stirn, weil er seine Bewegungen nicht kontrollieren kann. Er geht auf der falschen Seite durch die Drehtür.' / ‚Wie macht er das?' / ‚Er schafft das. Drum ist er ja ein Idiot.'"[10]

Darüber lachen wir. Darüber lachen wir? Ich meine, dass dieses Lachen nicht nur etwas mit Überheblichkeit und Schadenfreude zu tun hat, sondern in gewisser Weise auch sympathetisch ist: Ein Versprecher ist zwar irgendwie idiotisch, aber das Gleiche hätte mir ja auch passieren können, und mein Lachen zeigt eben auch an, dass die Verwechslung so schlimm nun auch wieder nicht gewesen ist. Zudem ist immer auch Überraschung mit im Spiel, wie sie ja auch bei Witzen auftritt: Anstelle des tatsächlich Gesagten muss etwas anderes gemeint gewesen sein, und das gilt es nun zu rekonstruieren. Versprecher stellen für den Hörer auch immer

---

6 Ebd., S. 118.

7 Sigmund Freud: Vorlesungen zur Einführung in die Psychoanalyse. In: Ders.: Gesammelte Werke, Bd.11. Hg. v. Anna Freud. Frankfurt/M. 1999, S. 35.

8 Es versteht sich, dass die Namen intertextuelle Anspielungen darstellen.

9 Umberto Eco: Das Foucaultsche Pendel. München 1989, S. 77.

10 Ebd., S. 78.

einen sog. Holzwegeffekt (engl.: garden-path sentence) dar: Bis zu einem bestimmten Zeitpunkt hatte man die Äußerung im Sinne X interpretieren können, aber nun stellt sich heraus, dass man die gesamte bisherige Äußerung re-analysieren muss. Im Witz ist man jemandem auf den Leim gegangen (engl: *was led down the garden path*, dt.: *war auf dem Holzweg*). Welche Hirnaktivitäten bei der Reanalyse auftreten, wird von der Neurolinguistik untersucht; so versucht man, den Prozess der Sprachproduktion über Fehler wie Versprecher besser zu verstehen.

Verwechslungen sind in aller Regel nicht intentional, weshalb Äußerungen wie „Ich wollte das wirklich verwechseln" oder „Ich habe das absichtlich verwechselt" abweichend klingen, da *wollen* und *absichtlich* sich offenbar nicht mit der Bedeutung von *verwechseln* vertragen. Intendierte „Verwechslungen" hingegen nennt man „Vertauschungen". Solche Vertauschungen sind als Mittel der künstlerischen Gestaltung sehr häufig. In der Musik finden sich etwa Spiegelungen oder Krebse eines Themas, ja die eigens so benannte „enharmonische Verwechslung". In der bildenden Kunst vertauscht z. B. Kirchner regelmäßig die Farben, aber auch bei Tanz und im Sport sind überraschende Wendungen, Wechselschritte, Finten oder im Fußball die etwas dröge so benannte „Körpertäuschung" zu finden. Vertauschungen als intendierte Umstellungen oder Ersetzungen werden allerdings in der Regel nicht als komisch empfunden: Hier muss ja (mit Grice) ein Sinn intendiert sein, den es zu ermitteln gilt. Eine Grundform der Vertauschung in der Sprache stellt übrigens die Transformation dar, ursprünglich bei Zellig Harris (anders als dann bei Chomsky) als textlinguistisch relevante Operation gedeutet.[11] Harris' Analyse steht sicher in einer langen Tradition, die auf die Kabbala zurückgeht, eine Interpretationslehre, die versucht, sich mit der Entschlüsselung vermeintlicher Umstellungen etc. dem wahren, tieferen Sinn der Bibel anzunähern.[12]

Dass intendierte Vertauschungen in der Regel nicht komisch sind, zeigt das Beispiel der Metapher. So bei Gottfried Benns Gedicht, in dem es heißt: „Die Götter halten die Waage / eine zögernde Stunde an." Die Ersetzung von *Uhr* durch *Waage* soll, wenn man Grice (s.o.: das Kooperationsprinzip) ernst nimmt, als sinnvoll erachtet werden, sodass der Leser keinen komischen Effekt unterstellt, sondern sich bemüht, für diese Ersetzung einen besonderen (poetischen) Sinn zu ermitteln.

Einen komischen Effekt erzielt hingegen die „Verwechslung", und zwar sowohl, wenn sie „echt" ist, als auch, wenn sie vom Autor inszeniert ist. Hier simuliert der Autor gewissermaßen, die von ihm vorgenommene Vertauschung sei nicht intendiert. Beispiele gibt es in Hülle und Fülle. Auf der Laut- oder Buchstabenebene ist das bekannte Beispiel von Jandl einschlägig:

---

[11] Vgl. Senta Plötz (Hg.): Transformationelle Analyse. Die Transformationstheorie von Zellig Harris und ihre Entwicklung. Frankfurt/M. 1972.

[12] Vgl. dazu Umberto Eco: Die Suche nach der vollkommenen Sprache. München 1994. Kap. 2, hier bes. S. 42. Zu Umstellungen im Deutschen vgl. u.a. Jürgen Lenerz: Zur Abfolge nominaler Satzglieder im Deutschen. Tübingen 1977.

lichtung
manche meinen
lechts und rinks
kann man nicht velwechsern
werch ein illtum![13]

Dieses Gedicht spielt auf die Unfähigkeit zur Unterscheidung von /r/ und /l/ an, die sich in den von unserem verschiedenen phonologischen Systemen des Koreanischen oder Chinesischen findet, und der übliche Witz hat sicher damit zu tun, dass man die Unfähigkeit, diese Unterscheidung zu treffen, als unverständlich empfindet, während sie doch, wie das Gedicht zeigt, für die Bedeutung von Wörtern wie *links, rechts, verwechseln, welch, Irrtum* und für die Unterscheidung zwischen *Lichtung* und *Richtung* essentiell ist. Ausgangspunkt der „Argumentation" ist allerdings eine Verwechslung innerhalb der Verwechslung, indem hier nicht einfach *rechts* mit *links* verwechselt werden, sondern zudem eben in diesen Wörtern die (inszenierte) „Verwechslung" von /r/ mit /l/ vorliegt, quasi ein (vom Autor allerdings gewollter) „Versprecher", also eine (vermeintliche) Unachtsamkeit. Eine weitere (gespielte) Naivität, über die wir uns amüsieren, liegt natürlich darin, dass Jandl unterstellt, die Unterscheidung, die für das Deutsche relevant ist, müsse deshalb selbstverständlich universell gelten.

Auf die in manchen Sprachen (Türkisch, Finnisch, Ungarisch, Koreanisch usw.) vorliegende sog. „Vokalharmonie" wird in den Ersetzungen der Vokale in den verschiedenen Versionen der „Drei Chinesen mit dem Kontrabass" angespielt: So muss im Türkischen das Pluralsuffix entweder mit geschlossenem Vokal als *-ler* oder mit offenem Vokal als *-lar* realisiert werden, je nachdem, ob der vorangehende Vokal des Nomens geschlossen oder offen ist: türk. *ev – evler* (Haus – Häuser), aber *kitap – kitaplar* (Buch – Bücher). Ins Extreme (und Absurde) wird das natürlich gewendet, wenn alle Vokale einer Liedzeile identisch werden: *Dri Chinisin mit dim Kintribiss* etc.

Eine Verwechslung von /i/ und /o/ liegt hingegen bei dem Lied „Max auf der Rax" von Georg Kreisler vor,[14] worin laut Autor „ein tieferer Sinn" liegen soll, der sich aber auch nach dem Ende des Liedes nicht wirklich erschließt: Es ist schlicht eine unsinnige, aber nervtötende Verwechslung der Vokale. Es geht um ein Echo, das auf *wie?* mit *wo?* antwortet und auf „*No, wie?*" mit „*Niveau!*" usw. „*Das Echo der raxigen Schlucht ist bekannt / als das laxeste Echo im ganzen Land*" und hat eben diese gar nicht laxe, sondern penetrante Eigenart der Vokalverwechslung (Echos sind nicht intentional!), die den Protagonisten Max schließlich zur Verzweiflung bringt: „Und er dachte verzweifelt: Ich hab mich blamiert, / mein Leben verpfuscht, Karriere ruiniert, / Mein Automobil wird ein Autimibol, / jedes Lie-

13 Ernst Jandl: Laut und Luise [1966]. In: Ders.: Poetische Werke 2. Hg. v. Klaus Siblewski. München 1997, S. 171.

14 Ich danke Stefan Brochhagen für dieses Beispiel.

besidyll ein Lobesodol." Die Verzweiflung treibt ihn schließlich in den Tod, sodass die Füchse ihn fressen.[15]

Um inszenierte Verwechslungen handelt es sich auch bei den Schüttelreimen, bei denen die Anfangskonsonanten der letzten beiden betonten Silben vertauscht werden (*Ich geh jetzt in den Birkenwald, denn meine Pillen wirken bald,* vgl. auch *Die Bluse des Böhmen*). Hier wie bei den englischen „Spoonerisms" (frz. contrepets, ital. quassisoni etc.) findet sich eine fast nicht enden wollende Menge von Sammlungen. Manfred Hanke hat einen kurzen Bericht über die Reimschmiedezunft der Schüttelreimer veröffentlicht, in dem die folgende Geschichte berichtet wird:

> Es gibt eine verbürgte Geschichte, in der es bei einem Schüttelreim-Meister – mitten im Kriege – um Kopf und Kragen ging. Es war 1941 in einem Offizierskasino in Frankreich, als einmal viel Ungutes über den Obersten Kriegsherrn geäußert wurde, worauf ein junger Leutnant dem Kritiker entgegenhielt, daß es doch wohl sehr abzuwarten sein werde, von wem am längsten die Rede sei. Doch der Kritiker unbeirrt:
>
> ‚Mich wird man noch den großen Schüttler heißen,
> wenn andere längst auf Hitler scheißen.'
>
> Die Folgen: Haft, Kriegsgericht, Degradierung zum gemeinen Mann, Bewährung an der Ostfront und erst 1944, wegen hervorragender Tapferkeit vor dem Feinde, wieder Rehabilitation.[16]

Leider wird nicht berichtet, um welchen Schüttelreim-Meister es sich handelte (Hanke selber?). Dass das Schüttelreimen allerdings eine Sucht ist, kann durch diese Verse bestätigt werden.[17]

Ebenso sind Kalauer natürlich Fälle von Verwechslungen. Hier werden schlicht Homonyme vertauscht, also lautgleiche Wörter, die aber vom Sinn her völlig verschieden und in der Regel auch etymologisch nicht verwandt sind wie z. B. *der Kiefer* vs. *die Kiefer*. Solche Kalauer wie der bekannte von Heinz Erhardt „*Tausende standen an den Hängen und Pisten*" werden allerdings in der Regel nicht als literarisch besonders wertvoll erachtet. Allerdings bringt eigentlich erst der Nachsatz „*Ich kann nichts dafür, ich habe das Deutsche nicht gemacht*" den Lacher, indem der Autor hier treuherzig so tut, als sei ihm tatsächlich unabsichtlich eine Verwechslung unterlaufen – was ihm natürlich keiner abnimmt. Und so erweist er sich schlitzohrig als der tölpelhafte Narr, der zu sein er als Komödiant vorgibt.

Auch auf der Grundlage eines Kalauers beruht das Gedicht „Der Werwolf" von Christian Morgenstern, das die „Beugung" des Wortbestandteils *wer-* zum Thema hat. Dieses Morphem, das etymologisch zu germ. *wer* (Mann) gehört (vgl. lat. *vir*),

---

[15] Georg Kreisler: Zwei alte Tanten tanzen Tango – Seltsame Gesänge. München 1964, S. 93–96; zu hören ist das bei: http://www.youtube.com/watch?v=QpI_1G41l04, 20.04.2009.

[16] Manfred Hanke: Die Schüttelreimer. Bericht über eine Reimschmiedezunft. Stuttgart 1968, S. 109f.

[17] Zu unreinen Reimen (*Schüttler – Hitler*) vgl. Beatrice Primus: Unreine Reime und phonologische Theorie. In: David Restle, Dietmar Zaefferer (Hg.): Sounds and Systems. Studies in Structure and Change. Berlin 2002, S. 269–298.

wird volksetymologisch mit dem Fragepronomen verwechselt, welches sich allerdings zum großen Bedauern des Werwolfs nur im Singular deklinieren lässt.

Systematisch wird die Verwechslung von Textbausteinen z. B. in Loriots bekanntem Sketsch über Erwin Lindemann in vielen Versionen durchgespielt, bis schließlich aus dem zu Anfang intendierten Text die völlig verhunzte Fassung wird, die der Regisseur schließlich akzeptiert:

> LINDEMANN: Ich ... heiße ... Erwin ... Lindemann, bin Rentner und 66 Jahre ... mit meinem Lottogewinn von 500 000 D-Mark mache ich erst mal eine Reise nach Island ... dann fahre ich mit meiner Tochter nach Rom und besuche eine Papstaudienz ... und im Herbst eröffne ich dann in Wuppertal eine Herren-Boutique.
> [...verschiedene Zwischenstufen der Verwechslung...]
> LINDEMANN: Ich heiße ... na! ... Erwin ... ich heiße Erwin und bin Rentner. Und in 66 Jahren fahre ich nach Island ... und da mache ich einen Gewinn von 500 000 D-Mark ... und im Herbst eröffnet dann der Papst mit meiner Tochter eine Herren-Boutique in Wuppertal ...
> REGISSEUR: Danke ... das war's.[18]

Hier liegt im eigentlichen Sinne keine inhaltliche Verwechslung vor, sondern lediglich eine formale der verschiedenen Textbestandteile, in denen sich Erwin Lindemann verheddert. Inhaltlich ist indessen die Vertauschung in dem bekannten Limerick:

> There was a young lady from Riga,
> who smiled as she rode on a tiger.
> They returned from the ride
> with the lady inside
> and the smile on the face of the tiger.

Eine Quelle von Witzen ist auch die Verwechslung von Fremdwörtern. Thomas Mann macht sich das zu Nutze, wenn er etwa im *Zauberberg* eine Frau Stöhr auftreten lässt, die *desinfiszieren* statt *desinfizieren* sagt und *kosmisch* mit *kosmetisch*[19] verwechselt. „Karoline Stöhr war entsetzlich. Sie sagte ‚Agonje' statt Todeskampf, ‚insolvent', wenn sie jemandem Frechheit zum Vorwurf machte."[20] Auffällig ist die penible Genauigkeit, mit der Thomas Manns Erzähler die Versprecher richtigstellt. Allerdings stellt er lediglich die muttersprachlichen Synonyme zur Verfügung und überlässt es dem Leser, die eigentlich verwechselten Fremdwörter selber zu finden. Hierin liegt eine etwas perfide Parodie, die nur so tut, als zerstöre sie den Witz. Vielleicht kann man sogar unterstellen, dass Thomas Mann sich hier als Autor in die Person seines Protagonisten Hans Castorp versetzt und dessen etwas schlichtes Gemüt quasi in einem Aufwasch parodiert.

Damit ist eine Differenzierung angesprochen, die in den 70er Jahren des vorigen Jahrhunderts insofern eine gewisse Rolle spielte, als man in der Literaturwis-

---

18 Loriot: Der Lottogewinner. In: Ders.: Loriot's dramatische Werke. Nachdr. d. 2., neu durchges. Aufl. Zürich 1981, S. 288–293.
19 Vgl.: http://www.thomas-mann-figurenlexikon.de, 20.04.2009.
20 Thomas Mann: Der Zauberberg. Hg. v. Michael Neumann. Frankfurt/M. 2002, S. 451ff.

senschaft das sogenannte Kommunikationsmodell nutzte, um die Differenz zwischen Person (Thomas Mann), Autor und ggf. Erzähler zu charakterisieren. So ist zwar Thomas Mann derjenige, der z. B. *Dr. Faustus* geschrieben hat, dies aber nicht als „Privatperson", sondern in seiner Funktion als Schriftsteller (Autor). Beide darf man eben nicht verwechseln, ebenso wenig wie „Autor" und „Erzähler": Th. Mann (als Autor) stellt sich einleitend als Gymnasialprofessor namens Dr. Serenus Zeitblom als Erzähler von Adrian Leverkühns Leben vor. Diese fiktionale Vertauschung, die Authentizität vortäuschen soll, ist ein weit verbreiteter literarischer Topos, man vergleiche etwa auch den Anfang von Melvilles Roman *Moby Dick* („*Call me Ismael*") oder den Titel des Romans von Max Frisch *Mein Name sei Gantenbein.*

In diesen Zusammenhang passen natürlich alle Arten von Parodien, die ja in einer vom Autor inszenierten Verwechslung der Autorschaft bestehen.

> Ich lasse mich nicht! (791. Fortsetzung und Schluß)
>
> *Nach Hedwig Courths-Mahler*
>
> „... Winfriede aber ist mein eigenes Kind!" Sie hatte geendet und hielt den Brief in zitternden Händen.
>
> Da trat Götz von Felseneck vor sie hin. „Du bist ebenbürtig, Trotzkopf – du bist meine Braut!"
>
> Sie aber: „So meinst du, daß ich nun Aufnahme finden darf in deinem Geschlecht, das, wie du weißt, zu den vornehmsten unseres Landes gehört?"
>
> Da schloß er sie stumm in die Arme.
>
> Schon im April wurde Winfriede Götzens Gattin. Sie erwählten Schloß Adlerhorst zum Wohnsitz. So konnte die alte Gräfin ihre Kinder täglich besuchen.
>
> Jettchen Wohlgemut brauchte sich nicht mehr um die blassen Wangen ihres Komteßchens zu ängstigen; Winfriede ward eine blühende junge Frau. „Ich lasse mich nicht", war ihr stolzer Wahlspruch. Sie war inzwischen Mutter dreier Knaben und vierer Mädchen geworden, die fröhlich in Adlerhorst herumtollten.
>
> Dagobert von Schwarzenburg aber heiratete die häßliche, bucklige Tochter eines reichen Käsehändlers und huldigte nach wie vor dem Dämon Alkohol.[21]

Auch eine Verwechslung, aber auf Seiten des Hörers, liegt bei Missverständnissen vor. So kommt z. B. die Verwechslung verschiedener Lesarten (*de dicto* vs. *de re*) von gr. οὔτις, lat. *nemo* als Pronomen und (missverstanden) als Namen „*Nemo*" schon in der Odyssee vor und etabliert eine literarische Tradition, die bis heute (zuletzt im Zeichentrickfilm *Findet Nemo*) besteht.[22]

Viele Missverständnisse findet man in dem Buch von Axel Hacke *Der weiße Neger Wumbaba. Kleines Handbuch des Verhörens*, dessen Titel auf eine missver-

---

[21] Vgl. Robert Neumann: Mit fremden Federn. Berlin 1960, S. 112.

[22] Vgl. auch die berühmte „Kannitverstan"-Erzählung von Johann Peter Hebel (In: Ders.: Sämtliche Schriften. Historisch-kritische Gesamtausgabe, Bd. 2, Erster Teil. Hg. v. A. Braunbehrens und P. Pfaff. Karlsruhe 1990, S. 132–135).

standene Zeile aus dem Gedicht *Abendlied* („Der Mond ist aufgegangen“) von Matthias Claudius zurückgeht.[23]

Auch die Verwechslung von Form und Inhalt kann eine Rolle spielen, etwa, wenn man das Sonett lediglich als formales Gerüst ansieht und seine dialektische Inhaltsstruktur schlicht nicht erkennt (oder eben vorgibt, sie nicht zu erkennen):

Robert Gernhardt
Materialien zu einer Kritik der bekanntesten Gedichtform italienischen Ursprungs

Sonette find ich so was von beschissen,
so eng, rigide, irgendwie nicht gut;
es macht mich ehrlich krank zu wissen,
dass wer Sonette schreibt. Dass wer den Mut

hat, heute noch so'n dumpfen Scheiß zu bauen;
allein der Fakt, dass so ein Typ das tut,
kann mir in echt den ganzen Tag versauen.
Ich hab da eine Sperre. Und die Wut

Darüber, dass so'n abgefuckter Kacker
Mich mittels seiner Wichserein blockiert,
schafft in mir Aggressionen auf den Macker.

Ich tick nicht, was das Arschloch motiviert.
Ich tick es echt nicht. Und wills echt nicht wissen:
Ich find Sonette unheimlich beschissen.[24]

Und tatsächlich ist dieses Sonett ohne inhaltliche dialektische Struktur wirklich langweilig und trotz seiner formalen Brillanz einfach nur „beschissen“.

Inszenierte Verwechslungen sind schließlich ein immer wiederkehrendes Thema in Komödien. Ich möchte hier ein Beispiel aus dem Film *Tootsie* bringen, in dem sich ein arbeitsloser Schauspieler (Michael Dorsey, gespielt von Dustin Hoffman) als Frau verkleidet unter dem Namen Dorothy Michaels für eine Frauenrolle in einer TV-Serie bewirbt und sie bekommt. Zu den vielen und urkomischen Verwicklungen gehört es auch, dass sich der Mann, der eine Frau spielt, in eine Schauspieler-Kollegin Julie Nichols verliebt, diese Liebe aber in seiner Rolle natürlich nicht zugeben kann – lesbische Liebe bleibt ein nur angedeutetes Thema, hier allerdings dadurch zusätzlich „verwechselt“, dass der Vater Julies, Leslie (kurz Les), sich seinerseits in Dorothy verliebt. Diese Verwicklung wird in der folgenden Szene zwischen Michael Dorsey und seinem Agenten George Fields behandelt – aber natürlich nicht geklärt.

---

23 Axel Hacke: Der weiße Neger Wumbaba. Kleines Handbuch des Verhörens. München 2004; Ders.: Der weiße Neger Wumbaba kehrt zurück. Zweites Handbuch des Verhörens. München 2007; Ders.: Wumbabas Vermächtnis. Drittes Handbuch des Verhörens. München 2009.

24 Robert Gernhardt, Klaus Cäsar Zehrer (Hg.): Hell und Schnell. 555 komische Gedichte aus 5 Jahrhunderten. Frankfurt/M 2004, S. 397f.

MICHAEL DORSEY: You should have seen the look on her face when she thought I was a lesbian.
GEORGE FIELDS: ‚Lesbian'? You just said gay.
MICHAEL DORSEY: No, no, no - SANDY thinks I'm gay, JULIE thinks I'm a lesbian.
GEORGE FIELDS: I thought Dorothy was supposed to be straight?
MICHAEL DORSEY: Dorothy IS straight. Tonight Les, the sweetest, nicest man in the world asked me to marry him.
GEORGE FIELDS: A guy named Les wants YOU to marry him?
MICHAEL DORSEY: No, no, no - he wants to marry Dorothy.
GEORGE FIELDS: Does he know she's a lesbian?
MICHAEL DORSEY: Dorothy's NOT a lesbian.
GEORGE FIELDS: I know that, does HE know that?
MICHAEL DORSEY: Know WHAT?
GEORGE FIELDS: That, er, I ... I don't know.[25]

Das bringt mich schließlich zu der Vertauschung schlechthin, die Literatur an sich charakterisiert: Es handelt sich um Fiktion, d. h. in der Literatur wird systematisch die Schilderung einer erfundenen Geschichte als Schilderung der Wirklichkeit ausgegeben. Literatur ist stets ein „So-tun-als-ob", bei dem Autor und Leser wissen, dass es sich um eine Vertauschung von Fiktion und Wirklichkeit handelt. Dies wird deutlich, wenn man sich die oft wiederholte Definition ansieht, die Goethe bei der Titelsuche zu seiner dann *Novelle* genannten Erzählung zum Begriff „Novelle" im Gespräch mit Eckermann gegeben hat:

Eckermann diskutierte mit dem Dichter mehrere Vorschläge zu einem Titel, keiner wollte auf das Ganze passen:

> ‚Wissen sie was', sagte Goethe, ‚wir wollen es die ‚Novelle' nennen; denn was ist eine Novelle anders als eine sich ereignete unerhörte Begebenheit. Dies ist der eigentliche Begriff, und so vieles, was in Deutschland unter dem Titel Novelle geht, ist gar keine Novelle, sondern bloß Erzählung oder was sie sonst wollen.'[26]

Eine Novelle als „eine sich ereignete unerhörte Begebenheit" zu bezeichnen, sieht nun tatsächlich so aus, als würde hier die Erzählung von einer fiktionalen, sich tatsächlich *nicht* ereigneten Begebenheit mit der Wirklichkeit dieser Begebenheit verwechselt.

Verwechslung und Verwirrung, wohin man schaut. Es ist eine wahre Freude.

---

25 http://www.imdb.com/title/tt0084805/quotes, 24. April 2009.

26 Gespräch vom 29. Januar 1827. In: Johann Peter Eckermann: Gespräche mit Goethe in den letzten Jahren seines Lebens 1823–1832. Hg. v. Christoph Michel. Frankfurt/M. 1994, S. 221.

MARTIN ANDREE (Köln)

# Die Komik der Emphase

## Das Lächerliche als Reflexionswert emphatischer Kommunikation

Sprache als Mittel zum Prozessieren von Sinn lässt sich ihrerseits beobachten: Sie wird dann zum Gegenstand von Sprachwissenschaft, Informationstheorie oder Semiotik. In solchen Reflexionstheorien der sprachlichen Kommunikation und des sprachlichen Verstehens lässt sich beschreiben, auf welche Weise, das heißt, auf Basis welcher Codierungen und welcher Ordnungen sprachliche Informationen mitgeteilt und verstanden werden können.

Sprache als „Archimedium des Medialen überhaupt", als „semiologische Prozessform",[1] funktioniert in den verschiedenen gesellschaftlichen Funktionssystemen zunächst einmal auf dieselbe Weise, das heißt: Sprachzeichen wie etwa „Stein" oder „Baum" bedeuten in der Politik dasselbe wie in den Massenmedien, in der Wirtschaft, der Wissenschaft oder vor Gericht, auch wenn sich natürlich die jeweiligen Kontexte ändern. Die Autopoiesis der einzelnen Funktionssysteme erfolgt auf der Basis jeweils spezifischer Semantiken, aber die verwendeten Elemente der Autopoiesis, die Sprachzeichen, bleiben dieselben, und sie bleiben auch auf dieselbe Weise verständlich: In Bezug auf die unterliegende Sprachzeichenmedialität verwenden alle Funktionssysteme dasselbe Lexikon.

Dennoch gibt es gravierende Ausnahmen, und zwar für die Religion und die Kunst, insbesondere die Literatur. Natürlich verwenden auch Propheten oder Dichter dasselbe Lexikon wie die anderen Systeme, sie bestehen aus denselben Sprachzeichen. Das bedauert etwa Paul Valéry: Der Dichter, so heißt es, „hat keine eigens für seine Kunst gemachte, für den Dienst am Schönen bereitgestellte Gesamtheit von Mitteln vor sich. Er muß sich die Sprache ausborgen – die *vox publica*".[2] Obwohl die Sprache des Dichters aus denselben Elementen besteht wie die Sprache der anderen Funktionssysteme, soll sie sich in einen anderen Sprachzustand aufschwingen, also *zugleich* Sprache sein als auch *mehr* als nur Sprache – was einer Paradoxie entspricht, die sich Valéry als „Sprache in der Sprache" vorstellt.[3]

Die entscheidende Frage ist, *auf welche Weise* die bloßen Sprachzeichen ‚mehr' werden als eben ‚bloß' Sprache. Nach Valérys Version dieser Problemstellung ist Sprache im ‚Zustand der Literatur' hintergründig, geheimnisvoll und rätselhaft, sie

---

[1] Ludwig Jäger: Zeichen / Spuren. Skizze zum Problem der Sprachzeichenmedialität. In: Georg Stanitzek, Wilhelm Voßkamp (Hg.): Schnittstelle. Medien und kulturelle Kommunikation. Köln 2001, S. 17–31, S. 18f.

[2] Paul Valéry: Werke. Frankfurter Ausgabe. Bd. 1–7. Hg. v. Jürgen Schmidt-Radefeldt. Frankfurt/M., Leipzig 1992. Bd. 5, S. 157 [„Dichtkunst und abstraktes Denken"].

[3] Ebd., Bd. 3, S. 230 [„Die Situation Baudelaires"].

übersteigt die bloße Signifikation und ist deshalb nicht paraphrasierbar. Zugleich besitze die literarische Sprache eine mystische Kraft der Bedeutung:

> Die Macht der Verse liegt in einem unbestimmbaren Einklang zwischen dem, was sie sagen, und dem, was sie sind. ‚Unbestimmbar' gehört mit zur Bestimmung. Dieser Einklang darf nicht bestimmbar sein. Ist er es, so handelt es sich um Einklang als Nachahmung, was nicht gut ist.[4]

Die Sprache erhält in der Verwendung durch den Dichter einen eigentümlichen Mehrwert; der Poet verwandelt die Sprache in „Sprache der Götter".[5]

Es ist bedeutsam, dass Valéry hier auf die Sphäre des Religiösen verweist, denn auch hier muss Sprache immerzu den Beweis antreten, mehr zu sein als ‚bloße Sprache'. Wie Valéry (wie andere Literaten auch) seine Texte mit einer *Theorie von zwei Sprachzuständen* unterlegt, ist dasselbe schon in den biblischen Schriften präfiguriert. Auch hier wird die Sphäre der Kommunikation in ein binäres Schema hineinkopiert: Das gewöhnliche Wort beispielsweise kann etwa *tot* sein, wenn es von Gott kommt, ist es jedoch *lebendig*. Die Worte Gottes sind nicht *unwirksam*, sondern sie werden *erfüllt*. Und während alle anderen Worte bloß abgeleitet sind, ist der göttliche Logos *ursprünglich* und so fort: Im Gegensatz zur Absenz des Signifikats in der alltäglichen Kommunikation verspricht der göttliche Logos eine mystische Präsenz.

Die Lehre von den zwei Sprachzuständen ist konstitutive Bedingung ‚emphatischer' Ausprägungen von Kommunikation, und zwar in der Religion und dann in der Literatur.[6] Dabei wird der Terminus *Emphase* umfassender verstanden als in der Rhetorik, wo er Figuren sprachlicher Hervorhebung bzw. der Redegewalt bezeichnet.[7] Im Kontext wirkungsmächtiger Kommunikationsformen ist die etymologische Verwandtschaft zu griechisch *phainein* bedeutsam [~ sichtbar machen, sehen lassen], dem Wort, von dem sich ‚Phänomen' herleitet, sowie zu griechisch *emphainein* [~ aufzeigen, sichtbar machen].[8] Ein *emphatisches Zeichen* ist demgemäß charakterisiert als ein Zeichen, welches auf mystische Weise[9] die Präsenz

---

4 Ebd., Bd. 5, S. 236 [„Windstriche"].

5 Ebd., Bd. 1, S. 564 [„Variationen über die Bucolica des Vergil"].

6 Vgl. ausführlich zu einer Theorie ‚emphatischer Kommunikation' bzw. der ‚zwei Sprachzustände' Martin Andree: Archäologie der Medienwirkung. Faszinationstypen von der Antike bis heute (Simulation, Spannung, Fiktionalität, Authentizität, Unmittelbarkeit, Geheimnis, Ursprung). München 2005.

7 Siehe dazu Thomas Schirren: Emphase. In: Gerd Ueding (Hg.): Historisches Wörterbuch der Rhetorik. Bd. 1ff. Darmstadt 1992ff. Bd. 2, Sp. 1121–1123, sowie Georg Michel: Emphase. In: Klaus Weimar et al. (Hg.): Reallexikon der deutschen Literaturwissenschaft. Neubearbeitung des Reallexikons der deutschen Literaturgeschichte. Bd. 1–3. Berlin, New York 1997ff., Bd. 1, S. 441–443.

8 Siehe dazu Friedrich Kluge: Etymologisches Wörterbuch der deutschen Sprache. 22. Aufl., unter Mithilfe von Max Bürgisser und Bernd Gregor völlig neu bearbeitet von Elmar Seebold.

9 Vgl. zum mystischen Aspekt Martin Andree: Medien, Mystik, Medienmystik. Die Phantasmen der Präsenz und der unio mystica als medientheoretische Fundamentalprobleme. In: Ingo Berensmeyer (Hg.): Mystik und Medien. München 2008, S. 31–54.

seines Signifikats in sich aufscheinen lässt. Ein *emphatisches Zeichen* wäre ein *Zeichen, das in sich das Phänomen sichtbar macht*, im weiteren Sinne jedoch jedes Zeichen, welches vorgibt, ‚mehr' zu sein als ‚bloß' ein Zeichen.[10] Während das normale Zeichen bloß der alltäglichen Kommunikation ‚dient' – es ist ‚bloß' ein Werkzeug, ein *instrumentelles Zeichen* –, erzeugt das emphatische Zeichen das Phantasma, seine eigene Zeichenhaftigkeit zu überschreiten.

Wichtig ist, scharfzustellen, dass man diesen Ansatz operationalisieren muss, um in der Analyse zu brauchbaren Ergebnissen zu gelangen. Das heißt: Streng genommen ‚gibt' es keine emphatischen Zeichen, sondern allenfalls Rezeptionen, in denen Zeichen auf emphatische Weise decodiert werden. ‚Emphatische Zeichen' existieren also allenfalls als Angebote für emphatische Rezeptionsweisen, die selbstverständlich auch abgelehnt werden können. Die Entscheidung, ob etwas emphatisch verstanden wird oder nicht, liegt wie immer beim Rezipienten. Man kann glauben, dass die Hostie der Leib Jesu ist, und man kann es auch lassen. Erst durch die Annahme eines kommunikativen Angebots wird ein Zeichen zu einem emphatischen Zeichen und es erfolgt eine ‚emphatische Lektüre'.[11]

Die Lehre von den zwei Sprachzuständen bzw. die Unterscheidung von ‚emphatischen' gegenüber ‚normalen' Formen der Signifikation ist seit der Antike Grundbedingung dafür, dass Religion oder Literatur stattfinden. Ein Rezipient muss zunächst einmal in der Lage sein zu unterscheiden, in welchen Fällen Angebote emphatischer Kommunikation vorliegen, wann hingegen nicht; er muss etwa den Tempel von den anderen, profanen Bauten unterscheiden können. Er muss ferner wissen, wie solchen Angeboten zu begegnen ist, etwa mit Ehrfurcht (lat. *religio*), Demut und Scheu. Er benötigt schließlich ein Vorwissen, welches ihn befähigt, solche Angebote zu prüfen: Ist dieser Stein dort wirklich heilig oder doch ‚bloß' ein Stein? Wenn solche Rezeptionskompetenzen fehlen, können auch keine emphatischen Lektüren stattfinden.

Aus diesem Grunde unterliegen den Texten der Religion und der Literatur implizite Theorien, die den Rezipienten immer wieder aufs Neue instruieren, auf welche Weise emphatische Lektüren abzulaufen haben: Wie sich etwa die heiligen Symbole des ‚echten' Gottes Jahwe von den Trugzeichen der falschen Baalsgötter unterscheiden lassen, welcher Medien Gott sich bedient (Gesetzestafeln, Prophetenworte etc.), an welchen Orten er sich offenbart (Berg, Tempel, Bundeslade etc.), unter welchen Restriktionen sich dieser Gott medial darstellen lässt (Bilderverbot, Tabu des göttlichen Namens etc.), wie sich Rezipienten ihrerseits verhalten müs-

---

[10] Im übrigen weist die Etymologie von ‚Zeichen' selbst die Dichotomie instrumentell/emphatisch auf. Germanisch *taikna- bedeutet sowohl ‚Zeichen' als auch ‚Erscheinung'. Siehe dazu Kluge: Wörterbuch, S. 807. Das korrespondiert mit dem Gebrauch des lateinischen Begriffs signum, der in der Vulgata stets für die ‚Wunder' steht, die Jesus vollbringt; vgl. Georg Luck: Magie und andere Geheimlehren in der Antike. Stuttgart 1990, S. 172.

[11] Vgl. ausführlich zum Konzept der ‚emphatischen Lektüre' Martin Andree: Wenn Texte töten. Über Werther, Medienwirkung und Mediengewalt. München 2006, S. 59–76.

sen, wenn sie mit diesem Gott kommunizieren (Ehrfurcht, Demut, Rituale, Gesten, Formeln etc.), und *mutatis mutandis* gilt dasselbe für die emphatischen Lektüren der Literatur.

Wer diese Kompetenzen nicht besitzt, ist nicht in der Lage, am religiösen oder ästhetischen Diskurs zu partizipieren, schlicht weil die Fähigkeit zur Differenzierung des ‚Heiligen' vom ‚Profanen',[12] der ‚Kunst' vom ‚Schund' nicht vorhanden ist. Dementsprechend wird auch die Kritik an solchen differenzierungsunfähigen ‚Banausen', also Rezipienten mit mangelndem Gefühl für den ‚wirklichen Wert' einer Sache, immer ähnlich formuliert: Wem etwa der Glaube fehle, der verfüge deshalb auch über keinen Zugang zum Göttlichen, der bleibe blind und taub gegenüber den doch offensichtlichen göttlichen Offenbarungen, der sei nicht in der Lage, zu erkennen, dass dieser Berg dort eine heilige Schwelle zur göttlichen Sphäre und Ort der Theophanie ist etc. Und analog die Übersetzung in die Logik des Ästhetischen: Wer dieses oder jenes Kunstwerk nicht verehre, dem fehle es schlicht an Kenntnissen, dessen Hintergründigkeit und Tiefe, Reichhaltigkeit, Dichte und Genie zu erkennen.

Solche erwartungsbildenden Strukturen erzeugen auf ihrer positiven Seite Anschlussfähigkeit und bedürfen dann keiner weiteren Thematisierung – man kann dann etwa beten, ohne sich jedes Mal aufs Neue die Unterscheidung ‚heilig' versus ‚profan' begründen zu müssen. Auf diese Weise können Systeme äußerst komplexe Verhältnisse auf einfache binäre Unterscheidungen herunterrechnen, sodass sich das System vorrangig durch Bezug auf diese Unterscheidung (Annahme/Ablehnung) identifizieren beziehungsweise auf der positiven Seite des Codes (Annahme) fortschreiben kann.

Dagegen findet die Selbstbeobachtung des Systems vornehmlich auf der Negativseite des Codes statt: Man kauft, wenn der Preis in Ordnung ist, thematisiert den Preis dagegen vor allem dann, wenn er als zu hoch erscheint. Analog trifft das auch für emphatische Kommunikation zu, im Sinne: Ist Gott tatsächlich in der Hostie präsent? War dieser Mensch tatsächlich ein Heiliger? Ist das noch Kunst? Solche Selbstbeobachtungen finden statt, aber sie stellen eher den Ausnahmezustand dar. Man geht erst einmal davon aus, dass es in der Kirche, mit dem Geistlichen, bei der Zeremonie, im Museum oder Theater ‚mit rechten Dingen' innerhalb der jeweiligen diskursiven Binnenordnung zugeht.

Demgemäß erfolgt systemische Selbstbeobachtung zunächst einmal vor allem schematisch: Man weiß etwa, warum man selbst ‚rechtgläubig' ist, und man ist auch in der Lage, die ‚Heiden' und ihre Praktiken auf der anderen Seite der Grenze zu differenzieren. Dagegen werden komplexere innere Konsistenzprüfungen im

---

[12] Vgl. zur religiösen Fassung des Problems Mircea Eliade: Das Heilige und das Profane. Vom Wesen des Religiösen. Frankfurt/M. 1984; ders.: Die Religionen und das Heilige. Elemente der Religionsgeschichte. Frankfurt/M. 1986; Niklas Luhmann: Die Religion der Gesellschaft. Frankfurt/M. 2002.

System typischerweise an Experten delegiert: Auf Seiten der Religion etwa werden Gurus, Schriftgelehrte, Priester und so fort dafür abgestellt, theologische Selbstbeschreibungen und normative Gehalte zu formulieren, Kanones, Glaubensartikel, Katechismen aufzustellen; das heißt „Theorien, die die Funktionssysteme über sich selbst aufstellen, um die eigene Autopoiesis zu interpretieren, um den neu gewonnenen Kombinationsspielraum zu ordnen".[13] In Streitfragen holt man sich bei diesen Spezialisten der Reflexion Rat und Entscheidung; dasselbe gilt erneut für die Kunst, deren Reflexionstheorien in Ästhetiken, Poetiken und dergleichen niedergelegt und durch Experten (Rezensenten, Kritiker, Kommentatoren etc.) immer wieder aufs Neue ausgelegt werden.

Auf diese Weise erzeugen Systeme „Theorien des Systems im System",[14] wodurch sie eine größere Komplexität aufbauen können und zugleich in der Lage sind, mit Irritationen umzugehen (‚Sind diese Knochen wirklich heilig?'). Zugleich ergeben sich daraus auch Einschränkungen, denn ein so konstruiertes System tendiert auf der operativen Ebene zur Selbstsimplifikation (man geht jeden Sonntag in die Kirche, ohne das zu hinterfragen), wohingegen Reflexivität weitestgehend an Spezialisten und Institutionen (Priester, Kirche etc.) delegiert wird. Mit zunehmendem Sinnreichtum und wachsender Komplexität wird diese Reflexionsstruktur insofern unzureichend, als Systeme ihre Selbstreflexion und Selbstbeschreibung unnötig einschränken und auf diese Art auch ihre eigene innere Dynamik und Resonanzfähigkeit limitieren.

Eine zusätzliche Methode zur Steigerung der Selbstbeobachtung wird dann erreicht, wenn das System Mechanismen entwickelt, um auf *spielerische* Weise sich selbst und seine eigene Autopoiesis zu beobachten, dabei seine eigenen Grenzen auszuloten, dies jedoch ohne die kontrollierte Rückbindung an die etablierten Experten und Institutionen der Reflexion. Für eine solche Selbstbeobachtung generiert das System neben der binären Wahlmöglichkeit zwischen Annahme und Ablehnung eine dritte Option. Diese dritte Option besteht in der *Komik*.

Das lässt sich an Beispielen schnell erhellen. In Religionen mit Absolutheitsanspruch wie der jüdischen und später der christlichen kann die Komik nicht im eigentlichen Sinne als dritte Option der Rezeption durchschlagen. Kommunikationen stammen entweder von Gott, dann gebührt ihnen Ehrfurcht und Respekt, oder aber es handelt sich um Trugbilder und Täuschungen, die abzulehnen sind. Hier gibt es allenfalls die Option des Verlachens und Verspottens, wie etwa gegenüber den lächerlichen Propheten der falschen Baalsgötter im Buch der Könige, die vergeblich ihren nicht existierenden Gott beim Opfer eines Stiers anrufen:

> Dann riefen sie vom Morgen bis zum Mittag den Namen Baal an und schrien: Baal, erhöre uns! Doch es kam kein Laut, und niemand gab Antwort. Sie tanzten hüpfend um den Altar,

---

13 Niklas Luhmann: Die Wissenschaft der Gesellschaft. Frankfurt/M. 1994, S. 479.
14 Ebd., S. 471.

> den sie gebaut hatten. Um die Mittagszeit verspottete sie Elija und sagte: Ruft lauter! Er ist doch Gott. Er könnte beschäftigt sein, könnte beiseite gegangen oder verreist sein. Vielleicht schläft er und wacht dann auf. Sie schrieen nun mit lauter Stimme. Nach ihrem Brauch ritzten sie sich mit Schwertern und Lanzen wund, bis das Blut an ihnen herabfloß. Als der Mittag vorüber war, verfielen sie in Raserei [...] Doch es kam keine Antwort, keine Erhörung.[15]

Auf charakteristische Weise werden hier zentrale Bestandteile der emphatischen religiösen Kommunikation zitiert: Opfer, beschwörende Anrufung des Gottes durch seinen göttlichen Namen, Gebet, Altar, ritueller Tanz, Selbstkasteiung, Trancezustände und so fort. Im Gegensatz zur erfüllten emphatischen Kommunikation des echten Jahwe-Gottes handelt es sich jedoch um Schein und Trug, der strikt abgelehnt werden muss. Man kann die falschen Baalspropheten dabei zunächst verlachen und verspotten, wie Elija es hier tut, aber diese Komik ist gleichzusetzen mit totaler Ablehnung, die binäre Codierung wird mit tödlichem Ernst vollzogen,[16] sodass Elija die vierhundertfünfzig Propheten auch anschließend töten lässt. Demgemäß versteht sich von selbst, dass auch die Verspottung des ‚echten' Gottes und seiner Propheten in dieser Diskurslogik undenkbar ist: „Für ein gottesfürchtiges Lachen ist alles Heilige tabu, will es nicht unter das Verdikt der *Blasphemie* fallen."[17]

Als junge Männer etwa den Propheten Elischa verlachen, verflucht dieser sie, daraufhin werden sie von wilden Tieren getötet: „Da kamen zwei Bären aus dem Wald und zerrissen zweiundvierzig junge Leute."[18] Es kommt also hier noch nicht zur Ausbildung von Komik im Sinne einer dritten Option jenseits von Annahme und Ablehnung. Dass diese Praxis in manchen Glaubenskreisen ihre Gültigkeit noch nicht verloren hat, beweist etwa die Kontroverse um die Mohammed-Karikaturen, die 2005 in der dänischen Zeitung *Jyllands Posten* veröffentlicht wurden und in der muslimischen Welt heftige, mitunter militante Entrüstung hervorriefen und insgesamt mehr als 140 Menschenleben kosteten. Es ist offensichtlich, dass es aus Sicht der muslimischen Empörung eben nicht um ‚Pressefreiheit' geht, sondern darum, dass die Sphäre der emphatischen religiösen Kommunikation noch nicht komikfähig ist. Analog verhält sich die biblische Grundlegung: „Das Lachen findet Eingang in die Bibel, indem es dem unbedingten Herrschaftsanspruch des göttli-

---

[15] Die Bibel. Altes und Neues Testament. Einheitsübersetzung. Freiburg, Basel, Wien 1980, S. 357 (1 Könige 18, 26–29).

[16] Das Komische schließt das der Ordnung Entgegenstehende ein, aber hier gibt es seit jeher Limitationen, welche Ritter mit dem Begriff der ‚Dispositionsbreite' markiert: „Diese Dispositionsbreite hat ihre Grenzen dort, wo die positive Aufnahme des Entgegenstehenden ihr Ende hat", mit anderen Worten dort, wo der Spaß aufhört. Joachim Ritter: Über das Lachen. In: Ders.: Subjektivität. Sechs Aufsätze. Frankfurt/M. 1989, S. 62–92, hier S. 83.

[17] Manfred Pfister: Inszenierungen des Lachens im Theater der Frühen und Späten Neuzeit. In: Werner Röcke, Helga Neumann (Hg.): Komische Gegenwelten. Lachen und Literaur in Mittelalter und Früher Neuzeit. Paderborn 1999, S. 215–231, hier S. 228.

[18] Die Bibel, S. 366 (2 Könige 2, 24).

chen Wortes unterworfen wird. Das Lachen, das Gott nicht ahndet, ist *im* Raum dieser Herrschaft des Wortes angesiedelt."[19]

Ganz anders dagegen das Lachen in der Literatur der Griechen. Als Beispiel seien hier *Die Frösche* von Aristophanes herangezogen. In dem Possenspiel der ersten Hälfte wird hier der Theatergott Dionysos hochselbst gezeigt, in lächerlicher Herakles-Kostümierung und dem Plan, aus dem Hades einen brauchbaren Dichter zurückzuholen. Dionysos erscheint als bramarbasierender Aufschneider, Großmaul, Feigling, in derb-drastischem Dialog mit seinem hanswurstigen Sklaven Skanthias. Es versteht sich, dass eine solche Darstellung eines Gottes in der jüdisch-christlichen Tradition nur als tödliche Gotteslästerung interpretierbar wäre.[20] Wo in der Bibel nur zwei Optionen zur Verfügung standen, nämlich Annahme (‚Jahwe') oder Ablehnung (‚Baal'), steht nun die dritte Option einer komischen „Gegenbildlichkeit"[21] zur Verfügung: Man kann die Angebote emphatischer Kommunikation spätestens jetzt auch karikieren. Man erinnere sich an das schreckliche alttestamentarische Tabu, wonach der geheimnisvolle Name des Gottes niemals ausgesprochen werden darf, aufgrund der sprachmystischen inneren Verbindung zwischen Eigenname (*eponymon*) und seinem Gegenstand. Dieses Thema interpretiert *Die Frösche* humoristisch:

> XANTHIAS. Wir sind verloren, erhabener Herakles!
> DIONYSOS (vor Angst zitternd). Rede mich nicht an, Mensch! Um alles in der Welt, nicht den Namen sagen!
> XANTHIAS (boshaft). Dionysos also?
> DIONYSOS. Nein – den noch weniger als den anderen.[22]

Was in der emphatischen religiösen Kommunikation zuvor Ehrfurcht und heilige Scheu verursacht hatte, der sprachmagische Glaube an eine tiefe innere Affinität zwischen dem Namen und seinem Träger, darüber lässt sich jetzt auch lachen.

Hinzu kommt, dass das Stück *Die Frösche* nicht nur die religiöse, sondern auch die literarische Kommunikation dem Spott aussetzt. Das Projekt des Dionysos, einen guten und ‚zeugungskräftigen' Dichter aus der Unterwelt wieder zurückzuholen, erläutert Dionysos dem Herakles genauer, dabei Verse klassischer Werke zitierend (kursiv gesetzt):

---

[19] Bernhard Greiner: Die Komödie. Eine theatralische Sendung. Grundlagen und Interpretationen. Tübingen 1992, S. 14.

[20] Die erstaunliche Liberalität der Griechen im Umgang mit ihren Göttern lässt sich auch auf die „polytheistische Vielzahl und die lokale Vielfalt der Kulte" zurückführen. Heinz Schlaffer: Poesie und Wissen. Die Entstehung des ästhetischen Bewußtseins und der philologischen Erkenntnis. Frankfurt/M. 1990, S. 47.

[21] Hans Robert Jauss: Über den Grund des Vergnügens am komischen Helden. In: Wolfgang Preisendanz, Rainer Warning (Hg.): Das Komische. München 1976, S. 103–132, hier S. 105.

[22] Aristophanes: Die Frösche. Hg. u. übers. v. Heinz Heubner. Stuttgart 2007, S. 18f.

DIONYSOS. Zeugungskräftig in dem Sinne, daß er etwa recht Kühnes von sich geben könnte wie *Äther, Kämmerlein des Zeus* oder *Fuß der Zeit* oder *das Herz, das sich beim Heiligen zu schwören sträubt, indes die Zunge, fremd dem Herzen, Meineid schwört.*

HERAKLES. Und so was gefällt dir?

DIONYSOS. Mehr als das, ich bin geradezu verrückt drauf!

HERAKLES. Possen sind es, das mußt du doch selbst fühlen.[23]

Alle Zitate entstammen Werken des ‚Klassikers' Euripides, karikieren natürlich die metaphorische Kühnheit des hohen tragischen Stils, setzen auf diese Weise aber die gesamte emphatische Kommunikation der hohen griechischen Literatur einem komischen Spott aus, ein Projekt, das in dem possenhaften Dichterwettstreit zwischen Aischylos und Euripides aus dem zweiten Teil des Dramas noch überboten wird.

Wichtig ist, dass die Selbstbeobachtung der emphatischen Kommunikation im griechischen Modell gegenüber seinem biblischen Pendant auf drastische Weise verändert ist. Zunächst einmal gilt, dass jede emphatische Kommunikation per se immer stets nur ein Angebot ist, das angenommen (‚Jahwe') oder abgelehnt (‚Baal') werden kann. Eine ‚Komik der Emphase', welche in der Bibel noch ausschließlich als Ablehnung behandelt werden konnte, gewinnt im griechischen literarischen Diskurs ein Eigengewicht im Sinne einer spielerischen ‚dritten Option'.

Das verschiebt auch die Leistungsfähigkeit der Selbstkonditionierung emphatischer Kommunikation. Zunächst einmal bedeutet dies einen *Verlust an Ausschließungsdisziplin*: Der ‚tödliche Ernst' der binären Codierung wird aufgegeben, man hat nicht etwa sofort sein Leben verspielt, wenn man über einen Gott lacht. In Bezug auf diskursive ‚Hygiene' ist das griechische Modell also deutlich weniger effizient.

Auf der anderen Seite erfolgt jedoch ein drastischer *Zugewinn an evolutionärer Dynamik und Variationsbreite*. Wenn die diskursiven Angebote der Religion wie auch der Literatur in einem solchen Systemdesign der Gefahr ausgesetzt werden, karikiert oder verspottet zu werden, dann erhöht dies für jeden emphatischen Content den Grad des Ausgesetzt-Seins, des innersystemischen Wettbewerbs und damit zugleich des Innovationsdrucks. Was von den einen heute noch emphatisch rezipiert wird, kann morgen bereits von anderen für lächerlich gehalten werden. Indem jedes einzelne Angebot im System prinzipiell einer potentiellen Ridikulisierung ausgesetzt und zur Karikierung freigegeben ist, wird das System auf drastische Weise dynamisiert. Kein Content ist hiervor sicher, und er kann auch nicht oder nur bedingt durch reflexive Experten oder Institutionen (Priester, Tempel, Literaturkritiker) vor der komischen ‚Entlarvung' geschützt werden. Es ergibt sich noch eine zweite Erweiterung. Denn die Komik

---

[23] Ebd., S. 10.

> bietet nicht allein eine Unterscheidung zwischen Gegenwelt und Welt, Ordnungsverstoß und Ordnung, sondern unterscheidet diese Unterscheidungen noch einmal von sich selbst. Dazu bedarf es einer Ebene der Beobachtung zweiter Ordnung, von der aus erst die Form einer Unterscheidung, das heißt das, was für einen Beobachter erster Ordnung blinder Fleck bleibt, in den Blick rücken kann. Gattungspoetisch kann man die Komödie darum auch als Beobachtung zweiter Ordnung der Form der Tragödie bestimmen.[24]

Es ist dieses Strukturmerkmal, welches im übrigen auch den Topos der klassischen Komödientheorie vom ‚überlegenen Zuschauer' bedingt: Der Zuschauer ist ein Beobachter zweiter Ordnung, der also beobachtet, wie der komische Held seinerseits wiederum die Welt beobachtet, und aus eben dieser Überlegenheit die Schemata, in die der komische Held seinerseits gefesselt ist, durchschaut, und zugleich aus seiner Überlegenheit heraus einen Lustgewinn bezieht.[25] Das Komische hat mit der Selbstbeobachtung die *Distanz* zu ihrem Gegenstand gemein.[26] Das gilt selbstverständlich zunächst einmal für das Beobachtungsschema der Komödie im Allgemeinen. Hier ist jedoch von Bedeutung, dass sich diese Beobachtung zweiter Ordnung auf den Code der emphatischen Kommunikation selbst richtet, also auf die Unterscheidung zwischen emphatischer und nicht-emphatischer Kommunikation.

Dabei entfaltet die Komik nicht nur eine fruchtbare Dialektik schöpferischer Konstruktion und Dekonstruktion. In der komischen Dekonstruktion wird die emphatische Kommunikation auch auf eine neue Weise, auf der Ebene einer Beobachtung zweiter Ordnung, reflektierbar. Das hatte bereits Ritter beobachtet:

> Das Komische entsteht [...] in einer doppelten Bewegung, einmal im Hinausgehen über die jeweils gegebene Ordnung zu einem von ihr ausgeschlossenen Bereich, und zweitens darin, daß dieser ausgeschlossene Bereich in und an dem ihn ausschließenden Bereich selbst sichtbar gemacht wird.[27]

Das lässt sich an den zitierten Stellen aus Aristophanes schnell verdeutlichen. In der Beobachtung der emphatischen Kommunikation, ob nun religiös oder literarisch, führt das Komische die emphatische Kommunikation über sich selbst hinaus, ent-grenzt sie, verlacht sie aus einer exzentrischen Position heraus.[28] Zugleich wird die emphatische Kommunikation dabei jedoch nicht destruiert, im Gegenteil: Man beobachtet Beobachtungen und kann dann etwa in der Karikatur die Semantik der

---

24 Bianca Theisen: Exzentrische Welt. Systemtheoretische Überlegungen zu einer Theorie der Komödie. In: Ralf Simon (Hg.): Theorie der Komödie. Poetik der Komödie. Bielefeld 2001, S. 83–104, hier S. 88.

25 Vgl. Siegfried J. Schmidt: Komik im Beschreibungsmodell kommunikativer Handlungsspiele. In: Wolfgang Preisendanz, Rainer Warning (Hg.): Das Komische. München 1976, S. 165–190, hier S. 174.

26 Die „Differenz von System und Umwelt als Einheit zu reflektieren" erfordert zugleich, „Distanz zu sich selbst zu gewinnen". Niklas Luhmann: Soziale Systeme. Grundriß einer allgemeinen Theorie. Frankfurt/M. 1996, S. 599.

27 Ritter: Lachen, S. 74.

28 Vgl. zur Exzentrizität der Komödie Theisen: Welt, S. 83–104.

emphatischen Kommunikation entdecken, beispielsweise die kühnen Metaphern der Tragödiendichter – das Komische macht eben auch sichtbar, wie emphatische Kommunikation funktioniert. Zugleich hinterlässt das Komische im emphatischen Diskurs dann seine Spuren. Indem bestimmte Formen und Semantiken karikiert werden, kann sich die emphatische Kommunikation nicht unbeeindruckt fortschreiben: Sie muss ihrerseits Antworten auf die Herausforderungen durch die Komik generieren. Das heißt: Die emphatische Kommunikation wird dabei eben nicht ausgelöscht, sondern dialektisch ‚aufgehoben'. Der Rezipient kann an anderer Stelle fortfahren, etwa Literatur emphatisch zu rezipieren – aber es steht zu vermuten, dass er dies fortan auf eine versiertere, reflektiertere Weise versteht, dass er die Semantiken, welche die emphatische Kommunikation am Laufen halten (z. B.: ‚kühne Metaphern'), schneller ‚durchschaut', sodass es auf Seiten der emphatischen Kommunikation unweigerlich zu einem Überbietungsgestus kommen muss: Die Semantik, welche das Phantasma der emphatischen Kommunikation, den ‚zweiten Sprachzustand', hervorbringt, muss ihrerseits verfeinert, sublimiert, weiterentwickelt, auf eine neue Ebene gehoben werden, weil – ja, weil Versuche der emphatischen Kommunikation ansonsten Gefahr laufen, sich lächerlich zu machen.

Die Komödie markiert diese Dynamik auch in einem anderen, immer wiederkehrenden Strukturprinzip: Sie stellt nämlich die etablierte Ordnung erst dar, um sie daraufhin zu zerstören und schließlich zu restituieren – als *neue* Ordnung, das heißt, sie bildet in sich einen diskursiven „Regenerationsprozeß"[29] ab. Auch dies gilt wiederum nicht nur für die Komödie im Allgemeinen, sondern für die komische Selbstbeobachtung emphatischer Kommunikation im Besonderen. In unserem Zusammenhang bedeutet dies, dass das Komische immer schon ein zentraler Katalysator bei der Evolution vor allem literarischer emphatischer Kommunikation und ihrer jeweiligen, epochenspezifischen Semantik gewesen ist.

Das ist auch in den Anfängen dessen, was sich als neuzeitliche Literatur formiert, überdeutlich. Während die einen Rezipienten noch emphatisch höfische Romane lesen, karikiert die Figur des Don Quixote diese Rezeptionsweise und macht den gesamten rhetorischen Gestus dieser Texte lächerlich: „Ich bin der mannhafte Don Quixote de la Mancha, der Rächer allen Unrechts und aller Unbill", herrscht er die verblüfften Mitmenschen an; diesen „und ähnlichen Unsinn im Munde, ganz in der Art und dem Stil der Bücher, aus denen er ihn gelernt hatte", zieht er durch die Welt.[30]

Shakespeare kann in *Romeo und Julia* ein rührendes Liebesdrama von höchster Emphase vorlegen und dasselbe Schreib- und Rezeptionsprogramm lächerlich

---

[29] Rainer Warning: Theorie der Komödie. Eine Skizze. In: Ralf Simon (Hg.): Theorie der Komödie. Poetik der Komödie. Bielefeld 2001, S. 31–46, hier S. 33.

[30] Miguel de Cervantes Saavedra: Der scharfsinnige Ritter Don Quixote von der Mancha. Frankfurt/M. 1975, S. 68, 85.

machen, wenn etwa in *A Midsummer Night's Dream* Handwerker eine komisch verunglückte Version von *Pyramus und Thisbe* aufführen, wodurch derselbe emphatische Diskurs also zur Posse dekonstruiert wird.

Analog lassen sich auf diese Weise natürlich auch konkrete literarische Inhalte parodieren. Ein Beispiel wären etwa die ironischen Reaktionen auf das Werther-Fieber. In dem Stück *Das Werther-Fieber* eines Freiherrn von Göchhausen verfällt ein Lektüre-Opfer, Jungfer Vips, völlig dem Roman und lebt nur noch im Geist seiner Figuren:

> Dann stellte sie sie gegeneinander, ließ sie conversiren, trennte sie – [...]. Indem schlugs 12. – Sie sind geladen – es schlägt 12. – So sey's denn – Lotte – Lotte lebe wohl! Leb wohl! rief ihre Phantasie, und sie schauderte und bebte. Die Crisis endigte sich mit einem Thränenguß. Ihr Hertz war so sehr dabey interessirt, daß es für die ewige Wonne des unglücklichen Jünglings die glühendsten Gebete absendete.[31]

Auch in Karikaturen wurden emphatische Werther-Leser lächerlich gemacht, wie etwa in dem englischen Kupferstich von 1786 (Abb. 1), der die berühmte ‚Liebes-szene' persifliert.

Abb. 1: The Sorrows of Werter. The Last Interview[32]

---

[31] Ernst August Anton Freiherr von Göchhausen: Das Werther-Fieber. Ein unvollendetes Familienstück. Nieder-Teutschland 1776, S. 165.

[32] Kolorierter Kupferstich von Rowlandson nach Collings, 1786.

Die Bildunterschrift lautet: „At length with the firm determined voice of Virtue She cried Werter. and he was awed by it, tearing himself from her arms." Wie weit es mit der Tugend her ist, lässt sich am blanken Busen erkennen; im Hintergrund finden sich noch das ebenfalls hoffnungslose Liebespaar der Tradition, Pyramus und Thisbe, sowie imaginäre Leidensgenossen aus der Tradition, also Tantalus sowie Sancho Pansa.

Eine gänzlich neue Dimension ist erreicht, wenn die Dialektik von Konstruktion und Dekonstruktion sich in ein und demselben Text entfaltet. Dies ist etwa in Goethes *Faust* der Fall. Faust selbst wird dargestellt als emphatischer Leser, der sich im Verlauf des Dramas an mehreren, einander überbietenden ‚Lektüren' erprobt, angefangen bei der geistigen Entzifferung des Makrokosmus-Symbols über die Erdgeistbeschwörung, der Enthüllung des göttlichen Namens JHWH, der Lektüre des Johannesevangeliums und so fort. Er verschiebt dann seine rezeptive Suche nach Transzendental-Signifikaten auf die ‚Welt', also etwa die Natur, sinnlichen Genuss oder die Liebe, wobei sein ‚faustisches Streben' nach einer *hyponoia*, einem jenseits der Texte und Zeichen verborgenen Zentralsignifikat, ebenso unendlich und allumfassend wie ziellos und letztlich rätselhaft bleibt.

Dementsprechend erscheinen die faustischen Erkenntnis-Stufen als einander übersteigernde Rezeptions-Anstrengungen, wodurch der Text *Faust* eben auch eine Mikrotheorie der emphatischen Lektüre darstellt – Faust selbst ist ein *exemplum* für eine emphatische Lektüre, das heißt, er bildet zugleich selbst das Modell für seine eigene Lektüre, was übrigens bereits zeitgenössische Leser bemerkten:

> es ist ein verkehrtes, wahrhaft Faustisches Unternehmen, in das Innere des Gedichts dringen, dieses Innerste von allem Aeußeren trennen, und gleichwohl in dieser Trennung von seiner Aeußerung vernehmen zu wollen, da es doch der Aeußerung bedarf, um erkannt zu werden.[33]

Die spiralenförmig eskalierende Reihung einander überbietender und jeweils schließlich scheiternder emphatischer Lektüren wird jedoch nochmals gebrochen durch die immer wieder durchscheinende *Komik der Emphase*, gestaltet durch die Mephisto-Figur, dem „Geist, der stets verneint"[34] – was sich direkt adaptieren lässt auf das Paradigma der emphatischen Kommunikation: Mephisto ist die Figur im *Faust*-Drama, die jedes einzelne Phantasma der emphatischen Kommunikation, des ‚zweiten Sprachzustandes', durch Komik dekonstruiert. Gott gegenüber charakterisiert sich Mephisto geradezu als Gegenmodell zu Faust:

> Verzeih, ich kann nicht hohe Worte machen,
> Und wenn mich auch der ganze Kreis verhöhnt;
> Mein Pathos brächte dich gewiß zum Lachen,
> Hättst du dir nicht das Lachen abgewöhnt. (S. 16f.)

---

33 Carl Friedrich Göschel: Ueber Göthe's Faust und dessen Fortsetzung. Leipzig 1824, S. 62.

34 Johann Wolfgang von Goethe: Werke. Hamburger Ausgabe. Bd. 1–14. Hg. v. Erich Trunz. Bd. 3, S. 47. Im Folgenden im Fließtext zitiert.

Mephisto als Fausts Gegenspieler kennzeichnet die *Unfähigkeit zur Emphase*, als ‚Geist der Verneinung' wäre jeder Versuch der Emphase von seiner Seite so lächerlich, dass dieser christliche Gott selbst unweigerlich lachen müsste, wenn er sich (im Gegensatz etwa zum homerischen Gelächter der griechischen Götter) das Lachen nicht bereits abgewöhnt hätte.

Diese dialektische Struktur des Schauspiels ist so überdeutlich, dass ich nur wenige Stellen zitiere. So quittiert Mephisto den faustischen Erkenntnisdurst abschätzig: „Nicht irdisch ist es Toren Trank noch Speise" (S. 17); auch Fausts Verzückung bei Gretchens Anblick wird lächerlich gemacht: „Natürlich, wenn ein Gott sich erst sechs Tage plagt, / Und selbst am Ende Bravo sagt, / Da muß es was Gescheites werden." (S. 79) Fausts Absolutheitsanspruch wird aufs Korn genommen: „So ein verliebter Tor verpufft / Euch Sonne, Mond und alle Sterne / Zum Zeitvertreib dem Liebchen in die Luft." (S. 92) Das erhabene nächtliche Naturerlebnis in Wald und Höhle ist für Mephisto nur eine Qual: „Ein überirdisches Vergnügen! / In Nacht und Tau auf den Gebirgen liegen" (S. 105). Und auch religiöse Erbauung wird bissig verlacht: „Ich hab's ausführlich wohl vernommen, / Herr Doktor wurden da katechisiert; / Hoff', es soll Ihnen wohl bekommen." (S. 112)

Während Faust sich von einer Ebene emphatischer Rezeption zur nächsten abarbeitet, wird ihm in Mephisto ein komisch ‚verneinender Geist' beigestellt, der durch seine mitlaufenden Kommentierungen auf der einen Seite das emphatische Beobachtungsprogramm selbst in den Blick bringt, und zugleich auf jeder erreichten Stufe verdeutlicht, dass man alles auch anders sehen, dass man Angebote emphatischer Kommunikation auch als lächerlich ablehnen kann. Damit richtet sich die Beobachtung zweiter Ordnung erneut auf den Code selbst, auf die faustische Emphase: „Wie's wieder siedet, wieder glüht!" (S. 107)

Dieses Prinzip aufeinanderfolgender Selbst-Überbietungen lässt sich bekanntlich auch in der Entstehungsgeschichte des *Faust* auf einer anderen Ebene wiederfinden. Die ersten Konzeptionen des Faust-Dramas erscheinen als spektakuläre Höllen- und Mordgeschichte eines populären Stoffes – und zwar aus der Feder eines Nachwuchsschriftstellers, der mit dem *Werther* und dem *Götz* schnell zum Bestseller-Autor mit gutem Gespür für den Publikumsgeschmack avancierte. Schon das *Urfaust*-Fragment scheint eine bereinigte Fassung zu sein, die erste Publikation durch Goethe erfolgte erst 1790, befremdete Zeitgenossen jedoch bereits durch seinen ‚Bänkelsängerton', der abgeschlossene, weitgehend literarisierte erste Teil wurde dann 1808 publiziert; der zweite Teil des *Faust* wird als literarisches Mysterium zu Goethes bedeutendstem Projekt in seinem Alterswerk. Fertiggestellt erst kurz vor seinem Tod, versiegelt und dergestalt unzugänglich für die Zeitgenossen, wird die Entsiegelung des Manuskripts im Jahr 1833 zu einem spektakulären literarischen Event. Innerhalb einer mehr als sechzigjährigen Entstehungsgeschichte wird der Stoff also fortlaufend ästhetisiert, stilisiert und sublimiert, und zwar parallel zur Ausdifferenzierung einer ‚hohen Literatur', die sich fortan gegenüber der angeblich ‚massenhaft' hergestellten Trivialliteratur profilierte.

Von daher ist die Tatsache, dass im *Faust* Konstruktion und Dekonstruktion emphatischer Kommunikation in einer dialektischen, spiralförmigen Selbstübersteigerungsbewegung stattfinden, Niederschlag der parallellaufenden medienhistorischen Emergenz der ‚hohen Literatur' während der Entstehungszeit. Am Ende von Fausts Stufenweg steht dann auch das Absolute, er entschwindet schwerelos – „*Engel, schwebend in der höheren Atmosphäre, Faustens Unsterbliches tragend*" (S. 359); der Text endet mit einem *Chorus Mysticus*.

Diese innere Dynamik verdankt der Text eben der Einsicht in die Relativität der emphatischen literarischen Kommunikation: In den sechs Jahrzehnten seiner Entstehung wechselten nicht nur die literarischen Semantiken, auch Goethe selbst musste sich diverse Male selbst „neu erfinden" (so die gängige Formulierung der literarischen Autosuggestion), um den einander übersteigernden literarischen Konjunkturen entweder Rechnung zu tragen oder die wechselnden literarischen Moden bewusst im Sinne einer künstlerischen Deviation zu durchkreuzen.

‚Komik der Emphase' als Modus der Selbstbeobachtung emphatischer, also etwa religiöser oder literarischer Kommunikation, beobachtet und interpretiert immer den Code, den binären Schematismus, aus dem diese Diskurse hervorgehen; damit unterliegt sie insofern dem „Paradox des internen externen Beobachters",[35] das heißt, die Selbstbeobachtung des Systems kann immer nur durch das System und im System selbst erfolgen, besitzt also einen autologischen Charakter.

Die Ex-zentrizität der ‚Komik der Emphase' bezieht sich dann typischerweise auf vorgängigen Content, der im Lächerlichen zugleich ‚entlarvt' als auch ‚überwunden' wird. Das *Faust*-Drama überbietet diesen Gestus insofern, als es sich auf die *eigene*, zum jeweiligen Zeitpunkt jeweils angesteuerte Semantik der Emphase bezieht, das heißt, es werden dialektisch immer neue Positionen emphatischer Kommunikation kaskadenartig konstruiert und dann dekonstruiert.

Dass die Position der ‚Komik der Emphase' durch eine Figur namens Mephisto besetzt wird, ist kein Zufall. Unter dem Namen ‚Teufel' wird in der Tradition das Problem behandelt, „die Einheit, an der man teilhat, wie von außen zu beobachten"; diese Einheit wird in der Tradition durch ‚Gott' belegt. „Will man diese Einheit beobachten, muß man eine Grenze ziehen, eine Differenz einrichten." Der Beobachter

> muß, will er beobachten können, sich abgrenzen, sich ausgrenzen, sich in der Einheit, die er beobachten will, eingrenzen. Wenn er aber annehmen muß, daß das Eine das Gute [...] ist und als Perfektion kein Außerhalb duldet, wird er im Versuch der Abgrenzung zum Gegenteil, zum Bösen.[36]

---

35 Luhmann: Wissenschaft, S. 485.
36 Ebd., S. 118.

Durch den Teufelspakt und die Mephisto-Figur kann *Faust* die Dialektik von fortlaufender Konstruktion und Dekonstruktion des literarischen Diskurses darstellen – als Literatur! – und dieses Projekt bis zur faustischen Apotheose *ad absolutum* führen. Dass auch diese Position nicht davor schützt, durch die ‚Komik der Emphase' karikiert zu werden, liegt auf der Hand. 1862 erscheint Friedrich Theodor Vischers *Faust – Der Tragödie Dritter Theil*, und zwar laut Titelseite „treu im Geiste des zweiten Theils des Götheschen Faust gedichtet von Deutobold Symbolizetti Allegoriowitsch Mystifizinski".[37] Der Text wird dort fortgesetzt, wo Goethes Faust endet: Faust erscheint im Jenseits, wird also seinerseits zu einem ‚internen externen Beobachter', er befindet sich ent-grenzt, im „mystischen Vorraum vor dem höchsten Himmel". (S. 2) Für seine Missetaten auf Erden muss er büßen, und zwar, indem er einer Schar himmlischer Knaben den kryptischen zweiten Teil des *Faust* erklären soll. Er erscheint dabei jetzt gewissermaßen als Germanist, der den emphatischen Diskurs selbst beobachtet – hier insofern verdichtet, als Faust ja *Faust* auslegt, somit in sich selbst zur Figur der reinen Selbstreferenz wird. Die Selbstauslegung gestaltet sich schwierig: „Der Homunkulus [...] ist einerseits die geistlose Gelehrsamkeit [...] andererseits aber ebensosehr das besonnene, in selbstbewußter Kraft ahnungsvoll nach dem idealen Schönen hingerichtete Streben [...]" (S. 7); in dieser Goethe-Karikatur gerät Faust immer tiefer in komische Konfusionen:

> FAUST. Schon ist die vorige Definition
> die memorierte, mir entfloh'n.
> Es ist nicht Zeit, im Hefte nachzuseh'n,
> Aus Commentaren, wenigstens aus zehn
> Hab ich die Deutungen mir abgeschrieben –
> *Laut* Er ist – er ist – wo sind wir steh'n geblieben?
> Er ist, besieht man es bei Licht –
> FRITZCHEN. Erlaubt, mir scheint, ihr wißt es selber nicht. (S. 26)

Die hohen Mysterien Goethes werden also aus ex-zentrischer Position als Klamauk ‚entlarvt' – auch der heilige Gral der deutschen Dichtung bleibt folglich nicht vor der Dynamik der Komik der Emphase verschont. Aus dieser Perspektive erscheint die ‚Komik der Emphase' als Katalysator der Autopoiesis emphatischer Kommunikation. Keine emphatische Kommunikation kann sich davor immunisieren, von Anschlusskommunikationen lächerlich gemacht zu werden, was wiederum die Intensität der diskursiven Autoregeneration anheizt. Aus diesem dialektischen Prozess, auf diesem Spielfeld zwischen Konstruktion und Dekonstruktion, muss sich das, was jeweils fasziniert, immer wieder neu erzeugen.

---

[37] Friedrich Theodor Vischer: Faust. Der Tragödie Dritter Theil. Treu im Geiste des zweiten Theils des Götheschen Faust gedichtet. Tübingen 1889. Die folgenden Zitate im Fließtext beziehen sich auf diese Angabe.

BERND HAMACHER (Hamburg)

# „Hm! Hm!“.

## Goethes „sehr ernste Scherze“ und die Allegorie

### I.

Beim Höchsten und Letzten, was die Poesie erreichen kann, hört der Spaß auf. Umso mehr, wenn es sich dabei um Scherze handelt. Zwar wolle er – so Johann Wolfgang von Goethe am 24. November 1831 an Sulpiz Boisserée – seinen „im Allgemeinen mit mir übereinstimmenden Freunde[n]“ gerne den „Spaß“ gönnen, sich an seinen „ernst gemeinten Scherzen einige Stunden zu ergötzen“,[1] doch versagte er sich und ihnen die Freude des gegenseitigen Einverständnisses von Autor und Publikum, indem er den zweiten Teil des *Faust*, von dem hier die Rede ist, für den Rest seines Lebens unter Verschluss hielt. Die Begründung schob er unter dem Datum des 17. März 1832 in einem Brief an Wilhelm von Humboldt nach, der sein letzter sein sollte:

> Ganz ohne Frage würd' es mir unendliche Freude machen, meinen werten, durchaus dankbar anerkannten, weitverteilten Freunden auch bei Lebzeiten diese sehr ernsten Scherze zu widmen, mitzuteilen und ihre Erwiderung zu vernehmen. Der Tag aber ist wirklich so absurd und konfus, daß ich mich überzeuge meine redlichen, lange verfolgten Bemühungen um dieses seltsame Gebäu würden schlecht belohnt und an den Strand getrieben, wie ein Wrack in Trümmern daliegen und von dem Dünenschutt der Stunden zunächst überschüttet werden.[2]

Goethe sorgte sich um die Wirkung seiner Dichtung, fürchtete Missverständnisse und verspürte wenig Neigung, sich am Ende seines Lebens noch einmal dem Streit der Meinungen und Deutungen auszusetzen. Dass diese Sekretierung eines esoterischen Bereichs der Poesie ausgerechnet mit einem emphatisch gebrauchten Begriff des Scherzes verbunden wurde, ist in der Forschung – als sollten Goethes Befürchtungen noch einmal bestätigt werden – erst spät auf Verständnis gestoßen. Neben Herman Meyer[3] sah namentlich Ehrhard Bahr im Oxymoron der ‚ernsten Scherze‘ „die ontologische Struktur“ zum Ausdruck gebracht, „die Goethes Al-

---

[1] Johann Wolfgang Goethe: Sämtliche Werke. Briefe, Tagebücher und Gespräche. 40 Bde. Hg. v. Friedmar Apel u.a. II. Abt., Bd. 11: Briefe, Tagebücher und Gespräche von 1823 bis Goethes Tod. Teil II: Vom Dornburger Aufenthalt 1828 bis zum Tode. Hg. v. Horst Fleig. Frankfurt/M. 1993 (Bibliothek deutscher Klassiker 90), S. 490.

[2] Ebd., S. 550f.

[3] Herman Meyer formulierte die Einsicht, „daß das Wort ‚Scherz‘ bei Goethe wesentlich zur poetologischen Begrifflichkeit gehört“, und erblickte darin „die legitime Möglichkeit zur Verwirklichung metaphysischer Weisheitsdichtung in nachaufklärerischer Zeit“. Vgl.: Herman Meyer: *Diese sehr ernsten Scherze*. Eine Studie zu Faust II. Heidelberg 1970 (Poesie und Wissenschaft 19), S. 17, 40.

tersdenken beherrscht."[4] Nach dem Prinzip von Polarität und Steigerung verweisen „Scherz" und „Ernst", Bahr zufolge, ironisch „auf ein Drittes, Höheres: ‚das Ewige', ‚Gott'."[5] Mit Hilfe dieser Figur gelinge es Goethe, „jenseits von Religion und Philosophie in der unzulänglichen Sprache der Dichtung eine dichtungsgemäße Lösung der menschlichen Existenz- und Transzendenzproblematik zu finden".[6] Neben dieser metaphysischen ‚Anabasis', mit einer deutlichen poetologischen Aufwertung des Scherzes – der dadurch freilich wieder dem Ernst angenähert wurde –, kam die korrespondierende ‚Katabasis', eine Herabstimmung oder *dissimulatio* des weltanschaulichen Ernstes der Poesie Goethes, nicht in gleicher Weise zum Tragen. Um sie soll es in der folgenden Untersuchung gehen, womit der Umstand ans Licht gerückt wird, dass Scherz und Ernst in der oxymoralen Formulierung keineswegs gleichgeordnet sind, vielmehr der Scherz den begrifflichen Kern darstellt.

Aufgrund der Forschungslage werde ich beim Begriff der Allegorie ansetzen, bei dem eine Neubewertung überfällig ist.[7] Einerseits scheint die Allegorie – gegenüber dem hohen Ernst der Symbolik – eine niedere, in diesem Sinne scherzhafte poetische Verfahrensweise zu bezeichnen, entsprechend dem *genus humile* der Rhetorik, andererseits aber erweist sie sich als mit der Polarität von Scherz und Ernst verknüpft.[8]

Über die Begriffsgeschichte der Allegorie in der deutschen Literatur und Ästhetik insgesamt kann nicht gesprochen werden, ohne auf Goethe als diskursive Gelenkstelle einzugehen.[9] Wer aber bei Goethe „Allegorie" sagt, muss auch „Symbol" bzw. „Symbolik" sagen, darin Goethes eigene, viel zitierte komplementäre Begriffsbestimmung in einer Notiz aus dem Jahre 1807 aufnehmend:

> Die Allegorie verwandelt die Erscheinung in einen Begriff, den Begriff in ein Bild, doch so daß der Begriff im Bilde immer noch begränzt und vollständig zu halten und zu haben und an demselben auszusprechen sey.

---

4 Ehrhard Bahr: Die Ironie im Spätwerk Goethes. „... diese sehr ernsten Scherze ..." Studien zum ‚West-östlichen Divan', zu den ‚Wanderjahren' und zu ‚Faust II'. Berlin 1972, S. 21.

5 Ebd., S. 22.

6 Ebd., S. 167.

7 Zu den ‚ernsten Scherzen' liegen zwei wichtige neuere Arbeiten vor: Sepp Domandl: Goethes „Sehr ernste Scherze ..." Ein Beitrag zum Schlußakt des *Faust II*. In: Jahrbuch der Österreichischen Goethe-Gesellschaft 106/107 (2002/2003), S. 29–37; Katja Mellmann: Goethes ‚ernste Scherze'. Zur Genese eines neuen poetischen Verfahrensprinzips aus dem Geist des bürgerlichen Rokoko. In: Goethe-Jahrbuch 121 (2004), S. 66–81.

8 Bahr: Ironie, S. 170, spricht von der „Verwandtschaft von Allegorie und Ironie". Demnach verbindet auch die Allegorie Scherz und Ernst. In diesem Zusammenhang erklärt er „die Unterscheidung zwischen Symbol und Allegorie" für „hinfällig" (ebd.), ohne aber auf die im Folgenden skizzierte abweichende Forschungstradition näher einzugehen.

9 Vgl. Bernhard F. Scholz: Art. Allegorie$_2$. In: Reallexikon der deutschen Literaturwissenschaft. Hg. v. Klaus Weimar u.a. Bd. 1. Berlin, New York 1997, S. 40–44, hier S. 42.

> Die Symbolik verwandelt die Erscheinung in Idee, die Idee in ein Bild und so daß die Idee im Bild immer unendlich wirksam und unerreichbar bleibt, und selbst in allen Sprachen ausgesprochen doch unaussprechlich bliebe.[10]

Die Opposition Allegorie–Symbol wird hier mit derjenigen von „Begriff" und „Idee" erläutert. Damit ist jedoch nicht wirklich etwas erklärt, zumal „Begriff" und „Idee" bei Goethe auch synonymisch verwendet werden können.[11] Erst mit der Unaussprechlichkeit, die nur dem Bedeutungsgehalt des Symbols eigne, kommt ein Wertaspekt ins Spiel, der zur Abwertung der rational auflösbaren Allegorie führt.

Anlässlich der Herausgabe seines Briefwechsels mit Schiller wurde Goethe 1824 zu einer Betrachtung angeregt, die sich hier ergänzend und erläuternd anschließen lässt. Schiller schreibt die poetische Verfahrensweise der Allegorie, sich selbst aber implizit diejenige Verfahrensweise zu, die er in der früheren Notiz „Symbolik" genannt hatte und die hier zur „Natur der Poesie" verallgemeinert und damit weiter über die Allegorie erhoben wird:

> Es ist ein großer Unterschied, ob der Dichter zum Allgemeinen das Besondere sucht, oder im Besondern das Allgemeine schaut. Aus jener Art entsteht Allegorie, wo das Besondere nur als Beyspiel, als Exempel des Allgemeinen gilt; die letztere aber ist eigentlich die Natur der Poesie; sie spricht ein Besonderes aus, ohne ans Allgemeine zu denken, oder darauf hinzuweisen. Wer nun dieses Besondere lebendig faßt, erhält zugleich das Allgemeine mit, ohne es gewahr zu werden, oder erst spät.[12]

Lange Zeit blieb der Goethe-Forschung nichts übrig, als diese Bestimmungen nachzusprechen. Das ist kein Einzelfall: Die Neuere deutsche Literaturwissenschaft, die in der zweiten Hälfte des 19. Jahrhunderts aus der Goethe-Philologie entstanden war, ließ sich ihre Begriffe und Methoden über viele Jahrzehnte wesentlich von ihrem Autor vorgeben. Das betrifft etwa die Gattungspoetik, das betrifft aber auch die Bestimmung der Allegorie, wo die Goethe'schen Maximen analytische wissenschaftliche Definitionen zu erübrigen schienen. Wissenschaftsgeschichtlich ist diese Hypothek der Neugermanistik, die mit der Vermischung von Objekt- und Analyseebene die Entwicklung einer begrifflichen Metasprache in vielen Fällen verhinderte, noch nicht zureichend aufgearbeitet.[13]

Dass Goethes theoretische Geringschätzung der Allegorie von der poetischen Praxis vor allem seines Spätwerks zum Teil dementiert wird, wurde zwar gesehen,

---

10 Goethe: Sämtliche Werke. I. Abt., Bd. 13: Sprüche in Prosa. Sämtliche Maximen und Reflexionen. Hg. v. Harald Fricke. Frankfurt/M. 1993 (Bibliothek deutscher Klassiker 102), S. 207.

11 Vgl. Horst Umbach: Art. Begriff. In: Goethe-Wörterbuch, Bd. 2 (1989), Sp. 235–239; Bernd Hamacher: Art. Idee. In: Goethe-Wörterbuch, Bd. 4 (2004), Sp. 1473–1477. Das Goethe-Wörterbuch ist inzwischen auch im Internet zugänglich: http://www.goethe-woerterbuch.de (letzter Zugriff 10.9.2009).

12 Goethe: Sämtliche Werke, Bd. I 13, S. 368.

13 Vgl. Bernd Hamacher: „Schall und Rauch". Historische Kernbereiche der Germanistik im Lichte der Fachentwicklung. Poetik – Biographik – Lexikographie. In: DVjs 81 (2007), S. 638–656, hier S. 655.

doch dauerte es bis in die 1970er Jahre, ehe weiterreichende interpretatorische Folgerungen aus diesem Befund gezogen wurden. Im Folgenden möchte ich zunächst den Forschungsstand umreißen, ehe ich vor allem mit Blick auf *Faust II* eine Neubewertung der Allegorie aus dem Geiste des Scherzes bei Goethe versuche.

## II.

Im Artikel „Allegorie" im *Goethe-Wörterbuch* wird bereits die Vorbemerkung, die über das Bedeutungsspektrum des Wortes einen Überblick verschaffen soll, mit einem apodiktischen Befund eingeleitet: „Die geringe Belegzahl (70 [...]) entspricht der Einschätzung des Wortes als Kategorie einer veralteten rationalistischen Poetik und Ästhetik."[14] Zwar wird einschränkend vermerkt, „daß Goethe ‚Symbol' zum Teil auch für die traditionellen Inhalte von Allegorie (und verwandter Begriffe wie ‚Emblem', ‚Devise', ‚Exempel') verwendet" und dass der „im Hinblick auf das autonome Kunstwerk kritisierte konventionelle Charakter der Allegorie [...] vornehmlich im Bereich der angewandten, gesellschaftsbezogenen Kunst (Medaillen, Maskenzüge und ähnliches) als topische Bildprägung akzeptiert" werde, doch die Abwertung wird dadurch nicht relativiert. Für Goethes Wortgebrauch werden drei Bedeutungsgruppen unterschieden: 1. „als Gattungsname für die sinnbildliche Darstellung eines meist abstrakten, begrifflichen Inhalts durch konventionelle Zeichen", 2. „als einzelne Sinnfigur" und 3. „allegorischer Sinn, (versteckter oder geheimer) gedanklicher Inhalt eines Kunstwerks".[15]

Zunächst ist dieser Befund mit den einschlägigen Artikeln in den drei Auflagen des *Goethe-Handbuchs* abzugleichen. In der ersten Auflage von 1916 ist der entsprechende Eintrag mit „Allegorie und Symbolik" doppelt betitelt und bietet ein Beispiel für die erwähnte These, dass sich die Goethe-Philologie ihre Kategorien von ihrem Autor selbst vorgeben ließ und nicht zwischen Objekt- und Metasprache unterschied: „Die auch heute noch nicht mit der letzten Schärfe durchgeführte Scheidung dieser beiden Begriffe ist erst in Goethes Mannesjahren angebahnt worden."[16] Ganz offen wird ausgesprochen, dass Goethes Herausarbeitung des Unterschiedes „von der modernen Forschung weiter befolgt" werde. (S. 25) Dabei werden im Wesentlichen die oben zitierten Äußerungen Goethes angeführt und paraphrasiert. Beim Verhältnis von Allegorie und Symbolik gehe es einmal um die „Proklamierung der Irrationalität des Künstlerischen" und zum anderen um das

---

14 Horst Umbach: Art. Allegorie. In: Goethe-Wörterbuch, Bd. 1 (1978), Sp. 350–352, hier Sp. 350. Aus Gründen besserer Lesbarkeit werden die Abkürzungen stillschweigend aufgelöst.

15 Ebd., Sp. 351f.

16 H. Bieber: Art. Allegorie und Symbolik. In: Goethe-Handbuch. Hg. v. Julius Zeitler. Bd. 1. Stuttgart 1916, S. 24–27, hier S. 24. Die folgenden Zitate im Fließtext beziehen sich auf diese Angabe.

„Verhältnis des Besonderen zum Allgemeinen" (S. 25). Im Hinblick auf Goethes dichterische Produktion wird Euphorion in *Faust II* als das „berühmteste allegorische Wesen, das Goethe geschaffen" habe, bezeichnet (S. 27). Über diese Bestimmungen gelangt der knappe Artikel „Allegorie" in der zweiten Auflage des *Goethe-Handbuchs* von 1961 nicht hinaus. Dort wird noch ausführlicher zitiert und im Hinblick auf die noch bei Herder bestehende begriffliche Identität von Allegorie und Symbol ebenfalls festgestellt: „Wesentlich Goethes Verdienst ist es, diese Unterscheidung angebahnt und vollzogen zu haben".[17] Erst in der dritten Auflage des *Goethe-Handbuchs* aus dem Jahre 1998 macht sich Robert Stockhammer von einer bloßen Paraphrase der Goethe'schen Definitionen frei und setzt stattdessen bei der rhetorischen Tradition an, deren Abwertung durch Goethe nicht übernommen wird. Dass Goethe jedoch „einen flexibleren Umgang mit dem Oppositionspaar von ‚Allegorie' und ‚Symbol'" zeige, „als seine gnomischen Formulierungen vermuten lassen",[18] wird auch hier nicht weiter ausgeführt.

Bengt Algot Sørensen hat die Wort- und Begriffsbestimmung etwas weiter gefasst und mit dem zeitgenössischen Sprachgebrauch in Beziehung gesetzt.[19] Zwar setzt auch er mit dem Befund ein, dass Goethe „einprägsame Formulierungen über das Wesen des Symbols gefunden" habe, „die heute noch nachwirken und besonders im deutschen Sprachbereich nach wie vor weitgehend als verbindlich aufgefaßt werden",[20] doch spüre man nicht nur bei Goethe, sondern „[ü]berall [...] in den theoretischen Schriften dieser Jahre [sc. um 1800, B.H.] das Bedürfnis nach der Definition eines neuen Bildtypus, dessen Wesen weder in ideenloser Naturnachahmung noch in der bloßen Beziehung auf eine abstrakte Bedeutung besteht". Freilich habe dann „erst Goethe [...] die terminologische Unterscheidung zwischen Symbol und Allegorie durchgeführt, und fast alle damaligen und späteren Versuche, diese beiden Begriffe einander gegenüberzustellen, lehnen sich an Goethes Definitionen an" (S. 71). Sørensen wendet sich nun erstmals ausführlicher dem „Widerspruch" zwischen „Goethes in den ‚Maximen und Reflexionen' formulierter Begriffsantithetik des guten Symbols und der bösen Allegorie einerseits und der künstlerischen Praxis seiner Altersdichtung andererseits" zu (S. 78). Sein Versuch einer Auflösung greift indes zu kurz, wenn er Goethes Allegoriekritik als „pole-

---

[17] Alfred Zastrau: Art. Allegorie. In: Goethe-Handbuch. Goethe, seine Welt und Zeit in Werk und Wirkung. 2., vollkommen neugestaltete Aufl. Hg. v. Alfred Zastrau. Bd. 1. Stuttgart 1961, Sp. 136f., hier Sp. 136.

[18] Robert Stockhammer: Art. Allegorie. In: Goethe-Handbuch in vier Bänden. Hg. v. Bernd Witte u.a. Bd. 4.1.: Personen, Sachen, Begriffe, Teil 1. Hg. v. Hans Dietrich Dahnke u. Regine Otto. Stuttgart, Weimar 1998, S. 17f., hier S. 17.

[19] Dies dann analytisch differenziert bei Michael Titzmann: Allegorie und Symbol im Denksystem der Goethezeit. In: Walter Haug (Hg.): Formen und Funktionen der Allegorie. Symposion Wolfenbüttel 1978. Stuttgart 1979 (Germanistische Symposien-Berichtsbände 3), S. 642–665.

[20] Bengt Algot Sørensen: Altersstil und Symboltheorie. Zum Problem des Symbols und der Allegorie bei Goethe. In: Goethe-Jahrbuch 94 (1977), S. 69–85, hier S. 69f. Die folgenden Zitate im Fließtext beziehen sich auf diese Angabe.

misch gefärbte Antwort an Schiller“ und daher „chronologisch und inhaltlich in die Zeit um 1797“ gehörig versteht,[21] anstatt die allegorische poetische Praxis genauer unter die Lupe zu nehmen. Auch der Essentialismus der Rede vom „Wesen des Symbols“ wäre selbstreflexiv in Frage zu stellen, denn wenn ein solches „Wesen“ festgestellt werden könnte, würde das Symbol folgerichtig zur Allegorie.

Komplementär zu Sørensens Bestimmungsversuchen ist Bernhard Fischers ikonographische Untersuchung von Goethes symbolischer Kunsttheorie in seiner klassizistischen Phase um 1800 zu lesen. Fischer sieht „die Goethesche Anstrengung, die Kunstautonomie objektiv über ein Prinzip der Gegenständlichkeit, das auch die Form-Seite des Werks mit umfaßt, zu begründen“, scheitern und spricht daher von „einer inneren Affinität der Kunsttheorie Goethes zum Naturalismus“.[22] Die durch Goethes naturwissenschaftliche Untersuchungen inspirierte Aufwertung des kontingenten Einzelnen führe zur Auflösung der symbolischen Substantialität (und damit implizit auch des Allegorischen).[23] Fischers Argumentation verbleibt jedoch im Bereich der Kunsttheorie und berücksichtigt Goethes poetische Praxis nicht. Daher unterbleibt auch eine Auseinandersetzung mit Heinz Schlaffer, der die Allegorie bei Goethe mit Nachdruck rehabilitiert hat und die Funktion der naturwissenschaftlichen Studien anders bestimmt. Schlaffer sucht nach Anhaltspunkten dafür, „daß Goethe geschichtliche Erfahrungen machte, die mit den Mitteln ‚symbolischer‘ Kunst (wie Goethe sie früher in strikter Opposition zur ‚allegorischen‘ propagiert hatte) nicht mehr darstellbar waren und deshalb notwendig zu einer allegorischen Darstellung drängten“.[24] Die bei Goethe zu konstatierende „Trennung von klassischer Poesie und moderner Erfahrung“ führe zunächst zu einer Opferung des Gegenstandes, um das Symbol zu retten. Der Symbolbegriff werde mit „gesellschaftlich und historisch neutralem Material aufgefüllt; dies ist der Zweck der von da ab forcierten naturwissenschaftlichen Studien.“[25] Im Spätwerk, speziell in *Faust II*, erhalte dann die Gegenständlichkeit nun nicht mehr im Sinne der Natur, sondern im Sinne der geschichtlichen und ästhetischen Moderne ihr Recht, was zu einer Ablösung des Symbolischen durch das Allegorische führe.[26] Der Versuch, „in der Natur eine lebendige Alternative zur allegorischen Abstrakt-

---

[21] Ebd., S. 80. Vgl. auch Bengt Algot Sørensen: Die „zarte Differenz“. Symbol und Allegorie in der ästhetischen Diskussion zwischen Schiller und Goethe. In: Haug (Hg.): Formen und Funktionen der Allegorie, S. 632–641.

[22] Bernhard Fischer: Kunstautonomie und Ende der Ikonographie. Zur historischen Problematik von ‚Allegorie‘ und ‚Symbol‘ in Winckelmanns, Moritz’ und Goethes Kunsttheorie. In: DVjs 64 (1990), S. 247–277, hier S. 275f.

[23] Ebd., S. 277.

[24] Heinz Schlaffer: Faust Zweiter Teil. Die Allegorie des 19. Jahrhunderts. Stuttgart 1981, S. 4.

[25] Ebd., S. 21. Schlaffer rekurriert auf Goethes Frankfurter Briefe an Schiller vom August 1797.

[26] Gerhart von Graevenitz betreibt die Rehabilitierung der Allegorie bei Goethe im Hinblick auf den Sonett-Zyklus (vgl. Gerhart v. Graevenitz: Gewendete Allegorie. Das Ende der „Erlebnislyrik“ und die Vorbereitung einer Poetik der modernen Lyrik in Goethes Sonett-Zyklus von 1815/1827. In: Eva Horn u. Manfred Weinberg (Hg.): Allegorie. Konfigurationen von Text, Bild und Lektüre. Opladen, Wiesbaden 1998, S. 97–117.

heit der Moderne zu erhalten“, sei gescheitert, „da er selbst in allegorischer Abstraktheit enden mußte.“ Je mehr jedoch „die vor- und außermenschliche Natur an Bedeutung verliert, desto nötiger wird eine menschliche Stellvertretung der Natur“, also wiederum eine Allegorie: „in der Frau ist sie gefunden.“[27]

Dass die Rehabilitierung der Allegorie die bedeutungskonstitutive Rolle der Differenz zum Symbol selbst unangetastet ließ, ist die Ausgangsbeobachtung von Christian Moser, die er so erklärt, dass mit Hilfe dieser Oppositionsbildung „die traditionellerweise mit der allegorischen Darstellungsform assoziierte Alterität des bezeichneten Sinns gegenüber dem Bezeichnenden [...] kontrollierbar gemacht werden soll“.[28] Die Unstimmigkeiten in Goethes Symbolkonzept, die eine klare Unterscheidung von der Allegorie schwierig machen, würden Moser zufolge in Kauf genommen,

> um zu gewährleisten, daß das Symbolverstehen den Bereich sinnlicher Wahrnehmung nicht überschreitet. Die Entzifferung der Bedeutung wird der Wahrnehmung, das Lesen dem Sehen untergeordnet. Im Falle der Allegorie ist die Entzifferung eine bewußte Operation des Verstandes. [...] Die Bedeutung des Symbols hingegen teilt sich einem unterhalb der Bewußtseinsschwelle anzusiedelnden Gefühl mit. [...] Bedeutung darf nicht bewußt werden, um die Dissoziation von Sehen und Lesen zu vermeiden. [...] Die Allegorie erscheint als Bedrohung, weil sie den in jedem Wahrnehmungsvorgang verborgenen Akt der Entzifferung bewußt macht, während das Symbol ihn verschleiert. Es suggeriert die Möglichkeit, Sinn sinnlich wahrzunehmen.[29]

Nur so könne die Integrität des wahrnehmenden Subjekts gesichert – oder zumindest deren Schein gewahrt werden. Denn Moser wendet dagegen ein, dass das bloße Sehen nicht zur Wahrnehmung symbolischer Gegenstände führe, wie Goethe Glauben mache: „Was er zu finden meint, hat er selbst hergestellt.“[30] Zunächst werden die gesehenen Erscheinungen registriert, gesammelt. Dazu aber müssen sie in Schrift überführt werden, um in einem zweiten Schritt als symbolische lesbar zu werden. Damit aber kollabiert die Goethe'sche vermeintliche Opposition von ‚Allegorie‘ und ‚Symbol‘ endgültig, das Scheitern der klassizistischen Ideologie des Symbols erweist sich als Effekt der Desintegration des modernen Individuums und seiner Orientierungsprobleme in einer Welt, die den Sinn nicht in sich selbst trägt, sondern deren nicht mehr durch traditionelle Instanzen verbürgter Sinn als Bedeutung für das Individuum von diesem aktiv erzeugt werden muss.

---

27 Schlaffer: Faust Zweiter Teil, S. 161.
28 Christian Moser: Sichtbare Schrift, lesbare Gestalten. Symbol und Allegorie bei Goethe, Coleridge und Wordsworth. In: Horn u. Weinberg (Hg.): Allegorie, S. 118–132, hier S. 118f.
29 Ebd., S. 120f.
30 Ebd., S. 123.

III.

Von dieser theoretischen Basis aus können einige zentrale Goethe'sche Allegorien noch einmal prüfend in den Blick genommen werden. Dass *Faust II* im Ganzen allegorisch sei, zeige sich Heinz Schlaffer zufolge schon daran, dass Faust nun „mit seiner eigenen Geschichte auch seine Individualität" verliere. „Von jetzt an wird Faust nicht mehr als identische Person, sondern nur noch in Rollen, in Masken erscheinen […]."[31] Gerade darin erweist sich jedoch Faust im zweiten Teil des Dramas als repräsentatives modernes Individuum, dass er weniger denn je als konsistentes Subjekt erscheint, sondern in unterschiedlichen Rollen agiert.[32] Der Opposition von Allegorie und Symbol ist in *Faust II* mithin schon von ihrer identitätstheoretischen Prämisse her der Boden entzogen. Wer sich in der „Mummenschanz" des ersten Aktes hinter welcher Maske verbirgt, ist nicht ohne weiteres auszumachen. Hier hat eine Inszenierung durchaus Interpretationsspielraum. Der von Goethe im Gespräch mit Eckermann am 20. Dezember 1829 vorgenommenen Auflösung – Faust als Plutus, Mephisto als Geiz[33] – braucht nicht gefolgt zu werden, da sie sich im Text des Dramas gerade nicht findet. Es wird augenfällig, wie wenig am Kern der Persönlichkeit und wie viel an den Masken gelegen ist. Zwar ist die „Mummenschanz" Höhepunkt und Abschluss von Goethes allegorischer Hoftheaterdichtung, seiner Fest- und Maskenzüge, die einen wichtigen Bestandteil der Weimarer Adelskultur bildeten. Ästhetisch findet jedoch eine Verschiebung zur modernen Autonomieästhetik statt, die die Allegorie modernisiert und eine Unterscheidung vom Symbol hinfällig macht. ‚Sehen' und ‚Lesen' erfolgen simultan und doch getrennt. Gesehen wird auf der Bühne der Zug der Gestalten, die durch die Kommentare des Herolds gelesen werden. Ausgerechnet beim Höhepunkt des Festzugs, dem vierspännigen Wagen, versagt jedoch dessen Deutungskompetenz:

Nun! Dorthinten strömt es mächtig.
Die Bedeutung der Gestalten
Möcht ich amtsgemäß entfalten.
Aber was nicht zu begreifen
Wüßt ich auch nicht zu erklären,
Helfet alle mich belehren! – (V. 5505–5510)[34]

---

[31] Schlaffer: Faust Zweiter Teil, S. 67.

[32] Vgl. die Grundthesen von Karl Eibl: Das monumentale Ich. Wege zu Goethes „Faust". Frankfurt/M., Leipzig 2000. Im Übrigen bestreitet Eibl, dass *Faust II* im Ganzen allegorisch sei (vgl. ebd., S. 180).

[33] Vgl. Goethe: Sämtliche Werke. II. Abt., Bd. 12: Johann Peter Eckermann: Gespräche mit Goethe in den letzten Jahren seines Lebens. Hg. v. Christoph Michel unter Mitw. v. Hans Grüters. Frankfurt/M. 1999 (Bibliothek deutscher Klassiker 167), S. 369.

[34] *Faust*-Zitate mit Versangabe im laufenden Text nach der Ausgabe: Johann Wolfgang Goethe: Faust. Texte. Hg. v. Albrecht Schöne. 6., revidierte Aufl. Frankfurt/M. 2005.

Der Wagenlenkerknabe fordert ihn auf,

> nach Deiner Weise,
> Ehe wir von Euch entfliehen,
> Uns zu schildern uns zu nennen;
> Denn wir sind Allegorien
> Und so solltest du uns kennen. (V. 5528–5532)

– doch der Herold ist ratlos, bietet indes eine Alternative an: „Wüßte nicht dich zu benennen, / Eher könnt ich dich beschreiben“, auf die der Knabe Lenker eingeht: „So probier's!“ (V. 5533–5535). Er scheint sich im Spiegel der Beschreibung des Herolds zu gefallen:[35] „Das läßt sich hören! fahre fort, / Erfinde dir des Rätsels heitres Wort.“ (V. 5541f.) Als die Reihe der Beschreibung an Plutus ist, fordert der Knabe den Herold auf: „Hiebei darfst du nicht stehen bleiben, / Du mußt ihn recht genau beschreiben.“ (V. 5560f.) Schließlich stellt er zunächst Plutus vor und sich selbst dann wie folgt: „Bin die Verschwendung, bin die Poesie.“ (V. 5573) Gegenüber Eckermann machte Goethe die Identität des Knaben Lenker mit Euphorion, dem Sohn von Faust und Helena im dritten Akt, geltend:

> Der Euphorion [...] ist kein menschliches, sondern nur ein *allegorisches* Wesen. Es ist in ihm die *Poesie* personifiziert, die an keine Zeit, an keinen Ort und an keine Person gebunden ist. Derselbige Geist, dem es später beliebt Euphorion zu sein, erscheint jetzt als Knabe Lenker, und er ist darin den Gespenstern ähnlich, die überall gegenwärtig sein und zu jeder Stunde hervortreten können.[36]

Wiederum wird diese Auflösung nur gesprächsweise, nicht im Dramentext selbst vorgenommen. Der Knabe Lenker ist eine Allegorie der Poesie, diese ist aber gerade nicht mehr in der Weise rational festlegbar, wie das für eine Allegorie nach dem traditionellen Verständnis gelten sollte. Zwar zeigt sich die Poesie in der „Mummenschanz“ zunächst noch heteronom, der Ökonomie, nämlich Plutus, zugeordnet, eben als Hofkünstlertum, andererseits aber geht sie in dieser Funktionalisierung aufgrund des un-, wenn nicht anti-ökonomischen Aspekts der Selbstverschwendung bereits nicht mehr auf. Die Autonomieästhetik kündigt sich an. Plutus sagt zum Knaben zunächst noch: „bist Geist von meinem Geiste. / [...] Ein wahres Wort verkünd ich allen: / Mein lieber Sohn an dir hab ich Gefallen“ (V. 5623, 5628f.), doch als Protegé von Macht und Reichtum gelingen der Poesie nur banale Kunststückchen – und sie wird von Plutus dann auch in die Freiheit entlassen:

> Nun bist du los der allzulästigen Schwere,
> Bist frei und frank, nun frisch zu deiner Sphäre!

---

35 Schlaffer: Faust Zweiter Teil, S. 76, akzentuiert hier zu einseitig das Versagen des Herolds vor den Ansprüchen der Interpretation der Allegorie des Knaben Lenker, wenn er meint, dass die genaue Beschreibung dessen „Wesen“ verfehle. Ein essentialistisches „Wesen“ der Poesie kann gerade nicht extrahiert werden.

36 Goethe: Sämtliche Werke, Bd. II 12, S. 370.

Hier ist sie nicht! Verworren, scheckig, wild
Umdrängt uns hier ein fratzenhaft Gebild.
Nur wo du klar ins holde Klare schaust,
Dir angehörst und dir allein vertraust,
Dorthin wo Schönes Gutes nur gefällt,
Zur Einsamkeit! – Da schaffe deine Welt. (V. 5689–5696)

Nachdem der Knabe Lenker dieser Aufforderung gefolgt ist und den Maskenzug verlassen hat, gerät dieser scheinbar außer Kontrolle, und es kommt nach dem Auftritt des großen Pan fast zur – freilich als „Flammengaukelspiel" (V. 5987) von Faust inszenierten – Katastrophe. Offenbar ist das Fiktionsbewusstsein bei den Festteilnehmern noch nicht ausgeprägt genug, als dass sie mit der neuen ästhetischen Situation – der Abwesenheit bzw. dem Funktionswandel allegorischer Poesie – umgehen könnten.

Der Versuch einer Einübung neuer Rezeptionsgewohnheiten allegorischer Darstellungen liegt dann insbesondere beim Tod des Euphorion vor, der mit dem Wagenlenkerknaben wesensidentisch sein soll: „Ein schöner Jüngling stürzt zu der Eltern Füßen, man glaubt in dem Toten eine bekannte Gestalt zu erblicken; doch das Körperliche verschwindet sogleich, die Aureole steigt wie ein Komet zum Himmel auf, Kleid, Mantel und Lyra bleiben liegen." (nach V. 9902)

Laut Albrecht Schönes Kommentar könne dieses „man" „allenfalls" den Chor meinen.[37] Dass die „bekannte Gestalt" eine Anspielung auf Lord Byron sein soll, weiß man wiederum nur durch die Gesprächsaufzeichnungen Eckermanns,[38] doch dieser Rezeptionssteuerung wird von einem großen Teil der Forschung allzu umstandslos gefolgt.[39] Wenn man diese externe Ebene zurückstellt und sich an die Semantik der Bühnenanweisung hält, ist indes eine andere, selbstreflexiv poetologische Interpretation möglich.[40] Der Hinweis auf die „bekannte Gestalt" kann nämlich allgemeiner gelesen werden als Kommentar des Drangs, Uneindeutigkeiten, rätselhafte Stellen zu vereindeutigen und allegorisch aufzulösen. Das „man" meint dann auch nicht nur den Chor, sondern schlechthin alle:[41] Jeder Leser und jeder Zuschauer, jede Leserin und jede Zuschauerin erblickt eine bekannte Gestalt,

---

37 Albrecht Schöne (Hg.): Johann Wolfgang Goethe: Faust. Kommentare 6, revidierte Aufl. Frankfurt/M. 2005, S. 629.

38 Gespräch vom 5. Juli 1827; vgl. Goethe: Sämtliche Werke, Bd. II 12, S. 250f.

39 Vgl. Jochen Schmidt: Goethes Faust, Erster und Zweiter Teil. Grundlagen – Werk – Wirkung. München 1999, S. 254: „[...] allzu gerne hat man sich [...] auf die bloße Identifikation Euphorions mit Lord Byron zurückgezogen."

40 In anderem Zusammenhang mahnt Thomas Zabka zu Recht: „Es ist methodisch unzulässig, die externe Leserlenkung des Autors gegen die im Text entfaltete Semantik auszuspielen." (Thomas Zabka: Faust II – Das Klassische und das Romantische. Goethes ‚Eingriff in die neueste Literatur'. Tübingen 1993, S. 209) Vgl. auch Eibl: Ich, S. 276: „Halten wir uns deshalb an den Text selbst. Der sagt: Euphorion/die Poesie ist die Frucht der Verbindung eines Sterblichen mit der Schönheit, und diese Frucht ist ebenso flüchtig wie diese Verbindung selbst."

41 Dazu passt Jochen Schmidts Einschätzung, der Chor habe „bloß die Rolle eines sich schnell anpassenden Modepublikums" (Schmidt: Goethes Faust, S. 256).

d. h. jede und jeder löst die Allegorie des Euphorion auf eine ihr bzw. ihm bekannte Weise auf, steckt also, um im Bild zu bleiben, wieder einen konkreten Körper in Kleid und Mantel. Das macht auch Goethe selbst, aber wie in den vorigen Fällen gerade nicht im Text, sondern nur außerhalb. Damit liegt nun doch eine Autonomisierung des ‚Sehens' gegenüber dem ‚Lesen' vor, ein Eigengewicht ästhetischer Gegenständlichkeit (wie in des Herolds Versuchen einer genauen Beschreibung) vor deren vorschneller – und vor allem vor deren eindeutiger – Auflösung. Auf den begrifflichen Kern der Allegorie kommt es so wenig an wie auf den Körper des toten Euphorion. Oder anders gewendet: Eine einzig richtige Auflösung der Allegorie kann es so wenig geben, wie nur ein Körper denkbar ist, dem die Kleidung passt. Die traditionelle Allegorie war auf rationale Auflösbarkeit angelegt – der *sensus literalis* war bloße Einkleidung des *sensus spiritualis*.[42] Goethes Begriffsbestimmung des Symbols zielte darauf ab, die Spiritualinterpretation zu suspendieren, der Gegenständlichkeit des Literalsinns ein eigenes Recht einzuräumen. Mit der allegorischen Dichtung des Spätwerks wird diese Intention in die Bestimmung der Allegorie integriert und damit die Opposition von Allegorie und Symbol kassiert.[43] Das Ergebnis sieht so aus, dass nun keine eindeutige Auflösung der Allegorie mehr möglich ist, sondern sie mehrdeutig wird: Jede aus dem Literalsinn, der *pictura*, abgeleitete *subscriptio*, die aufgrund ihrer semantischen Motivierung argumentativ konsistent ist, ist gleichermaßen gültig wie kontingent. Mit dieser Pluralisierung des Spiritualsinns kommt die traditionelle Lehre vom *mehrfachen* Schriftsinn wieder zu ihrem Recht – mit dem Unterschied freilich, dass die Deutungsebenen nicht mehr hierarchisiert werden. Die unterschiedlichen Sinnschichten erhellen und relativieren sich wechselseitig,[44] und sie können sowohl komplementär als auch konträr aufeinander bezogen sein.

Das wird bei Fausts Gang zu den Müttern deutlich, der – ebenso wie Helenas zweite Losbittung von Persephone – gerade nicht auf der Bühne gezeigt werden kann. Mephisto schickt Faust im Wortsinne ins Nichts: Der Weg führe „Ins Unbetretene, / Nicht zu Betretende" (V. 6222f.). „Versinke denn! Ich könnt auch sagen: steige! / 'S ist einerlei." (V. 6275f.) Wo das Nichts ist, gibt es auch keine Richtung, keinen Raum und keine Orientierung mehr. Das Nichts soll aber nun paradoxerweise doch bevölkert sein: Man sehe „Gestaltung, Umgestaltung, / Des ewigen Sinnes ewige Unterhaltung, / Umschwebt von Bildern aller Kreatur." (V. 6287–6289) – also offenbar die unmittelbare, nicht durch Erscheinung gebrochene

---

[42] Vgl. dazu mit Blick auf allegorisierende *Faust*-Deutungen Eibl: Ich, S. 164–166. Daraus zieht er den Schluss: „Die Frage des Verhältnisses von Allegorie und Symbol speziell beim späten Goethe ist neu zu diskutieren." (Ebd., S. 377)

[43] Auch Zabka: Faust II, S. 286, wagt die Behauptung: „Die Allegorien des *Faust II* erweisen sich als ‚Symbole' im Sinne von Goethes Definition, wenn man in ihnen nicht Bilder des Ideals, sondern Darstellungen des problematischen Verhältnisses zum Ideal sieht." Die Allegorien würden „durch Reihung symbolisch" (ebd., S. 287).

[44] Diese Pluralisierung der Sinnebenen zeigt sich auch an der im vierten Akt beginnenden Eigenart Goethes, an den Rand des Dramentextes als Paratext Bibelstellen zu notieren.

Schau des schöpferischen Weltgesetzes. Es geht mithin im wörtlichsten Sinne um Alles oder Nichts: Was für Mephisto das Nichts ist, ist für Faust eine Gelegenheit zur Auffindung des ‚All', des Erringens der Totalität: „In Deinem Nichts hoff ich das All zu finden." (V. 6256)[45] Nichts und All sind im Tiefsten identisch. Jede Übersetzung dieser metaphysischen Kippfigur beim Versuch einer Umsetzung auf der Bühne wäre ebenso ‚unzulänglich', wie es der Schluss des *Faust II* ist, bei dem das „Unzulängliche" „Ereignis" wird (V. 12106f.). Das Unzulängliche ist das Unzureichende, das Ungenügende – und genau das gibt es beim Schluss des *Faust II* auf der Bühne zu sehen.[46] Wie bei den Müttern ist das All zugleich das Nichts, das Absolute ist zugleich leer, und wenn die Schlussszene in einem ernst zu nehmenden Himmel – und nicht in einem Theaterhimmel – spielte, so wäre die Bühne die ganze Zeit leer, es gäbe nichts zu sehen. Die Allegorien der Schlussszene sind notwendig, aber sie sind auch kontingent, unzulänglich, und darum muss ihre einsinnige Auflösbarkeit hintertrieben werden, um die unreduzierte Komplexität, für die Goethe zeitweise den Begriff des Symbols reserviert hatte, in ‚wiederholter Spiegelung' der Sinnebenen zur Geltung zu bringen.[47] Auch Faust selbst ist als Figur durchaus unzulänglich, aber nur das ist künstlerisch darstellbar und taugt als polysemes „Gleichnis" (V. 12105). Ein solches ist auch das „Ewig-Weibliche" (Vs. 12110):[48] die abstrakte Bezeichnung für die korrespondierende Instanz, nach der das moderne männliche Individuum, als dessen Allegorie Faust auftrat, zur Verankerung und Vervollständigung seines Weltbezugs immer auf der Suche war – und die schließlich die Welt ebenso transzendiert wie jede einzelne ihrer allegorischen Verkörperungen, heißen sie nun Gretchen, Helena, Galatee oder selbst Maria.[49]

Die Schlussverse spricht der „Chorus mysticus". ‚Mystisch' hat bei Goethe ebenso eine negative und eine positive Konnotation, wie es für ‚allegorisch' gilt. Poetische Auskunft darüber gibt das Gedicht „Offenbar Geheimniss" aus dem *West-östlichen Divan*. Dort sind die „Wortgelehrten" jene, die die Gedichte des Hafis einsinnig allegorisch verstehen, den „Werth des Worts" nicht erkennen und

---

45 Vgl. Eibl: Ich, S. 190f.

46 Vgl. Albrecht Schöne: „Das Unzulängliche | Hier wird's Ereignis" (*Faust* 12106f.). In: Sprachwissenschaft 19 (1994), S. 231–234. Thomas Zabkas abweichende, essentialistische Interpretation der „Bergschluchten"-Szene gründet auf der von Goethes Sprachgebrauch ansonsten nicht gedeckten Lesart von ‚unzulänglich' im Sinne von ‚unerreichbar, transzendent'. Vgl. Zabka: Faust II, S. 224–228. Dagegen bezeichnet Eibl: Ich, S. 336, die Bühnenvorgänge als „Levitations-Ballett".

47 Vgl. Werner Keller: Größe und Elend, Schuld und Gnade. Fausts Ende in wiederholter Spiegelung. In: Ders. (Hg.): Aufsätze zu Goethes ‚Faust II'. Darmstadt 1992 (Wege der Forschung CDXLV), S. 316–344.

48 Zabka: Faust II, S. 200, liest ‚ewig' als Synonym für ‚himmlisch' und identifiziert daher das „Ewig-Weibliche" einsinnig mit Maria.

49 Vgl. Eibl: Ich, S. 339f., mit dem Hinweis auf den Consensus-Gedanken.

den persischen Dichter daher „mystische Zunge“ nennen (V. 2–4).[50] Adversativ dazu bezeichnet der Sprecher des Gedichts Hafis als „mystisch rein“, gegenüber der mystischen ‚Unreinheit‘ seiner allegorischen Ausleger. Mit dem folgenden Gedicht „Wink“ scheint eine Annäherung der Positionen vollzogen zu werden: „Und doch haben sie Recht die ich schelte: / Denn daß ein Wort nicht einfach gelte / Das müßte sich wohl von selbst verstehn.“ (V. 1–3)[51] Die neue, in Goethes Spätwerk realisierte ‚weite‘ Form der Allegorie (die mystisch ‚reine‘) scheint die abgelehnte ‚enge‘ Variante (die mystisch ‚unreine‘) aufzuheben, der Streit der Interpretationen scheint sich zu erübrigen – wenn nicht ausgerechnet dieses Versöhnungsplädoyer ‚mystisch unrein‘ vorgetragen würde, so dass man etwas zugespitzt fast von einem performativen Selbstwiderspruch sprechen kann: Wenn es sich nämlich „von selbst“ versteht, dass ein Wort „nicht einfach gelte“, so wird für diesen sprachtheoretischen Befund nun doch wieder Eindeutigkeit in Anspruch genommen. Dieses einfache Verstehen wird aber wiederum dadurch gestört, dass die Paarreimstruktur des Gedichts nur an einer – nämlich an dieser – Stelle unterbrochen ist: zwischen „verstehn“, dem letzten Wort des dritten, und „Stäben“, dem letzten Wort des vierten Verses.

Die interpretatorischen Kontroversen werden also weitergehen – und zum Streit führen, wenn die Suspendierung des weltanschaulichen Ernstes der Deutungen nicht verstanden wird, wie es Goethe für seine Zeitgenossen im Hinblick auf den Schluss von *Faust II* fürchtete. Goethes Allegorien lassen sich nicht ‚ausinterpretieren‘. Lösen lassen sie sich allenfalls auf einer anderen, scherzhaften Ebene – das Scherzhafte in diesem Fall durchaus in der älteren, erotischen Bedeutung verstanden.[52] In dieser Richtung liegt auch Jürgen Links Lösungsvorschlag zum Gedicht „Wink“: „[m]ittels analoger Sprachkreativität“ würden sich „zwei analoge Subjektivitäten formieren, sich ineinander wiedererkennen und spiegeln“, so dass „als semiotischer Effekt der Subjekteffekt ‚Liebe‘ zünden“ könne – „so wie in den sprachlichen Zeichen des Symbols der Subjekteffekt ‚Verstehen‘.“[53] Vielleicht, wer weiß, war es unter anderem dies, was Goethe vorschwebte, als er den „Chorus mysticus“ davon sprechen ließ, dass „das Ewig-Weibliche“ „uns“ hinan ziehe. Uns Männer? Oder uns Menschen – Männer und Frauen? Aber auch das war ja ‚nur‘ eine Allegorie, ein ernster Scherz, und damit sind unterschiedliche Antworten möglich, zwischen denen die Debatte neu eröffnet ist. „Hm! Hm!“ könnte man mit Goethe resümieren, „(dem Laute nach halb beifällig und halb zweifelnd).“[54]

---

50 Vgl. Goethe: Sämtliche Werke. I. Abt., Bd. 3.1. West-östlicher Divan, Teil 1. Hg. v. Hendrik Birus. Frankfurt/M. 1994 (Bibliothek deutscher Klassiker 113), S. 32.

51 Ebd., S. 33.

52 Vgl. Jacob u. Wilhelm Grimm: Deutsches Wörterbuch. Bd. 8: R – Schiefe. Bearb. v. u. unter Leitung v. Moriz Heyne. Leipzig 1893, Sp. 2598f.

53 Jürgen Link: Literatursemiotik. In: Helmut Brackert, Jörn Stückrath (Hg.): Literaturwissenschaft. Ein Grundkurs. Reinbek 1992, S. 15–29, hier S. 28.

54 So Heinrich Ludens Bericht über Goethes Reaktion auf eine allegorische *Faust*-Deutung. Zitiert nach Eibl: Ich, S. 14.

# II. Komik und Humor als Kritik

HELLMUT THOMKE (Bern)

# Jm schimpff man offt die worheit seyt

## Vom reformatorischen Fastnachtspiel zum Bibeldrama

Lachen in vielerlei Gestalt und in ungewöhnlichem Ausmaß ist eine conditio sine qua non der Fastnacht. Dieses Lachen von Narren über Narren und die eigene Narrheit enthält stets ein subversives Element der Verkehrung von Normalität und geltenden Wertmaßstäben. Es ist nicht einfach Ausdruck friedlicher Heiterkeit oder abgeklärten Humors. Zugleich ist dieses einer verkehrten Welt zugeordnete Lachen auf eine ganz bestimmte Zeitspanne eingeschränkt und weist durch seine über normales und gesittetes Maß hinausgehende Intensität auf eine Zeit des Ernstes voraus. Die immer wieder umstrittene Etymologie des Begriffs Fasnacht/Fastnacht sowie die Ursprünge der Fastnachtbräuche und -spiele brauchen uns hier nicht zu beschäftigen. Allzu einfache und einseitige Deutungen liefern ohnehin keine befriedigende Erklärung des komplexen und durch historisch sich wandelnde Voraussetzungen geprägten Phänomens, und die Herleitung allein aus einer untergründigen, angeblich karnevalistischen und rein materialistischen Volkskultur unbegrenzten Lachens erklärt die Fastnacht nicht. Ob es sich bei der Fastnacht primär um ein kirchlich lizenziertes oder gar inszeniertes Ausleben sündhaften Trieblebens vor der Fastenzeit handle, ob um ein Wiederaufleben von zeitweise unterdrücktem Brauchtum (womöglich gar aus heidnischer Zeit) oder um eine bald mehr spielerische, bald mehr revoltierende, aber keineswegs revolutionäre Umstülpung sozialer Verhältnisse (ähnlich wie in den altrömischen Saturnalien) – immer geht es um die lachende Verkehrung von Normen. Doch stets sind der Subversion zugleich Grenzen gesetzt, dies allein schon durch die Jahreszeit oder durch das Kirchenjahr.

Dass fastnächtliches Treiben jeglicher Art bis hin zu bloßen Saufgelagen von den Zeitgenossen und Chronisten oft als Fastnachtspiel bezeichnet wurde, bleibt hier außer Betracht. Das heißt nicht, dass das Fastnachtspiel losgelöst vom Fastnachtgeschehen zu betrachten und isoliert als literarisches Werk zu würdigen sei. Aber als theatralisches Ereignis auf der Grundlage eines Textes erhielt es, besonders wenn dieser gedruckt wurde, eine besondere Bedeutung, die über eine spontane symbolische Handlung oder einen zeitgebundenen Anlass hinauswies. Ich verwende den Begriff in unserem Zusammenhang als Bezeichnung für alle Arten von gezielt inszenierten und textlich fixierten Schaustellungen und Theaterstücken, die etwa in der Zeit von 1430 bis gegen 1600 während der Fastnachtszeit dargeboten wurden.

Das Brauchtum der Fastnacht ging in unterschiedlichem Maße in diese Art von Spielen ein. Es konnte in der Thematik auch ganz fehlen, weil bloß die übliche

Spielzeit und die Narrenfreiheit zum Theaterspiel und zu politischer, kirchlicher und moralischer Kritik an allen Ständen genutzt wurde. Dies geschah unter Umständen sogar ohne Komik, so etwa im *Nollhart* des Buchdruckers und Dichters Pamphilus Gengenbach.[1] Das lehrhafte Stück wurde an der Herrenfastnacht 1517 in Basel aufgeführt, dargeboten gleichermaßen zum Lob des Römischen Reiches und der Eidgenossenschaft, damit sie sich desto besser bewahren, wie der Verfasser nach seinem Namen auf dem Titelblatt vermerkt. Es bot ihm als Vertreter einer reichsfreundlichen Partei die Gelegenheit zu politischer Stellungnahme und zum Lob Kaiser Maximilians I. Der Holzschnitt des Titelblattes zeigt das Reichswappen Maximilians, getragen von zwei eidgenössischen Kriegern mit den Wappen von Stadt und Bistum Basel, umgeben von den Schilden der übrigen eidgenössischen Orte. Das war umso erstaunlicher, als der Schwabenkrieg bzw. Schweizerkrieg von 1499 zwischen Maximilian und dem Schwäbischen Bund einerseits, den Eidgenossen andererseits erst kurze Zeit zurücklag; er hatte de facto die weitgehende Lösung der Eidgenossenschaft vom Reich bewirkt, und Basel war unmittelbar danach im Jahr 1501 vollberechtigter eidgenössischer Ort geworden. Das Beispiel des *Nollhart* zeigt, dass das Fastnachtspiel in der Eidgenossenschaft die ihm gestattete Freiheit nicht bloß zum närrischen Verlachen gültiger Werte, sondern auch zur ernsten Ermahnung nutzte und politische Wirkung anstrebte. Statt Verkehrung konnte es Umkehr und Bekehrung, statt Auflösung von Normen moralische, soziale und politische Reintegration fordern.[2] Daher wurde schließlich auch religiöser Sinneswandel – durchaus in Verbindung mit politischen Intentionen – zum Thema. Reine Bußpredigt auf der Bühne war jedoch nicht die Regel. Vielmehr diente im reformatorischen Fastnachtspiel des beginnenden 16. Jahrhunderts gerade dessen subversives Potential, das Lachen und Verlachen, als Vorbereitung auf einen vom Publikum geforderten Sinneswandel – nicht anders als in Schwanksammlungen der Zeit wie z. B. *Schimpf und Ernst* (1522) des Franziskanerpredigers Johannes Pauli, einer Quelle auch für Fastnachtspiele von Hans Sachs.

Nach Form und Gehalt stellt das Fastnachtspiel nicht eine völlig einheitliche Gattung dar, unter anderem schon deswegen nicht, weil die soziale Trägerschaft an den einzelnen Spielorten verschieden war. Definitionsversuche sind oft zu einseitig auf die überwiegend von Handwerkern getragenen frühen Nürnberger Spiele und die davon abgeleiteten in Sterzing ausgerichtet, und damit auf Dichter wie Hans Rosenplüt und Hans Folz sowie auf den Südtiroler Maler und Spielleiter Vigil Raber. Im Gegensatz zu Nürnberg und Sterzing war das Theaterspiel in Lübeck und in den eidgenössischen Städten eine Angelegenheit der stadtbürgerlichen

---

1 Pamphilus Gengenbach: Der Nollhart. Hg. v. Violanta Uffer. Bern, Stuttgart 1977 (Schweizer Texte 1).

2 Zur sozialen und politischen Bedeutung der Fastnacht und des Fastnachtspiels in der Eidgenossenschaft sei verwiesen auf die zusammenfassende Darstellung von Peter Pfrunder: Pfaffen, Ketzer, Totenfresser. Fastnachtkultur der Reformationszeit – Die Berner Spiele von Niklaus Manuel. Zürich 1989 (Phil. Diss Zürich 1988), Kap. IV.

Oberschicht. In Lübeck bildete die patrizische Zirkelbrüderschaft die Trägerschaft des Theaterspiels. Die Spieler in der Eidgenossenschaft waren junge Burger, sicher auch solche aus patrizischen Geschlechtern, wie man unter anderem aus später bezeugten Spielerverzeichnissen zurückschließen darf. Die Lübecker Fastnachtspiele müssen sich nach Inhalt und Stil von denjenigen an anderen Orten wesentlich unterschieden haben. 74 Titel von Stücken sind bekannt, ein einziges ist überliefert. Mythologische und ‚historische' Themen sowie eine moralistische Tendenz scheinen vorgeherrscht zu haben. Inwiefern Fastnachtscherz und Komik eine Rolle spielten, lässt sich nicht ermitteln; die Lübecker Spiele fallen deswegen hier außer Betracht. Hingegen wird die Eigenart der alemannischen, d. h. in erster Linie der am besten erschlossenen eidgenössischen Spiele zu würdigen sein.

Das Fastnachtspiel gehorchte, sofern es sich vor allem in den Anfängen als bloß närrisches Treiben darbot, gleichartiger Gesetzmäßigkeit der Subversion wie die Festzeit der Fastnacht überhaupt. Weltlichkeit und Diesseitigkeit bestimmten zunächst die Themen, weil in der Fastnacht die Vitalsphäre, die animalische Seite menschlichen Daseins sich austoben durfte. Vermummung, Fressen, Saufen beherrschten das ausgelassene Geschehen, obszöne Sexualität und Fäkalisches durchdrangen Schaustellung und Sprache, sei es, dass Berichte, Klagen und Verbote oder erhaltene Texte uns das überliefern. Dies alles ermöglichte es den Menschen, die durch die kirchliche und ständische Ordnung bestimmte Rollenfixierung und die sittlichen Normen abzustreifen. Hohes und Heiliges durfte in der vorübergehend verkehrten Welt lachend in den Schmutz gezogen werden. Der Bauer erschien, wie schon in der mittelalterlichen Dörperdichtung, als Prototyp des närrischen, unflätigen und sündhaften Menschen; doch der Stadtbürger machte sich dabei nicht bloß über den tölpelhaften Landbewohner lustig, sondern ergötzte sich am Beispiel des Bauern an seiner eigenen menschlichen Unzulänglichkeit.

Das subversive Element blieb zunächst überwiegend bloß Ulk, närrisches Spiel, Unterhaltung und Ventil für unterdrückte Triebhaftigkeit. Doch es barg früh die Entwicklungsmöglichkeit zur Satire in sich. Man muss erwägen, ob diese Tendenz nicht schon in dem vom Adels- und Fürstenfeind Hans Rosenplüt verfassten Spiel *Des künig von Engellant Hochzeyt* angelegt war, parodiert es doch mittelalterliche Adelskultur (aufgrund der Namensnennung des Verfassers ist es das einzige unzweifelhaft von Rosenplüt stammende Stück). So sehr es im übrigen den Anschein machen mag, es sei gerade dieser Dichter Zeuge für eine unbegrenzte subversive Lachkultur des späten Mittelalters – er war es nicht; als städtischer Büchsenmeister Nürnbergs war er in die stadtbürgerliche Gesellschaft und deren soziale Normen integriert!

Eindeutig satirisch wurde das Fastnachtspiel in der Zeit der Reformation. Das Lachen diente nun der Brandmarkung der kirchlichen Missbräuche und bereitete die Glaubenserneuerung vor. Von einem Spiel, das die Mainzer Meistersänger, die späteren Vorkämpfer der Reformation, im Jahre 1510 aufführten, kennen wir leider nur den Titel: *Ein schoen spiel von fier ketzeren Predigerordens zu Bern im*

*Schweizerland.*[3] Es muss ein kirchenkritisches Spiel gewesen sein, denn es nahm Bezug auf den für die Vorgeschichte der schweizerischen Reformation wichtigen Jetzerhandel in den Jahren 1508/09, bei dem der Predigerorden in ein denkbar schlechtes Licht geriet. Die Dominikaner hatten im Streit um die unbefleckte Empfängnis Mariae falsche Wundererscheinungen, das Erscheinen der Mutter Gottes und das Auftreten der Wundmale Christi bei einem Schneidergesellen namens Jetzer propagandistisch ausgenützt, um ihren Vorrang vor den Franziskanern zu behaupten. Der anschließende Prozess endete 1509 mit der Verbrennung von vier Dominikanern, während Jetzer fliehen konnte. Der Straßburger Franziskaner Thomas Murner verfolgte den Berner Prozess, und eine ganze Reihe von lateinischen und deutschen Flugschriften (zum Teil sehr wahrscheinlich aus Murners Hand) sorgte dafür, dass der Jetzerhandel weit herum Aufsehen erregte. Fastnachtspiel und Flugblatt konnten fortan gleichermaßen geistliche Missbräuche anprangern, wobei das Spiel – wenn auch auf begrenztem Raum – ein größeres und ständisch gemischtes Publikum erreichte.

Neben die Satire trat die erzieherische Absicht, Erziehung jedoch nicht einfach durch moralistische Belehrung, sondern auf indirektem Wege durch Verlachen und Lachen, durch Bloßstellung von Narrheit. So erhielt das närrische Treiben im Spiel eine neue Funktion. In aller Deutlichkeit lässt sich das in den Fastnachtspielen von Hans Sachs erkennen, der die herkömmlichen Themen der Nürnberger Spiele nutzt, um das Publikum an Zucht und Ordnung zu mahnen. Dabei vermeidet er die herkömmliche Obszönität, jedoch nicht den derben Spaß an sich. Ansatzweise geschieht das schon in seinem ersten Stück, im *hoffgsindt Veneris* von 1517, und dann, nach der erfolgten Reformation Nürnbergs, in den zahlreichen seit 1532 entstandenen Fastnachtspielen. Das stand im Einklang mit sozialdisziplinierenden Tendenzen der Obrigkeiten, zugleich aber in Übereinstimmung mit der reformatorischen Aufforderung an die einzelnen Menschen aller Stände, sich persönlich für die Bewahrung und Wiederherstellung von Sitte und gesellschaftlicher Ordnung zu entscheiden. Besonders deutlich zeigt sich das, wenn man die Verteidigung der Ehe bei Hans Sachs mit der Bedeutung der Ehe in der Lehre Luthers vergleicht.

Im alemannischen Gebiet, vor allem in der Eidgenossenschaft, entfaltete sich seit dem Beginn des 16. Jahrhunderts ein reiches Theaterspiel, das im öffentlichen Leben einen wichtigen Platz erhielt und von den Obrigkeiten vielfältig gefördert wurde. Die bürgerlichen Oberschichten, auch das Patriziat, waren nicht nur als Publikum daran beteiligt, sondern stellten ebenso Autoren, Spielleiter und Spielerschaft; letztere bestand häufig vor allem aus jungen Burgern. Viele der aufgeführten Stücke wurden gedruckt, lösten sich dadurch vom unmittelbaren Anlass, be-

---

3 F[riedrich] W[ilhelm] E[rnst] Roth: Zur Geschichte der Meistersänger zu Mainz und Nürnberg. In: Zeitschrift für Kulturgeschichte. N. F. 4 der Zeitschrift für deutsche Kulturgeschichte (1896), S. 265. (Die Angaben bei Roth nach einer von J[ohann] P[eter] Schunck ausgewerteten, dann verschollenen Hs. in Mainz.)

anspruchten damit auch Geltung als Literatur und fanden weite Verbreitung im deutschen Sprachraum. Zuvor schon war im alemannischen Gebiet dem geistlichen Spiel, selbst in Dörfern, eine große Bedeutung zugekommen, und die Städte kannten außerdem das lateinische Schuldrama. Dann entstanden neben Moralitäten auch Fastnachtspiele und schließlich zahlreiche Bibeldramen – ferner, was für die eidgenössischen Republiken charakteristisch ist, politische Spiele. Wir verfolgen hier nur die religiös subversive und satirische Tendenz des Fastnachtspiels und den Übergang vom reformatorischen Fastnachtspiel zum Bibeldrama; auf die übrigen Typen des Dramas fällt nur ein Blick, sofern sie diese beiden beeinflussten.

Ob es in der Eidgenossenschaft schon im 15. Jahrhundert Fastnachtspiele gab, ist ungewiss. Texte sind jedenfalls nicht überliefert, und wo von spielerischen Formen fastnächtlichen Treibens die Rede ist, sind meistens Umzüge, das Auftreten von Vermummten oder Schwert- und Moriskentänze gemeint. In der Fastnacht ging es nicht weniger ungebunden zu als anderswo, aber Spiele in der Art der Nürnberger Fastnachtspiele haben sich nicht entwickelt.

Johannes Kessler, der St. Galler Chronist der Reformation, der in Basel bei Erasmus von Rotterdam studiert hatte, in Jena im Wirtshaus „Zum Bären" dem von der Wartburg heimkehrenden Martin Luther begegnete und dann in Wittenberg bei Luther und Melanchthon sein Studium fortsetzte, nach der Rückkehr nach St. Gallen aber eine Sattlerlehre begann und gleichzeitig reformatorische Lesungen durchführte – Kessler schildert in seinen wohl um 1524 begonnenen *Sabbata* die Fastnacht wie folgt als „saturnalia":

> das sind festtag, so man vollfůrt und begat mitt allerlay flaischlichen lusten und begirden, fressen und trincken, dantzen und springen, die werend etwa minder etwa meer dann zween monat und in den letsten acht tagen, so das fest sich enden wil, dann kert der mensch all sin unsinnig und tobhait [h]er uß, rent daher und[in] gailheit, mitt verhengtem zen[zoum] aller siner boßen anmůttungen und ie ringmůttiger ainer nach vichescher ard sich stellet, ie flißiger er das fest begangen hatt. Mich wundert, ob doch die haiden in begangnus dißer faßnacht festen also getobet haben.[4]

Gegen diese in Kesslers Augen heidnische Geilheit, gegen diese bisher kirchlich geduldete oder gar gesteuerte fleischliche Zuchtlosigkeit wandten sich nun im Zuge der Kritik an den kirchlichen Missbräuchen und der allgemeinen Glaubenserneuerung die Reformatoren und die von ihnen gewonnenen Obrigkeiten. Diese Ziele verfolgte auch das in der Eidgenossenschaft aufkommende Fastnachtspiel, und zwar mit den ihm eigenen Mitteln, mit der Darstellung einer verkehrten Welt: Der Papst und die Geistlichen verkörperten diese in besonderem Maße und wurden, indem man die Lizenz der Fastnacht nutzte, als bösartige Narren und Fastnachtbutzen dem Spott preisgegeben, ihre Prachtentfaltung und die kirchlichen Zeremonien als Mummenschanz bloßgestellt!

4 Johannes Kessler: Sabbata. Hg. v. Ernst Götzinger. St. Gallen 1866. Teil 1, S. 98.

In Basel, einem Mittelpunkt humanistischer Gelehrsamkeit und zugleich einem wichtigen Ort des deutschen Buchdrucks, führte der Drucker Pamphilus Gengenbach seit 1515 eine Reihe seiner Fastnachtspiele auf, die dann in den von ihm verfertigten Drucken weite Verbreitung fanden. Gengenbach ist um 1480 als Sohn eines aus Gengenbach im Schwarzwald stammenden Buchdruckergesellen in Basel geboren und verbrachte einige Jahre als Geselle des Buchdruckers Anton Koberger in Nürnberg, bevor er sich in der Heimatstadt niederließ und eine eigene Offizin eröffnete. Er gehörte nicht zum engeren Kreis der Basler Humanisten, besaß aber doch eine gewisse gelehrte Bildung und arbeitete für seine Buchillustrationen auch mit Künstlern wie Ambrosius Holbein zusammen. In seiner Druckerei erschienen vornehmlich deutschsprachige Werke, die nicht für einen engen Kreis des gelehrten Publikums gedacht waren, nämlich Lieder, Flugblätter, Kalender, Lassbriefe (Aderlasstafeln), Prognostiken und eben Fastnachtspiele. Diese unterschieden sich trotz einiger Gemeinsamkeiten sehr wesentlich von den Nürnberger Spielen.

Gengenbachs Stücke sind charakteristische Beispiele für das alemannische Fastnachtspiel. Kennzeichnend für dieses war zunächst ein erheblich erweiterter Umfang; statt durchschnittlich etwa 300 umfassten sie bald über 1000 und 2000, im Extremfall gar über 4000 Verse. Dies allein schon ermöglichte eine Bereicherung des Inhalts, eine Erweiterung sowohl des Typus des revueartigen Reihenspiels als auch des Handlungsspiels und die Gestaltung von im eigentlichen Sinne dramatischen Szenen. Mit dem Gehalt, der stark durch die didaktische Narrenliteratur eines Sebastian Brant oder Thomas Murner mitbestimmt wurde, verbanden sie von Anfang an eine moralistische, auch sozialkritische und politische Tendenz. Im Zusammenhang damit wandelte sich die Narrenfigur oft zum weisen Narren – ein deutliches Zeichen der Umkehrung fastnächtlicher Thematik und ihrer Wertung! Ferner wurde der Einschreier und Ausschreier zur eigentlichen Prolog- und Epilogfigur wie im lateinisch geprägten Schuldrama.

Gengenbachs Spiel *Disz ist die gouchmat / so gespilt ist worden durch etliche geschickt Burger einer loblichen stat Basel. Wider den Eebruch vnd die sünd der vnküscheit,* aufgeführt an einer Fastnacht zwischen 1516 und 1521, steht in Beziehung zu Murners *Geuchmat*, einer Moralsatire in Reimpaaren von 1519. Wegen der großen Ähnlichkeit der Thematik – die Gauchmatt ist die Wiese der Liebesnarren, die sich Venus und ihrem Gesinde ausliefern – stellt sich die Frage, wer von wem abhängig ist. Die Antwort hängt von der Datierung des Fastnachtspiels ab. Das komplizierte Problem soll jedoch hier nicht erörtert werden; ich halte 1521 für die richtige Datierung.[5] Es ist denkbar, dass Gengenbach auch durch das erste der beiden frühen Fastnachtspiele von Hans Sachs aus dem Jahre 1517, *Das hoffgsindt Veneris*, angeregt worden ist. Dieses scheint zwar erst rund vier Jahrzehnte später

---

5 Pamphilus Gengenbach: Die Gauchmatt. In: Hellmut Thomke (Hg.): Deutsche Spiele und Dramen des 15. und 16. Jahrhunderts. Frankfurt/M. 1996 (Bibliothek deutscher Klassiker 136).

in der Folioausgabe gedruckt worden zu sein. Dennoch darf man vermuten, dass es Gengenbach, der ja Beziehungen zu Nürnberg hatte, bekannt geworden ist. Neben wenigen fast wörtlichen Übereinstimmungen erinnert sein Spiel vor allem durch die Hofhaltung der Venus und in der Struktur (der Abfolge der liebestrunkenen Männer verschiedenen Alters und Standes auf der Gauchmatt) an das Stück von Hans Sachs, nur dass bei Gengenbach einige Lokalitäten sehr deutlich auf Basel bezogen sind und nicht der getreue Eckart, sondern ein weiser Narr vor den sexuellen Ausschweifungen warnt.

Ich habe von Gengenbachs Spielen die *Gauchmatt* herausgegriffen, um darzulegen, dass das neuartige alemannische Fastnachtspiel zunächst mit Figuren und Stilmitteln des herkömmlichen Nürnberger Fastnachtspiels den Kampf gegen die Zuchtlosigkeit der Fastnacht aufnahm – einen Kampf, den bald vor allem die Reformatoren austrugen und der schließlich zur Verdrängung der Fastnacht und zur völligen Verwandlung des fastnächtlichen Theaterspiels führte. Das närrische Treiben der Gäuche weckt zwar noch den Spaß des Zuschauers, ist aber nicht mehr Selbstzweck, sondern bereitet die Mahnung zur Umkehr vor. Eindeutig reformatorische Kritik und Satire bot dann vor allem Gengenbachs Spiel *Diß ist ein iemerliche clag vber die Todten fresser* von 1522, das nicht aus seiner eigenen Offizin, sondern in Augsburger und Straßburger Drucken überliefert ist.[6] Für das in der Art eines kurzen Reihenspiels gestaltete Pamphlet gegen den prunkliebenden Papst und eine zuchtlose Priesterschaft sowie gegen die Ausbeutung des Volkes durch Seelenmessen und Ablasshandel ist eine Aufführung nicht bezeugt, sodass man es auch als Flugschrift in Dialogform auffassen kann. Besonders bemerkenswert ist, dass der Bauer, der zuletzt seine Klage erhebt, in keiner Weise mehr an den plumpen Tölpel der spätmittelalterlichen Literatur und der allermeisten Fastnachtspiele erinnert.

Die Narrenfreiheit der Fastnachtzeit wurde fortan immer wieder genutzt, um die Verderbnis der Kirche aufzudecken. Gengenbachs *Totenfresser* regten mit großer Wahrscheinlichkeit den bedeutenden Berner Maler, Feldschreiber, Dichter, Landvogt, reformatorischen Staatsmann und Heerführer Niklaus Manuel Deutsch zur Eingangsszene seines ersten Fastnachtspiels *Vom Papst und seiner Priesterschaft* an.[7] 1523 führten es Burgersöhne in Bern an der Herrenfastnacht am prominentesten Ort des öffentlichen Raums auf: vor dem Gerichtssitz an der Kreuzgasse, die Münster und Rathaus verbindet und die ehemalige Marktgasse quert. Danach erfuhr das Spiel durch zahlreiche Drucke eine weite Verbreitung. Es umfasst nicht weniger als 1945 Verse. Trotz der Verstümmelung des Textes an einigen Stellen der Drucke ist es eines der hervorragendsten Zeugnisse dramatischer Dichtung im

---

6 In: Karl Goedeke: Pamphilus Gengenbach. Hannover 1856, S. 153–159.

7 Niklaus Manuel: Vom Papst und seiner Priesterschaft. In: Hellmut Thomke (Hg.): Deutsche Spiele und Dramen des 15. und 16. Jahrhunderts. Frankfurt/M. 1996 (Bibliothek deutscher Klassiker 136), S. 143, Verse 17–19. Die folgenden Zitate im Fließtext beziehen sich auf diese Angabe.

16. Jahrhundert und prangert leidenschaftlich jeglichen Missbrauch der Kirche und den Machtanspruch des Papstes an, und ganz besonders dessen Verrat am christlichen Abendland angesichts der Türkengefahr. Niklaus Manuel ist unmittelbar auch durch Werke Luthers angeregt worden und bezieht sich an mehreren Stellen offenkundig auf die Schrift *An den christlichen Adel deutscher Nation*. Noch auffälliger als bei Gengenbach sind die Umwertung der Figuren und besonders die Aufwertung des Bauern, der vor allem den Gemeinen Mann und nicht mehr den sündhaften Tölpel vertritt. Die sieben Bauern des Spiels tragen zwar noch sprechende Namen wie Nickli Zettmist, Heini Filtzhůt, Batt Süwschmer und ähnliche, und die „frommen vnd trüwen landlüt" (S. 184, V. 1224) erscheinen als einfältige Menschen; aber Einfalt zeigt sich nicht mehr als Torheit, sondern als Schlichtheit im Gegensatz zum päpstlichen Prunk und zur Prahlerei geistlicher Würdenträger. Die Ordensgeistlichen müssen es sich gefallen lassen, als „mest süw" (Mastschweine, S. 155, V. 375), als „deß tüffels mo̊stschwyn" (S. 166, V. 720) angeprangert zu werden. Niklaus Manuel zeigt zudem soziales Mitgefühl mit den Menschen niederen Standes. Die Apostel Petrus und Paulus treten auf und verwundern sich über die Entfernung der Kirche von frühchristlicher Schlichtheit. An die Narrenliteratur und das herkömmliche Fastnachtspiel erinnert das Spiel noch durch die derbe Sprache und drastische Namengebung. In der Eingangsszene wird das Publikum die kirchlichen Totenfresser, den Küster und den Kirchherrn, zunächst als Komödienfiguren wahrnehmen und über sie lachen, als sie sich über den lukrativen Tod eines reichen Meiers freuen und zugleich feststellen:

Der beschüßt nüt / kåmendt noch vil
Der todt ist vns pfaffen ein eben spil
Je mee ie besser / kemendt noch zehen. (S. 143, V. 17–19)

Das Spiel fährt jedoch nicht komödiantisch fort, und es endet mit einem langen, teils zornigen, teils innig frommen Gebet des Doktor Lupold schüch nit, dessen Figur man als Abbild bernischer Reformatoren hat verstehen wollen, die man aber weit eher, wie schon Leopold von Ranke, auf Doktor Martin Luther beziehen wird. Religiöser Ernst hat die derben Späße, die Ausgelassenheit und Obszönität der Fastnachtunterhaltung völlig verdrängt.

Gleiches gilt für das kurze zweite Fastnachtspiel Manuels, *Ein fasnacht schimpff* (meist unter dem Titel *Von Papsts und Christi Gegensatz* verzeichnet), das an der Alten bzw. Bauernfastnacht 1523 aufgeführt wurde. Es setzt das *Passional Christi und Antichristi* Lukas Cranachs d. Ä. in Handlung und in reale Aufzüge um und ist insofern zugleich ein Zeugnis der Wandlung Niklaus Manuels vom Maler zum Dramatiker und Inszenator. Zwei Bauern, die sich nur noch auf Christus verlassen wollen, verfluchen die Pfaffen und die ganze römische Kirche.[8]

---

[8] Niklaus Manuel: Ein fasnacht schimpff. In: Werke und Briefe. Vollständige Neuedition. Hg. v. Paul Zinsli, Thomas Hengartner. Bern 1999, S. 181–188.

– Im dritten, handschriftlich mit einer Zeichnung Manuels überlieferten Fastnachtspiel aus dem Bauernkriegsjahr 1525, *Der aplaß kremer*, nehmen dann die Bauern und Bauernweiber eher wieder ihre herkömmliche rohe und hier auch brutale Fastnachtspielrolle ein, doch nicht um als Narren und Rüpel bloßgestellt zu werden, sondern um dem aufdringlichen und verlogenen Ablasshändler Rychardus Hinderlist derb und unmissverständlich zuzusetzen. Dieser wird an den Armen an einem Pfahl aufgehängt, die Füße sind mit einem großen Stein beschwert, und die zornige Bäuerin Zilia Nasentutter dringt mit einer rostigen Hellebarde auf ihn ein.[9]

Mit Manuels drei Stücken hatte sich das Fastnachtspiel ganz und gar in den Dienst nicht nur der Kirchensatire, sondern auch der Bekehrung zum Evangelium gestellt. Wie nun aus der herkömmlichen Gattung die neue des Bibeldramas herauswuchs, lässt sich am besten an einem weiteren Fastnachtspiel zeigen, das 1530, zwei Jahre nach der offiziellen Einführung der Reformation, in Bern aufgeführt wurde: am Spiel *Elsli Tragdenknaben.* Das Stück ist in der Literaturgeschichte im Laufe der Zeiten sehr unterschiedlich eingeschätzt und ebenso oft Niklaus Manuel zugeschrieben wie abgesprochen worden. Sprachlich, in der Namengebung, in geringem Maße auch inhaltlich steht es in der Nachfolge Manuels, aber dass es von ihm stammt, ist äußerst unwahrscheinlich.[10] Weit eher ist an Hans von Rüte zu denken, der nach Manuels Tod im Jahr 1530 während mehrerer Jahrzehnte das Theaterleben in Bern beherrschte und dessen Bibeldramen später ebenfalls über Bern hinaus beachtet wurden.

Das „hübsch nüw Fasznacht spill“ *Elsli Tragdenknaben* wurde in einer ganzen Reihe von Drucken überliefert, die allerdings zum Teil verloren sind. Noch im 17. Jahrhundert erschienen mehrere Ausgaben, u. a. in Frankfurt a. M. und in Magdeburg. Es gab sogar eine um einige Zutaten erweiterte niederdeutsche Über-

---

9 Niklaus Manuel: Der Ablaßkrämer. Hg. v. Paul Zinsli. Bern 1960 (Altdeutsche Übungstexte 17). [Enthält die Zeichnung, ein Faksimile aus der Handschrift und einen ausführlichen Kommentar.] – In Manuel: Werke und Briefe. Vollständige Neuedition. Hg. v. Paul Zinsli, Thomas Hengartner. Bern 1999, S. 255–283.

10 Anon.: Elsli Tragdenknaben. In: Niklaus Manuel: Werke und Briefe. Vollständige Neuedition. Hg. v. Paul Zinsli, Thomas Hengartner. Bern 1999, S. 521–584. Die folgenden Zitate im Fließtext beziehen sich auf diese Angabe. Paul Zinsli als bester Kenner Manuels überblickt in dieser Ausgabe die Verfasserfrage und die Beurteilung des Spiels im Laufe der Zeit seit der ersten Edition (C[arl] Grüneisen: Niclaus Manuel, Leben und Werke eines Malers und Dichters, Kriegers, Staatsmannes und Reformators im sechszehnten Jahrhunderte. Stuttgart, Tübingen 1837). Er stellt eine Reihe von Argumenten zusammen, die deutlich gegen Manuels Verfasserschaft sprechen. Dennoch ist sie von Historikern vor einigen Jahren wieder vertreten worden, unter anderem im Zusammenhang mit ihrer hohen Einschätzung des Elsli-Spiels: Bernd Moeller: Niklaus Manuel. Ein Maler als Bilderstürmer. In: Zwingliana 23 (1996), S. 83–104. – Heinrich Richard Schmidt: Elsli Tragdenknaben. Niklaus Manuels Ansicht des geistlichen Gerichts. In: Andreas Blauert, Gerd Schwerhoff (Hg.): Kriminalitätsgeschichte. Beiträge zur Sozial- und Kulturgeschichte der Vormoderne. Konstanz 2000, S. 583–602 und 888–890.

tragung aus dem Jahr 1598, die sich in der Mecklenburgischen Landesbibliothek erhalten hat. Das Stück ist zunächst nichts anderes als eine erweiterte Bearbeitung des aus dem bayrischen Raum stammenden, in mehreren Versionen überlieferten Rumpolt-Mareth-Stoffes, und zwar offensichtlich nach einer Fassung des Sterzingers Vigil Raber. Örtlichkeiten und Handlung sind in die Eidgenossenschaft übertragen. Stoff, Figuren, Handlung und Sprache entsprechen zunächst ganz den herkömmlichen Nürnberger und Südtiroler Spielen. Es handelt sich um ein Gerichtsspiel. Auch das ist nicht neu, dient aber einem reformatorischen Zweck, wie sich gegen Ende der Handlung zeigt. Zwei Narren – klug, aber in ihrer Sprache so derb wie nur irgendeine Fastnachtspielgestalt – leiten im Sinne eines Prologs das Stück ein und stellen im Voraus die Figuren und auch die Narrheiten des Publikums bloß. Sie werden sich „vor lachen in thoßen schyßen" (S. 537, V. 10). Die Bauernmagd Elsli und ihre Mutter, die durch ihren Namen Froneca tryb zů eindeutig als Zuhälterin charakterisiert ist, verklagen den Bauernburschen Uly rechen zan vor dem bischöflichen Ehegericht, dem Chorgericht, weil er ihr zur Weihnachtszeit in einer Strohscheune die Ehe versprochen und ihr angeblich ihr Magdtum genommen hat, danach aber von der Eheschließung nichts mehr wissen wollte. Uli, der alles leugnet, bis er sich unfreiwillig selbst entlarvt, und Elslis Mutter fallen nun in den unflätigsten Schimpfreden mit fäkalischen und zotigen Wendungen übereinander her, sodass gar der Teufel auftritt, weil er an dem wüsten Treiben seine helle Freude hat. Uli wird in die Enge getrieben, als zwei Bauern als aufrichtige und unbescholtene Zeugen auftreten. Sie haben unfreiwillig das Geschehen in der Strohscheune und das Eheversprechen Ulis belauscht. Dieser wird nun von allen Seiten aufgefordert, Elsli zu heiraten, und er willigt schließlich ein, „so vns doch der tüffel hat zemen tragen" (S. 556, V. 649). Noch scheint alles im Rahmen des herkömmlichen Fastnachtspiels zu bleiben, umso mehr als die Mutter sich im Lobpreis der körperlichen Reize und der sexuellen Erfahrungen ihrer Tochter nicht genug tun kann und ihr Elslin gar als fleyschlin bezeichnet. Elsli habe es ihr von Jugend auf gleichgetan, sei deswegen natürlich zuvor etwas liederlich gewesen, habe ihr fleischliches Handwerk in deutschen und welschen Landen aber bestens gelernt und sei „probiert so dick und vil". Das werde nun Uli zugute kommen.

> Und ist ein wyb es ist ein lust
> Uon schencklen / brüsten vnd glyden
> Glych sőlt mans von sylber schnyden
> Ir hals vnd brüst wyß /glat vnd rund
> Ir anblick lutter / roth ir mund
> Ir zenly wyß wie helffen beyn (S. 555, V, 613-618)

Man fühlt sich geradezu an eine fürs Fastnachtspiel umgemünzte petrarkistische Liebesdichtung erinnert, wobei diese jedoch gleich anschließend parodiert wird:

> Jr nåßli scharpff bogen ein kleyn
> Jr ǒugli schwartz wie eins falcken gsicht
> Sind schål in alle winckel gricht (S. 556, V. 619-621)

Doch danach vollzieht sich eine ganz radikale Wende im Spiel. Elsli als reuige Sünderin löst sich ernsthaft und überzeugend von ihrem früheren Leben und will eine fromme und treue Ehefrau werden. Bezeichnenderweise ist es auch hier ein Bauer, der die Wandlung im Sinne des Evangeliums herbeiführt. Sein Name verrät das vorerst nicht: Von einem, der Küni süwtrog (Konrad Schweinetrog) heißt, erwartet man, dass er sich wie der typische unflätige Bauer des Fastnachtspiels verhalte. Er hält jedoch Uli eine lange, schlichte Predigt, verweist ihn auf das Evangelium und eine Reihe von biblischen Gleichnissen wie z. B. dasjenige vom verlorenen Schäflein, vom verlorenen Groschen oder Pfennig und vor allem vom verlorenen Sohn (Lukas Kap. 15). Christus habe, anders als die Pharisäer, die Sünderinnen und Sünder nie verschmäht, sondern gerade sie und nicht die Frommen zu sich berufen. In diesem Sinne fordert er Uli zu einer christlichen Ehe mit Elsli auf.

Zum Erstaunen der Anwesenden erweist sich der Bauer Küni süwtrog als belesener, bibelfester Mensch, der von Christi Lehre mehr begriffen hat als alle Pfaffen:

> Das ist ein pur danck hab syn lyb
> Der ist wol als witzig vnd bschyb [klug]
> Als diße glerten grossen herren
> Sy tỏrfftend wol von im zů leren
> Wie weyß er so wol von Christus ler
> Als vil als dry pfaffen vnd noch mer. (S. 562, V. 850-855)

Das Fastnachtspiel ist hier – gewiss in einer Art Salto mortale – zur Verkündigung des Evangeliums umgewandelt geworden. Die Verkehrtheit nicht bloß fastnächtlicher Unzucht ist der geistlichen Umkehr gewichen. Nicht das althergebrachte kirchliche Chorgericht, nicht eine gesetzliche Institution, sondern eine Bekehrung zum Glauben als individuelle Entscheidung hat die Lösung des Streitfalls ermöglicht; das Wort Gottes im reformatorischen Sinn dringt Uli „durchs hertz hynyn" (S. 563, V. 880). Das Spiel hat an zentraler Stelle biblischen Stoff, unter anderem das Gleichnis vom verlorenen Sohn, aufgenommen, wie das zur gleichen Zeit in der neuen Gattung des Bibeldramas geschah. Das Gleichnis vom verlorenen Sohn wurde danach im 16. Jh. noch etwa zwanzigmal Thema biblischer Dramen. An der Nähe des Elsli-Spiels zum Bibeldrama ändert die Tatsache nichts, dass es als Fastnachtspiel endet. Es nimmt unter anderem die wohlbekannten sexuellen Motive wieder auf, die zur gleichen Zeit ein Hans Sachs verpönte; aber es bändigt die Sexualität in der Ehe. Vater Hans lůppold rechen zan und Froneca tryb zů feiern ebenfalls Hochzeit. Ihre Namen erinnern nochmals an herkömmliche Obszönität. Rechenzan trägt zwar scheinbar einfach den Namen eines Gegenstandes aus seiner bäuerlichen Welt wie zum Beispiel auch die Bauernfiguren bei Niklaus Manuel; aber nicht nur Trybzů, sondern auch Rechenzan hat eine sexuelle Konnotation, wie die folgende Stelle belegt: Uli Rechenzan hat Elsli den Rosenkranz zerbrochen „Mit synem iungen rechen zan", wobei der reche (räche) Zahn für den steifen

Penis steht (S. 551, V. 483). Der Vater ist gleicher Natur; er kennt nun nichts Besseres

> Denn das wir vnsere wyber nemend
> Und flux heimm dz wir brassend vnd schlemmend. (S. 567, V. 1014ff.)

Froneca antwortet:

> Myn hertz das facht an frͦlich zů lachen
> Wie wend wir noch so gůt gschirr machen. (S. 567, V. 1018f.)

An der öfters belegten geschlechtlichen Nebenbedeutung dieser Redensart ist nicht zu zweifeln. Aber das ausgelassene sinnliche Treiben wird nun in ehelicher Fröhlichkeit geschehen und ist noch weit von der puritanischen Triebunterdrückung entfernt, die sich bald in reformierten Landen durchsetzen sollte. – Lachen begleitet schließlich auch das Ende des Stücks, als die Advokaten jammern, weil das rasche und gütliche Ende sie um ein größeres Honorar gebracht hat. Dieses fastnächtliche Lachen ist zugleich eine Absage an das bischöfliche Chorgericht und damit an gesetzlich bestimmte Religiosität.

Es ist nicht anzunehmen, dass der Verfasser von *Elsli Tragdenknaben* in irgendeiner Weise Kenntnis gehabt hätte vom niederdeutschen Spiel *Die Parabel vom verlorenen Sohn*, das der bekehrte Franziskanermönch Burkhard Waldis wenige Jahre zuvor während der Fastnachtzeit in Riga aufführte und im gleichen Jahr 1527 drucken ließ.[11] Aber in der Tendenz stimmen die beiden Stücke auffällig überein und markieren den Übergang vom Fastnachtspiel zum Bibeldrama. Bei Waldis fehlt allerdings die Frivolität des Elsli-Spiels; er wollte der unzüchtigen Fastnacht, die im ersten Teil dargestellt ist, eine geistliche Fastnacht – d. h. eine positive Umkehrung der Welt – entgegenstellen. Der 1. Akt zeigt die Ausschweifungen des verlorenen Sohnes unter Dirnen, Spielern und Zechern in einer Wirtshauszene; im 2. Akt vollzieht sich seine Bekehrung. Gleichzeitig wird der ältere Sohn als Pharisäer bloßgestellt; denn er pocht auf Werkgerechtigkeit, wird Eremit und verlässt den Vater. Dieser aber steht stellvertretend für Gott. Der Sünder hingegen – der Zöllner des Evangeliums, hier der Hurenwirt – bekehrt sich und wird zum Exempel der evangelischen Lehre von der Rechtfertigung allein durch den Glauben.

Kurze Zeit danach, im Jahr 1529, führte in der reformierten Stadt Zürich eine „lobliche Burgerschafft“ *Ein waarhafftige History vsz dem heyligen Euangelio Luce XVI. Capitel / von dem Rychen mann vnnd armen Lazaro* auf – das erste Bibeldrama im oberdeutschen Raum; dessen Stoff wurde ebenfalls Gegenstand weiterer Bibeldramen.[12] Es wurde später noch mehrfach aufgeführt, wahrschein-

---

11 Burkhard Waldis: De parabell vam vorlorn Szohn. Königsberg 1527.

12 Anon.: Das Zürcher Spiel vom reichen Mann und vom armen Lazarus. Hg. v. Josef Schmidt. Stuttgart 1969 (Universal-Bibliothek 8304).

lich auch überarbeitet und ergänzt, wie es in der Zeit üblich war. Im Druck erschien es erst in den vierziger Jahren. In der Struktur bewahrte es noch die dem alemannischen Fastnachtspiel entsprechende Form. Während einige Bibeldramen wie schon die *Parabel vom verlorenen Sohn* aus dem humanistischen Schuldrama die Akteinteilung übernahmen, verharrten andere bei der Reihung von Szenen, die Stationen der Heilsgeschichte darstellten.

Um den Weg vom reformatorischen Fastnachtspiel zum Bibeldrama weiter zu verfolgen, lohnt es sich, nochmals auf Hans von Rüte zurückzukommen. Im Zuge der Reformation war er nach Bern gekommen, dort angesehener Burger und Gerichtsschreiber geworden und vermutlich zunächst als Verfasser von *Elsli* aufgetreten. 1531 führte er in Bern mit jungen Burgern nochmals ein umfangreiches reformatorisches Fastnachtspiel auf – mit 35 Figuren, darunter ein Narr, vier Teufel, Betrüger, Dirnen, Prahlhänse, verfressene, versoffene und geldgierige Geistliche und der Tod: *Ein Fasznachtspil den vrsprung* [...] *Heydnischer / und Båpstlicher Abgŏtteryen* [...] *verglychende.*[13] Dies geschah jedoch im Sinne einer bewussten Demonstration gegen den katholischen Festkalender nicht mehr in der Fastnacht, sondern am Sonntag Lätare, dem vierten Sonntag in der Fastenzeit, an dem zuvor in Bern regelmäßig der Ablassverkauf und in der Volkskultur Reinigungsrituale stattgefunden hatten. Jetzt wurde das Fastnachtspiel zum Reinigungsritual, und die mit Lätare verbundene Aufhellung der Fastenzeit und der Neubeginn wiesen auf den gereinigten Glauben voraus. Das Spiel gegen die Heiligenverehrung und den Bilderkult, der mit dem heidnischen Götzendienst gleichgesetzt wird, prangert noch einmal im Stil des Fastnachtspiels die auch nach der Berner Reformation und dem Bildersturm von 1528 fortlebenden Formen des alten Glaubens an. Verlacht werden wiederum der Papst Starblind und seine machtgierige Priesterschaft. Dies geschah ganz im Sinne der Obrigkeit und wurde von dieser gefördert. Vieles ist neben der Fastnachtspieltradition aus der Narrenliteratur, aus polemischen Flugschriften der Zeit, geistlichen Spielen und Moralitäten in das Stück eingegangen. In der virtuosen Schnuderarztszene erweist sich der schon aus den Osterspielen bekannte Quacksalber gleichsam als Präfiguration der geistlichen Schwindler, die den gemeinen Mann betrügen. Erneut sind hingegen Bauern wie Heiny Khůhorn und Nicly Mårenzan in der von Frau Wirrwårr, der babylonischen Hure, durcheinandergebrachten Welt besonnene und vernünftige Menschen, welche die Wahrheit nur noch im Evangelium finden wollen. Der Bär als Verkörperung des bernischen Staates vertreibt schließlich die Pfaffen endgültig aus der rein gewordenen Stadt. Das Spiel ist zur Selbstdarstellung des Staatswesens geworden,

---

[13] Hans von Rüte: Sämtliche Dramen. Hg. v. Friederike Christ-Kutter, Klaus Jaeger, Hellmut Thomke. 3 Bde. Bern, Stuttgart, Wien 2000 (Schweizer Texte N. F. 14). – Das Fastnachtspiel in Bd. 1, ein vorzüglicher Kommentar dazu von Klaus Jaeger in Bd. 3.

das nach der Krise der Reformation seine innere Ordnung und sittliche Grundlage wieder herstellt.[14]

Die Aufwertung des Bauernstandes in den obrigkeitlich geduldeten und geförderten Spielen bedeutete nicht, dass die ständische Ordnung als solche in Frage gestellt oder gar aufgehoben werden sollte. Aber die Bildung des Gemeinen Mannes wurde zur Aufgabe des reformierten Gemeinwesens, und Dichter reformatorischer Fastnachtspiele wie Gengenbach, Manuel und von Rüte stellten die Verbindung von Reformation und Volkbildung ausdrücklich her und nahmen sie in einer Reihe von Bauernfiguren vorweg.[15]

Hans von Rüte verfasste in der Folge vier umfangreiche Bibeldramen, die jeweils an zwei Tagen gespielt wurden, und zwar abgesehen von *Goliath* wiederum an Lätare: *Joseph*, *Gedeon* (mit einer sehr getreuen Darstellung des Berner Bildersturms) und *Noe*; dazu ein kürzeres politisches *Osterspiel*, wie denn überhaupt alle seine Dramen unmittelbar auf die bernische Geschichte Bezug nehmen und zugleich als Selbstrepräsentation der bernischen Bürgerschaft zu verstehen sind. Dies war im Bibeldrama umso leichter möglich, als seit der ersten Hälfte des 14. Jahrhunderts, seit dem Chronisten Johannes von Winterthur, die Eidgenossen ihre Geschichte immer wieder zur biblischen Geschichte in Beziehung setzten und sie sich oft genug in historisch-politischen Liedern und Dramen durch Jahrhunderte hindurch als das neue Volk Gottes, als neues Israel betrachteten.

Ein kurzer Blick auf das *Joseph*-Drama von Rütes, das 1538 gespielt und gedruckt wurde, soll die Eigenart der neuen Dramengattung beleuchten; es gibt allein schon durch den silbenzählenden, weitgehend alternierenden Vers zu erkennen, dass es vom ungebändigten Fastnachtspiel und von dessen freiem Knittelvers abrückt.[16] Der von seinen Brüdern verstoßene und verkaufte Joseph kam als Figur

---

14 Die sozialanthropologisch begründete These Peter Pfrunders, dass es sich beim Fastnachtspiel der Reformationszeit um ein Konflikt- und Übergangsritual handle, lässt sich auf das Spiel von Rütes eher anwenden als auf Manuel oder Gengenbach. Im Zusammenhang mit Niklaus Manuels *Vom Papst und seiner Priesterschaft* ist sie auf jeden Fall zu einseitig und wird vor allem dem Schlussgebet und der individuellen Glaubensentscheidung des Doctor Lupold schüch nit sowie der Dichterpersönlichkeit insgesamt nicht gerecht. Siehe Pfrunder: Pfaffen, Ketzer, Totenfresser.

15 Insofern lässt sich die Funktion einer Bauernfigur wie Küni süwtrog durchaus mit entsprechenden Figuren in Werken Jeremias Gotthelfs vergleichen, z. B. mit Anne Marei, die Schweine mästet, im Roman *Erlebnisse eines Schuldenbauers*. Derartige Figuren sind charakteristisch für Gotthelfs Auffassung der Gleichheit aller Stände vor Gott und für seine Intention der Volkserziehung. Walter Pape hat dies in seinen Arbeiten zu Gotthelf sehr deutlich herausgearbeitet; so etwa im Aufsatz *„Gotthelf, suchet euch ein Wirtshaus aus": Der „Bauern-Spiegel" – Bildungsroman, Schweizer Art.* In: Walter Pape, Hellmut Thomke, Silvia Serena Tschopp (Hg.): Erzählkunst und Volkserziehung. Das literarische Werk des Jeremias Gotthelf. Tübingen 1999, S. 3–25. Er zitiert dort S. 6 die Stelle aus dem *Schuldenbauer-Roman*: „[...] wenn einer nach seinen besten Kräften Gemälde macht und einer ebenso Bücher macht und Anne Marei ebenso Schweine mästet, [...] wer unter ihnen ist berechtigter zum Selbstgefühl als der andere?"

16 von Rüte: Sämtliche Dramen, Bd.1.

in zahlreichen italienischen, spanischen, französischen und deutschen geistlichen Spielen des Mittelalters vor und konnte wie später in zahlreichen Bibeldramen Christus präfigurieren. Auch Martin Luther hat diese Deutung Josephs in mehreren deutschen und lateinischen Predigten hervorgehoben. Der reine Jüngling Joseph, der den Versuchungen von Potiphars Weib wiedersteht und dem weder Fastnachtspielfiguren wie Venus oder Frau Wirrwarr zur Gefahr werden könnten, erscheint als Vorbild wiedergewonnener Sittlichkeit. Von Rütes Spiel war das erste deutschsprachige *Joseph-Drama*, das im Druck erschien. Von einem 1524 in Mainz vermutlich im Kreis der dortigen Meistersinger entstandenen *Joseph* kennen wir nur den Titel.[17] Das wahrscheinlich 1533 aufgeführte, aber erst 1539 gedruckte Stück des Augsburgers Sixt Birck, der längere Zeit in Basel wirkte und eine Reihe von Spielen verfasste, scheint auf den Berner *Joseph* nicht eingewirkt zu haben. Anders jedoch das seit 1536 mehrfach gedruckte lateinische Schuldrama *Ioseph* des niederländischen Jesuiten Cornelius Crocus, aus dem der Berner Dichter einige hundert Verse, etwa 1/6 des ganzen Umfangs, übernahm, frei übertrug und bearbeitete. Der Protestant konnte sich also durchaus eines katholischen Vorbildes bedienen, so wie in manchem Stück auch die geistlichen Spiele des Mittelalters nachwirkten und umgekehrt protestantische Bibeldramen katholische Dichter anregten. Obwohl nur wenige Drucke erhalten geblieben sind, so hat doch von Rütes Spiel eine große Wirkung entfaltet. Schon 1540, zwei Jahre nach der Aufführung in Bern, wurden drei *Joseph-Dramen* aufgeführt und gedruckt, die alle deutlich, bis zu wörtlichen Entsprechungen, vom Berner Spiel beeinflusst waren: ein anonymes Spiel in Zürich, das man – nach neuerer Auffassung wohl zu Unrecht[18] – dem aus Konstanz stammenden Jakob Ruf zugeschrieben hat, ein anderes von Thiebolt Gart in Schlettstadt und eines von Peter Jordann sogar in Köln.[19]

Es ist hier nicht der Ort, die Fülle der Bibeldramen, zu denen ja auch der Reformator Luther ausdrücklich vor allem in den Vorreden zu den Büchern Judith und Tobias und in den Tischreden ermunterte, ausführlich zu würdigen. Jedoch ist die Verbindung von Fastnachtspiel und Bibeldrama und die radikale Umkehrung der einen Gattung in die andere noch durch den Hinweis zu bekräftigen, dass die Erinnerung an das reformatorische Fastnachtspiel im Bibeldrama nicht völlig verschwand. Mit der eindeutigen Hinwendung zur Heiligen Schrift hat das Bibeldrama das Lachen nicht von Anfang an verbannt, sondern nur in den Hintergrund gedrängt. Am Schluss des ersten Spieltages des Berner *Joseph* kommentieren drei Figuren, die nach Namen und Beruf eindeutig aus dem Fastnachtspiel stammen, das dargestellte biblische Geschehen: eine Kupplerin, von der Potiphars Weib

---

[17] Roth: Zur Geschichte der Meistersänger, S. 266.

[18] Anja Buckenberger: Zürcher Joseph. In: Hildegard Elisabeth Keller (Hg.): Jakob Ruf. Kritische Gesamtausgabe. 5 Bde. Zürich 2008. Bd. 2, S. 557–754.

[19] Zu den Beziehungen zwischen den Joseph-Dramen Alexander von Weilen: Der ägyptische Joseph im Drama des 16. Jahrhunderts. Ein Beitrag zur vergleichenden Literaturgeschichte. Wien 1887.

Unterstützung erhofft, weil Joseph allen Versuchungen widersteht, und die beiden Bauern Hirßhut und Anckenbock. Auch hier erweisen sich die Bauern als Menschen von gesundem Menschenverstand und wissen Recht und Unrecht zu unterscheiden. Ob hinter den folgenden Worten Hirßhuts über die Frauen auch eigene Erfahrung stecke, wie in jenen Fastnachtspielen, in denen die Bäuerin ihren Mann verprügelt, lässt der Dichter offen:

Ho / ich weiß noch gar vil frowen
Die etwan ouch ein allso houwen
Drum das jr mann sind hoch am gwalt
Wer jnen nit thůt was ihn gfalt
Den vachents an leyden vnd schelten
Vnd můß der irs clagens engelten[20]

Das Beispiel zeigt, dass das Bibeldrama die komischen Szenen jedenfalls nicht völlig entbehren wollte. Dem „schimpff" (dem Scherz) sollte auch in ihm noch sein Recht geschehen, nur schon damit die Zuschauerschaft bei der Sache blieb. Das ließe sich mit einer Reihe von Beispielen belegen. Ein einziges möge genügen: Der aus dem Elsass stammende Basler Dramatiker Valentin Boltz bot nicht einfach trockene Lehre; er hielt in seinem nicht mehr an der Fastnacht aufgeführten Bekehrungsdrama *Sant Pauls bekerung* am Spielcharakter des Stückes und auch an der Narrenfigur fest, lobte den klugen Sinn des gemeinen Mannes und verteidigte das Recht des Scherzes:

Jm schimpff man offt die worheit seyt /
Wie mancher ist jm gmeinen man
Den niemants hett dor für gehan?[21]

Auch darin lässt sich noch die Herkunft des Bibeldramas aus dem reformatorischen Fastnachtspiel erkennen. Zugleich hielt sich der humanistische gebildete Verfasser an das auf Horaz zurückgehende „ridendo dicere verum".[22] Und Horazens „aut prodesse aut delectare"[23] blieb auf der Bühne im Sinne eines et prodesse et delectare erhalten.

In der Zeit der katholischen Reform vollzog sich eine ähnliche Wandlung vom Fastnachtspiel zum Bibeldrama, wobei sich dieses in besonderem Maße auf das lebendig gebliebene geistliche Drama des Mittelalters stützen konnte. Diese Entwicklung müsste jedoch gesondert verfolgt werden.[24]

---

20 von Rüte: Sämtliche Dramen, Bd. 1, S. 183, Verse 2045–2050.

21 Valentin Boltz: Sant Pauls bekerung. In: Ders.: Bibeldramen, Gesprächsbüchlein. Hg. v. Friederike Christ-Kutter. Zürich 2009. (Schweizer Texte N. F. 27), Verse 1940–1942. Dort ist in V. 1941 nach dem Originaldruck (Basel 1551) der korrigierende Eingriff *mancher] manches* rückgängig zu machen („im" steht im Sinne von „beim").

22 Horaz: Nach Satiren I, 1, 24.

23 Horaz: De arte poetica 333.

24 Es sei hier auf die vorzüglichen und umfassenden Arbeiten zur ungewöhnlich reichen Theatergeschichte Luzerns von Heidy Greco-Kaufmann verwiesen: Vor rechten lütten ist guot

Aber was mer vermög die gschicht /
Werdent jr an der predig bricht /[25]

So beendet der Herold in von Rütes *Joseph* das Spiel und verweist damit auf den Vorrang der Lehre vor der Unterhaltung. Das Spiel ist ein Exempel, die Auslegung aber ist Sache des Pfarrers. Dessen Wort hatte fortan in den reformierten Ländern höhere Geltung als die Worte und Bilder des Dramatikers. Und bald einmal vertrug die religiöse Wahrheit den Schimpf nicht mehr. Unter dem Einfluss des Kalvinismus erschien das Theaterspiel verdächtig, galt als Luxus und Sünde, und vielerorts wurde es für mehr als zwei Jahrhunderte ganz unterdrückt und verboten. Da wo es zunächst noch weiterlebte wie etwa in dem bedeutenden, 1550 in Genf erschienenen, an der Akademie in Lausanne aufgeführten religiösen Drama *Abraham sacrifiant* von Théodore de Bèze, dem Mitarbeiter und späteren Nachfolgers Calvins, wurde der Scherz ganz von der Bühne verwiesen.[26] Das Lachen des Fastnachtspiels und die Verbindung von Scherz und Ernst waren getilgt.

schimpfen. Der Luzerner Marcolfus und das Schweizer Fastnachtspiel des 16. Jahrhunderts. Bern et al. 1994. (Deutsche Literatur von den Anfängen bis 1700, Bd. 19. Phil. Diss. Zürich 1993.) – Heidy Greco-Kaufmann: Zuo der Eere Gottes, vfferbuwung dess mentschen vnd der statt Lucern lob. Theater und szenische Vorgänge in der Stadt Luzern im Spätmittelalter und in der Frühen Neuzeit. Bd. 1 Historischer Abriss, Bd. 2 Quellenedition. Zürich 2009 (Theatrum Helveticum 11).

25 von Rüte: Sämtliche Dramen, S. 249, Verse 3916f.

26 Théodore de Bèze: Abraham sacrifiant, tragédie françoise, éd. critique établie par Marguerite Soulié et Jean-Dominique Beaudin. Paris, Genève 2006 (Textes de la Renaissance 122).

MILAN TVRDÍK (Prag)

# Das Wiener Volksstück und die tschechische Dramatik vor 1848

Das Volkstheater war von Anfang an untrennbar mit seinen Autoren und den Darstellern der komischen Figur verbunden, die als Dreh- und Identifikationsfigur das Einverständnis zwischen Bühne und Publikum herstellte. Diese komische Figur entwickelte sich von der reinen Typisierung über naive Narrenfiguren bis zu den individuellen volkstümlichen Charakteren. Das galt für die Volksstücke Wiener ebenso wie Prager Provenienz, obwohl sich natürlich Prag – und vor allem das Volksstück in tschechischer Sprache – in den Anfängen mit Wien nicht messen konnte.

## I.

Die großen Altwiener Komiker vor Nestroy waren lebensfroh. Noch aus Raimunds Stücken hört man kaum den Unterton schmerzlicher Resignation heraus. Nestroy dagegen entfaltet auf der Bühne oft eine erschreckende Aggressivität. An die Lebenszuversicht der alten Volksposse glaubt er nicht mehr, er kritisiert ihren Zweckoptimismus. Doch in seinen frühen Zauberstücken, ja noch in dem erfolgreichen *Bösen Geist Lumpazivagabundus* (1833), gibt es noch die traditionellen Besserungen. Ihre Glaubwürdigkeit überzeugte jedoch nicht mehr, obwohl man darüber lachen musste.

Diese Eigenart von Nestroys Verfahren bewirkte notwendig eine grundsätzliche Veränderung des Altwiener Volksstückes, das doch auf eine fast hundertfünfzigjährige Vergangenheit zurückblickte. Für Raimund und seine Vorgänger war jedes Stück noch ein überzeugtes Bekenntnis zu einer Weltanschauung, eine bestimmte Vorstellung vom Menschen und seiner Bestimmung auf der Welt. Das ist bei Nestroy offenbar ganz anders. Dieser Komiker misstraut auf der Bühne dem Leben und vor allem dem Menschen. Er dramatisiert Erzählungen oder bearbeitet fertige Stücke meist französischer Herkunft so geschickt, dass sie den täuschenden Schein der Wahrheit annehmen und sich ausgezeichnet im scheinbar natürlichen Benehmen der Figuren, die aber raffinierte, ihnen über den Kopf wachsende Dialoge führen, spielen lassen. Die Verwirrungen auf der Bühne rufen Gelächter hervor, die Witzworte bohren sich in das Gedächtnis ein.

Die Zeitgenossen schätzten an Nestroys Werk vor allem den Witz. Was ihnen entging, war das konsequente Verhältnis von Possenstruktur und satirisch-weltanschaulichem Moment. In ihm spiegeln sich nicht nur gesellschaftliche Ungerechtigkeiten der Biedermeierzeit, sondern es wird wiederholt die bestehende Ordnung in Frage gestellt, denn die Spielwelt der Posse hebt sie auf. Nestroys Komödien zeigen eine Welt, in der Menschen ebenso wie die Ideale Ehrlichkeit oder Integrität zu Fall kommen, sie spiegeln menschliche Verhaltensweisen und gesellschaftliche Situationen komisch wider. Sie sind Bilder einer spezifisch komischen Welt, zu der die Wirklichkeit nur die Bausteine liefert, und diese gehorcht als Spielwelt eigenen Gesetzen. Wenn nach diesen Gesetzen gefragt werden soll, so muss zuerst das Personal und seine Konfiguration untersucht werden. Denn komische Handlung und Dramatik entstehen erst an den und durch die Personen. Ein großer Teil der Komödien-Spielregeln wird durch die Personen selbst begründet, ein weiterer entsteht in ihren Beziehungen zu anderen und zu den ‚Fügungen des Schicksals'.

In den Zauberspielen legt sich über den Dualismus der ‚menschlichen Welt' ein weiterer Dualismus der ‚übermenschlichen' Zauberwelt. Auch unter den Mächten, die den Zauberrahmen bilden, gibt es gute und böse. Dieser ‚Kosmos' hat sich von der österreichischen Barockdramatik und dem Jesuitentheater bis zu Ferdinand Raimund durchgehalten und führte zur Ausbildung des Wiener Zauberspiels, zum Besserungs- und Belehrungsstück. Diese Gattung hatte, in sich selbst schon parodistische Züge enthaltend, ständig gegen Zersetzung durch Travestie und Parodie zu kämpfen, erlebte aber um 1817 neuen Auftrieb und schließlich ihren Höhepunkt mit Raimund, dem es noch einmal gelang, die dualistische Spannung zwischen guten und bösen Mächten darzustellen.[1] Mit Hilfe der Parodie ahmt die Figur einen bestimmten Sprachstil nach, die Nachahmung wird als solche enttarnt und der Sprachstil satirisch bloßgestellt.

Nestroy fügt dieser letzten Steigerung bei Raimund, die zugleich den Untergang der Gattung bedeutet, nichts mehr hinzu. Er erkennt aber, dass die zerbrechende Welt des Zauberspiels ihm Spielraum für seine eigenen Gestalten eröffnet. So geht er aus dem Stilwandel des Wiener Theaters und der Zauberspieltradition nicht als Epigone hervor. Vielmehr erwächst sein Werk aus den gleichen Voraussetzungen und Grundlagen als Beginn einer neuen Komödiendramatik, der es weniger um eine Besserung menschlicher Schwächen als um die Darstellung einer komischen Spielwelt mit satirischem Akzent geht. Die didaktische Absicht und die moralische Tendenz des Besserungsstücks besaßen noch keinen „spielhaften" Charakter. Die Darstellung des Guten und der helfenden Geister überwog. Der Aktionsraum der Komödienfiguren war sehr beschränkt. Sie waren den „höheren Instanzen" verantwortlich. Die theatralisch-spielerische Satire aber braucht Figuren, die die Schlechtigkeit und Unverbesserlichkeit der Welt konsequent demonstrieren. Diese Figuren müssen den Rahmen des überkommenen Zauberspiels sprengen. Nestroy teilt die Figuren der komisch-dramatischen Welt in gut und böse, arm und reich ein. Dieser doppelte Dualismus mit seinen Spielformen zwischen beiden Polen ist

---

[1] Vgl. Wilhelm Bietak: Das Lebensgefühl des „Biedermeier" in der österreichischen Dichtung. Wien/Leipzig 1931, S. 129–144.

kein moralischer und kein sozialer. Es handelt sich um einen rein fiktiven Gegensatz, der durch seine Spannung das Spiel der Personen veranlasst.

Nestroy beginnt mit der Auflösung des aus der Tradition überkommenen Zauberapparates, er hält aber noch an der Gattung des Besserungsstückes fest, um das Anachronistische des Zauberspiels in diesem selbst zu zeigen und den Vorgang einer Besserung zu enthüllen, die es gar nicht mehr gibt. Radikaler als Meisl und Bäuerle parodiert Nestroy die Schablonen der Feen- und Geisterwelt. Der Feenrahmen und die Zaubermaschinerie bilden für ihn nur die Umgrenzung und setzen die Regeln, innerhalb derer sich das Spiel der Personen vollzieht und in dem sich der Zauberapparat selbst aufzulösen beginnt. Auf diese Weise verbinden sich Spiel und Satire.

Dass Nestroy seine Komödien in einer dialektgefärbten Sprache schrieb, entspricht einmal den Gepflogenheiten der Lustspieltradition seit Aristophanes, zum anderen knüpft er an die engere Tradition des Wiener Volkstheaters an. Der Wirklichkeits- und Gesellschaftsbezogenheit der Komik entspricht eine ebensolche der Sprache. Das Maß an Künstlichkeit ist ebenso schwer zu bestimmen wie das der umgangssprachlichen Echtheit zu jener Zeit. Nestroys Komödiensprache ist nach Basil, Brill und Hillach[2] als eine künstlerisch gestaltete ‚Mischsprache' zwischen hochdeutscher Schriftsprache und umgangssprachlichem Dialekt zu kennzeichnen. Es ist eine künstliche und künstlerische, wenn auch lokal- und wirklichkeitsbezogene Sprache. Sie entspricht als Komödiensprache der Komödienwelt, d. h. einer Spielwelt mit ihren eigenen Gesetzen. Dieser Komödiensprache ist ein großer Spielraum eigen von der satirischen Enthüllung bis zum spielerischen Verhüllen in das ‚gemütliche' Wienerisch. Die dialektgefärbte Sprache vermag das Spiel ‚wirklich' zu machen. Sie enthält zudem unverbrauchte Ausdrucksmittel, die der Sprachkonvention noch nicht verfallen sind und so zu einer Satire der Sprache selbst eingesetzt werden können. Die facettenreiche Komödiensprache ist der Boden, der das vielfältige Komödiengeschehen trägt.

Der Einteilung der dramatischen Welt nach der Spielfähigkeit der Figuren entspricht eine nach ihrer ‚Mündigkeit'. Die verschiedenen Möglichkeiten der Sprache zwischen Dialekt und Hochdeutsch werden für die Komödie und die Charakterisierung ihrer Figuren nutzbar gemacht. Sprachebene und Spielebene der Figuren entsprechen einander. Die Zentralfiguren sind im vollen Sinne des Wortes ‚mündig' und sprachfähig, sie beherrschen Dialekt wie hochdeutsche Sprache. Darin drückt sich ihre geistige Überlegenheit aus, weil sie alles Lokale auf die Ebene des Allgemeinen transponieren können, ohne lächerlich zu wirken. Komisch und gespreizt wirkt dagegen das Hochdeutsch im Mund der übrigen Figuren, z. B. in der

---

[2] Otto Basil, Johann Nestroy mit Selbstzeugnissen und Bilddokumenten. Reinbek 1967, S. 9 und 17; Siegfried Brill: Die Komödie der Sprache. Untersuchungen zum Werke Johann Nestroy. Nürnberg 1967, S. 113; Ansgar Hillach: Dramatisierung des komischen Dialogs. Figur und Rolle bei Nestroy. München 1967, S. 169.

gestelzten ‚glatten' Sprache der Liebespaare, im falschen Pathos und in den geschraubten Wendungen der Wichtigtuer, die zeigen, dass sie kein rechtes Verhältnis zu der Sprache haben, die sie sprechen. Die Unangemessenheit einer Sprachebene zeigt sich besonders dort, wo die Figuren immer wieder in den Dialekt zurückfallen und nie das ausdrücken können, was sie denken, weil sie zu wenig denken. Die sprachliche Fähigkeit einer Figur gibt Auskunft über ihre Stellung im Komödiengeschehen und bestimmt das Maß der Komik, die an ihr sichtbar wird.

Nestroys Genialität wurzelte in seiner Fähigkeit, den Zuschauer mit einem ihm vorgehaltenen Spiegel, in dem sich wie ein Skelett sein eigenes Gelächter widerspiegelte, zum Lachen zu bringen.[3] In Anlehnung an Karl Kraus erkannte Rio Preisner in Nestroys Stücken eine höchst moderne Dramatik mit sich schon abzeichnender krisenhaften Gesellschaftlichkeit. In Nestroys tragischer Posse sieht Preisner die beginnende Krise des Theaters, die sich in der „entmenschlichten Entmenschlichung"[4] manifestiere. Nestroy sei es gelungen, in die Possenhaftigkeit und Marionettenhaftigkeit der neuzeitlichen Dialektik von großen und kleinen Taten vorzudringen – unter den großen Taten der Kunst versteht Preisner die hohe Gattung der Tragödie, unter den kleinen hingegen die Komödie, wenngleich in der Moderne beide oft verschmölzen und voneinander kaum zu unterscheiden seien. „Die Tat" künstlerisch auszudrücken, müsse die Kunst in der Lage sein; diese Fähigkeit der Kunst schwinde aber allmählich. Nicht so bei Nestroy! Seine Figuren flüchteten nicht aus der Realität, ihr Autor bemühe sich um eine Diagnostik der Zeit, nämlich als eine Krankheit, die noch zu heilen ist; er liefere nicht nur ihre Beschreibung. Und das sei das Geheimnis seiner Possen. Wesentlich helfe ihm dabei die Sprache: Nestroy führe mit dem Zuschauer einen ununterbrochenen Monolog oder Dialog in Form des Zur-Seite-Sprechens und rede in ihm „den Menschen" an. Er spricht also nicht den Zuschauer direkt an, er wendet sich an das „Ich" in ihm, an das insofern von sich selbst befreite Ich, das in ein intersubjektives Verhältnis einbezogen werden kann. Nestroys Umgang mit der Sprache richtet sich auf den Menschen in dem Zuschauer, denn erst die wirklich menschliche Sprache kann zum helfenden Phänomen werden, zum Instrument der Intersubjektivität und der aus ihr herauswachsenden Taten. Das befreiende Lachen seiner Possen gründete auf Nestroys Streben nach einem ununterbrochenen Kontakt zur Menschlichkeit im Zuschauer, zu seinem Herzen zuallererst, erst dann zu seinem Verstand.

---

3 Vgl. Karl Kraus: Nestroy und die Nachwelt. Wien/Leipzig 1913; Rio Preisner: Johann Nepomuk Nestroy. Tvůrce tragické frašky. Praha 1968 (Dt. Johann Nepomuk Nestroy, der Schöpfer der tragischen Posse. München 1968); Rio Preisner: Nestroy a krize světového dramatu. In: Když myslím na Evropu. Praha 2003, S. 58.

4 Ebd., S. 62.

II.

Nestroys Auffassung der Lokalposse stieß auf das Unverständnis der Erneuerer des modernen tschechischen Theaters zu Beginn des 19. Jahrhunderts. Gegen die Vorherrschaft konventioneller, ja trivialer Produktionen mit Übersetzungen und Adaptionen vorwiegend deutscher Stücke verlangten sie vom Theater „hohe" Kunst, entsprechend ihrer Vorstellung vom Charakter der aufwachenden tschechischen Kultur als einer „hohen" Kultur.[5] Aus diesem Grund versuchten sie – vergeblich – die Stücke der Wiener Vorstadttheater und sentimentale Dramen wegen ästhetischer Mängel aus dem Repertoire der wenigen tschechischen Bühnen zu verdrängen. Der deutsche Kulturraum, an dem sich die tschechische Literaturrezeption in dieser Zeit vorwiegend orientierte, war im Gegensatz zum erst entstehenden tschechischen dermaßen differenziert, dass Übernommenes sich nicht leicht in äquivalente Schichten der tschechischen Kultur integrieren ließ. Die tschechische Rezeption deutscher Stücke mied oder unterdrückte regelmäßig solche Züge der adaptierten Stücke und Gattungen, die mit der spezifischen Situation der verschiedenen deutschen Subareale zusammenhingen, weil sie zunächst nach Selbständigkeit strebte.

Das Drama nahm nämlich einen besonders wichtigen Platz in den Vorstellungen von einer Kultur der ‚nationalen Wiedergeburt' ein. Josef Jungmann postulierte in *Slovesnost*[6] das Drama als ein eher literarisches Genre, das an seine antiken Vorbilder anknüpfen solle und dem in der Prosa eine entsprechende Gattung zuzuordnen sei. So bilde die Tragödie ein Pendant zum Epos und das Schauspiel zum Roman. Darauf gründete das Streben einzelner Kritiker, nicht so sehr über die Theaterinszenierung, sondern eher über das Drama an sich ein Urteil zu fällen und seine Erfüllung der idealen ästhetischen Vorstellung von einem künstlerischen Werk.[7] Die Alltagsproduktion der tschechischen Bühnen entzog sich jedoch gänzlich dem verpflichtenden Modell Jungmanns und bezog sich auf den realen Hori-

---

[5] Das Prager (egal ob das deutsche oder tschechische) Theater konnte auf keine so ruhmreiche Tradition wie das Wiener Vorstadttheater zurückblicken. Die einzige tschechische Bühne kam vom Anfang an dem Geschmack des anspruchslosen Publikums entgegen, das überwiegend unterhalten werden wollte. Deshalb zog sie den Unwillen der nationalbewussten Kritiker auf sich, die auch den ersten tschechischen Dramatikern wie Prokop Šedivý (1764–1810), Jan Nepomuk Štěpánek (1783–1844) oder sogar dem berühmten Václav Kliment Klicpera (1792–1859), Verfasser des ersten tschechischen Konversationsstückes aus dem Jahre 1829, wegen ihrer Anhänglichkeit zu Ritter-, Zauber- und Märchenstücken kritisch gegenüberstanden.

[6] Josef Jungmann (1773–1847) war führender Vertreter der ‚Zweiten Schule' der nationalen tschechischen Wiedergeburt, der das demokratische Programm der sprachnationalen tschechischen Kultur entwarf und dafür die junge tschechische Intelligenz gewann. Sein Werk *Slovesnost* (1820) ist das erste Werk in neutschechischer Sprache über Poetik und Literaturtheorie, das die tschechische Terminologie auf diesen Wissenschaftsgebieten festlegt

[7] Z. B. František Ladislav Čelakovský und Josef Vlastimil Kamarýt in ihrem Briefwechsel, worin sie alle Theaterinszenierung an der Lessing'schen *Hamburgischen Dramaturgie* maßen. Vgl. Dalibor Tureček: Rozporuplná sounáležitost. Německojazyčné kontexty obrozenského dramatu. Praha 2001, S. 17.

zont der Erwartungen des Publikums. Diese Dichotomie trug dazu bei, dass das tschechische Drama im Prozess seines dynamischen Aufschwungs im Schnittpunkt von verschiedenen Normen und Werten einzelne Elemente der nationalen Kultur wie Sprache, selbstbekräftigende Autostilisierung, gattungs- und stilbildende Merkmale annahm. Die deutschen Stücke des Wiener Vorstadttheaters überfluteten gleichwohl die entstehenden tschechischen Bühnen gegen Ende des 18. Jahrhunderts eindeutig. Man konnte sich mit ihnen in den deutschen Theatern Prags bekanntmachen; Wien als Zentrum der Monarchie galt in allen Provinzen als ästhetisches Vorbild. Wie in Wien zogen auch in Prag Zauberstücke und Lokalpossen mit ihrer grobkörnigen Lachkomik und ihrer Motivik aus der Welt der Phantasie und des Märchens an.[8] Dank Jan Nepomuk Štěpánek haben seit den 20er Jahren des 19. Jahrhunderts dann Stücke von Joseph Alois Gleich, Karl Meisl, Ferdinand Raimund und Johann Nepomuk Nestroy Eingang auf die Prager tschechischen Bühnen gefunden. Der Einfluss des Wiener Vorstadttheaters verstärkte sich 1834, als Johann August Stöger, der ehemalige Direktor des Theaters in der Josefstadt, nach Prag wechselte. In seiner Dramaturgie konnte er seine Kontakte nach Wien ausnutzen, er stellte Weichen zugunsten Raimunds und Nestroys, die die deutschen und tschechischen Bühnen Prags seither völlig beherrschten.[9]

Anders als das begeisterte Publikum lehnte die tschechische Literatur- und Theaterkritik diese Stücke als gedanklich und ästhetisch anspruchslos ab. Sie forderte vielmehr von den tschechischen Autoren und Bearbeitern eine originale Produktion im Sinne der Regeln für eine national ausgerichtete Theaterkunst. Ein Rezensent von Nestroys Posse *Der Affe und der Bräutigam* (1836), in der theatralische Effekte und artistische Nummern Lachsalven erzeugen und den Inhalt in den Hintergrund drängen, drückte es symptomatisch aus:

> Das Theater soll das bunte Leben in aller Vielfältigkeit reflektieren. Unser Volk hat andere Bedürfnisse, sein nationales Leben eine andere Ausrichtung, als fremde individualistische Stücke auf sich einwirken und seine wachsenden geistigen Kräfte von ihnen beeinflussen lassen.[10]

---

8 In dieser Zeit erfreuten sich vor allem Emanuel Schikaneder, Karl Friedrich Hensler oder Leopold Huber, dessen *Die Teufelsmühle am Wienerberg* schon 1804 von Jan Nepomuk Štěpánek ins Tschechische übertragen wurde, großer Aufmerksamkeit. An solchen Stücken lockte das Publikum vor allem der Bezug auf eine sentimental aufgefasste Geschichte im Stil der beliebten Ritterstücke.

9 Stöger, der sich auch dem Theaterbetrieb widmete und auf die kommerzielle Seite der Theateraufführungen achtete, orientierte sich an Raimund und vor allem Nestroy, von dem er bald nach ihrer Wiener Uraufführung in einem Jahrzehnt neun Stücke nach Prag brachte, darunter *Der böse Geist Lumpazivagabundus oder Das liederliche Kleeblatt* (1833) übertragen und adaptiert ins Tschechische schon 1835, *Der Affe und der Bräutigam* (1836) schon 1837 oder *Die verhängnisvolle Faschingsnacht* (1839) schon 1841. Nestroy gastierte regelmäßig in Prag in den Benefizvorstellungen 1840, 1841, 1844, 1846, 1847, 1848 und 1852. In: František Černý (Hg.): Dějiny českého divadla II. Praha: Academia, 1969, S. 244.

10 „Divadlo má být reflex života ve všech jeho rozmanitých a zajímavých formách. Národ náš má zcela jiné potřeby, národní život zcela jiným značen jest rázem, než aby individuální cizokrajné hry naň působiti a na větší vyvinování jeho mocí duševních nějakého vlivu míti mohly."

Das Unbehagen sogar an künstlerisch wertvollen Possen des Wiener Vorstadttheaters nahm seit den 40er Jahren des 19. Jahrhunderts zu und nährte sich hauptsächlich von der Vorstellung der Kritiker, das tschechische Theater habe als wichtige kulturelle Instanz besondere Bedeutung für die Kunsterziehung des Volkes. Karel Havlíček Borovský[11] folgte dieser Idee, als er als inoffizieller Sprecher der nationalen Intelligenz in der Zeitschrift *Česká včela* den Standpunkt zu Aufführungen von Possen der Wiener Provenienz formulierte:

> Wir sind nicht überspannt in unseren Grundsätzen, auch wir lachen gern vom Herzen, sei es bei einer niederen Posse, wir wissen, dass Deutsche grobkernigere, derbere Possen haben, sie haben aber auch mehr Theater, Theater für verschiedene Publikumsschichten, wir haben aber nur eines, sollte denn auf seiner Bühne derber Witz überwiegen?[12]

Havlíček wies damit auf den wesentlichen Unterschied zwischen dem deutschen und dem tschechischen Theaterleben in der Habsburger Monarchie hin. Wien als die Theatermetropole befriedigte unterschiedliche soziokulturelle Schichten mit einem ihnen angepassten Vergnügen, das Theaterleben war entwickelt und reichte von der Oper über das klassische Theaterspiel bis zum Volkstheater. In der Provinzstadt Prag dagegen stritt das deutsche mit dem tschechischen Ensemble um Aufführungszeiten in einem Theatergebäude. Das Publikum konnte dieselben Stücke im Original oder in der tschechischen Bearbeitung sehen, dies traf allerdings nur für die Tschechisch sprechenden Besucher zu, weil die Prager Deutschen zu dieser Zeit generell kein Tschechisch verstanden.

Die Dramatiker, Übersetzer, Bearbeiter, Theaterleute und das Publikum stimmten mit rigiden Ansichten der nationalen literaturkritischen Elite über die Wiener Posse nicht überein. Josef Kajetán Tyl,[13] Stückeschreiber und Schauspieler zu-

---

Zitiert und vom Verfasser übersetzt aus: Jan Vondráček: Dějiny českého divadla I-II, Praha 1956/57, S. 389.

11 Karel Havlíček Borovský (1821–1856) war als Begründer der modernen tschechischen Journalistik ein hervorragender Literaturkritiker, Glossator des politischen Zeitgeschehens, liberaler Politiker in den Revolutionsjahren 1848/49, der nach dem Scheitern der Revolution für seine politische Tätigkeit von der Wiener Regierung zur Verbannung in Südtirol verurteilt wurde. Vor allem seine epigrammatischen Gedichte sind bis heute sehr populär.

12 „Nejsme snad přepjati v zásadách svých, rádi sami se zasmějeme jadrné, byť i nízké frašce, a víme také, že Němci mají mnohem hrubější, mnohem sprostší frašky, ale Němci mají mnoho divadel, mají divadla pro rozličného druhu obecenstva, naše divadlo ale jest jen jedno, má tedy na něm huňatina převládat?" In: Česká včela, Jg. VIII. (21.09. 1841). Zitiert und vom Verfasser übersetzt aus: Dalibor Tureček: Rozporuplná sounáležitost, S. 15.

13 Josef Kajetán Tyl (1808–1856) war in der Biedermeierzeit führender Vertreter der sentimental ausgerichteten tschechischen Romantik mit überwiegender nationaler, später auch sozialengagierter Tendenz. Er schrieb v. a. Prosa und Dramen. Seine Volksstücke gehörten in dieser Zeit zu den Spitzenleistungen der tschechischen Dramatik. In seinem Volksstück *Fidlovačka aneb Žádný hněv a žádná rvačka* (*Das Schusterfest oder Kein Zorn und keine Rauferei*) aus dem Jahre 1834 erklang zum ersten Mal das zum Volkslied gewordene Lied „Wo ist mein Heimatland?", das 1918 zum tschechischen Teil der tschechoslowakischen Nationalhymne wurde.

gleich, konnte sich als Praktiker nach den spekulativ ästhetischen Normen der Theoretiker nicht richten, weil er – auch als Direktor des tschechischen Ensembles am Prager Theater – auf den Geschmack des Publikums achten musste. Sofern er sich als Kritiker auf eine Beurteilung der Wiener Possen einließ, die er selber auch als Übersetzer und Bearbeiter auf die tschechische Bühne brachte, richtete er seine Einwände ausschließlich gegen das unzureichende Niveau der tschechischen Inszenierungen, gegen die mangelnde sprachliche Qualität der Übersetzungen, gegen die Ausstattung der Inszenierungen oder gegen schlechte Leistungen der Schauspieler. Darin lag nach seiner Überzeugung die manchmal verhaltene Reaktion des Publikums auf Raimunds und Nestroys Stücke begründet. Tyl unterstützte die unterhaltsame Gattung der Wiener Posse, weil er ihre Anziehungskraft auf das Publikum kannte und weil sie das Theater füllte. Die Posse eröffnete eine gemeinsame kommunikative Ebene mit dem Publikum. Erst nachdem sich die Theater gefüllt hätten, könnte man zum zweiten Schritt übergehen, nämlich dem Publikum ein anspruchsvolleres Theaterprogramm in nationalerzieherischer Absicht bieten.

Die Vorstellung der Kritiker vom Theater als einer der ästhetischen und moralischen Erhebung des Publikums dienenden Institution stimmt mit dessen realer Situation keineswegs überein. Während die Kritiker das Repertoire an der künstlerisch anspruchsvollen Dramatik der deutschen Klassik maßen, rannte das bürgerliche Publikum in Prag, aber auch in Wien den artistischen Nummern und sensationellen Attraktionen, die die Possenaufführungen begleiteten, nach. So konnten Wien (mit Ausnahme des Hoftheaters) und Prag, wo die deutsche Klassik kaum auf die Bühne kam, kein nennenswertes Interesse für das Hochtheater aufbringen. Einige Tragödien Goethes und Schillers lagen bereits in tschechischen Übersetzung vor,[14] ihre Rezeption beschränkte sich wahrscheinlich aber auf diese Übersetzungen als Beweise für die Leistungsfähigkeit des modernen Tschechisch; auf tschechische Bühnen kamen sie erst in der zweiten Hälfte des 19. Jahrhunderts. Übersetzungen und Bearbeitungen von Wiener Possen, Kotzebue und Raupach bildeten dagegen den größten Teil des tschechischen Bühnenrepertoires. Ihr sprachliches Niveau war in den meisten Fällen niedrig und sie wurden von der national ausgerichteten Theaterkritik ignoriert.[15]

Je mehr sich die Wiener Posse dem Konversationsstück näherte, größeren Wert auf den Dialog und längere Monologe legte sowie verschiedene Sprachebenen des Deutschen mitsamt nicht nur dem Wienerischen, sondern den Dialekten aus Deutschland ausnutzte, desto weniger konnten ihre tschechischen Bearbeitungen mit ihr Schritt halten. Für ein Konversationsstück aus dem adeligen oder hochbür-

---

[14] Goethes *Iphigenie auf Tauris* wurde bereits 1824, Schillers *Maria Stuart* 1831 ins Tschechische übersetzt.

[15] Z. B. František Ladislav Čelakovský ließ sich nie zu Besprechungen der Stücke des Wiener Vorstadttheaters weder im Original noch in der Übersetzung überreden.

gerlichen Salon konnten sich die tschechischen Nachahmer nicht übermäßig begeistern. Deswegen verschoben sie öfters den Spielort aus dem adeligen Salon in eine kleinbürgerliche Stube; zugleich drängten sie den für Wien typischen Lebensstil mit seiner Genusssucht und Leichtsinnigkeit in den Hintergrund und ersetzten ihn durch volkserzieherische Momente. Den Höhepunkt des Wiener Vorstadttheaters in Nestroys Spätwerk konnte das tschechische Publikum Prags abgeschwächt als Bearbeitungen und neue tschechische Possen erleben, die über die Lachkomik hinaus auf Nationalerziehung zielten. Die Prager Lokalposse wurde ‚ländlicher' und verzichtete bewusst auf das ‚amoralische' großstädtische Alltagsleben ihrer Wiener Vorlagen. Dadurch entfernten sie sich dem Lustspielhaften und Lachkomischen und begaben sich in den Bereich des sentimentalen bürgerlichen Schauspiels mit einer unübersehbaren volkserzieherischen Tendenz.[16] Das zeigte sich zuallererst in der Sprache. In den tschechischen Bearbeitungen Nestroys wurden lange Textpassagen (vor allem die Seitenreden ins Publikum und der Kommentar des Hauptdarstellers zur Handlung) aus den konversationsartigen Possen gestrichen, die Sprachebenen geeint: Nie verwandte man einen der tschechischen Dialekte in den Übersetzungen, sondern nur noch die allgemein verständliche Gemeinsprache, die übrigens manches aus dem Wiener Dialekt enthielt. Damit hing auch der Umgang mit erotischen Motiven der Wiener Stücke zusammen. In der tschechischen Dramatik wurden sie im Einklang mit dem nationalen Zeitgeist unterdrückt. Die Wiener Autoren wählten Komplikationen in der Liebe zwischen den Hauptprotagonisten als fröhliches Spiel und Sinneserlebnis vor dem Hintergrund des schwelgerischen Lebens in der Großstadt zum bestimmenden dramatischen Konflikt ihrer Stücke. Die tschechischen Stücke hingegen erhoben den sinnlichen Konflikt auf die Ebene der Volkserziehung, in der die ursprünglich sinnliche Liebe im Sinne der Bildung, Festigung und Verbreitung der nationalen und gesellschaftlichen Selbstidentifikation zur moralischen Kategorie wurde.[17]

## III.

Was zeichnete die tschechische Variante des Repertoires der Wiener Vorstadttheater aus? An erster Stelle die zeitgenössischen Vorstellungen der tschechischen Literatur- und Theaterkritiker vom Charakter der nationalen Dramatik und ihren Funktionen, wie sie von den führenden Literaten der nationalen Wiedergeburt am Anfang des 19. Jahrhunderts postuliert wurden. An zweiter Stelle die gattungsästhetischen Normen, die an die volkserzieherische Funktion aller Kunstarten angeglichen wurden. Daraus erfolgten die typisierten Umarbeitungen, die die Wie-

---

16 Vgl. Dalibor Tureček: Rozporuplná sounáležitost, S. 33.

17 Vgl. ebd., S. 43.

ner Stoffe ihrem „Aufführungszauber“ im Theater der Schauspieler entfernten und ihnen das charakteristische Merkmal des Theaters der Dramaturgie mit volkserzieherischer Tendenz einprägten. Erst die Dramatik in der zweiten Hälfte des 19. Jahrhunderts verließ diese Schutzmaßnahmen der tschechischen Kunst und Kultur und öffnete sie den breiten kulturellen Strömungen.

Hartmut Kircher (Köln)

# Von Pointen und Widersprüchen

## Anmerkungen zu Ludwig Börnes Witz

> Ich möchte belehren und fürchte zu gefallen; ich möchte raten und fürchte zu belustigen, ich möchte einwirken auf meine guten Mitbürger und ihren Ernst ansprechen, und ich fürchte Lachen zu erregen.[1]

### I.

Ludwig Marcuse, Autor einer brillant geschriebenen Biografie Ludwig Börnes, schildert den 1786 in der Frankfurter Judengasse geborenen Juda Löw Baruch als kränkliches Kind, das sich immer wieder hämischer Erniedrigungen erwehren musste – und zu erwehren wusste. Wenn eine Hausangestellte ihn aufzog: „‚Wirst du Rabbi, so lässt sich die ganze Gemeinde taufen'", dann parierte er: „‚Nun, so bleibe ich der einzige Jude und verderbe deinen beiden Söhnen ihren Handel.'" Und wenn sie ihm voraussagte: „‚Du kommst gewiß in die Hölle'", dann kam als Replik: „‚Das tut mir leid, so hab ich auch im Jenseits keine Ruhe vor dir.'"[2] Diese Schlagfertigkeit brachte ihm den Spitznamen Katev, Witzbold, ein.

Witz ist ein vieldeutiger Begriff (das wird noch genauer erläutert); inwiefern er auf Börne und seine Schreibweise zutrifft, soll im Folgenden untersucht werden. Zunächst einmal ist festzuhalten, dass nicht zuletzt sein Witz von vielen Zeitgenossen, bedeutenden und weniger bedeutenden, erkannt und anerkannt wurde. Um nur einige Beispiele herauszugreifen: Der Hamburger Verleger Julius Campe attestierte ihm genügend „Verstand und Witz"[3] (um brauchbare Umsatzzahlen zu erreichen). Auch Heine spricht bei der Schilderung einer persönlichen Begegnung von „sprühenden Witzen" Börnes und von den „Raketen seines Witzes".[4] Dieses Urteil bezieht sich allerdings auf die Zeit vor dem Zerwürfnis der beiden. Es gab freilich auch manch Kurioses. Nach Börnes Übersiedlung nach Paris fragt ein

---

1 Ludwig Börne: Sämtliche Schriften. Neu bearb. u. hg. v. Inge u. Peter Rippmann. 5 Bde. Düsseldorf, Darmstadt 1964–1968, hier Bd. I, S. 880f. (Aus dieser Ausgabe wird im Folgenden im laufenden Text zitiert mit Bandnummer und Seitenzahl in Klammern).

2 Ludwig Marcuse: Ludwig Börne. Aus der Frühzeit der deutschen Demokratie. [Zürich] 1977, S. 27.

3 Ludwig Börne und Heinrich Heine. Ein deutsches Zerwürfnis. Hg. v. Hans Magnus Enzensberger. Nördlingen 1986, S. 29.

4 Heinrich Heine: Sämtliche Schriften. Bd. 1–Bd. 6/II. Hg. v. Klaus Briegleb. Darmstadt 1969–1975, hier Bd. 4, S. 21 u. 34.

Ratloser im *Morgenblatt für gebildete Stände*: „Wo, o Frankfurt, woher nimmst du nun ferner den Witz?",[5] und Ernst Ortlepp ‚dichtet' Börne an:

> Du warst der Hund, der lag vor Deutschlands Hause,
> Der wach uns bellte, der getreue Hund [...]
>
> Macht'st deine Galle zu des Volkes Galle,
> Zur Geißel deines Witzes spanisch Rohr [...]
>
> Hast dich belustigt über unsre Schmerzen,
> Und üb'rall wund gekratzt, wo's uns gejuckt [...].[6]

Der „schlesische Schwan" Friederike Kempner, für G. H. Mostar ein „Genie der unfreiwilligen Komik", widmete Börne einen gereimten Nachruf: „der wackre Börne, / In dessen Brust es so schwül, / Der Deutschland so ernsthaft liebte, / Mit südlichem Gefühl! / Ein Deutscher, trotz schwarzer Locken, [...] Und einem so glühenden Hirn!"[7] Diese Kostproben mögen genügen – repräsentativ sind sie jedoch nicht!

Auch spätere Kritiker rühmten und rühmen Börnes Witz. Dabei fließen selbstverständlich verwandte Begriffe wie Humor, Ironie, Satire in die Kommentare mit ein. In der Einleitung zum Börne-Band der Reihe *Klassiker der Kritik* schreibt Edgar Schumacher: „Die Aufrichtigkeit bringt schon seinen journalistischen Anfängen Erfolg. Kritik aus soviel Deutlichkeit, Kritik aus solchem Mut des Einsatzes, Kritik aber auch so freischwebend in der Atmosphäre wahren Humors – das mußte wohl Aufnahme und Anteil finden."[8] Der Herausgeber schätzt sogar besonders jene kleinen Texte, in denen, gestützt auf ein „lächelndes Geltenlassen", sich „die Satire [...] zum Humor mildert und klärt."[9] Marcel Reich-Ranicki nennt Börne einen „Prediger mit Witz", einen „Weltverbesserer mit Humor"[10] und ein „Genie der Formulierung."[11] Manfred Schneider preist „das funkelnde Arrangement des Witzes" bei Börne und konstatiert: „denn Mut und Witz machen die

---

5 Alfred Estermann: „Die Eiche Börne ...". Gedichte der Zeitgenossen. In: Ludwig Börne 1786–1837. Bearb. v. Alfred Estermann. Im Auftrag des Dezernats für Kultur und Freizeit der Stadt Frankfurt am Main hg. v. der Stadt- und Universitätsbibliothek. Frankfurt/M. 1986, S. 333–358, hier S. 335.

6 Ebd., S. 352.

7 Gerhart Herrmann Mostar: Friederike Kempner, der schlesische Schwan. Das Genie der unfreiwilligen Komik. München 6. Aufl. 1974, S. 54.

8 Ludwig Börne: Ausgewählte Schriften. Ausgew., eingel. u. erl. v. Edgar Schumacher. Zürich, München 1964 (Klassiker der Kritik), S. 12.

9 Ebd., S. 26.

10 Marcel Reich-Ranicki: Bruchstücke einer großen Rebellion. Über Ludwig Börnes Literaturkritik. In: Ludwig Börne: Spiegelbild des Lebens. Aufsätze zur Literatur. Ausgew. und eingel. v. Marcel Reich-Ranicki. Frankfurt /M. 1977, S.7–23, hier S. 7.

11 Marcel Reich-Ranicki: Ein Genie der Formulierung – ein Patriot ohne Vaterland. Aus einem Gespräch über Börne. In: Ludwig Börne 1786–1837. Bearb. v. Alfred Estermann. Im Auftrag des Dezernats für Kultur und Freizeit der Stadt Frankfurt am Main hg. v. der Stadt- und Universitätsbibliothek. Frankfurt/M. 1986, S. 169–173.

intellektuelle Bewaffnung aus, mit der Louis zum erstenmal dem Zynismus der deutschen Reaktionäre entgegentritt."[12] Und im Nachwort einer von Willi Jasper besorgten Auswahl von Briefen und Schriften Börnes heißt es: „Seine scharfsinnig-ironische, geistreich-witzige, zugleich sezierende und direkte Art zu schreiben, war die neue Ausdrucksform einer sich an der gesellschaftlichen und politischen Realität orientierenden Kritik."[13] Helmut Koopmann schließlich nennt „sein Schreiben schlechthin: ein witziges Versteckspiel."[14]

## II.

Das Motto des vorliegenden Aufsatzes gibt einen ersten Einblick in Börnes schriftstellerisches Selbstverständnis. Als Ergänzung dazu hier einige Auszüge aus der Ankündigung seiner *Gesammelten Schriften*:

> Von den unwichtigsten oder den scherzhaftesten Dingen wollte ich mit Ernst und breiter Würde sprechen; aber von meinen Schriften ernsthaft reden – nein, das kann ich nicht. [...] Ich habe keine Werke geschrieben, ich habe nur meine Feder versucht, auf diesem, auf jenem Papiere; jetzt sollen die Blätter gesammelt, aufeinandergelegt werden, und der Buchbinder soll sie zu Büchern machen – das ist alles. [...] Es ist so schwer, Bescheidenheit zu erkünsteln, und mir zumal, dem Kunstfertigkeit ganz mangelt, würde es nie gelingen. [...] Vielleicht verdiene ich keine Achtung für das, was ich geschrieben, aber für das, was ich *nicht* geschrieben, verdiene ich sie gewiß. [...] Ich habe nicht vermeiden können, manches zu lernen, und über das, was ich *wußte,* mochte ich nicht reden. Wo ich unwissend war, nur da hatte ich den Trieb, mich auszusprechen, da war ich frei. (II, 330f.)

Ist das witzige Koketterie oder grenzt es schon an unfreiwillige Komik? Die Frage muss erlaubt sein, denn bei aller stilistischen Brillanz Börnes, die hier keineswegs in Abrede gestellt und im Folgenden auch noch gewürdigt werden soll, lässt sich nicht bestreiten, dass dem engagierten Publizisten auch manche Formulierung missglückt ist – was mitunter ungewollte Erheiterung oder gar Verärgerung der Leserschaft hervorzurufen geeignet ist. Unter den Frühwerken Börnes findet sich u. a. eine Sammlung von *Aphorismen*. In seiner folgenden These mischt sich zeitbedingte Engstirnigkeit mit spätpubertärem Gehabe: „Wenn es Weiber gibt, die durch ihren Geist glänzen, was ist es [...] anders als das eingesogne Licht von der Sonne der Männlichkeit?" (I,141)[15] Ebenso wenig nachvollziehbar: „*Sterben.* Das

---

[12] Nachwort in Ludwig Börne: Briefe aus Paris. Ausw., Anm. u. Nachw. v. Manfred Schneider. Stuttgart 1977, S. 237 u. 240.

[13] Ludwig Börne: Über das Schmollen der Weiber. Berliner Briefe an Jeannette Wohl und andere Schriften. Hg. u. komm. v. Willi Jasper. Köln 1987, S. 351.

[14] Helmut Koopmann: Doppeldeutiges. Zum literarischen Stil Ludwig Börnes. In: Ludwig Börne 1786–1837. Bearb. v. Alfred Estermann. Im Auftrag des Dezernats für Kultur und Freizeit der Stadt Frankfurt am Main hg. v. der Stadt- und Universitätsbibliothek. Frankfurt/M. 1986, S. 185.

[15] Zu Börnes Frauenbild und zu den beiden wichtigsten Frauen in seinem Leben vgl. Norbert Altenhofer: Henriette Herz und Louis Baruch – Jeanette Wohl und Ludwig Börne. In: Ludwig

Leben ist allen Tieren gemein, aber sterben kann nur der Mensch." (I,159) Vor lauter Bemühen um effektvolle Pointierung ist hier die Überprüfung des Sinns zu kurz gekommen. Eine Tendenz, die Börne bei seiner ausgeprägten Neigung zu sentenzhafter Zuspitzung auch später bei einzelnen Gelegenheiten nicht immer ganz vermieden hat. Das gilt beispielsweise für Sätze wie: „[…] *schön* ist nur das, was nützlich ist für alle." (I,1057) Ein anderer Grenzfall dieser Art findet sich etwa, wenn (in einer Theaterkritik) ein Schauspieler charakterisiert wird: „Talma kömmt uns keinen Schritt entgegen, er klopft nicht an unsre Brust, er öffnet die seine und läßt uns eintreten." (II,40) Wie auch immer, das meiste darf man wohl mit den ‚Flegeljahren seiner Schriftstellerei' (vgl. I,589) entschuldigen, hat doch Börne selbst in seinen *Bemerkungen über Sprache und Stil* darauf hingewiesen, dass guter Stil ein „Talent" ist, „das durch Fleiß ausgebildet werden kann." (I,594)

Viele der publizistischen Schriften Börnes sind getragen von kompromissloser Leidenschaftlichkeit und mitreißendem rhetorischen Schwung.[16] Bisweilen lässt sich davon allerdings nicht nur der Leser, sondern auch der Autor selbst mitreißen. Das führt dann auch in dem einen oder anderen Fall zu Widersprüchen und Fehlurteilen. Börne bekennt: „Gedanken, Worte sind meine Werkzeuge, die ich nur schätze, solange ich sie brauche, und wegwerfe, sobald ich sie gebraucht." (III,902) Bei der unvermeidlichen Wiederverwendung bestimmter Gedanken und Worte kann sich so freilich auch schon mal ein entgegengesetzter Sinn ergeben. In *Menzel, der Franzosenfresser* schreibt Börne, der ansonsten unzählige Male ‚wahren' Patriotismus für sich reklamiert: „Ich habe nicht den deutschen Patriotismus allein, ich habe auch den französischen und jeden andern verdammt, und ich habe ihn nicht für eine Narrheit erklärt, sondern für mehr, für eine Sünde." (III,915) Zwei Seiten weiter heißt es dann aber: „Ich halte den Patriotismus […] für etwas *Angebornes, Natürliches* und *Heiliges*. Er ist ein angeborner Trieb, und darum natürlich, und darum heilig, wie alles, was von der Natur kömmt." (III,917) Solche sprachlichen und gedanklichen ‚Ausrutscher' lassen sich wohl am ehesten erklären mit dem Elan und dem streitbaren Engagement Börnes: „Ich will nicht schreiben mehr, ich will kämpfen," heißt es im 58. *Brief aus Paris*, und dazu „schärfe ich meine Feder, sie soviel als möglich einem Schwerte gleichzumachen." (III,331) Daraus lässt sich folgern: Logische Stringenz und konsequentes Einnehmen *und* Beibehalten bestimmter Positionen sind nicht die Hauptanliegen und Stärken seiner Schreibstrategie.

---

Börne 1786–1837. Bearb. v. Alfred Estermann. Im Auftrag des Dezernats für Kultur und Freizeit der Stadt Frankfurt am Main hg. v. der Stadt- und Universitätsbibliothek. Frankfurt/M. 1986, S. 211–221.

16 Ein rhetorisches Meisterstück ist eine Passage in der *Menzel*-Streitschrift, in der es um die wünschenswerte Beschaffenheit einer Republik geht: In kurzer Folge wird zwölfmal mit anaphorischer Eindringlichkeit die provozierende Frage „Gehört es zum Wesen der konstitutionellen Monarchie […]?" wiederholt (III,935–337), um die freiheitlich-demokratische Realisierungschance dieser Staatsform in Zweifel zu ziehen.

Bekannt ist Börnes tiefe Abneigung gegen Goethe, das muss hier nicht weiter erörtert werden. Dieser „lebenslängliche Kampf" gegen den großen Frankfurter Landsmann hat laut Marcel Reich-Ranicki „bisweilen neurotische, wenn nicht hysterische Züge."[17] Kaum weniger spektakulär ist Börnes Ablehnung E.T.A. Hoffmanns. In einer Miszelle mit dem Titel *Humoralpathologie* interpretiert er: „Eine entartete Mutter, frißt sie ihre eigenen Jungen. So ist die Katze! So ist auch der *Katzenhumor*, der in Hoffmanns *Kater Murr* spinnt. Ich gestehe es offen, dass dieses Werk mir in der innersten Seele zuwider ist." Im Folgenden versucht er dann zu zeigen, „daß der *Humor* in den Schriften des Verfassers der Phantasiestücke ein *kranker* ist." (II,451) Ein Jahr später tritt er unter der Frage „Habe ich an *Hoffmanns* Schriften meinen Witz geübt?" (I,1091) ein halbherziges Rückzugsgefecht an.

Irrational und unkontrolliert ist auch Börnes krasse Fehleinschätzung Luthers und seiner Leistung: „die Reformation vernichtete allen deutschen Patriotismus [...]. Die Reformation war die Schwindsucht, an der die deutsche Freiheit starb, und Luther war ihr Totengräber." (III,924f.) Diese Auslassungen des vom Judentum zum Protestantismus übergetretenen und in seinen letzten Jahren mit dem Katholizismus sympathisierenden Börne[18] erinnern an die Polemik religiöser Eiferer: Luther habe dem Volk das Paradies genommen und nur die Hölle gelassen, die Hoffnung geraubt und die Furcht oktroyiert. Er habe das Volk verachtet und verwünscht. „Die religiösen Feste wurden vermindert, die Werktage und hierdurch die Mühen des Volks, wurden vermehrt; der Gottesdienst, während dem Katholizismus der Trost und zugleich die Oper und Erholung der Unglücklichen, wurde in eine Schule der Moral umgewandelt, wo die Gläubigen sich langweilten und einschliefen." Die etwas verkrampft-eloquente Darstellung klingt schon beinahe ridikül: „Es gab keine Maler, keine Dichter, keine Feste mehr für das Volk." Luther habe die ehemals fröhlichen Deutschen „in ein trauriges, plumpes und langweiliges Volk verwandelt." (III,926f.) Bezeichnenderweise nennt Börne hier den eigentlichen Grund seiner Ablehnung Luthers gar nicht: nämlich dass dessen Freiheitsbegriff, demzufolge der Mensch, der glaubt und auf Gott vertraut, eo ipso frei sei, sowie die philosophischen Nachwirkungen dieser Auffassung (Kant, Schiller) das Eindringen des von der Französischen Revolution ausgehenden konkreten politischen Freiheitsverlangens nach Deutschland verhindert hätten. Norbert Oel-

---

[17] Reich-Ranicki: Bruchstücke, S. 17. Im 14. seiner *Briefe aus Paris* schreibt Börne: „Seit ich fühle, habe ich Goethe gehaßt, seit ich denke, weiß ich warum." (III,71) – In einem Tagebucheintrag aus dem Jahr 1817 versucht sich Börne in wenig genialer Weise an einer Interpretation des *Erlkönigs*, die in der Erkenntnis gipfelt, dass „diese Dichtung mißgestaltet" (I,194) sei. – Einen guten Überblick über diesen ‚literarischen Ostrazismus' bietet Klaus F. Gille: „Ein grauer Star im deutschen Auge". Ludwig Börne und Goethe. In: Weimarer Beiträge 52/2 (2006), S. 245–257.

[18] 1834 übersetzte und propagierte Börne die sozialrevolutionären *Paroles d'un croyant* (*Worte des Glaubens*) des linkskatholischen Priesters Lamennais. Laut Gille: „Ein grauer Star im deutschen Auge", S. 253, „war Börne für diese Wahlverwandtschaft prädisponiert."

lers, der den Freiheitsbegriff bei Börne detailliert untersucht hat, stellt fest: „Wenn Börne ernst wird oder allgemein, wenn er droht und prophezeit, wird seine farbige Rede oft leer."[19] Und dass es ihm, wenn er eine Sache mit allem Nachdruck vertreten will, „auf die historische Exaktheit nicht mehr ankommt."[20] Jedenfalls ist in solch eindimensionalen Passagen weder Witz noch Gewitztheit erkennbar, weder Versandeskraft noch Scharfsinn noch sprachlich frappante Originalität. Vielmehr offenbart sich ein nicht zu leugnender Wesenszug, der zumindest manchmal die Oberhand gewinnt: eine gewisse Verbissenheit Börnes, und die ist kein Boden, auf dem zündender Witz gedeihen kann. Über die gerade in diesem Zusammenhang aufschlussreiche Kontroverse mit Heine wird noch zu sprechen sein.

Börne hat durchaus unterhaltsame und kluge Theater- und Literaturkritiken geschrieben.[21] Andererseits hat er (in der Vorrede zu den *Dramaturgischen Blättern*) kein Geheimnis daraus gemacht, dass er sich um Gesetze der Kunst nie gekümmert, ja, sie gar nicht gekannt habe. (Vgl. I,206f.) So war es möglich, dass sich in seine grandiosen Aufsätze über *Hamlet* und *Der Jude Shylock im Kaufmann von Venedig* die mehr als fragwürdige Diagnose einschleichen konnte, er habe bei Shakespeare „Ironie überall vergebens gesucht." Und er definiert: „Ironie ist Beschränktheit, – oder Beschränkung. Für letztere war Shakespeare zu königlich, für erstere hatte er eine zu klare Weltanschauung […]." (I,498) But Börne is an honorable man … Genug der kritischen Beispiele. Die eingangs zitierten Lobsprüche auf Börnes witzigen Schreibstil haben ja durchaus ihre Berechtigung; hier sollte lediglich ihre oft pauschal gemeinte Gültigkeit ein wenig relativiert werden.

## III.

In der eher milden Satire *Der Narr im weißen Schwan* listet der Erzähler, wohl wissend, dass es „nach der deutschen Naturkunde keinen titellosen Raum" (I,955) gibt, eine Reihe amüsanter Beispiele für die Titelsucht seiner Landsleute auf. So etwa avanciert die verstorbene Gattin eines Hofrats nach dessen Beförderung unter ihrem Grabeshügel noch zur seligen Frau Prorektorin (vgl. I,954). In einem anderen Fall verliert ein Postkutschen-Reisender seine Nachtmütze und fragt beim Pferdewechsel ein Dienstmädchen, wo er eine neue kaufen könne: „Diese führte mich ins Passagierzimmer und sagte einer kleinen alten Frau, die auf Krücken

---

19 Norbert Oellers: Collum librum. Ludwig Börnes Freiheitsbegriff – das eindeutige Besondere. In: Inge Rippmann, Wolfgang Labuhn (Hg.): „Die Kunst – eine Tochter der Zeit". Neue Studien zu Ludwig Börne. Bielefeld 1988, S. 111–129, hier S. 123.

20 Ebd., S. 128.

21 Wolfgang Schimming: Ludwig Börnes Theaterkritiken. Emsdetten 1932 [Diss. Köln 1930]. Vgl. dort bes. S. 124–126. – Manfred Schneider: Nachwort in Ludwig Börne: Briefe aus Paris, S. 240, kommentiert: „Das Frankfurter Theater und die dort aufgeführten Stücke bildeten im Grunde nur den Stoff, in den Börne witzig, souverän und mit phantasievoller Chiffrierkunst die Forderungen des liberalen Bürgertums einwebte."

ging: ‚Frau *Oberpost-Kofferträgerin,* der Herr da *wollen* eine Nachtmütze.'" (I,954f.) Hier sei nur am Rande erwähnt, dass Börne mit der Humoreske über einen gefräßigen *Eßkünstler* ein wirklich zum Schmunzeln anregender *artistischer Versuch*, so der Untertitel, gelungen ist (vgl. I,920–931). Das ist einer der Texte, an die Edgar Schumacher gedacht haben mag, als er von ‚lächelndem Geltenlassen' sprach.[22]

In der satirischen *Geschichte meiner Gefangenschaft nebst Beschreibung der herrlichen Wandgemälde, die sich in der Hauptwache zu Frankfurt befinden* teilt Börne, der 1820 infolge einer Denunziation für zwei Wochen inhaftiert war und dann wegen Haltlosigkeit der Anklage wieder freigelassen wurde, mit, wie ihm währenddessen die „zarteste Aufmerksamkeit" entgegengebracht worden sei. Die Tatsache, dass man ihn bei Nacht arretiert habe, stelle „die persönliche Freiheit, welche ein Frankfurter Bürger genießt, in das schönste Licht." So habe keiner der Nachbarn etwas gemerkt, „ja, man kann jahrelang eingesperrt sein, ohne dass es die Stadt erfährt, und sie denkt, der Vermisste wäre auf Reisen." (I,1187) Der Umstand, dass man ihm tagelang keinen Haftgrund genannt habe, zeuge ebenfalls vom Wohlwollen der Behörde, nämlich weil man ihn in die Lage habe versetzen wollen, sich gedanklich auf jede mögliche Richtung und Finte des Verhörs vorzubereiten. Die Gitterstäbe vor dem Fenster hätten verhindert, dass ein Dieb von außen herein steigen konnte, um ihn zu bestehlen, und vor der Zellentür seien Wachposten aufgereiht gewesen, um aufzupassen, dass keine Zugluft eindringe (vgl. I,1189). Der betont heitere Tenor dieser Satire hängt sicherlich damit zusammen, dass die Affäre für den Autor glimpflich ausgegangen ist und er hinterher die Lockerheit eines darüber Stehenden demonstrieren will, dem ein brauchbarer Stoff für seine Satire serviert wurde. Die „Ambiguität",[23] die Koopmann als wichtigstes Kennzeichen seines auf politische Wirkung bedachten Stils herausgestellt hat, ist in diesem kleinen Text äußerst effektiv realisiert.

Zu einer ähnlich souveränen Leichtigkeit sah sich der umtriebige Zeitschriftenautor und -redakteur Börne auch befähigt aufgrund eines kleinen Etappensiegs in seinem „Guerillakampf gegen die Zensur."[24] In Frankfurt herrschte die absurde Praxis, dass wegen der Anwesenheit der Bundesversammlung die innerhalb der Stadt gedruckten Zeitungen und Zeitschriften zensiert wurden, nicht jedoch die von außerhalb kommenden, die folglich gleichzeitig in Gasthäusern und Lesegesellschaften Frankfurts frei zugänglich waren. In der bislang fundiertesten Biografie führt Willi Jasper aus: Der für Börne zuständige Zensor Johann Joseph Severus [!] hatte „die Instruktion, alles zu streichen, was er nicht verstünde. Da der überforderte Beamte nicht sehr viel verstand, kann man sich vorstellen, wie er strich.

22 Vgl. Anm. 8.
23 Koopmann: Doppeldeutiges, S. 179.
24 Willi Jasper: Ludwig Börne. Keinem Vaterland geboren. Eine Biographie. Berlin 2003, S. 126.

Börne hat ihn offenbar an den Rand der Verzweiflung getrieben",[25] sodass er schließlich entnervt sein Amt zur Verfügung stellte – und zwar mit folgender Begründung: „Es ist keine Übertreibung, wenn ich behaupte, daß mir während neun Jahren, alle hiesigen Zeitungs-Redactoren zusammengenommen, die Erfüllung meiner Pflicht als Censor nicht so erschwert und ich darf wohl sagen, so verhaßt gemacht haben, als dieser einzige Mann in fünf Monaten."[26] Geradezu dankbar ist Börne der Einrichtung Zensur: „Unsere Zeit [...] verstattet nicht, alles frei herauszusagen, und durch diesen Zwang befördert sie sehr den guten Stil." (I,595)

Das Gefühl dieses kleinen Triumphs hat sich u. a. niedergeschlagen in Börnes vielleicht bester und vielschichtigster Satire, in der er ganz unverkrampft seine Überlegenheit ausspielt: in der *Monographie der deutschen Postschnecke.* Launig und witzig ergießt er seinen Spott über Langsamkeit, Unzuverlässigkeit und Komfortlosigkeit der Reisekutsche, auch über einzelne Mitreisende und nicht zuletzt über die Zensur als Vollzugsorgan eines unfreiheitlichen Regierungssystems. Der Ich-Erzähler ‚gibt' den Beobachter und den Beobachteten in Personalunion und beginnt mit einer Anspielung auf die zeitweilig verbotene Bewegung des altdeutschen Turnvaters Jahn:

> Dieser gefährliche Passagier hat noch auf andere Weise seine verdächtigen Gesinnungen an den Tag gelegt. In Darmstadt machte er beim Aussteigen einen großen Sprung über einen Kothaufen, ob er zwar sehr bequem hätte durchgehen können. Es ist gar nicht zu zweifeln, daß er hierbei ein Turnziel zu erreichen gesucht. Bei solchen bedenklichen Zeichen habe ich jenen gefährlichen Passagier stets im Auge behalten und werde ihn ferner beobachten. [...] Ich bin so gewisser, daß er keinen Schritt tun und kein Wort reden kann, das ich nicht erführe, da ich selbst dieser Passagier bin [...]. (I,654f.)

Anschließend räsoniert der gewitzte Informant (nach der Lektüre eines suspekten Zeitungsartikels) darüber, dass man eigentlich bei Beerdigungen künftig nicht die Hinterbliebenen, „sondern die Leichen selbst auf Hochfürstlich Thurn-und-Taxischen fahrenden Postwägen" zum Friedhof überführen müsste, damit sie Gelegenheit bekämen, durch das Rütteln des Wagens noch aus dem Scheintode zu erwachen. Das wäre doch „eine sehr gute ambulante Totenschau":

> Nachdem ich mich auf diese Weise schlau zu revolutionären Äußerungen verleitet hatte, ging ich eiligst auf mein Zimmer, um alles, was ich von mir gehört, wie folgt zu berichten. ‚Herr geheimer Ober-Tugend-Direktor!' [...] da habe ich mich noch zu rechter Zeit ertappt und die Überzeugung erhalten, daß ich nicht allein des Verdachtes verdächtig, sondern höchstwahrscheinlich wirklich verdächtig bin. (I,663)

Eingestreut sind immer wieder witzige Aperçus, Bonmots, aber auch (an Heinz Erhardt erinnernde) gefällige Kalauer: So heißt es von einer Französin, sie habe „ihren Platz und die Passagiere zu gleicher Zeit" (I,649) eingenommen. Ein reak-

---

25 Ebd., S. 127.

26 Zit. nach Wolfgang Labuhn: Literatur und Öffentlichkeit im Vormärz. Das Beispiel Ludwig Börne. Königstein/Ts. 1980, S. 144.

tionärer Mitreisender wird charakterisiert als ‚altdeutscher Nachzügler und Spätturner', der aussieht, als sei er „aus einer Turnpflanzschule gerissen (einige Erde hing ihm noch an der Wurzel)", und posaunt, dass er an seinem Zielort „Ableger zu machen" gedenke (I,658 u. 654). Dem Ausgestiegenen ruft der Erzähler später hinterher: „Du bist kein Hofnarr, aber ein Volksnarr, und das ist schlimmer; denn das heißt: *aller Leute Narr*." (I,666) Seinem fiktiven Auftraggeber teilt der fiktive Polizeispitzel abschließend mit: „Der Ort, wo ich mein schreibendes Hauptquartier aufgeschlagen habe, heißt Bruchsal, aber mir ist er ein Trübsal und ein Scheusal. Wenn die Verzweiflung Witz gibt oder nimmt, werde ich hier ein Voltaire oder eine Kretine." (I,666) Letzteres kann man in diesem Fall denn doch ausschließen. Treffend spricht Koopmann von „Arabesken des Witzes, die einen Gegenstand umranken, der bei genauerem Zusehen nichts anderes ist als eine Kopfgeburt."[27] Dabei ist der pseudowissenschaftliche Untertitel dieser *Postschnecken*-Satire, *Beitrag zur Naturgeschichte der Mollusken und Testaceen,* in seiner Durchsichtigkeit nichts weiter als ein augenzwinkernder ‚Gruß' an die Adresse des Zensors.

Es dürfte deutlich geworden sein, dass diese sich so harmlos gebenden Texte durch Scherz, Satire und Ironie ihre tiefere Bedeutung nicht nur nicht verbergen, sondern in ebenso hintersinniger wie offenkundiger Weise einen scharf gesellschaftskritischen Subtext mitliefern, der so kurz nach den Karlsbader Beschlüssen für ein breites Lesepublikum leicht zu erkennen war. Dabei fungiert das literarische Ich, wie Bernhard Budde ausgeführt hat, auch da, wo es mit der Person des Autors identifizierbar ist, stets zugleich auch als Seismograph, der die objektiven zeitgenössischen Verhältnisse registriert und entlarvend widerspiegelt.[28]

## IV.

Leichte Tonart und geistreiche Wortspiele gelingen Börne gerade in seinen humorvollen Texten, wie beispielsweise in dem Bericht über ein Gastspiel der begnadeten Sängerin *Henriette Sontag in Frankfurt,* von der es heißt: „was eine wochentägliche deutsche Stadt in so festliche Bewegung bringen konnte, ohne dass es der Kalender oder die Polizei befohlen, das mußte etwas Würdiges, etwas Schönes sein." (I,434) Und es folgt eine spitzzüngige Steigerung: „Sogar die Juden bekamen einen leichten Schwindel, und wenn man sie auf der Börse von Achteln und Quarten reden hörte, wußte man nicht, ob sie Takte oder Prozente meinten." (I,436) Börnes Neigung und Talent zu verknappender Pointierung kommen freilich oft genug auch in engagierteren oder polemischen Schriften zur Geltung: Im Blick

---

27 Helmut Koopmann: Ein gefährlicher Passagier in Deutschlands Postwägen. Börnes Erzählungen der zwanziger Jahre. In: „Die Kunst – eine Tochter der Zeit", S. 74–98, hier S. 80.

28 Vgl. Bernhard Budde: Das literarische Ich als Seismograph oder von der Objektivität der Subjektivität. Zu Börnes früher vormärzlicher Erzählprosa. In: Zeitschrift für deutsche Philologie 117 (1998), S. 210–228.

auf die Antisemiten im restaurativen Frankfurt prangert er „die Sümpfe stehender Gesinnungen" (I,172) an. Höchst effektvoll ist seine satirische Anklage der Frankfurter Behörden wegen der den Juden auferlegten schmachvollen Bestimmungen (ein erneutes Beispiel für den mitlaufend lesbaren Subtext):

> Sonntags duften sie ihre Gasse nicht verlassen, damit sie von Betrunkenen keine Schläge bekämen. Vor dem 25. Jahre durften sie nicht heiraten, damit ihre Kinder stark und gesund würden. An Feiertagen durften sie erst um sechs Uhr abends zum Tore hinausgehen, daß die allzu große Sonnenhitze ihnen nicht schade. Die öffentlichen Spaziergänge außerhalb der Stadt waren ihnen untersagt, man nötigte sie, ins Feld zu wandern, um ihren Sinn für Landwirtschaft zu erwecken. Ging ein Jude über die Straße und ein Christ rief ihnen zu: *Mach Mores Jud,* so mußte er seinen Hut abziehen; durch diese höfliche Aufmerksamkeit sollte die Liebe zwischen beiden Religionsparteien gefestigt werden. (II,238)

Zugleich verspottet Börne auch die Gettobewohner, jedoch deutlich weniger aggressiv. Seine Eindrücke, die er nach siebenjähriger Abwesenheit bei der Rückkehr in die Judengasse der Heimatstadt empfangen hat, sind in der Jugendschrift *Die Juden in Frankfurt am Main* (1807) festgehalten. Über die jungen Männer, die den ‚Töchtern Abrahams' ihre zierliche Aufwartung machen, heißt es:

> Da strömen die Lippen über von artigem Witze und witzigen Artigkeiten. Zwar meinte eine Dame, die Herren verstünden sich besser auf Galanteriewaren als auf Galanterie, allein das war eine böse Christin, die das sagte, und eine neidische Modehändlerin. Auch kann man es ihnen nicht zur Sünde anrechnen, daß sie am Sabbat ihre Zunge arbeiten lassen. Denn das mosaische Gesetz spricht: Am siebenten Tag sollst du deinen Knecht ruhen lassen und deine Magd; aber sind sie denn Herr ihrer Zunge? (I,8)

In seinem Bemühen um Assimilierung und öffentliche Anerkennung im gebildeten Deutschland hat Börne sich immer mehr von den Juden distanziert (sie aber dennoch stets gegen christliche Angriffe und Unterdrückung verteidigt). Am 10. Oktober 1822 schreibt er an Jeanette Wohl: „Die Juden werden mir alle Tagc mehr zuwider. Sie sind sich überall [gleich] in Gestalt, Sprache, Beschränktheit und Witz. Ach, ihr Witz!" (IV,556) Jefferson S. Chase hat in einer subtilen Abhandlung dargelegt, dass Börne sich oft skeptisch oder geringschätzig über den jüdischen Witz geäußert hat, besonders wenn der jiddische Dialekt mit im Spiel war. Dennoch gelangt Chase zu dem Ergebnis: „Börne's own authorship had more in common with the object under attack than he acknowledged. [...] despite his professed contempt for ghetto humor, the persiflage and satiric pointedness of *Judenwitz* played a major rule in constructing his own style and authorial persona."[29]

In offensiver Zuspitzung und mit revolutionärem Unterton ist im 60. *Brief aus Paris* die soziale Problematik auf den Punkt gebracht: „wehe jenen Staatsmännern, die zu dumm oder zu schlecht sind, zu begreifen, daß man nicht gegen die Armen, sondern gegen die Armut zu Felde ziehen müsse." (III,371) In die gleiche Richtung

---

[29] Jefferson S. Chase: Inciting Laughter. The Development of ‚Jewish Humor' in 19th Century German Culture. Berlin, New York 2000 (European Cultures. Studies in Literature and the Arts. Ed. by Walter Pape. Vol. 12), S. 77f.

zielt eine bissige Bemerkung in der Polemik gegen Menzel: „Keiner wundere sich darüber, hier Verdauung und Religion zusammengestellt zu sehen: es gibt Menschen genug, welchen ihre Verdauung die einzige Religion ist und deren Vorbereitung der heiligste Gottesdienst." (III,965) In derselben Schrift wird ein Angriff des ‚Wendehalses' zurückgewiesen: „Herr Menzel nennt mich einen *Überläufer* [...]. Sobald der Freiheitskarneval vorüber war, zeigte [er] sein wahres Gesicht. Ich nenne ihn keinen Über*läufer*, sondern einen Über*schleicher*." (III,966)[30] Mit Vorliebe erhöht Börne in seinen Sentenzen die Prägnanz der Aussage durch antithetische Struktur oder Chiasmus. So charakterisiert er den in seinen Augen opportunistischen Konvertiten Adam Müller: „Er gehörte zu jenen klugen Amphibien, die sich vor jeder irdischen Not in den Himmel, und vor jeder himmlischen Not sich auf die Erde flüchten." (III,968) Über Hamlet: „Er kennt die Menschheit, die Menschen sind ihm fremd." (I,491)

Ebenso witzige wie im jeweiligen Zusammenhang bündig-aussagekräftige Wortneuschöpfungen (im Stile Heines) finden sich ebenfalls hin und wieder, etwa wenn von einem ‚Kirchenstiefvater' (I,740f.), von „Geldschwindsucht" (II,16), von „Magisterdemütigkeit der Gelehrten" (I,973) oder von einer „Klatschrosenpredigt" (III,893) die Rede ist oder von „Pfenningsleidenschaften" an „Spieltischen, wo man um Kronen und Völker würfelte" (I,173) usw. In der glänzenden Schlusstirade seiner *Shylock*-Besprechung vereinigt Börne rhetorisches Geschick mit wortspielerischer Virtuosität und scharfer Polemik gegen das Finanzgebaren gewisser Zeitgenossen:

> Wie hätte Shakespeare *unsere* Shylocks, die großen Shylocks, mit christlichen Ordensbändern auf jüdischem Rockelor [=Mantel, H. K.], geschildert! Wie hätte er die papierverkehrenden Shylocks ohne Rockelor gezeichnet, die das Fleisch und Blut ganzer Völker in Scheinen besitzen und die nicht mit Lumpen Papier, sondern mit Papier Lumpen machen! Wie hätte er die Ruchlosen dahin gemalt, welchen Gott ein Finanzminister ist, der spricht: es werde! Und es wird eine papierne Welt. Adam der erste Bankier; das Paradies ein seliger Pari-Stand der Staatspapiere; der Sündenfall, der erste Fall der Kurse [...]. (I,504)

## V.

Nach den oben angedeuteten Widersprüchlichkeiten ist es nicht überraschend, dass Börnes eigene Auffassung von Witz disparat ist. Seine diversen Äußerungen lassen sich nicht auf einen Nenner bringen, was nicht zuletzt bedingt ist durch den Kontext des zeitgenössischen Wortgebrauchs, der hier kurz skizziert sei. Die Bedeutung des althochdeutschen *wizzi* und des mittelhochdeutschen *diu witze* (= angebo-

[30] Die anfänglichen partiellen Gemeinsamkeiten und späteren Streitpunkte der beiden untersucht Jost Hermand: „Was ist des Deutschen Vaterland?" Börne contra Menzel. In: Ludwig Börne 1786–1837. Bearb. v. Alfred Estermann. Im Auftrag des Dezernats für Kultur und Freizeit der Stadt Frankfurt am Main hg. v. der Stadt- und Universitätsbibliothek. Frankfurt/M. 1986, S. 199–209.

renes wie erworbenes Wissen) hatte sich zunächst verengt zu Verstand, Verstandeskraft im Sinne von lateinisch *ingenium*, wandelte sich gegen Ende des 17. Jahrhunderts unter dem Einfluss des französischen *esprit* und bald danach auch des englischen *wit* zu Witz als Gabe des geistreichen und klugen Einfalls.[31] Kant definiert in § 51 seiner Anthropologie: „Der Witz paart (assimiliert) heterogene Vorstellungen, die oft nach dem Gesetz der Einbildungskraft (der Assoziation) weit auseinanderliegen“,[32] und ist „ein eigentümliches Verähnlichungsvermögen [...].“[33] Daran anknüpfend wird im Grimm'schen *Wörterbuch* definiert, dass mit „Witz“ die „fähigkeit“ gemeint ist, „versteckte zusammenhänge vermöge einer besonders lebhaften und vielseitigen combinationsgabe aufzudecken und durch eine treffende und überraschende formulierung zum ausdruck zu bringen.“[34] Zusätzlich hat sich zu Beginn des 19. Jahrhunderts die heutzutage gebräuchlichste Bedeutung von „Witz“ als einem kurzen Prosatext, der in eine zum Lachen reizende Pointe mündet, herausgebildet. Keine dieser unterschiedlich akzentuierten Bedeutungen war in der Vormärzepoche erloschen oder alleingültig, sie existierten nebeneinander, sodass diese semantische Vielfalt die recht variable Verwendungspraxis bei Börne und anderen (wie etwa Heine[35]) erklärt.

Ein wichtiger Faktor für die konkrete Beurteilung des psychischen und sprachlichen Phänomens Witz und seiner Funktion ist die Bewertung, die diesen vom Autor selbst beigemessen wird. Auch hier zeigt sich bei Börne ein uneinheitliches Bild. Einerseits hält er sich viel auf seinen eigenen Witz zugute: „Habe ich nicht allen Geist und allen Witz, den Preußen und Sachsen gegen mich ausgeschickt, in meinen eigenen Schriften beherbergt? Und woher kam mir denn die stolze Zuversicht, mit den erhabenen Geistern Berlins und Leipzigs fertig zu werden?“ (III,901) In einem für den Verleger Campe verfassten Werbe-*Prospekt* lobt Börne sich selbst: „Er ist witzig, ja springend witzig und lebendig“ (V,1110). Andererseits gesteht er der Freundin Jeanette Wohl in einem Brief, dass er „Lachen“ für „eine der untersten Seelenbewegungen“ halte, und meint, „ein Mann von Geist sollte auf höhere Wirkung ausgehen.“ (V,68) Dass „Lachen [...] auch Erkennen“[36] heißt, wie

---

31 Vgl. dazu Otto F. Best: Der Witz als Erkenntniskraft und Formprinzip. Darmstadt 1989 (Erträge der Forschung 264).

32 Zit. nach Eike Christian Hirsch: Der Witzableiter oder Schule des Gelächters. Hamburg 1985, S. 30.

33 Zit. nach Karl N. Renner: Witz. In: Reallexikon der deutschen Literaturgeschichte. Bd. 4. Hg. v. K. Kanzog u. A. Masser. Berlin 1984, S. 919–930, hier S. 920.

34 Jacob und Wilhelm Grimm: Deutsches Wörterbuch. Leipzig 1854ff., Bd. XIV/II, Sp. 874. – Vgl. auch Wolfgang Preisendanz: Über den Witz. Konstanz 1970. Dort S. 14: Aus „solcher überraschend evidenten Vereinbarkeit des Unvereinbaren“ resultiert das Lachen.

35 Vgl. Hartmut Kircher: Heines Witz. In: Runa. Revista portuguesa de estudos germanisticos 15/16 (1991), S. 95–116; Wulf Wülfing: Skandalöser ‚Witz'. Untersuchungen zu Heines Rhetorik. In: Wolfgang Kuttenkeuler (Hg.): Heinrich Heine. Artistik und Engagement. Stuttgart 1977, S. 43–65.

36 Walter Pape: „In der Wissenschaft ist alles wichtig“. Wissenschaft der Komik – Komik der Wissenschaft. In: Peter Hanau u. a. (Hg.): Engagierte Verwaltung für die Wissenschaft. Fest-

Walter Pape formuliert, *ver*kennt Börne hier. In der *Ankündigung der „Zeitschwingen"* erklärt er, das zuvor ergangene Verbot der von ihm redigierten *Zeitung der freien Stadt Frankfurt* habe ihn „zugleich gewitzigt und vom Witze abgeschreckt", deshalb wolle er sich künftig dem harmloseren „Spaße ergeben," obwohl er wisse, „daß die Deutschen keinen Spaß verstehen." (I,777) Das kann nicht sein Ernst sein, würde es doch bedeuten, auf das subversive Potenzial des Witzes zu verzichten. Auch seine Annahme, infolge der Enttäuschung der Deutschen über das Wiedererstarken der restaurativen Kräfte nach 1815 habe sich der „geschlagene Enthusiasmus [...] aus dem Herzen in die Dachkammer des Kopfes" geflüchtet und „dort unter dem Namen *Witz* versteckt" (III,895), ist nicht ganz zutreffend. Denn gerade in dieser Epoche haben sich viele Deutsche (wie immer in Zeiten politischer Unterdrückung) für eine bestimmte Art des Humors bedürftig und empfänglich gezeigt und sind auch durchaus bedient worden.[37] Er war nicht nur als „Sicherheitsventil", sondern auch als „revolutionäre Kraft"[38] wichtig. De facto hat Börne selbst das ja auch oft zu nutzen gewusst. Ein weiterer ergänzender Aspekt schmälert nach seiner Auffassung die strategische Brauchbarkeit des Witzes. Da Börne mit seinem radikal-liberalen Engagement nicht nur Gleichgesinnte erreichen, sondern gerade auch Unentschiedene, in Lethargie Verharrende aufrütteln und überzeugen will, scheint ihm der Witz als Instrument nur eingeschränkt wirksam zu sein: „Der Witz ist nicht so *belehrend* als das Urteil, aber er *will* auch nicht belehren, er spricht nur für Ausgelernte und erinnert sie an das, was sie schon wissen." (I,471)

Indessen notiert er in einem Tagebucheintrag: „Ich war immer erstaunt, daß unsern zwei größten Dichtern der Witz gänzlich mangelt." Vor allem moniert er, dass Goethe und Schiller (in ihrem Briefwechsel) andere Autoren so „derb [...], grob" und „ohne Witz" kritisierten. „Tadel ohne Witz" aber sei „Glut ohne Licht." Es dient wohl in erster Linie der eigenen politischen und literarischen Profilierung und Abgrenzung gegen die in seinen Augen weltabgewandten Weimarer Klassiker, wenn Börne behauptet, der Witz sei von „plebejischer Geburt":

> Ich weiß nicht, wie hoch die Gesetzbücher der Ästhetik den Witz stellen; aber ohne Witz, sei man noch so ein großer Dichter, kann man nicht auf die Menschheit wirken. [...] Ohne Witz hat man kein Herz, die Leiden seiner Brüder zu erraten, keinen Mut, für sie zu streiten. [...] Er ist der unerschrockene Anwalt des Rechtes [...]. Der Witz ist das demokratische Prinzip im Reiche des Geistes; der Volkstribun, der, ob auch ein König wolle, sagt: *ich will nicht!* (II,810f.)

---

schrift für Johannes Neyses, Kanzler der Universität zu Köln, zum 60. Geburtstag. Köln 2007, S. 371–380, hier S. 379.

37 Vgl. Mary Lee Townsend: Humor und Öffentlichkeit im Deutschland des 19. Jahrhunderts. In: Jan Bremmer, Herman Roodenburg (Hg.): Kulturgeschichte des Humors. Von der Antike bis heute. Aus dem Engl. übers. v. Kai Brodersen. Darmstadt 1999, S. 149–166.

38 Ebd., S. 150.

In seiner Streitschrift gegen Menzel kritisiert er diesen, weil er dem Fürsten Pückler *„aristokratische Grazie“* bescheinige: „An den Torheiten, Leiden oder kranken Einbildungen des deutschen Volks seinen Witz zu schärfen, ist freilich sehr edelmännisch“, Börne jedoch distanziert sich davon: „mir aber ist mein Vaterland zu wert, um es als Schleifstein zu gebrauchen, und ich will lieber ohne Grazie als ohne Herz befunden werden.“ (III,876) Gleichzeitig verteidigt er sich mit Verve gegen einen Rezensenten des *Tübinger Literaturblatts*, der ihm vorwirft, mehr Witz als (Scharfsinn voraussetzende) Urteilskraft zu besitzen: „Der witzige Kopf unterscheidet sich von dem bloß urteilskräftigen wie der Reisende in einem Wagen von dem Fußgänger: jener erreicht *früher* das Ziel.“ (I,470f.) Demzufolge sei der „Witz nichts anders als das *geflügelte* Urteil.“ (I,472)

## VI.

Ein zentraler Begriff in Börnes Schreibkonzept ist der Humor, von dem er, wie viele Zeitgenossen, terminologisch nicht exakt getrennt von ‚Witz‘ spricht.[39] Sein großes Idol ist Jean Paul (noch vor Lessing und Lichtenberg, dem einzigen Deutschen, „der den Mut hatte, witzig zu sein“, I,15). In seiner 1825 in Frankfurt gehaltenen *Denkrede auf Jean Paul* preist er das Vorbild dafür, als „Donnergott“ seinen „Witz hinter Höfe und hinter Deutschland“ gehetzt zu haben und definiert dann einige Sätze weiter: „Freiheit und Gleichheit lehrt der Humor [...]. Der Humor ist keine Gabe des Geistes, er ist eine Gabe des Herzens [...]. Der Humorist [...] setzt dem Sklaven den Hut des Herrn auf und verkündigt das saturnalische Fest, wo der Geist das Herz bedient und das Herz den Geist verspottet“ (I,794f.). Das impliziert erneut eine Invektive gegen Goethe und Schiller.[40] Den Unterschied zum Witz allerdings markiert Börne selbst, wenn er treffend formuliert, der Humor sei eine „Brücke über die Trennungen des Lebens“ (I,796). In einem allgemeineren Sinne hat Walter Pape präzisiert: „Der Humor vermittelt und reflektiert das Verhältnis von Realem und Idealem, Endlichem und Unendlichem, im Humor zeigen sich die Grenzen der Vernunft [...].“[41]

Interessant ist in diesem Zusammenhang auch eine andere Charakterisierung Jean Pauls, den Börne als ‚Sänger der Armen und Betrübten‘ idyllisiert: „Bei jeder goldenen Hochzeit ist er der trauende Priester, der die alten Herzen noch einmal

---

[39] Vgl. dazu das Nachwort in: Ludwig Börne: Sämtliche Schriften. Neu bearb. u. hg. v. Inge u. Peter Rippmann. Bd. 3. Düsseldorf, Darmstadt 1964–1968, S. 1055–1137, hier S. 1132.

[40] Börnes Motive sowie zeitgeschichtliche Hintergründe (u. a. Zensurbestimmungen) analysiert Wulf Wülfing: „In weiten Bahnen zieht der leuchtende Genius.“ Zur Rhetorik der Dichterverehrung im 19. Jahrhundert am Beispiel von Ludwig Börne und Berthold Auerbach. In: Wolfgang Braungart (Hg.): Verehrung, Kult, Distanz. Vom Umgang mit dem Dichter im 19. Jahrhundert. Tübingen 2004, S. 203–218, hier S. 205–210.

[41] Pape: Wissenschaft, S. 379.

aneinanderlegt und die zitternden Hände zum letzten Male paart, bevor der Tod sie trennt.“ (I,792) Diese arg pathetische Wortwahl evoziert die Erinnerung an eine einschlägige Definition des Witzes in Jean Pauls *Vorschule der Ästhetik* (§ 44), wo es ganz im Sinne des Kantschen ‚Verähnlichungsvermögens‘, diesmal aber witzig-frivol, heißt, der Witz sei „der verkleidete Priester, der jedes Paar kopuliert“ und zwar „mit verschiedenen Trauformeln.“[42] Der Philosoph Kuno Fischer hielt diese Erklärung für richtig und geistreich und fügte noch hinzu: Der Witz traue die Paare am liebsten, deren Verwandtschaft am meisten dagegen sei.[43] Heine hatte später offensichtlich diesen Aspekt im Gedächtnis, als er kritisch anmerkte: „Börnes Humor [...] unterschied sich von dem Humor Jean Pauls dadurch, daß letzterer gern die entferntesten Dinge ineinanderrührte, während jener, wie ein lustiges Kind, nur nach dem Nahliegenden griff.“[44]

## VII.

Wie schon in den am Anfang zitierten Anekdoten aus seiner Kindheit hat Börne den Witz auch immer wieder als Angriffs- oder Verteidigungswaffe verstanden und angewendet, und zwar nicht nur zu persönlichen Zwecken. Als eines der besten Beispiele seien hier seine *Freimütigen Bemerkungen über die neue Stättigkeits- und Schutzverordnung für die Judenschaft in Frankfurt am Main [...]* erwähnt (vgl. I,14–72). Um dieses „Schwert [...] zu gebrauchen“ (II,812), sind zweifellos rasches Auffassungsvermögen, klarer Intellekt, geistige Beweglichkeit sowie eine gewisse Souveränität vonnöten. Überzeugt, dass er selbst über all das verfüge, verspottet er einen Kontrahenten, der es leicht mache, seine Schläge zu retournieren: „Herr Menzel führt die Waffe mit ausgezeichneter Ungeschicklichkeit; er faßt die Klinge mit der Hand und bietet seinem Widersacher den Griff dar. Nichts ist leichter, als alle seine Entgegnungen auf ihn selbst zurückzuwenden.“ (III,959) In seiner Auseinandersetzung mit dem „Pharisäer des Liberalismus“ (III,938) hat Börne sich zu Recht als Sieger gefühlt.

In seiner bekanntesten Kontroverse, der mit Heine, ist dies wohl nicht so eindeutig der Fall. Einerseits waren sich die beiden Rivalen (scheinbar) zu ähnlich und hatten anfangs viele Gemeinsamkeiten, weshalb sie sich ja auch eine Zeit lang gegenseitig gelobt haben. Börne fühlte sich von Heine verstanden, dieser schätzte ihn als großen Patrioten und scharfen politischen Publizisten. Stolz berichtet Börne im 73. seiner *Briefe aus Paris*: „Heine wurde neulich von jemand gefragt: worin er sich in seinen politischen Ansichten von mir unterscheide? Er antwortete: ‚Ich bin

---

[42] Jean Paul: Werke in 12 Bänden. Hg. v. Norbert Miller. Nachworte v. Walter Höllerer. München 1975, hier Bd. 9, S. 173.

[43] Vgl. Kuno Fischer: Über den Witz. Ein philosophischer Essay. Tübingen 1996 (Promenade 5), S. 48.

[44] Heine: Sämtliche Schriften, Bd. 4, S. 16.

eine gewöhnliche Guillotine, und Börne ist eine Dampfguillotine.'" (III,503) Andererseits offenbarten sich im Verlauf ihres Pariser Exils (neben der jüdischen Herkunft auch eine wesentliche Gemeinsamkeit) ihre persönlichen, literarischen und politischen Interessen als immer weniger vereinbar. Der Republikaner Börne verweist Heine in einem Brief an Jeanette Wohl mit dem abqualifizierenden Etikett „geborener Aristokrat" (V,121) ins gegnerische Lager. Ein Jahr später schreibt er derselben Adressatin: „In seinem Charakter hat er gar nichts Genialisches; man sollte nicht glauben, was er für ein gewöhnlicher Mensch ist. [...] Er hat nur Sinn für Witz, das heißt, fürs Feuerschlagen. Was man aber mit dem Feuer mache, das ist ihm gleichgültig." (V,391) Dass Heine Börnes Vorschlag, gemeinsam eine Zeitschrift herauszugeben, ablehnte, überhaupt, dass er sich nicht auf die politische Linie der in Paris lebenden deutschen Republikaner festlegen lassen wollte und auf Distanz ging zu den revolutionären Demokraten, die in Börne ihren Sprecher sahen – das waren die nach außen sichtbaren Gründe für Börnes Schmähungen gegen Heine. Gereizt und geärgert hat ihn zweifellos auch, dass Heine jahrelang auf seine Anwürfe öffentlich absolut nicht reagiert hat.[45] Die Lektüre der privaten Korrespondenz Börnes dekuvriert freilich auch sehr persönliche Motive. Am 2. November 1831 schreibt er an Jeanette Wohl: „[...] manchmal beneide ich ihn, daß er viel länger jung geblieben als ich." (V,68) Und an anderer Stelle: „Übrigens habe ich meine kleine Tücke dabei, daß ich Heine so bei Ihnen verleumde. Ich habe jetzt bemerkt, was mir bei unserm früheren Zusammentreffen entgangen, daß er ein hübscher Mensch ist und eines von den Gesichtern hat, wie sie den Weibern gefallen. Aber glauben Sie mir, es ist doch nichts *dahinter,* gar nichts [...]." (V,13) Anlässlich des Wiedersehens in Paris vertraut er der Freundin an:

> [...] mit Ihnen brauche ich mich nicht vorzusehen, das bleibt unter uns [...]. Heine gefällt mir *nicht.* [...] Ich und meinesgleichen, wir affektieren oft den Scherz, wenn wir sehr ernst sind; aber Heines Ernst scheint mir immer affektiert. Es ist ihm nichts heilig, an der Wahrheit liebt er nur das Schöne, er hat keinen Glauben. [...] Heine sagt, *ich* sei schuld, daß er überall für einen Narren gehalten; denn wenn er meine Witze aus meinen Werken angeführt, habe er immer so lachen müssen, daß man ihn für verrückt gehalten. Heine soll gemein lüderlich sein. (V,11f.)

Jener habe „satirischen Speichelfluß" (V,61), erfährt die Freundin, und im Februar 1832 versteigt sich der fleißige Briefeschreiber zu der Äußerung: „Der Heine ist ein verlorener Mensch. Ich kenne keinen, der verächtlicher wäre. [...] Er hat den schlechten Judencharakter, ist ganz ohne Gemüt und liebt nichts und glaubt nichts.

---

[45] Zur Auseinandersetzung der einstigen ‚Dioskuren' vgl. Inge Rippmann: Conversation à table. Zwei deutsche Revolutionäre in Paris: Heine und Börne. In: „Ich Narr des Glücks". Heinrich Heine 1797–1856. Bilder einer Ausstellung. Hg. v. Joseph A. Kruse unter Mitw. v. Ulrike Reuter u. Martin Hollender. Stuttgart, Weimar 1997, S. 51–66. – Zvi Tauber: Ästhetik und Politik: Der Streit zwischen Heine und Börne. In: Frank Stern, Maria Gierlinger (Hg.): Ludwig Börne. Deutscher, Jude, Demokrat. Berlin 2003, S. 203–221. – Jasper: Ludwig Börne, S. 260–279. – Aus marxistischer Sicht: Helmut Bock: Ludwig Börne. Vom Gettojuden zum Nationalschriftsteller. Berlin 1962, S. 338–350.

Seine Feigheit würde man keinem Weibe verzeihen." (V,172) Die von Börne publizierten Attacken betonen in erster Linie, dass Heine nur Talent, aber keinen Charakter habe,[46] dass er amoralisch und unchristlich sei und seine Meinungen je nach Bedarf und Nutzen opportunistisch wechsle, dass er „nur ein Phrasenlieferant" sei, „der Jedermann mit der kaufmännischsten Unparteilichkeit davon anbietet."[47] In diesen öffentlich erhobenen Vorwürfen, vor allem im 109. *Brief aus Paris*, fehlt nicht die Kritik an Heines gesinnungslosem Witz: „Wenn es eine Krone gälte, er kann kein Lächeln, keinen Spott, keinen Witz unterdrücken; und wenn er, sein eignes Wesen verkennend, doch lügt, doch heuchelt, ernsthaft scheint, wo er lachen, demütig, wo er spotten möchte, merkt es jeder gleich [...]. Er gefällt sich, den Jesuiten des Liberalismus zu spielen." (II,814f.) In einem Schreiben an Jeanette Wohl hetzt er ähnlich: „Heine ist ein vollkommener *Bacher*! [= frommer jüdischer Jüngling ohne Manieren, H. K.] Er hat ganz die jüdische Art zu witzeln und opfert einem Witz nicht bloß das Recht und die Wahrheit, sondern auch seine eigene Überzeugung auf." (V,26f.)

Es fällt auf, dass Börne fast immer, wenn er mit Bezug auf den Kontrahenten den Begriff „Witz" gebraucht, um eine negative Konnotation bemüht ist. Das bestätigt den oben erläuterten uneinheitlichen Befund: Je nach operativer Zielsetzung wird der Terminus positiv oder negativ aufgeladen. Börnes Polemiken gegen Heine sind nicht überzeugend witzig. Zu sehr dominieren hämische Bitterkeit, mitunter sogar galliger Sarkasmus und eine ebenso unbeirrbar-hartnäckige wie redlich-biedere Selbstgewissheit in Sachen politischer Mission. Börnes charakterliches Überlegenheitsgefühl scheint aufrichtig von ihm so empfunden, es ist aber engherzig-undifferenziert und keineswegs frei von schriftstellerischem Konkurrenzneid. So entbehren seine Pamphlete gegen Heine ein wenig jener Souveränität, die einen Freiraum für gekonnten Witzstil effektiv zu nutzen weiß. Die einfühlsamste Einschätzung hat Martin Walser zum Ausdruck gebracht: „Der vor allem leidende Kämpfer Börne, ins Aktuelle verstrickt wie Laokoon in die Schlangen," habe „sich noch nicht so weit über sich und Heine und die politische Not [zu] erheben" vermocht, „daß er hätte sehen können, in welchem Verhältnis Heine zu den Rollen stand, die er spielte."[48]

---

46 Heines ‚Retourkutsche' ist eine auf Börne gemünzte Bemerkung über seinen plumpen Tanzbär in dem Versepos *Atta Troll*: „Kein Talent, doch ein Charakter!" In: Heine: Sämtliche Schriften, Bd. 4, S. 563. Hannah Arendt urteilt: „Unter seinen Zeitgenossen war Heine der größte Charakter unter den Dichtern. Je charakterloser die bürgerliche Gesellschaft wurde, desto mehr fürchtete sie sich vor der Explosivkraft seiner Gedichte. Aus Furcht stammte die Verleumdung der ‚Charakterlosigkeit', durch die man mit Heine fertig zu werden hoffte." Zit. nach Enzensberger (Hg.): Ludwig Börne und Heinrich Heine, S. 348.

47 Ludwig Börne: Über Deutschland, von Heinrich Heine. Mai 1835. In: Enzensberger (Hg.): Ludwig Börne und Heinrich Heine, S. 61–78, hier S. 72.

48 Martin Walser: Heines Tränen. In: Enzensberger(Hg.): Ludwig Börne und Heinrich Heine, S. 353–361, hier S. 353.

Gleichwohl sei hier noch eines der gelungenen Beispiele für Börnes Ironie in der Auseinandersetzung mit dem Rivalen zitiert:

> ‚Die Hauptidee des Christentums', sagt ferner Herr Heine, ‚ist die Vernichtung der Sinnlichkeit.' Aber was ihn betrifft, er hat von der Vorsehung den Auftrag erhalten, die Rechte des Fleisches in Anspruch zu nehmen. Danken wir der Vorsehung, daß sie, und ganz ausdrücklich für Herrn Heine, eine neue Rechtsprofessur eingerichtet für die Lehre über die Rechte des Fleisches![49]

Börne verweist damit auf Heines grundsätzliche Unterscheidung zweier Naturelle: Nazarenertum und Hellenentum (als analoges Begriffspaar verwendet er oft auch Spiritualismus und Sensualismus). Zur ersten Gruppe gehören für ihn „Menschen mit ascetischen, bildfeindlichen, vergeistigungssüchtigen Trieben", dazu rechnet er Christen wie Juden; zur zweiten gehören „Menschen von lebensheiterem, entfaltungsstolzem, und realistischem Wesen",[50] und diesen fühlt Heine sich selbst zugehörig, weil er wie sie Diesseitsverneinung und Sinnenfeindlichkeit überwinden will. In seiner Schrift *Die romantische Schule* spricht er von der „Rehabilitation des Fleisches" und meint, dass es „noch einige Zeit dauern" werde, bis das deutsche Volk „die Rechte des Fleisches vindiziert."[51] Börne wirft er vor, gerade in „seinen Äußerungen über Goethe" habe er „seine nazarenische Beschränktheit"[52] verraten. Und im selben Zusammenhang disqualifiziert er auch Börnes

> Lustigkeit. Ich sage Lustigkeit, gaité, nicht Freude, joie; die Nazarener haben zuweilen eine gewisse springende gute Laune, eine witzige, eichkätzchenhafte Munterkeit, gar lieblich kapriziös, gar süß, auch glänzend, worauf aber bald eine starre Gemütsvertrübung folgt: es fehlt ihnen die Majestät der Genußseligkeit [...].[53]

Heine spricht Börne Esprit und Humor vor allem in den *Briefen aus Paris* nicht gänzlich ab, relativiert dies aber sogleich, indem er hinzufügt, dass dafür der Genius loci maßgeblich verantwortlich sei. An Julius Campe schreibt er nach Börnes Tod: „Deutschland verliert in ihm unstreitig seinen größten Patrioten; die Literatur verliert wenig an ihm."[54] Heine hat sich von Börnes Diffamierungen empfindlich getroffen gefühlt, seine (postumen!) Invektiven sind ebenso scharf und einseitig wie die des Gegners:

> Hier ist das Gitter, welches den Humor vom Irrenhause trennt... Nicht selten, in den Börneschen Briefen [gemeint sind die publizierten, H. K.], zeigen sich Spuren eines wirklichen

[49] Börne: Über Deutschland, S. 68.
[50] Heine: Sämtliche Schriften, Bd. 4, S. 18. – Vgl. dazu Hartmut Kircher: Heinrich Heine und das Judentum. Bonn 1973, S. 147f. (Literatur und Wirklichkeit 11).
[51] Heine: Sämtliche Schriften, Bd. 3, S. 402.
[52] In diesem Sinne hat Heine Börne karikiert in der Gestalt des kleinen Simson in dem Romanfragment *Aus den Memoiren des Herren von Schnabelewopski*. Vgl. ebd., Bd. 1, S. 503–556.
[53] Ebd., Bd. 4, S. 17f.
[54] Zit. nach Enzensberger (Hg.): Ludwig Börne und Heinrich Heine, S. 94.

> Wahnsinns, und Gefühle und Gedanken grinsen uns entgegen, die man in die Zwangsjacke stecken müßte.[55]

Heine wie Börne dient also die zum Teil fundamentale Kritik an Art und Qualität des Witzes beim Kontrahenten als ein Medium (neben anderen) zu dessen persönlicher und politisch-literarischer Herabsetzung.

Geht, aus der Rückschau beurteilt, dieses unversöhnliche Duell unentschieden aus? Ohne Zweifel war der kompromisslose, seiner Linie immer treu bleibende Demokrat und Republikaner Börne (von Ausnahmen abgesehen) ein glänzender Stilist, der über großen Metaphernreichtum verfügte, ein exzellenter Rhetoriker, ein Publizist, der (wie er an Jean Paul rühmte) „das Musenpferd ohne den Steigbügel des Reims zu besteigen und ohne metrischen Zügel zu lenken" (II,337) verstand. Nicht mehr und nicht weniger. Doch Heine ist, im Vergleich, nicht minder ernsthaft und leidenschaftlich gegen Unfreiheit, soziale und politische Missstände zu Felde gezogen; er war ein ebenso engagierter und geistreicher Publizist, er kämpfte für eine Emanzipation in umfassenderem Sinne, zugleich aber war er ein hochrangiger Artist, ein Poet mit mehr politischem Weitblick als Börne und alles in allem illusionsloser, souveräner und bedeutend vielseitiger und virtuoser im Einsatz seiner literarischen Mittel, auch was die Leichtigkeit im Gebrauch des ihm zu Gebote stehenden Witzes betrifft. In Sigmund Freuds berühmter Studie über den Witz[56] ist Heine zweidutzendfach und oft mit Begeisterung erwähnt, Börne hingegen nicht ein einziges Mal.[57] Ludwig Marcuses Charakterisierung eignet sich gut als Fazit: Börne war „mehr Moralist […] als Humorist."[58]

---

55 Heine: Sämtliche Schriften, Bd. 4, S. 103.

56 Vgl. Sigmund Freud: Der Witz und seine Beziehung zum Unbewußten. Frankfurt/M. 1958 u.ö.

57 Das heißt nicht, dass Freud sich nicht für Börne interessiert hätte. Er hat sogar dessen Skizze *Die Kunst, in drei Tagen ein Originalschriftsteller zu werden* (vgl. I, 740–743) erklärtermaßen als Anregung für seine Lehre von der freien Assoziation genommen. Vgl. dazu Ludwig Marcuse: Sigmund Freud. Sein Bild vom Menschen. Zürich 1972, S. 146f. Neuerdings ist diese Beziehung untersucht in dem aufschlussreichen Aufsatz von Dieter Lamping: Ein Vorläufer der Psychoanalyse? Börne, von Freud gelesen. In: Stern, Gierlinger (Hg.): Ludwig Börne, S. 92–104. – Vgl. ebenfalls Jasper: Börne, S. 147–152.

58 Marcuse: Börne, S. 23.

ROSWITHA BURWICK (Los Angeles)

# Heinrich Hoffmanns *Struwwelpeter*

## Lustige Geschichten oder schwarze Pädagogik?

> Gegen Weihnachten des Jahres 1844, [...] als mein ältester Sohn drei Jahre alt war, ging ich in die Stadt, um demselben zum Festgeschenke ein Bilderbuch zu kaufen, wie es der Fassungskraft des kleinen menschlichen Wesens in solchem Alter entsprechend schien. Aber was fand ich? Lange Erzählungen oder alberne Bildersammlungen, moralische Geschichten, die mit ermahnenden Vorschriften begannen und schlossen, wie: ‚Das brave Kind muß wahrhaft sein', oder: ‚Brave Kinder müssen sich reinlich halten' etc.[1]

So beschrieb Heinrich Hoffmann sein vergebliches Bemühen, für seinen Sohn ein geeignetes, heute würde man sagen, ein „altersgerechtes" Kinderbuch zu finden. Wohl bezweifelt Walter Sauer die Richtigkeit dieser Angaben, die von einem Freund Hoffmanns mit den Initialen F. S. in der Zeitschrift *Die Gartenlaube* erzählt werden und zitiert Zeugnisse, die dafür sprechen, dass die Entstehung des Buches eigentlich anders verlief. Da es hier jedoch nicht um die Authentizität der Urgeschichte von der Entstehung des *Struwwelpeters*, sondern um das Spannungsverhältnis von kreativer, mit Humor gemischter Schaffenskraft und bürgerlicher Rigidität geht, zitiere ich im Folgenden aus der *Gartenlaube* und behandle die von F. S. erzählten Begebenheiten als ‚Fortsetzungen' eines Textes, hier des Mythos um den Verfasser und seiner Bildergeschichten. Interessant ist die Problematik von Gedächtnis und Erinnerung, die den Vorgang der Entstehung des *Struwwelpeters* nach einem Zeitraum von fast drei Jahrzehnten als Akt der Rebellion gegen die bürgerlich geprägten Normen der 40er Jahre impliziert. Kinderbücher wurden demnach nicht zur Unterhaltung, sondern zur Belehrung instrumentalisiert.

Walter Pape untersuchte in seiner umfassenden Studie *Das literarische Kinderbuch* den Mythos von Kind, Kindheit und Kindlichkeit, wie er sich im poetologischen, historischen, sozialen, ökonomischen oder psychologischen Kontext im Verhältnis von Autor, Leser und Text seit dem 18. Jahrhundert konstituiert.[2] In seiner Analyse der pädagogischen bzw. didaktischen Kinderbuchliteratur der Aufklärung (Weiße, Salzmann, Campe, Schmid) geht er deren Entwicklung vom

---

1 Die Gartenlaube, Nr. 46 (1871), S. 768–770, hier S. 768. Die folgenden Zitate im Fließtext beziehen sich auf diese Angabe. Vgl. Walter Sauer: Wie der Struwwelpeter entstand. Einige kritische Bemerkungen. In: Struwwelpost 4 (1998), S. 26–32. Adolf Erich Bogeng: Der Struwwelpeter und sein Vater. Geschichte eines Bilderbuchs. Potsdam 1939, S. 36. Eduard Hessenberg (Hg.): Struwwelpeter = Hoffmann erzählt aus einem Leben. Lebenserinnerungen Dr. Heinrich Hoffmanns. Frankfurt/M. 1926, S. 106. Korina Solbach: Die Entstehung des ‚Struwwelpeter' nach Heinrich Hoffmann. Dokument Nr. V1959. http://www.grin.com (eingesehen am 20.3.2009).

2 Walter Pape: Das literarische Kinderbuch. Berlin. New York 1981, S. 23–45.

„Kinderbuchkatechismus" über die Kinderliteratur als pädagogisches Hilfsmittel zur moralisch-religiösen Zweckliteratur nach. Auch er sieht die Verbindung zwischen der Mythisierung der Kindheit und der Volkspoesie, die durch Herders Auffassung von Natur- und Kunstpoesie und die der Brüder Grimm erst voll zur Entfaltung kam.[3] Während Papes umfassende kulturhistorische Behandlung des Themas den literarischen Aspekt privilegiert, konzentriert sich Joachim J. Savelsberg in seiner Untersuchung des soziohistorischen und kulturpolitischen Kontexts speziell auf die Biographie Hoffmanns und die Geschichte Frankfurts im 19. Jahrhundert, um den Auswirkungen von Normierung, Sozialisierung des Kindes und Bildungsreform nachzugehen.[4] Pape, Savelsberg u. a. weisen in ihren Besprechungen des normativen Verhaltens und der systemischen Grausamkeit in der Kindererziehung immer wieder auf Jeremy Bentham[5] und Michel Foucault[6] hin, die zu beweisen suchten, dass die Normierung der Verhaltensstrukturen wohl von der Gesellschaft diktiert, dann aber internalisiert wird, sodass der Erwachsene letztendlich seine kreative Freiheit und seinen Unternehmungsgeist aufgegeben hat zugunsten von bürgerlicher Zufriedenheit und finanzieller Sicherheit. Marie-Luise Könneker geht dem politischen Gehalt des *Struwwelpeters* im vorrevolutionären Deutschland nach und betont den Zusammenhang zwischen dem „Kinderbuch" und Hoffmans politischen Satiren.[7] Sie sieht den *Struwwelpeter* im Schnittpunkt der populären Bild- und Erzähltradition, der politischen Karikatur und des Pamphlets sowie der Erziehungs- und Kinderliteratur.[8] Damit wird dem „literarischen Kindererzieher" die Aufgabe erteilt, den Pädagogen zu unterstützen oder sogar zu ersetzen. So kann auch Hoffmanns Reaktion als Rebellion und Ausbruch aus der Normativität erklärt werden, als er auf der Suche nach einem Kinderbuch auf einen Folioband stieß, in dem die Didaktik allein den Inhalt bestimmte:

> Als ich nun gar endlich ein Foliobuch fand, in welchem eine Bank, ein Stuhl, ein Topf, und vieles Andere, was wächst oder gemacht wird, ein wahres Weltrepertorium, abgezeichnet war, und wo bei jedem Bild fein säuberlich zu lesen war: die Hälfte, ein Drittel oder ein Zehntel der natürlichen Größe – da war es mit meiner Geduld aus. Einem Kinde, dem man eine Bank

---

3 Ebd., S. 99–111.

4 Savelsberg, Joachim J.: Struwwelpeter at One Hundred and Fifty. Norms, Control and Discipline in the Civilizing Process. In: The Lion and the Unicorn (20, 2/1996), S. 181–200.

5 Jeremy Bentham: An Introduction to the Principles of Morals and Legislation. New York 1948. Ders.: The Panopticon. In: Miran Bozovic (Hg.): The Panopticon Writings. London 1995, S. 29–95. http://cartome.org/panopticon2.htm (eingesehen am 15.4.2009)

6 Michel Foucault: Überwachen und Strafen. Die Geburt des Gefängnisses. Frankfurt/M. 1995.

7 Marie-Luise Könneker: Dr. Heinrich Hoffmanns „Struwwelpeter". Untersuchungen zur Entstehungs- und Funktionsgeschichte eines bürgerlichen Bilderbuchs. Stuttgart 1977. Hier: Der Politische Gehalt des „Struwwelpeter" und die Beziehung zur populären Bild- und Erzähltradition, S. 173–241.

8 Ebd., S. 173.

zeichnet, und das sich daran erfreuen soll, ist dies eine Bank, eine wirkliche Bank. Und von der wirklichen Lebensgröße der Bank hat und braucht das Kind gar keinen Begriff zu haben.[9]

Hoffmann argumentiert weiter, dass das Kind keineswegs abstrakt denken könne und Verbote wie „Du sollst nicht lügen" nicht umzusetzen wisse in Lebenshilfen bzw. angemessenes soziales Verhalten. Hoffmann lehnt damit Belehrung um ihrer selbst willen ab und rekurriert auf die Kreativität der kindlichen Phantasie, die über die mechanische Konzeptualisierung eines Gegenstandes hinausgeht und den organischen Prozess des Werdens eines Objekts zu bestimmen sucht: nämlich das, „was wächst und gemacht wird". Hoffmann berichtet sodann, dass er sich entschlossen habe, selbst aus einem „Schreibheft mit leeren, weißen Blättern" ein Buch zu machen. Indem Hoffmann die offiziell sanktionierten pädagogischen Medien ablehnt und seine eigenen Geschichten auf den kindlichen Erfahrungshorizont ausrichtet, leistet er einen wichtigen Beitrag zur Definition des Genres der „bürgerlichen Bildergeschichten", zu dem auch Wilhelm Buschs *Max und Moritz* oder *Der Eispeter* gerechnet werden müssen.[10] Wichtig ist hier zu bemerken, dass diese Bildergeschichten das Kulturpolitische, Soziale und Psychologische subversiv verarbeiteten, sodass sie neben den Kinder- und Hausmärchen der Brüder Grimm zur Sozialisierung der Kinder eingesetzt werden konnten, während sie dieselben Methoden, die diese implementieren sollten, unterliefen. So entstand die erste Niederschrift einiger Geschichten, die Hoffmann dann auch auf Drängen seiner Freunde im folgenden Jahr unter dem Titel *Lustige Geschichten und drollige Bilder mit 15 schön kolorierten Tafeln für Kinder von 3 bis 6 Jahren* unter dem Pseudonym Reimerich Kinderlieb bei dem befreundeten Verleger Rütten & Loening veröffentlichte.[11] Die Wahl des Pseudonyms verbindet bewusst die beiden Aspekte von Pädagogik und kindlicher Perspektive: Durch den Spaß an Sprache und Bild sowie durch Liebe und Nachsicht der Erziehenden wird das Kind ganz natürlich zum richtigen sozialen Verhalten hingeleitet.

Das Buch wurde sofort populär. In den nächsten Jahren kamen die Geschichten von Paulinchen, dem Zappelphilipp, Hanns Guck-in-die-Luft und dem fliegenden Robert hinzu. Der Struwwelpeter, der ursprünglich die letzte Seite des Schreib-

---

9 Gartenlaube, S. 268. Es ging Hoffmann hier also keineswegs darum, ein weniger sentimentales Kinderbuch zu finden, wie Barbara Smith Chalau behauptet. Vgl. Barbara Smith Chalau: Struwwelpeter: Humor or Horror? 160 Years Later. Lanham et al. 2007, S. 3.

10 Pape: Kinderbuch, S. 303–368.

11 Das Urmanuskript von 1844 ist ein Schreibheft in der Größe 21 x 17 cm mit vierzehn einseitig beschriebenen Seiten und aquarellierten Zeichnungen. Das Manuskript liegt seit 1902 im Germanischen Nationalmuseum in Nürnberg. Vgl. Solbach: Entstehung, S. 16. Erst in der zweiten Auflage von 1846 gab Hoffmann seinen Vornamen bekannt (Heinrich Kinderlieb). Das Frankfurter Konversationsblatt vom 11. Dezember 1846 kündigte dann die zweite Auflage mit Hoffmanns vollem Namen an: „der hier allgemein geachtete talentvolle Arzt Heinrich Hoffmann". Heinrich-Hoffmann-Museum der Frankfurter Werkgemeinschaft e.V. (Hg.): Das Urmanuskript des Struwwelpeter von Dr. Heinrich Hoffmann, S. 54. Zitiert nach Solbach: Entstehung, S. 19. Zu einem Überblick der einzelnen Ausgaben vgl. ebd., S. 16–23.

heftes gefüllt hatte, wurde nun die Titelgestalt. 1847 erschien der *Struwwelpeter* in der fünften Auflage in seinem heute noch bekannten Format; diesmal unter Heinrich Hoffmanns Namen mit Doktortitel auf dem Einband. Innerhalb von vier Wochen waren die 1500 Exemplare ausverkauft. 1876 erschien das Buch bereits in der 100. Auflage, 1920 in der 400. Auflage, bis 1939 gab es etwa 5000 Auflagen. Das Buch wurde schnell übersetzt; noch 1847 bearbeitete Hoffmann selbst eine russische Version. Heute gibt es den *Struwwelpeter* in allen Sprachen der Welt in etwa 540 Ausgaben, davon in 25 Mundarten.[12] Neben den Übersetzungen und Dialektfassungen existieren auch zahlreiche Nachahmungen, die so genannten *Struwwelpetriaden;* davon seien hier nur beispielsweise genannt: *Struwwelpeter's Reu und Bekehrung.* [*Allen Kindern zur Lust u. Belehrung in Bild und Reim gebracht.*] erschienen in Stuttgart bei Thienemann 1851; *Lustige Geschichten und drollige Bilder von und für Militärs von 10 bis 100 Jahren,* anonym mit den Initialen AH (1877); *Der Thierstruwwelpeter* (1887) von Fedor Flinzer;[13] *Struwelliese* (1890)[14] von Julius Lütje und Franz Maddalena; *Slovenly Betsy* (1911);[15] *Der Struwwelpeter von heute. Ein Bilderbuch für die Großen* (1914) von Fried Stern; *Struwwelhitler. A Nazi Story Book by Doktor Schrecklichkeit* von Robert und Philip Spence (1941) oder *Die Struwwelpaula. Struwwelige Geschichten und haarige Bilder* (1994) von Renate Alf u. a.[16] 1970 gab Friedrich Karl Wächter den *Anti-Struwwelpeter* neu heraus.[17] 1999 erschien *Struwwelpeter: Fearful Stories and Vile Pictures to Instruct Good Little Folks* (Feral House Verlag) mit einer Einleitung von Jack Zipes und graphischen schwarz-weiß Illustrationen von Sarita Vendetta, die die Grausamkeit der Strafen detaillieren. 2003 gab der Gerstenberg Verlag *Struwwelpeter und Consorten. Bilderbögen und Bildergeschichten* heraus. Interessant in der Reihe der hier ausgewählten Beispiele ist noch Bob Staake's *The Struwwelpeter* (2006).[18] Als zweisprachige Ausgabe erschien 2008 die englische

---

12 Fassungen in 25 Mundarten erschienen in: Heinrich Hoffmann: Der Mundart-Struwwelpeter. Lustige Geschichten und drollige Bilder. Originalfassung und Übertragungen in 25 deutsche Mundarten. Hg. v. Walter Sauer. Heidelberg 1996.

13 Vgl.: Der tierische Struwwelpeter. Neu erzählt von Erwin Grosche mit Bildern von Sara Ball. München 2007.

14 Die Struwwelliese mit Texten von Cilly Schmidt-Teichmann und Illustrationen von Charly Greifoner erschien ca. 1950 im Pestalozzi-Verlag in Erlangen. Mehrere Nachdrucke; die 87. Auflage erschien 2006.

15 Henry Hoffmann: Slovenly Betsey. Illustrationen von Walter Hayn. Bedford 1911. Eine freie Adaption, die nur Mädchen als Missetäterinnen anprangert. Eine Neuauflage erschien in Bedford 1995.

16 Renate Alf et al.: Die Struwwelpaula. Berlin 1994.

17 Friedrich Karl Wächter: Der Anti-Struwwelpeter oder listige Geschichten und knallige Bilder. Darmstadt 1970; Zürich 1982.

18 Bob Staake: Struwwelpeter and other disturbing yet cautionary tales by Heinrich Hoffmann. Seattle 2006.

Tierstruwwelpetriade *Der Katzen-Struwwelpeter* (*Slovenly Kittens*) mit Illustrationen von Louis Wain (1860–1939) und Versen von Norman Gale (1862–1842).[19]

Neben den moralistischen, parodistischen und satirischen Buchversionen gibt es auch zahlreiche Adaptionen für die Bühne, die sich sowohl in enger Anlehnung an den Originaltext als auch in freier Bearbeitung großer Beliebtheit bei den Kindern erfreuen. Die „Junk-Oper" *Shockheaded Peter,* aufgeführt von „The Tiger Lillies", betont auf der einen Seite das Makabre an den Geschichten, aber durch die Überspitzung der Episoden auf der anderen Seite auch die Lust am Performativen der Vignetten. Als interessante Filmvariante mit dem Daumenlutscher als erwachsenem „Deutschen Michel" persifliert, kann auch David Kaplans Kurzfilm *Tom Suck-A-Thumb* mit Cork Hubbert als „Oliver" (1996) genannt werden.[20] Zum 200. Geburtstag von Heinrich Hoffmann erschien *Der Struwwelpeter. Lustige Geschichten und drollige Bilder frei nach Heinrich Hoffmann* kürzlich im Verlag Kein & Aber. Diese von den Comic-Künstlern Atak (alias Georg Barber) und Fil (Philipp Träger) gezeichnete und geschriebene „Coverversion" wird in der Anzeige des Buches als „im Wort und Bild vom Geist des Originals" durchdrungen gepriesen; man behauptet weiterhin, dass man hier keineswegs einen antiautoritären „Hippie-Struwwelschnack und keine verflachte Häppchenanhäufung" bieten wolle, dass man vielmehr „wie eine Rockband, die ihre Lieblingssongs covert", wie eine „Heavy-Metal-Coversion noch härter als das Original" zu klingen versucht: „so findet man auch hier eine strengere Moral, eine derbere Bildsprache, einen politisch unkorrekteren Humor sowie einen feinen Hauch des Bösen, der dieses großartige Buch seit 164 Jahren umweht."[21]

Die kleine Auswahl aus der Vielfalt der Ausgaben und Adaptionen zeigt, dass die Rezeption der Leser seit dem Erscheinen des Buches zwischen Kritik und Popularität schwankte. Nachahmer, Nacherzähler und Zeichner stehen auch heute noch zwischen Horror und Humor, zwischen Abschreckung und Faszination und scheinen gerade aus diesem Zwiespalt inspiriert zu werden. So werden Hoffmanns Geschichten entweder als grausam und politisch unkorrekt abgelehnt, als Ausgangspunkt für noch grausamere Variationen bzw. politisch korrekte Fassungen genutzt oder aber in ihrer Absurdität mit Witz, Ironie und Humor neu vermarktet. Da hier der psychologische, soziologische oder kulturpolitische Kontext nicht im Einzelnen analysiert werden kann, sei nur punktuell auf einige der Ursachen der vielfältigen Rezeption und Reproduktion hingewiesen, die zum weiteren Nachdenken führen können.

---

[19] Louis Wain, Norman Gale und Walter Sauer: Der Katzen-Struwwelpeter. Slovenly Kittens. Neckarsteinach 2008. Die freie deutsche Übersetzung stammt von Walter Sauer.

[20] David Kaplan: Little Red Riding Hood and Other Stories. DVD 2009.

[21] www.keinundaber.ch/buecher_und_records/buecher/atak_fil_der_struwwelpeter/index.html (eingesehen am 20.3.2009); vgl. Atak & Fil: Der Struwwelpeter. Lustige Geschichten und drollige Bilder frei nach Heinrich Hoffmann. Zürich 2009.

In den in der *Gartenlaube* veröffentlichten Erinnerungen wird Hoffmann, der neben seiner Tätigkeit als Arzt in der Irrenanstalt in Frankfurt in seiner Praxis auch Kinder behandelte, zitiert, wie er kritisch gegen die angsterregenden Erziehungsmethoden der Erwachsenen protestiert. So berichtet er, dass die Kinder mit abschreckenden Warnungen wie „Kind, wenn du nicht brav bist, kommt der Schornsteinfeger und holt Dich!" oder: „Kind, wenn Du zu viel davon issest, so kommt der Doctor und giebt Dir bittere Arzenei, oder setzt Dir gar Blutegel an!" (S. 769) zum Gehorsam gezwungen würden und dann auch beim Besuch des Arztes verschreckt und furchtsam reagierten. Um die Angst des Kindes vor dem von den Eltern oft als Schreckgespenst zitierten „Doktors" zu beseitigen, habe er öfters auf einem Blättchen Papier mit Bleistift in wenigen Strichen Figuren gezeichnet und dazu „möglichst lebendig" eine Geschichte erzählt.

> Da nahm ich rasch das Notizbuch aus der Tasche, ein Blatt wird herausgerissen, ein kleiner Bube mit dem Bleistift schnell hingezeichnet und nun erzählt, wie sich der Schlingel nicht die Haare, nicht die Nägel schneiden läßt; die Haare wachsen, die Nägel werden länger, aber immer läßt er sich dieselben nicht schneiden, und immer länger zeichne ich die Haare und Nägel, bis zuletzt von der ganzen Figur nichts mehr zu sehen ist als Haarsträhne und Nägelklauen. Das frappiert den Desperaten derart, daß er schweigt, hinschaut und mittlerweile weiß ich, wie es mit dem Puls steht, wie seine Temperatur sich verhält, ob der Leib oder die Atmung schmerzhaft ist – und der Zweck ist erreicht.[22]

Um die Kinder zu beruhigen, „entmachtete" Hoffmann den von den Eltern dämonisierten „Doktor", indem er auf das kranke und verängstigte Kind einging und seine Aufmerksamkeit auf die „Geschichte" des „kleinen Buben" lenkte, der sich entweder aus Widerstand oder aus Faulheit nicht die Haare und Nägel schneiden ließ. Indem er die einfache Zeichnung mit seiner „Geschichte" belebte und das Verhalten des „Buben" ins Absurde steigerte, regte er die Phantasie des Kindes an und zog es mit in die Zauberwelt des „Schlingels" bzw. des „Oppositionsmanns", (S. 769) der etwas Unsinniges begann und es bis zum Äußersten trieb. Aus diesen Impromptu-Zeichnungen entstand der *Struwwelpeter*, den er dann – so die apokryphe Geschichte – seinem 3-jährigen Sohn Carl als Weihnachtsgeschenk auf den Tisch legen konnte. Das Buch wurde von der Familie und den Freunden sofort begeistert aufgenommen, gedruckt und populär, nicht wegen der besonderen Anlagen der Kinder, die die Verse sofort auswendig hersagen konnten, wie Hoffmann schmunzelnd bemerkte, sondern eher wohl wegen der „glücklich getroffenen plastischen Diktion" der Erzählungen.

Wie erwartet, fand das Büchlein nicht nur positive Resonanz, sondern traf auch auf Kritik, wie Hoffmann selbst zugab. So erinnert der Freund den Autor an die negative Rezeption des Buches: „Und trotzdem, lieber Freund [...], hat man Ihre Bilderbücher herzhaft angegriffen, an denselben das gar zu Märchenhafte, in den Bildern das fast Fratzenhafte herb genug getadelt." (S. 770) Worauf Hoffmann

---

[22] Hessenberg: Struwwelpeter, S. 107.

erwidert haben soll: „Ja, [...] man hat den Struwwelpeter großer Sünden beschuldigt. Da heißt es: ‚Das Buch verdirbt mit seinen Fratzen das ästhetische Gefühl des Kindes.'" (S. 770)

Hoffmann bemerkt sarkastisch, dass man, um das ästhetische Gefühl des Kindes zu fördern, wohl den Säugling „in Gemäldegalerien oder in Kabinetten mit antiken Gipsabdrücken" erziehen müsse; desgleichen müsse man dem Kind verbieten, selbst kleine menschliche Figuren aus zwei Kreisen und vier geraden Linien zu zeichnen. Nach Hoffmann bestand die Wirkung des Buches auf das Kind gerade durch die unrealistische Situation und die Übertreibung des kindlichen Ungehorsams sowie die dadurch ausgelösten Strafen. Damit verortet er das Buch im Bereich des Phantastischen, das durch die Grimmschen Märchen neben der Bibel in jedem Haushalt seinen Platz gefunden hatte. „Das Buch soll ja märchenhafte, grausige, übertriebene Vorstellungen hervorrufen!" (S. 770)

Beachtenswert ist hier, dass Hoffmann nicht das Didaktische und Moralistische der *Kinder- und Hausmärchen,* sondern eher das „Grausige" betont, das ja dann durch die „übertriebenen Vorstellungen" wieder zurückgenommen wird. Maurice Sendaks *Wo die Wilden Kerle wohnen* ist wohl eines der bedeutendsten zeitgenössischen Kinderbücher, da es gerade aus der Spannung zwischen Ungehorsam, Strafe, Phantasie und Wiederversöhnung mit der nur durch die Sprache hörbaren, sonst aber unsichtbar bleibenden mütterlichen Autoritätsfigur lebt.

> An dem Abend, als Max seinen Wolfspelz trug und nur Unfug im Kopf hatte, schalt seine Mutter ihn: ‚Wilder Kerl!' ‚Ich fress dich auf', sagte Max, und da musste er ohne Essen ins Bett. Genau in der Nacht wuchs ein Wald in seinem Zimmer [...].
> Die wilden Kerle schrien: ‚Geh bitte nicht fort – wir fressen dich auf –, wir haben dich so gern!'[23]

Wie Hoffmanns Geschichte vom bösen Friederich beginnt die Geschichte mit dem aggressiven „Oppositionsmann", der seine Umgebung tyrannisiert und die Tiere quält. In einem Selbstporträt charakterisiert er sich als wildes Tier mit scharfen Zähnen und weit aufgerissenen Augen. Im Gegensatz zu Hoffmanns Kindern wird Max, nachdem er seine Wildheit in seiner eigenen Phantasiewelt ausgelebt, konfrontiert und verstanden hat, am Ende der Geschichte wieder in die Familie integriert. Die Überwindung der Schreckensgestalten und ihre Erklärung, dass das Auffressen eigentlich ein Zeichen von Liebe ist, führen letztendlich dazu, dass das Kind die beiden Seiten seiner Emotionen – Verträglichkeit und Aggression – nicht als entweder/oder, d. h. gut oder böse, sondern als natürliche Reaktionen sieht und erkennt, dass der Weg in die „Verbannung" ein offener Weg ist, der wieder in die Familie zurückführt.

Indem Hoffmann seinen Struwwelpeter in das kulturelle Erbe des 19. Jahrhunderts um die Märchen der Brüder Grimm eingliederte, verband er es nicht allein

---

[23] Maurice Sendak: Wo die wilden Kerle wohnen. Zürich 1992.

mit dem Aufstieg der Bourgeoisie und der Institutionalisierung des bürgerlichen Wertkodexes, sondern auch mit dem neuen Nationalgefühl, das sowohl das Regionale als auch das Überregionale in der Identität des „Deutschen" zu vereinen suchte. „Das germanische Kind ist aber nur das germanische Volk, und schwerlich werden diese National-Erzieher die Geschichte vom Rothkäppchen, das der Wolf verschluckte, vom Schneewittchen, das die böse Stiefmutter vergiftete, aus dem Volksbewußtsein und aus der Kinderstube vertilgen." (S. 770)

Dem Bestreben, den „guten deutschen Bürger" als obrigkeitshörig und gehorsam zu erziehen, sodass er nie einen Befehl hinterfragt, sondern ihm bedingungslos folgt, setzte Hoffmann entgegen, dass man ein Kind nicht mit abstrakten Begriffen und rationalen Lehrsätzen bilden könne; er plädierte vielmehr für die freie Entfaltung der Persönlichkeit und die Anregung zum kreativen Denken.

> Mit der absoluten Wahrheit, mit algebraischen oder geometrischen Sätzen rührt man aber keine Kinderseele, sondern läßt sie elend verkümmern. – Und wie viele Wunder umgeben denn nicht auch den Erwachsenen, selbst den nüchternsten Naturforscher! Dem Kinde ist ja Alles noch wunderbar, was es schaut und hört, und im Verhältniß zum immer noch Unerklärten ist überhaupt die Masse des Erkannten doch auch nicht so gewaltig. Der Verstand wird sich sein Recht schon verschaffen, und der Mensch ist glücklich, der sich einen Theil des Kindersinnes aus seinen ersten Dämmerungsjahren in das Leben hinüber zu retten verstand. (S. 770)

Der Rationalismus der Erwachsenen wird hier ausgespielt gegen den Wunderglauben und die Phantasie des Kindes, das sich in eine Märchenwelt versetzen kann, in der es Gefahren begegnet und ihnen unterliegt oder sie besteht. In psychologischer Sicht könnte hier von „splitting" die Rede sein, da sich das Kind „teilt" und das negative Ich in die Figur des Kindes projiziert, das in den Geschichten für seinen Ungehorsam bestraft wird, so dass es die Strafe nicht selbst erleiden muss. Denn die Daumen werden ja dem Daumenlutscher abgeschnitten und der Suppenkaspar wird am Ende sterben, nicht das Kind, das diese Schauergeschichten liest und am Ende froh das Buch schließt, da es heil bleiben kann.

Kulturhistorisch liegt die Macht der Entscheidung und des Zwanges in den autoritären und hierarchisch geordneten Strukturen, die im öffentlichen Leben durch Staatsmänner bzw. bürokratische Einrichtungen und in der nuklearen Familie durch den Vater bzw. die den Vater in seiner Abwesenheit vertretende Mutter repräsentiert sind. Damit werden dem Kind und in gewisser Hinsicht auch der Frau ein Handlungsraum zugewiesen, in dem sie zu gehorchen haben, d. h. nicht frei handeln können. Sie werden erzogen, zu folgen und nicht zu „werden" bzw. zu „sein". Diese Machtstrukturen sind, wie Foucault ausführte, systemisch und damit unsichtbar; sie sind grausam, nicht indem sie körperliche Strafen zufügen, sondern indem sie die Seele verkümmern lassen und sie töten. Sobald diese Strukturen in Text und Bild artikuliert und Verbote und Drohungen bei Nichteinhaltung derselben in ihrer Grausamkeit und Absurdität dargestellt sind, werden sie in ihrer Problematik und ihrem Horror sichtbar und damit greifbar. Hoffmann spielt nun bewusst mit der Phantasie des Kindes, das sich gerade in den Übertreibungen, die sich ja in seinem Spielverhalten offen zeigen, der Erwachsenenwelt entziehen, sie überwinden und sie verlachen kann. Wie Sendak zeigt, ist dies ein wichtiger Prozess in der Entwicklung eines Kindes, da es sich selbst entdecken kann und nicht willkürlichen Regeln folgen muss. Hoffmann mokiert sich gleichzeitig über die Erwachsenen, die die so genannte „Gewalt" der Bildergeschichten ablehnen, nicht so sehr aus Entsetzen über die Grausamkeit, sondern eher aus der Weigerung, das eigene Fehlverhalten zuzugeben. So ist das Bild der Mutter im „Zappelphilipp" typisch für die schweigend dabeisitzende Frau, die bei der väterlichen Mahnung „Ob der Philipp heute still / Wohl bei Tische sitzen will?" nur stumm auf dem ganzen Tisch herumblicken kann. Nachdem Phillip alles, „Was der Vater essen wollt'", auf den Boden gezogen hat, geht die Mutter in das Kollektivnomen „Eltern" auf: „Und die Eltern stehn dabei, / Beide sind gar zornig sehr, / Haben nichts zu essen mehr." Es geht demnach nicht um das Kind, sondern um das Abendessen der Erwachsenen, das durch die Unruhe des Kindes auf dem Boden gelandet ist. Der Tisch, der Ort, an dem das Programm: Sättigung, Integration und Erziehung ausgeführt werden soll, ist zum Raum der Katastrophe geworden, in dem die Autorität der Eltern versagte.[24] Klein deutet darauf hin, dass das Übertriebene der elterlichen Reaktion keineswegs dem Umschlagen von einer Unart in einen Unfall entspricht. Es wird witzig, „wenn der Text im erregtesten Moment, da alle Beteiligten die Lippen zu einem gemeinsamen Schrei öffnen, die Anschauung zu Hilfe ruft: ‚Oben steht es auf dem Bild' – wo doch auf diesem so gut wie gar nichts ‚steht'." (S. 79) Klein nennt es ein ironisches Spiel, das nun zwischen Dramatisierung und Banalisierung oszilliert. Die pathetische Rede des Vaters, der in seiner „großen Not" „alle Bissen", die zu Boden gefallen sind, aufzählt, versandet gerade in der peniblen Aufzählung derselben. (S. 79) Dem wäre hinzuzufügen, dass die Ironie gerade in dem Hinweis des „Oben steht es auf dem Bild" liegt, da das Dargestellte eben den Moment des Verlusts der väterlichen Autorität und des Versagens der elterlichen Erziehung am Ort der Sozialisierung des Kindes dokumentiert. Das Fallen von „Teller, Flasch und Brot" signalisiert ja gerade, dass der Vater in „großer Not" ist, da die Symbole seiner bürgerlichen Erwerbstätigkeit, mit denen er seine Familie ernährt, zusammen mit seiner Ehre als Familienvater, zerbrechen. „‚Auf der Erde rollt' aber auch Philipp, der Urheber des Desasters. Er ist präsent, aber nicht mehr identifizierbar; nachdem er den Eltern das Essen entzogen hat, entzieht er sich ihren Blicken: Das Tischtuch, das ihn nicht halten konnte, kann ihn wenigstens verbergen." (S. 79)

Klein weist auch darauf hin, dass in den Struwwelpetergeschichten die Kinder immer wieder in den Elementen verschwinden: im Feuer, in der Luft, im Wasser, in der Erde. Das Verschwinden unter dem Tischtuch bedeutet hier auch das Zude-

---

24 Reimar Klein: Sieh einmal, hier steht er! Struwwelpeters beschädigte Kinderwelt. Frankfurt/M. 2005, S. 78. Die folgenden Zitate im Fließtext beziehen sich auf diese Angabe.

cken der „Schande“ des Vaters, d. h. der Eltern, die nicht fähig waren, den Sohn ihrem Willen zu unterwerfen und zu einem „gehorsamen Bürger“ zu erziehen. Hinzufügen könnte man Kleins Allegorie des gleichzeitigen Ein- und Ausgeschlossenseins, dass sich die Kinder, indem sie sich der Erwachsenenwelt entziehen, auch von dem Druck lösen und von dem Zwang befreien. Wie der Suppenkaspar und das Paulinchen (auch Robert verschwindet und wird auf einen Punkt verkleinert) wird Phillip „begraben“ bzw. zu einem Gegenstand (Suppenschüssel, Tischtuch, Aschenhäufchen, Regenschirm) reduziert. Die Kinder werden damit aus der geordneten Welt der Erwachsenen, die sie durch ihr Verhalten störten, ausgeschlossen. Dieses Ausgeschlossensein ist jedoch gleichzeitig ein Befreien, wie es „Der fliegende Robert“ repräsentiert, der den Flug durch die Luft genießt und die Freude des Entdeckens anderer Handlungsräume erlebt. „Aber Wolken und Regen sind im Grunde nur Staffagen, die Robert bald hinter sich läßt; sein wahres Abenteuer verschafft ihm der Sturm. ‚Pfeifend und keuchend‘ bietet er alles auf, um aus dem einzelgängerischen Kind ein weltflüchtiges zu machen“ (S. 93).

Im Gegensatz zu dem Träumer Hanns Guck-in-die-Luft, der im kalten Wasser eine Abkühlung erlebt, scheint Roberts Abschied aus der bürgerlichen Enge nach Klein endgültig. (S. 93f.) Könneker weist darauf hin, dass hier ausgerechnet das Fliegen, der seit der Antike berühmte Menschheitstraum, als Strafe eingesetzt wird. Sie erinnert ebenfalls an das nach der Erfindung des Ballons durch Montgolfier veränderte Verhältnis der Gesellschaft zum Fliegen, das nun als Flucht vor der Enge und der Banalität des Bürgertums verstanden werden kann. „Das Leben der meisten ist eine immerwährende Geschäftsreise vom Buttermarkt zum Käsemarkt, das Leben der Poetischen dagegen ein freies, unendliches Reisen nach dem Himmelreich.“[25]

Auf der einen Seite wird hier davor gewarnt, den Elementen zu trotzen, da der übermächtige Sturm den Ungehorsamen, der die autorisierten Verhaltensmaßregeln „in den Wind geschlagen hatte“, einfach ins Ungewisse fortweht. Auf der anderen Seite ist durch die komische Konkretion des Mit-dem-Schirm-Fliegens eine neue Fortbewegungsmöglichkeit angedeutet, die die Überwindung der alten Raum-Zeit-Begrenzungen signalisiert, wenn auch Roberts Flug hier rein passiv ohne sein Zutun erfolgt.[26] Sein Ende bleibt offen; allerdings wird hier im Schirm als magischem Reisebegleiter (wie in *Mary Poppins*) ein fernes Phantasien angedeutet, wo andere Gesetze gelten und das Schreckliche und Ungewisse ins Abenteuerliche transformiert sind: „Wo der Wind sie hingetragen, / Ja, das weiß kein Mensch zu sagen.“

---

[25] Könneker: Struwwelpeter, S. 137. Sie zitiert hier Joseph von Eichendorff: Ahnung und Gegenwart.

[26] Ebd., S. 138f. Sie geht ausführlicher auf die Auswirkungen des Fliegens im 19. Jahrhundert ein. Vgl. auch die Illustrationen zu ihrem Text.

Die Geschichten vom *Suppenkaspar* und dem *Daumenlutscher* können als diametral sich gegenüberstehende Verhaltensmodelle gelesen werden: Während der Suppenkaspar die Nahrung ablehnt und damit ein körperliches Bedürfnis gewaltsam negiert, gibt sich der Daumenlutscher nach dem Weggang seiner Mutter seinem Vergnügen hin. Kaspar verweigert die von der Mutter (den Eltern) vorgesetzte tägliche Suppe, da er, so könnte man weiter folgern, eine andere Nahrung sucht. Er ist an dem Punkt angelangt, wo er sich vom molligen Kind zum Teenager entwickelt und seinen eigenen Willen durchsetzen will. Konrad dagegen signalisiert mit dem Lutschen, dass er noch Kind ist und für den nächsten Schritt in seiner Entwicklung noch nicht bereit ist. Das Aussprechen der Gebote und Verbote und die mechanische „Präzision und Konsequenz der Strafmaschinerie"[27] erfolgen ohne Rücksicht auf die Bedürfnisse und Sensibilität der Kinder. Missfallen über die Nichteinhaltung des Verbots und Freude über die erfolgte Strafe werden im *Daumenlutscher* nicht nur sprachlich ausgesprochen, sondern auch bildlich kommentiert, wobei Text und Bild sich widersprechen. Die zweite und vierte Vignette sind fast identisch: Der durch den Doppelbogen und die Säulen beschränkte Handlungsraum zeigt Philipp genau in der Mitte, wie er genüsslich am Daumen lutscht bzw. wie er traurig ohne Daumen da steht. Den Worten „Fort geht nun die Mutter und / Wupp! Den Daumen in den Mund" ist das böse zuschauende Gesicht zugeordnet, während das Ende „Als die Mutter kommt nach Haus, / Sieht der Konrad traurig aus. / Ohne Daumen steht er dort, / Die sind alle beide fort" von einem lächelnden Gesicht begleitet ist. Klein weist auf die Platzierung der Daumenlutscherepisode in der Reihenfolge der Geschichten hin: Sie nimmt eine zentrale Stellung ein und ist gleichsam ein Wendepunkt, da sie die letzte ist, in der eine Strafinstanz von außen eingreift. Wie beim Suppenkaspar wird das Geschehen auf einen Gegenstand reduziert. Dort ist es die Suppenschüssel, hier die Schere, die in ihrer Dimension den Rahmen sprengt.[28] Die Gestalt der Mutter mit ihren wallenden Gewändern und dem runden Hut, die in die Bildfläche hineinragende Schirmspitze und die das Bild buchstäblich durchschneidende Figur des Schneiders sprengen die Enge des vom Kind erfahrenen Erlebnisfelds und zerstören seine Welt. Ähnlich ist die Bilderfolge mit der Kasparfigur zu deuten, der von der ersten bis zur letzten Vignette buchstäblich aus der Bildfläche verschwindet. Mit ihm wird auch seine Welt, symbolisiert durch den Tisch, kleiner; am Ende ist das Holz des Tisches zum Kreuz auf dem Grab, das nun den „Hungerkünstler" einschließt, transformiert.

Die Auswahl von Beispielen aus dem *Struwwelpeter* zeigt, dass Hoffmann Erziehung und Sozialisierung des Kindes als strukturelle Grausamkeit darstellt, die in einem Machtapparat integriert ist, in dem Eltern, Erzieher und Kinder gefangen sind. In seinem *Versuch von der Erziehung und Unterweisung der Kinder* hat

---

27 Ebd., S. 119.
28 Klein: Kinderwelt, S. 63f.

Johann Georg Sulzer bereits 1748 den Grundsatz aufgestellt, dass frühe Entwicklungen der Kinder unterdrückt werden müssen, um ihren Willen zu brechen. „Diese ersten Jahre haben unter anderem auch den Vorteil, dass man da Gewalt und Zwang brauchen kann. Die Kinder vergessen mit den Jahren alles, was ihnen in der ersten Kindheit begegnet ist. Kann man da den Kindern den Willen benehmen, so erinnern sie sich hernach niemals mehr, dass sie einen Willen gehabt haben."[29]

Katharina Rutschky[30] und Alice Miller[31] nannten die auf die Erziehungsschriften des 18. Jahrhunderts basierende gewaltsame Disziplinierung des Kindes „Schwarze Pädagogik" und wiesen darauf hin, dass das als *eigen*sinnig, rebellisch, boshaft und triebhaft beschriebene Kind durch konsequente Erziehung in eine „zivilisierte Gehorsamsordnung" zu bringen ist. Individualisierung und Entwicklung des Selbstbewusstseins werden aufgegeben zugunsten einer Ideologie von kollektiven Verhaltensnormen, in denen jede Abweichung als Anormalität auszumerzen ist, da sie das strenge Ordnungsgefüge bedroht. Disziplin und Selbstkontrolle werden damit instrumentalisiert, um diese „universal gültigen" Verhaltensnormen aufrechtzuerhalten. Miller führt weiter aus, dass sich die Erwachsenen als Herrscher und nicht als Diener des abhängigen Kindes beschreiben und wie Götter über Recht und Unrecht bestimmen. Diese Machtausübung wird als „Liebe" erklärt: „For your Own Good" – „Für dein eigenes Wohl" ist die Devise, hinter der sich diese erzwungene Abhängigkeit des Kindes von der elterlichen Liebe verbirgt. Miller erklärt die Traumatisierung vieler Erwachsenen aus diesem Kindheitserlebnis, vor allem aus der frühen Idealisierung der Eltern.[32] Da das Kind diese Grausamkeiten nicht verstehen kann, kann auch der Erwachsene nicht erklären, was ihm als Kind zugefügt worden ist.[33]

‚Gute' Pädagogen wie Mary Poppins sind Außenseiter in dieser Gesellschaftsordnung; wenn sie einschreiten, zerstören sie autoritäre Verhaltensmodelle und führen dabei auch eine Transformation der Eltern herbei. Heinrich Hoffmann und Wilhelm Busch gehören zu den Psychologen und Pädagogen, die mit Humor, Ironie und auch Sarkasmus das Versagen dieser auf Disziplin bauenden Erziehung am Beispiel der Kinder in ihren Bildergeschichten illustrierten. Die Sozialisierung des Kindes ist hier in all ihrer Problematik vorgeführt. In *Der Geschichte vom bösen Friederich* ist es die Aggression gegen das Kind, die in Aggression gegen andere umschlägt. Paulinchen wird von den Vergnügen verspre-

---

29 Vgl. Johann Georg Sulzer: Versuch von der Erziehung und Unterweisung der Kinder. Zürich 1748, S. 48.

30 Schwarze Pädagogik. Quellen zur Naturgeschichte der bürgerlichen Erziehung. Hg. u. eingel. v. Katharina Rutschky. Frankfurt/M. 1977.

31 Alice Miller: Am Anfang war Erziehung. Frankfurt 1980. Dies.: For Your Own Good. Hidden Cruelty in Child-Rearing and the Roots of Violence. New York 2002.

32 Miller: Good, S. 4–7.

33 Ebd., S. 9.

chenden Streichhölzern angezogen, ohne die Gründe des Verbots wirklich verstanden zu haben. Aggression gegen den eigenen Körper beim Suppenkaspar und Verstümmelung des Körpers durch andere beim Daumenlutscher führen nicht allein die körperlichen, sondern auch die seelischen Nöte der Kinder vor Augen. Eine oberflächliche und eindimensionale Lektüre des *Struwwelpeters* täuscht über die Komplexität des einfach gestalteten Bilderbuches hinweg. Die Kritik, die sich gegen die Grausamkeit der Bestrafungen und die Intensität der schreckenerregenden Bilder richtet, die sensible Kinder traumatisieren könnten, ist im Grunde ein Nichtverstehen der Vielschichtigkeit des Dargestellten. Hoffmann verstand seine Zeichnungen als ein Mittel, den Kindern die Angst vor dem strafenden Autoritätsmechanismus zu nehmen, und diesen als „Wizard of Oz“, der nur hinter einem Vorhang hantiert, um die Illusionen von Macht aufrechtzuerhalten, mit einem befreienden Lachen zu entlarven. Damit wird der *Struwwelpeter* auch ein Erziehungsbuch für Erwachsene, die bei der Sozialisierung der Kinder die von der Gesellschaft erwarteten rigiden Verhaltensformen hinterfragen sollen, damit neue Erlebnisräume entstehen, in denen Flexibilität und Verständnis der Eigenarten der Kinder und ihrer Sensibilitäten – und dies nicht ohne Humor – ausgehandelt werden können.

Walter Hinck (Rösrath)

# Die Komik der doppelten Identität in Brechts Volksstück *Herr Puntila und sein Knecht Matti*

## Ein Essay

Als Urmuster des komödienhaften Spiels mit der doppelten Identität verstehen wir den *Amphitruo* des Plautus. Der mythologische Stoff von Zeus' (Jupiters) Erschleichen einer Liebesnacht mit Alkmene in der Gestalt ihres Ehemanns, des thebanischen Feldherrn Amphitryon, war offenbar schon in klassischer und hellenistischer Zeit behandelt worden, und zwar in Tragödien, von denen die *Alkmene* des Euripides die bekannteste gewesen sein dürfte. Alle Texte sind verloren. Das Drama des Euripides könnte aber zur Parodie gereizt und so als Stoff für griechische Komödien gedient haben, den sich dann Plautus in seiner „tragico-comoedia" aneignete. Sein mythisches Gewicht erhält ja der Stoff dadurch, dass aus Zeus' Liebesverbindung mit Alkmene Zwillinge hervorgehen, von denen Hercules der eine ist.

Das Identitätsproblem entspringt hier aus der Fähigkeit des Gottes Zeus (Jupiter), außer in seiner göttlichen auch in beliebiger menschlicher (oder tierischer) Gestalt auftreten zu können, also den leichtesten Weg der Verführung zu wählen. Diese göttliche Fähigkeit muss der Mensch als Betrug empfinden. Alkmene, die unwissentlich Verführte und vom Betrug am eigenen Leibe Betroffene, wird am Ende durch die Prophezeiung Jupiters entschädigt und versöhnt. Amphitryon, durch Alkmenes Bericht über die vermeintlich mit ihm verbrachte Liebesnacht verunsichert, trägt den Makel des komischen Hahnreis davon. Die ganze Wucht der Komik aber trifft Sosias, den Diener Amphitryons, dem der Zweifel an der eigenen Identität durch den Götterboten Hermes (Mercurius) buchstäblich eingeprügelt wird. Was der mythologische Stoff an Möglichkeiten des Verwirrspiels um die Identität anbot, wird von Plautus in seiner „tragico-comoedia", der Gattung des ‚regelwidrigen' Nebeneinanders von hohen und niederen Personen, ausgenutzt. Festzuhalten ist, dass hier die eigene Identitätsbezweiflung aus einem willentlichen Täuschungsspiel anderer Personen hervorgeht.

Von den vielfachen Variationen des plautinischen Urmusters seien nur zwei genannt. Zunächst die Komödie Molières (1668), die das Motiv der Geburt des Hercules und damit ein wichtiges Motiv des Mythos fallen lässt und den Stoff in eine amourös-graziöse Gesellschaftskomödie umwandelt, die Gestalt des Jupiter der des Don Juan annähert und außerdem der Figur des Sosias die der zänkischen Ehefrau Cleanthis beigibt. Tragische Züge mischt Heinrich von Kleist dem Stoff bei (*Amphitryon*, 1807): Alkmene, zwischen Amphitryon und Jupiter gestellt, gerät in eine tiefe Verwirrung des Gefühls.

Anzuknüpfen aber ist an ein Motiv, das bei Plautus am Ende erscheint, wenn auch ohne jene Funktion, in der es jetzt verfolgt werden soll: das Motiv der Zwillinge. Plautus hat auch hierin ein Urmuster geliefert, in der Komödie *Menaechmi*. Unendlich scheint die Kette der Zwillings-, Doppelgänger- und Verwechslungskomödien, die sich diesem Modell verdanken. Zwei Zwillinge, die seit der Kindheit getrennt gelebt haben, sehen sich, weil gleichen Namens und gleichen Aussehens, im Wohnort des einen befremdlichem Verhalten der Umwelt gegenüber: Der eine wird von Frau und Freunden plötzlich beschimpft, der andere wundert sich über schmeichelhafte Einladungen. Die Verwechslungen sind zermürbend, weil sie dem Identitätsgefühl den Boden entziehen, sodass der eine Wahnsinn simuliert und der andere tatsächlich für verrückt erklärt wird. Endlich löst der Sklave des zweiten Bruders die Verwirrungen auf und führt die Zwillinge zusammen. Das Stück des Plautus bleibt in seinem Stil Komödie, aber das Maß der Identitätsbezweiflung durch die anderen löst doch eine Bewusstseinskrise aus, die in die Komik einen ernsten Unterton trägt.

Freie Bearbeitungen der *Menaechmi* in der italienischen Renaissancekomödie lösen eine wahre Flut von Zwillings-Komödien in der Commedia dell'arte aus. In *I quattro Policinelli* tritt das Motiv sogar in der Verdopplung auf. Es wuchert aus, dient nur noch der Herstellung komischer Verwechslungssituationen. Selbst bei Shakespeare, in *The Comedy of Errors*, erlaubt die Verdopplung ein Vielfaches an Verwechslungsszenen, aber nur um den Preis zunehmender Unwahrscheinlichkeit der Handlung. – Nur am Rande vermerkt zu werden braucht das in der Komödienliteratur florierende, im Dienste bloßer Täuschung stehende, bühnenwirksame Verkleidungs- und Maskierungsmotiv mit seinem Verstecken der tatsächlichen hinter der fingierten Person. Es hat reine Spielfunktion und ist nicht von tiefer greifender Konsequenz für Identitätsprobleme.

Zu sprechen aber ist von der Spaltung einer Person in zwei Wesensgegensätze, also vom Streit zweier Identitätspole. Noch ganz theologisch gesehen ist der Gegensatz im Jesuitendrama *Cenodoxus* (1602) von Jacob Biedermann. Er wird in allegorische Figuren verlagert, die um die Seele des „Doktors von Paris" ringen. Es rivalisieren die satanischen Figuren der Gleisnerei und der Eigenliebe mit den guten des Gewissens und des Cenodoxophylax (des Schutzengels). Ins Volksstück- und Komödienhafte wendet sich eine ähnliche Konfrontation im Wiener Volkstheater, in den Stücken Ferdinand Raimunds. Die Konstellation der beiden Hauptfiguren in Goethes Faust-Drama spiegelt sich im expressionistischen Drama, wird zusammengezogen in Franz Werfels *Spiegelmensch* (1923): Vom dramatischen Helden Thamal trennt sich sein mephistophelisches Ich ab. In später Nachfolge des Expressionismus steht Wolfgang Borcherts Hörspiel und Theaterstück *Draußen vor der Tür* (1947), in dem sich die aus dem Krieg heimgekehrte, von einer Herrenideologie verblendete und aus Illusionen erwachte junge Generation wiedererkannte. Den zurückgekehrten Unteroffizier Beckmann quält die Verantwortung für Tote; ihn jagen schreckliche Erinnerungsbilder. So sucht ihn eine Ichverdopplung oder -spaltung heim; ihn verfolgt sein anderes Ich, der die Augen verschließende, das Gewissen beruhigende optimistische Jasager.

Auch der Film hatte sich schon des Motivs der doppelten Identität bemächtigt, in Charlie Chaplins Film *City Lights* (*Lichter der Großstadt*, 1931). Der Tramp Charlie hat einem Millionär das Leben gerettet. Aus Dankbarkeit überlässt ihm der Millionär seinen Rolls Royce und behandelt ihn in seinen Saufgelagen wie einen lieben Saufbruder, will ihn aber in der morgendlichen Nüchternheit nicht mehr kennen und lässt ihn auf die Straße werfen. Schließlich büßt der Tramp seine „Bruderschaft" mit Verfolgung und Gefängnis. Hier übernimmt Sozialkritik das Motiv der gespaltenen Identität (in der Figur des Millionärs). Damit ist unser Überblick bei Bertolt Brecht angelangt. Denn Brecht muss diesen Film, der 1931 im Berliner UFA-Palast gespielt wurde, gesehen haben. In einem ersten Entwurf zur Fabel des *Puntila* schreibt er: „wenn er besoffen ist, ist er ein mensch, aber wenn er nüchtern ist, ist er ein gutsbesitzer."[1] Die Analogie zu Chaplins Figur des Millionärs ist offenkundig.

1940, während seines Exilaufenthalts in Finnland, wurde für Brecht die Zusammenarbeit mit Hella Wuolijoki wichtig. Die finnische Autorin trug zu einem gemeinsamen, für einen Volksstück-Wettbewerb gedachten Theatertext eine Idee bei, die dem Thema von Chaplins Film nicht unähnlich ist, aber es aus den eher agrarischen Verhältnissen Finnlands hervorgehen lässt. Sie konnte sich dabei sogar auf einen biographischen Fall aus der näheren Verwandtschaft berufen, auf eine sehr bekannt gewordene Sauffahrt ihres Onkels, eines Großbauern. Den Stoff hielt sie fest in der Kurzgeschichte *A Finnish Bacchus* und verarbeitete ihn dann zu dem dreiaktigen Stück *Die Sägespänprinzessin*, in dem der Onkel zum Gutsbesitzer Puntila geworden ist, der sich nach der Rückkehr von den Alkoholexzessen mit allen Menschen verbrüdert. Wieder nüchtern geworden, will er seinen Chauffeur Kalle entlassen, der sich Hoffnungen auf Puntilas Tochter Eva gemacht hat. Alle Hindernisse für die Hochzeit sind beseitigt, als sich Kalle als ‚ebenbürtiger' Akademiker, als Dr. Vuorinen, zu erkennen gibt. Die *Sägespänprinzessin* ist also eine der herkömmlichen Verkleidungs- und Happy-End-Komödien.

Vorangestellt hat Brecht seinem Text diesen Hinweis: „*Herr Puntila und sein Knecht Matti* ist […] ein Volksstück und wurde 1940 in Finnland nach den Erzählungen und einem Stückentwurf von Hella Wuolijoki geschrieben."[2] Die Elemente der Selbständigkeit wie der Abhängigkeit Brechts im Einzelnen herauszufiltern, kann hier nicht die Aufgabe sein. Angelpunkt aller Veränderungen ist die

---

1 Bertolt Brecht: [Entwerfende Inhaltsangabe]. In: Hans Peter Neureuter (Hg.): Brechts „Herr Puntila und sein Knecht Matti". Frankfurt/M. 1987, S. 51.

2 Bertolt Brecht: Herr Puntila und sein Knecht Matti. Berlin 1952, S. 5. Zitate im Fließtext ohne Sigle beziehen sich auf diese Angabe.

Gestalt des Chauffeurs. Matti verleugnet seine Zugehörigkeit zur unteren Klasse nie, sodass, anders als in der *Sägespänprinzessin*, der Klassengegensatz zum Gutsbesitzer Puntila auch am Ende erhalten bleibt.[3] Insofern gibt es eine begrenzte Annäherung des Brecht'schen Volksstücks an die Konstellation in Chaplins Film.

Da ich um die Mitte der Fünfziger, genauer: zwei Jahre vor Brechts Tod, noch Gelegenheit hatte, wochenlang bei Proben Brechts im Berliner Ensemble (zum *Kaukasischen Kreidekreis*) dabei zu sein, liegt mir daran, den Absichten Brechts zur Realisierung des Textes in der Bühnenform möglichst eng auf der Spur zu bleiben. Ich halte mich deshalb an Dokumente der Züricher Uraufführung des *Puntila* von 1948 und vor allem zur Inszenierung im Berliner Ensemble von 1949, die in den großen Band *Theaterarbeit* eingegangen sind.[4] Der Text wird zitiert nach der Ausgabe des *Puntila* im Heft 10 der *Versuche*.

Grundsätzlich sah sich Brecht bei der Darstellung der doppelten Identität des Puntila in der Schwierigkeit, der gesellschaftskritischen Sicht auf die Figur nicht das künstlerische Interesse zu opfern, also den Schematismus einer Schwarzweiß-Zeichnung zu vermeiden. Entsprechen möchte er, wie es im Essay *Über das Volksstück* heißt, einem „Bedürfnis nach naivem, aber nicht primitivem, poetischem, aber nicht romantischem, wirklichkeitsnahem, aber nicht tagespolitischem Theater. [...] Von der größten Bedeutung ist es, einen Stil der Darstellung zu finden, der zugleich artistisch und natürlich ist" (TA, S. 13f.). Leonard Steckel spielte den Puntila in der Züricher Uraufführung, bevor er ihn in Berlin spielte. Brechts Berliner Inszenierung nahm eine entscheidende Änderung vor. Steckel spielte

> in Zürich fast ohne Maske, und es entstand bei den meisten Zuschauern der Eindruck eines sympathischen Menschen mit einigen üblen Anwandlungen im Zustand der Nüchternheit. [...] In Berlin, belehrt durch diese Wirkung, wählte er einen ekelhaft geformten Kehlkopf und schminkte sich verlebte und niedrig aussehende Züge. Erst jetzt wirkte sein Scharm in der Trunkenheit gefährlich. (TA, S. 22)

Das scheint nun doch auf eine Dämonisierung der Figur zu deuten, zumindest eine Verkürzung der Figur zur bloßen „Charaktermaske", die dem Prinzip einer zugleich artistischen und natürlichen Darstellung widerspricht. Aber Brecht schließt gerade diese Verkümmerung der Figur aus. „Die Rolle des Puntila darf keinen Augenblick und in keinem Zug ihres natürlichen Charmes entkleidet werden; es wird eine besondere Kunst nötig sein, die Betrunkenheitsszenen poetisch und zart, mit soviel Variation wie möglich und die Nüchternheitsszenen so ungrotesk und alltäglich wie möglich zu bringen." Wie nun löst Brecht den Widerspruch auf?

---

3 Vgl. Hans Peter Neureuter: Herr Puntila und sein Knecht Matti. Bericht zur Entstehungsgeschichte. In: Mitteilungen aus der deutschen Bibliothek. Helsinki 1975, S. 7–42.

4 Theaterarbeit. 6 Aufführungen des Berliner Ensembles. Redaktion: Ruth Berlau, Bertolt Brecht, Claus Hubalek, Peter Palitzsch, Käthe Rülicke. Herausgeber: Berliner Ensemble, Helene Weigel. Dresden [1952]. In Folge als TA abgekürzt.

„Praktisch gesprochen: man muss versuchen, den *Puntila* in einem Stil aufzuführen, der Elemente der alten commedia dell'arte und Elemente des realistischen Sittenstücks enthält." (TA, S. 16)

Die Commedia dell'arte des 16., 17. und noch des 18. Jahrhunderts erlangte Kontinuität vor allem durch ihre feststehenden Typen, die auch „Masken" genannt werden. Denn alle Figuren außer den Frauen und den jungen Verliebten (innamorati), den Söhnen und Töchtern aus vornehmen Bürgerhäusern, tragen Gesichtsmasken oder maskenähnliche Kennzeichen. Gelegentlich erscheinen auch die Dienerinnen (Fantesca oder später Columbina usw.) leicht maskiert. Die Masken sind, anders als die des antiken Theaters, Halbmasken, groteske Stilisierungen der menschlichen Triebwelt. Die Masken ziehen eine Grenzlinie durch das Personal, markieren den Unterschied zwischen zwei „Klassen" des Personals – „Klassen" nicht im Sinne von Standesschichten, sondern von zwei Darstellungsmustern.

Den Liebhaberinnen und Liebhabern sind die (zum Teil in humanistischer Tradition stehenden) rhetorischen Bravourstücke, den „Masken" die Bravourstücke der buffonesken Komik, die „burle" und die „lazzi", zugewiesen. Dabei ist von Bedeutung, dass die Commedia dell'arte aus der antiken Überlieferung nur typische Figuren übernimmt, die geläufigen Erscheinungen des sozialen Lebens im Italien des 16. Jahrhunderts entsprechen und deshalb auch satirisch ergiebig sind (so konnte beispielsweise die Kurtisane der antiken Komödie nicht zur stehenden Figur werden). Deutliche satirische Züge tragen in der Commedia dell'arte die „Maske" des Pantalone, des geizig-geschäftstüchtigen Kaufmanns und zugleich liebeslüsternen Alten, wie es ihn vor allem in der Handelsstadt Venedig gegeben haben dürfte. Für die hohle Bildungsarroganz des pseudogelehrten, geschwätzigen Dottore wird man in der Universitätsstadt Bologna manches Vorbild gefunden haben. Gute Chancen hatte das Urbild des „miles gloriosus" aus der Komödie des Plautus. In der „Maske" des bramabarsierenden, aber feigen Capitano konnte man sich spottend ein Ventil des Grimms gegen die spanische Besatzung in Süditalien schaffen.

Von diesen Figuren satirischer Komik her bietet sich ein Blick auf die Rollen in *Puntila* an, die wie Puntila selbst mit maskenartig veränderten Köpfen (zum Teil auch Körperformen) auftraten und sich in „königlicher und alberner Weise" bewegten: der Attaché, der die Gutsbesitzerstochter Eva heiraten soll und sich so Befreiung von seinen Schulden verspricht – ein eitler, leerer, in Situationen der Bedrängnis begriffsstutziger Diplomat; auch die Garanten der Rechtsordnung, der Richter und der Anwalt, sowie der Probst, der um die Glaubensmoral besorgt, ansonsten aber kein Kirchenlicht ist. Von diesen ‚Stützen der Gesellschaft' heben sich die maskenlosen Köpfe und offenen Gesichter der Dienenden ab. Die Praxis der Commedia dell'arte wirkt auch hier noch nach: „Für Eva, die Gutsbesitzerstochter, wurde das Prinzip durchbrochen, sie trug keine Maske" (TA, S. 45). Die Rolle der Liebhaberin ist bei Brecht wenigstens in diesem Punkt von der sozialen Klassentrennung ausgenommen.

Zur Komik in der Gestalt des Puntila gibt der (von der Darstellerin des Kuhmädchens vorgetragene) Prolog des Stückes schon entscheidende Hinweise, wobei zu bedenken ist, dass er zum Publikum des Theaters in Ostberlin hin gesprochen ist:

> Geehrtes Publikum, der Kampf ist hart
> Doch lichtet sich bereits die Gegenwart.
> Nur ist nicht überm Berg, wer noch nicht lacht:
> Drum haben wir ein komisches Spiel gemacht.
> Und wiegen wir den Spaß, geehrtes Haus
> Nicht mit der Apothekerwaage aus.
> Mehr zentnerweise, wie Kartoffeln, und zum Teil
> Hantieren wir ein wenig mit dem Beil.
> Wir zeigen nämlich heute abend hier
> Euch ein gewisses vorzeitliches Tier
> *Estatium possessor,* auf deutsch Gutsbesitzer genannt
> Welches Tier, als sehr verfressen und ganz unnützlich bekannt
> Wo es noch existiert und sich hartnäckig hält
> Eine arge Landplage darstellt.
> Sie sehn dies Tier, sich ungeniert bewegend
> In einer würdigen und schönen Gegend.
> Wenn sie aus den Kulissen nicht erwächst
> Erfühlt ihr sie vielleicht aus unserm Text:
> Milchkesselklirrn im finnischen Birkendom
> Nachtloser Sommer über mildem Strom
> Rötliche Dörfer, mit den Hähnen wach
> Und früher Rauch steigt grau vom Schindeldach.
> Dies alles, hoffen wir, ist bei uns da
> In unserm Spiel vom Herrn auf Puntila. (S. 7)

Die ersten sechs Zeilen kündigen ein Spiel der Komik an, die beiden nächsten eine Komik von stärkerem Kaliber („Beil"). So gehen denn die folgenden Verse zur Umschreibung der Satire, der Klassensatire über („Gutsbesitzer", „vorzeitliches Tier"), die sich zum Vorwurf „Landplage" steigert. Die Zuspitzung der Schärfe bricht aber mit einem Mal ab, um in den letzten neun Versen mit einem fast lyrischen Preis der finnischen Landschaft den Prolog zu beschließen. Sind also die ersten beiden Abschnitte der Komik und der Satire gewidmet, so setzt der dritte das Poetische ins Recht.

In den Anmerkungen *Das gesellschaftlich Komische* wird für die Darstellung in *Puntila* die Bedienung aus der „Rumpelkammer des ‚Ewig Komischen'" abgelehnt. Der Schauspieler müsse „die Komik aus der heutigen Klassensituation ziehen." (TA, S. 16) Eben das fassen wir unter dem Begriff Satire zusammen. Die Verbindung von Komik und Satire wird aber bei Puntila selbst unter das Gesetz der doppelten Identität in der Figur gestellt, die sich als paradox erweist. Dieses Paradoxe lässt sich am besten aus den Dialogen des Puntila erschließen.

Da Puntila immer, wenn er betrunken ist, ein halbwegs guter Mensch, immer wenn er nüchtern ist, zum Schrecken seiner Untergebenen und auch anderer Mitmenschen wird, kann sein Chauffeur Matti sagen: „Ja, das ist ein Glück für die

Umgebung, daß er Zeiten hat, wo er sauft." (S. 18) Seine „Anfälle von totaler, sinnloser Nüchternheit" erklärt Puntila dem Chauffeur so: „Ich bin dann direkt zurechnungsfähig. Weißt du, was das bedeutet, Bruder, zurechnungsfähig? Ein zurechnungsfähiger Mensch ist ein Mensch, dem man alles zutrauen kann." (S. 11) Das Differenzierte dieser Selbstaussage muss gesehen werden. Da sie im Zustand der Trunkenheit gemacht wird, zeigt sie ein hohes Maß an Unverstelltheit, an Wahrhaftigkeit, wie sie der Volksmund dem Betrunkenen nachsagt. Sie spielt aber auch eine semantische Zwielichtigkeit des Wortes „Zurechnungsfähigkeit" aus, unterschiebt dem üblichen Sinn, nämlich der geistigen Mündigkeit, eine ironische Bedeutung, nämlich gerade die Unberechenbarkeit dessen, dem alles zuzurechnen ist. Vom Publikum aus gesehen, hat diese Selbstaussage den Charakter einer komisch-satirischen Selbstentlarvung.

Die Paradoxie kann auch aus dem Widerspruch von Gesagtem und tatsächlicher Situation hervorgehen, etwa wenn Puntila Matti belehrt: „Wie gern tät der Puntila mit euch Birken fällen und die Stein aus den Äckern graben und den Traktor dirigieren! Aber laßt man ihn?" (S. 13) Puntilas Tiraden über Menschlichkeit können durch eine nüchterne Antwort plötzlich zu Fall kommen. Das ist oft der Fall in den Dialogen zwischen Puntila und Matti, aber auch in einem Beispiel wie diesem: Auf dem Gesindemarkt verhandelt Puntila mit einigen Arbeitern. „Ich kauf nicht Menschen ein kalten Bluts, sondern ich geb ihnen ein Heim auf Puntila." Ein Arbeiter darauf: „Dann geh ich lieber. Ich brauch eine Stell." (S. 30) In solchen Dialogen, aber auch in Reden Puntilas, in denen auf eine Aussage eine bloßstellende, desavouierende folgt, blitzt etwas von dem Spiel schlagfertiger, sich wechselseitig hochschraubender Einfälle und geistreicher Antworten auf, wie wir sie aus der „screwball"-Komödie kennen. Nur dienen sie hier nicht dem Turnierglanz des Konversationsstücks, sondern der satirischen Pointe des sozialkritischen Volksstücks.

Vollends zur Entfaltung kommt die Paradoxie der doppelten Identität Puntilas im Widerspruch zwischen rein ökonomischem Denken und dem offenen Auge und „weiten Herzen" seiner sinnlichen Natur. Was in ihm an erotischem Begehren noch lebendig ist, flackert nur im Zustand der Betrunkenheit auf. Dann verteilt er seine Gunst wahllos. Auf der Suche nach Trinkbarem stößt er frühmorgens im Dorf Kurgela nacheinander auf die Schmuggler-Emma, das Apothekerfräulein, das Kuhmädchen und die Telefonistin. Er macht ihnen – nicht eben kavaliersmäßige – Anträge und verspricht ihnen die Verlobung auf Gut Puntila. Eines Sonntagmorgens machen sie sich den Spaß und erscheinen auf dem Gut, um die Einlösung des Versprechens einzufordern. Es ist just der Tag, an dem die Verlobung Evas mit dem Attaché festlich begangen werden soll und ein Butterschaff, ein geschlachtetes Schwein und ein Fässchen Bier ins Haus getragen werden, Kostbarkeiten, an denen die vier Frauen nur schnuppern dürfen. Puntila gibt vor, die Frauen nicht zu kennen, wirft ihnen Erpressung vor und weist sie kurzerhand vom Gut, nicht ohne mit der Polizei gedroht zu haben.

Eva, die von ihrem Vater einen gehörigen Schuss Sinnlichkeit geerbt hat, will den Attaché nicht heiraten, und Puntila kommt ihr entgegen: Sie solle den heiraten, den sie liebt. Auf die von Matti inszenierte verfängliche Szene mit ihr in der finnischen Badehütte reagiert er aber mit so viel Unmut, dass er seinen Chauffeur entlässt (den er aber dann doch nicht entbehren kann und will). Und an diesem Sonntagmorgen, noch nüchtern, bleibt er unerbittlich und befiehlt seiner Tochter erneut, den Attaché zu heiraten, schon um den Skandal zu vermeiden. Für diesen Skandal aber sorgt er dann selbst. Schweigsam trinkend, sammelt er Zorn an. Als der Attaché sich selbst bloßstellt und von einer Dümmlichkeit in die andere stolpert, ziehen sich Gewitterwolken zusammen, und als der Attaché bei einem Witz des Richters hilflos nach dem Sinn der Pointe sucht, treffen ihn Donner und Blitz des Puntila-Zeus: „Einen solchen Menschen brauch ich nicht zu dulden. [...] Ein Mensch ohne Humor ist überhaupt kein Mensch. (*Würdig*) Verlassen Sie mein Haus [...].“ (S. 64) Noch versuchen Richter und Advokat den Schaden klein zu halten, aber der Sarkasmus Puntilas ist nicht mehr aufzuhalten. Eine „befrackte [...] Heuschrecke“ nennt er den Attaché und ruft ihm noch ein „Scheißkerl, hinaus“ hinterher (S. 65). Selbst den ideologisch engstirnigsten Zuschauer im Theater des Berliner Ensembles musste bei dieser Szene Sympathie mit der Gestalt Puntilas übermannen. Und über Brechts Figurenkonzeption des Puntila in dieser Szene verrät die Regieanweisung *Würdig* alles.

Die sodann von Puntila inszenierte Verlobung seiner Tochter mit dem Chauffeur ist natürlich auf Sand gebaut. Der illusionslose Matti betrachtet, trotz der erotischen Reize Evas, das Angebot Puntilas von vornherein mit großer Reserve. Im Übrigen besteht Eva, in einem „Spiel im Spiel“, die Prüfungen der Probeehe mit dem Chauffeur nicht. Das *Puntilalied*, dessen Strophen die Köchin Laina jeweils nach den Szenen vor dem Vorhang singt, sagt für diese Szene alles mit genügender Deutlichkeit:

Herr Puntila hat auf den Tisch geschlagn
Da war's ein Hochzeitstisch:
Ich verlob mein Kind nicht sozusagen
Mit einem kalten Fisch.
Da wollt er sie geben seinem Knecht
Doch als er den Knecht dann frug
Da sprach der Knecht: Ich nehm sie nicht
Denn sie ist mir nicht gut genug. (S. 90)

Die poetisch umschriebene Warnung der *Ballade vom Förster und der Gräfin*, die der „rote“ Surkkala singt, klingt zum Schluss der Szene vom Tanzplatz herüber:

Es war eine Lieb zwischen Füchsin und Hahn
„Oh, Goldener, liebst du mich auch?“
Und fein war der Abend, doch dann kam die Früh
Kam die Früh, kam die Früh:
All seine Federn, sie hängen im Strauch. (S. 76)

Puntila kommentiert die Ballade so: „Das geht auf mich. Solche Lieder schmerzen mich tief.“ (S. 76) Mögen es auch Krokodilstränen eines Betrunkenen sein – der im Rauschzustand „menschliche“ Puntila zeigt Gemüt. Er hat in der Szene der zwei gescheiterten Verlobungen Sympathie auf sich lenken können. Diese Lockerung der Spannung zwischen den beiden Identitätspolen erreicht ihren Höhepunkt in der Szene 11, *Herr Puntila und sein Knecht Matti besteigen den Hatelmaberg*.

Brecht hat vor der „konventionellen Trunkenheitswalze der Bühne“ gewarnt, und in der *Theaterarbeit* wird die Darstellung Leonard Steckels als exemplarisch beschrieben, und zwar so:

> Steckel stellte die besondere, puntilaische Trunkenheit dar, nämlich diejenige, durch die der Gutsbesitzer seine Menschlichkeit erringt. Weit entfernt, die üblichen Defekte der Sprache und der körperlichen Bewegung zu zeigen, zeigte er eine Sprache von fast musikalischer Beschwingtheit und gelöste, fast tänzerische Bewegungen [...]. Flügel, wenn auch leicht beschädigte, trugen ihn auf den Hatelmaberg. (TA, S. 19)

Diese letzte und diese große Szene, eigentlich eine Schluss-Szene des Stücks – sofern man die folgende kurze als Epilog versteht –, führt zunächst den Puntila vor, der mit den Folgen der Ernüchterung kämpft („mir springt der Kopf“, S.77) und sich dann bei der Entlassung des „roten“ Surkkala, der mit seinen Kindern erschienen ist, als unerweichbarer Gutsbesitzer gebärdet und anschließend den entscheidenden Schritt zur Enthaltsamkeit tun will. Die Köchin und das Stubenmädchen schaffen alle im Hause zu findenden Alkoholflaschen herbei, damit sie vernichtet werden. Doch wie geistesabwesend beginnt Puntila sich ein Glas einzuschenken, dann ein zweites, ein drittes, und nun brechen alle Dämme – bald ist Puntila wieder im „menschlichen“ Zustand. Träumerische Sehnsucht nach der schönen Aussicht auf das Tavastland ergreift ihn; er möchte mit Matti den Hatelmaberg besteigen und befiehlt ihm, den Berg zu bauen. Matti zerschlägt in Wut kostbares Mobiliar und schichtet daraus mit Phantasie einen erhöhten Aussichtsplatz auf. In der Hand die Flasche, preist Puntila nun das „gesegnete Tavastland“. Das Zitat muss etwas ausführlicher sein:

> Wo gibt's so einen Himmel, als über Tavastland. Ich hab gehört, er ist an andern Stellen blauer, aber die Wolken gehen feiner hier, die finnischen Wind sind behutsamer, und ich mag kein andres Blau und wenn ich es haben könnt. Und wenn die wilden Schwän aus den Moorseen auffliegen, dass es rauscht, ist das nichts? [...] Allein die Seen! Denk dir die Wälder weg meinetwegen, da drüben sind meine, den an der Landzung laß ich schlagen, nimm nur die Seen, Matti, nimm nur ein paar von ihnen und sieh ab von den Fischen, von denen sie voll sind, nimm nur den Anblick von den Seen am Morgen und es ist genug, daß du nicht wegwillst, sonst möchtest du dich verzehren in der Fremde und dahinsiechen aus Sehnsucht, und wir haben 80000 in Finnland! [...] Siehst du den kleinen, den Schlepper mit der Brust wie ein Bulldogg und die Stämm im Morgenlicht [...] ein kleines Vermögen. Ich riech frisches Holz über zehn Kilometer, du auch? Überhaupt die Gerüche, die wir haben in Tavastland [...] die Beeren zum Beispiel! Nach'm Regen! Und die Birkenblätter, wenn du vom Dampfbad kommst und dich hast peitschen lassen [...] Wo gibt's überhaupt so eine Aussicht? Ich mag sie am liebsten, wo sie schon ganz verschwimmt, das ist, wie wenn man in der Liebe, in gewissen Au-

genblicken, die Augen zudruckt und es verschwimmt. Ich glaub freilich, diese Art von Liebe gibt's auch nur im Tavastland. (S. 85f.)

Dieser Puntila hat Phantasie, denn das ist Naturdichtung, Poesie im Gewand der Dialogrede – zudem vorgetragen ganz im Sinne des geforderten Darstellungsstils, der „zugleich artistisch und natürlich" sein soll. An Brechts frühes Drama *Baal* ist zu erinnern, an Baals zwischen Kaltschnäuzigkeit und Zartheit wechselnder Sprache mit Leitmotiven wie Himmel, Wolke und Wind, Bäume und Fluss, an Baals Weltergriffenheit. Gewiss, des Gutsbesitzers Verhältnis zur Natur ist ein anderes als das des vagabundierenden Lyrikers und Chansonniers Baal; und er lässt auch in seinem Lobpreis nie einen Zweifel daran aufkommen, wer der Besitzer eines Teils all der Herrlichkeiten ist. Aber Puntila steht in der Natur mit einer bezwingend sensiblen Vitalität, die den Riss in der doppelten Identität überspringt und ihn zur Persönlichkeit werden lässt, die zu dem beiträgt, was Brecht den „natürlichen Charme" der Rolle nennt.

Ebendieser natürliche Charme ist es auch, der das Problem der doppelten Identität in *Puntila* von der in Brechts Parabelstück *Der gute Mensch von Sezuan* (1939) trennt. Die Doppelrolle der „guten" Shen Te und des erbarmungslosen Vetters Shui Ta, in den sie sich von Zeit zu Zeit verkleidet, soll demonstrieren, dass zu viel Not und Verzweiflung in der ungerechten Welt ist, als dass man zugleich gut zu anderen und zu sich selbst sein könnte. Dieser Demonstration ordnen sich Figuren und Handlung des Parabelstücks unter. Im Volksstück *Puntila* können sich die Hauptfigur und ihr Darsteller immer wieder von solchem Demonstrationszweck emanzipieren. Es ist das Komödiantische, das die Puntila-Figur zur Vollblut-Rolle werden lässt und die Ideologie überrollt, zumindest beim Publikum einen weiten ideologiefreien Rahmen von Akzeptanz verschafft.

Das ist bei der 12. Szene, *Matti wendet Puntila den Rücken*, im ‚Epilog' also, mit zu bedenken. Matti begründet hier die Trennung von seinem Herrn:

Der Schlimmste bist du nicht, den ich getroffen
Denn du bist fast ein Mensch, wenn du besoffen.
Der Freundschaftsbund konnt freilich nicht bestehn:
Der Rausch verfliegt. Der Alltag fragt: Wer wen?
Und wenn man sich auch eine Zähr abwischt
Weil sich das Wasser mit dem Öl nicht mischt
Es hilft nichts und's ist schade um die Zähren:
's wird Zeit, daß deine Knechte dir den Rücken kehren.
Den guten Herrn, den finden sie geschwind
Wenn sie erst ihre eignen Herren sind. (S. 88)

Matti kündigt ein Verhältnis auf, dessen Bestand für alle Zeiten gesichert schien und das in bedeutender Literatur und in der Philosophie erörtert worden ist. In Denis Diderots Roman *Jacques le Fataliste et son Maître* (erschienen 1778–1780) reisen der Diener Jacques und sein adliger Herr durch Frankreich, wobei das Gespräch mehrfach auf das Herr-Knecht-Verhältnis gelenkt wird. Sozialkritische

Sarkasmen fehlen nicht im Roman. Ohne die Dienste Jacques' sei der Herr hilflos, der Diener aber werde den Ansprüchen des Lebens auch ohne den Herrn gerecht. Erkennbar ist der Bezug auf Diderot in Hegels *Phänomenologie des Geistes* (1807), in den Bemerkungen zur Dialektik von Herr und Knecht. Der Knecht, der sich einem nur noch konsumierenden Herrn unterworfen habe, sei durch gehemmte Begierde einer produktiven Arbeit in Wahrheit der in sich Freie. Karl Marx' Theorie von den zwei Klassen wollte selbstverständlich solche Beschränkung der Freiheit, solche Kompensation für materielle Freiheit nicht hinnehmen. Auch Brechts Lösung am Ende des *Puntila* ist der Version von Diderots *Jacques le Fataliste* näher, ohne bei ihr stehen zu bleiben. Der Knecht brauche den Herrn nicht mehr, sobald die Knechte selbst „ihre eignen Herren" seien. Die mögliche fatale Kehrseite dieser „Herrschaft der Arbeiterklasse" liegt noch nicht im Denkhorizont des Brecht'schen Volksstücks, obwohl Brecht die Konsequenzen eines Missbrauchs der Macht durch eine neue Herrschaftsclique, deren Exzesse in den sowjetischen „Säuberungen" und den Moskauer Schauprozessen der dreißiger Jahre allfällig sichtbar wurden, nicht unbekannt geblieben sein konnten, waren doch den „Säuberungen" in der Sowjetunion frühere Mitarbeiter wie Ernst Ottwalt und die Schauspielerin Carola Neher zum Opfer gefallen.

Spätere Inszenierungen des Volksstücks – außerhalb des Ostblocks – waren frei genug, Brechts Hinweis auf den „natürlichen Charme" des Puntila ganz beim Wort zu nehmen und seine „geliebten Aufschwünge in die Menschlichkeit" mit gedrosselter Entlarvungsabsicht darzustellen, kurz, für das Spiel mit der doppelten Identität alle Register des Komödiantischen zu nutzen. Ob sie dem Vergleich mit der Inszenierung des großen Regisseurs eigener Stücke standhielten, steht auf einem anderen Blatt. Doch liegt in der Komplexität der Puntila-Figur eben der besondere Anreiz für die Bühne, für Schauspieler und Regisseur.[5]

---

[5] Der Verfasser konnte in diesem Essay auf Ergebnissen folgender eigener Arbeiten weiterbauen: Die Dramaturgie des späten Brecht. VI. Aufl. Göttingen 1977; Das deutsche Lustspiel des 17. und 18. Jahrhunderts und die italienische Komödie (Commedia dell' arte und Théâtre italien), Stuttgart 1965; Brecht und die Commedia dell' arte. In: Jean-Marie Valentin, Theo Buck (Hg.): Actes du Colloque franco-allemand, tenu en Sorbonne (15–19. Novembre 1988), Bern 1990, S. 271–281.

KEITH BULLIVANT (Gainesville & München)

# Humor in den Werken Uwe Timms

Dass Uwe Timms Schreiben voller Humor ist, wissen wohl nicht die Germanisten, sondern in erster Linie eher die Kinder: Das bekannteste der für seine vier Kinder verfassten Kinderbücher, *Rennschwein Rudi Rüssel* (1989), das 1995 erfolgreich verfilmt worden ist, gilt zurecht als eines der humorvollsten deutschen Kinderbücher überhaupt. Aber hierin ist Uwe Timm eine Ausnahmeerscheinung, da allgemein die deutsche Literatur, anders als z. B. die englische, kaum wegen ihres Humors bekannt ist, auf jeden Fall, was die so genannte E-Literatur angeht; vielfach heißt es, Humor sei Sache der U-Literatur. Uwe Timm führt diese Sachlage ausgerechnet auf den Ausgang des Dreißigjährigen Krieges zurück; aus Angst vor einer neuen solchen Katastrophe hätten die Deutschen ihre Hoffnung, was politische und soziale Stabilität anbelangte, auf den Traum eines deutschen Reiches projiziert, „das wirtschaftlich bestimmende Bürgertum" des 19. Jahrhunderts hätte sich für „diesen politischen Verzicht [...] mit dem Rückzug ins Reich der Freiheit" entschädigt, „in das Schöne, Gute, Wahre, das in Musik, Wissenschaft und Kunst gesucht wurde".[1] So erkläre sich für Uwe Timm die allgemeine Verweisung des Humors an die Trivialliteratur, die in etwa als die Ablehnung Jean Pauls verstanden werden könne. Ferner sei fatal die deutsche Präferenz für einen Humor im Stil von Wilhelm Busch und Heinrich Hoffmann (*Struwwelpeter*), deren Schreiben „ein hämisches, ein schadenfrohes Lachen" provoziere. Im Werk Uwe Timms gibt es nur ein Beispiel eines solchen Humors, ein Beispiel, das Timms These nur bekräftigt: Im Roman *Der Mann auf dem Hochrad* (1984) werden die ersten Fahrversuche auf dem Hochrad Franz Schröders vom in Vers ausgedrückten Spott der Menge begleitet, die sich auf Unheil freut: „Schröders Franze, geht aufs Ganze / wandelt auf dem schmalsten Grade / mit seinem hohen Zweirade / stürzt dann aber o weh / und verliert erst den Finger, dann den Zeh." Dieser Vers, kommentiert dann die auktoriale Stimme, verrate „die damals einsetzende Wilhelm-Busch-Lektüre".[2]

Die Erzeugung von Humor in der deutschen Literatur sei ferner durch die Tendenz erschwert, eher in Substantiven als in Verben zu erzählen; für Timm sind die Verben „die Proleten unter den Wörtern, sie rackern sich für Subjekte und Substantive im Satzgewerk ab. Substantiviert erstarren sie zu einer Handlungsdeutung,

---

1 Uwe Timm: Einige Überlegungen über das Feuchte. In: Martin Hielscher (Hg.): Uwe Timm Lesebuch. Die Stimme beim Schreiben. München 2005, S. 302.

2 Uwe Timm: Der Mann auf dem Hochrad. Köln 1984, S. 25.

[...] metaphysisches Raunen begleitet [sie]".[3] Dadurch hebe sich für Timm die Literatur allgemeinhin vom Boden der Realität, der Alltäglichkeit, ab, während Humor „eine ästhetische Form" sei, „die es durchaus auch im Alltag gibt, im alltäglichen Erzählen also, wenn die kleinen alltäglichen Begebenheiten erzählt werden." (S. 305) Ein Timm-Lesern bekannter *locus narrationis*, der solches Erzählen und auch Humor ermöglicht, ist der Große Trampgang im Hamburger Kiez, den Timm aus seiner Kindheit kennt und auf den er in seinen Romanen wie auch in den poetologischen Vorlesungen *Erzählen und kein Ende* (1993) gelegentlich rekurriert. Wer in einer solchen Erzählsituation

> etwas verbalisiert, hat sogleich ein Subjekt, also auch den Einzelfall im Blick, das heißt, geht es um eine Person, um einen konkreten Menschen, dann auch um eine Geschichte, und seine Geschichte schließt die der Gesellschaft ein, also wie Menschen handeln, denken, fühlen und miteinander umgehen. Plötzlich sind wir da, wo der Humor hinwill, bzw. von wo er seinen Ausgang nimmt: dem Alltag, wie Menschen essen, wohnen, arbeiten [...] (S. 309).

Anders als bei Busch oder Hoffmann werden in einem solchen Humor Menschen nicht an den Pranger gestellt, er sei vielmehr „eine Sichtweise auf die Menschen, auf die Gesellschaft, eine weit mehr um Verstehen als auf Veränderung zielende Haltung, die sich durch Gelassenheit auszeichnet." (S. 304f.) Ein deutliches Beispiel dieses verstehenden Humors bildet die Beschreibung der Geschäfte auf dem Amateurstrich der Hamburger Nachbarin Frau Claussen in *Kopfjäger* (1991). Das Klirren der Gläser in Oma Hildes Schrank verrät den „Besuch" bei Frau Claussen in der oberen Wohnung und was sich da abspielt, wird wie eine Art Code unter Eingeweihten aufgenommen, ihr Benehmen wird aber keineswegs moralkritisch betrachtet; es wird im Gegenteil Verständnis dafür gezeigt, dass sie, obwohl ihr Mann nicht schlecht verdiente, doch „mit anschaffen gehen" musste, „zwei Kinder, eins unterwegs, und dann all die neuen Anschaffungen [...]".[4] Ihre Tätigkeit wird amüsiert akzeptiert, die Nachbarn stehen zu ihr und werden für ihren Teil von ihren Geschichten unterhalten.

Gleichzeitig bestätigt diese öfters wiederkehrende Szene Timms These, „Humor richtet sich gegen Selbstgewissheit und Präpotenz, erkennt voller Lust das Un-Normale, das Eigensinnige, das Verhalten, das sich gegen Normen, Vorschriften, Ideologien richtet". Humor, folgert Timm weiter, sei

> ein selbstkritischer Blick, ein relativierender Blick. Er hat etwas Subversives [...]. Überall wo Ideologien mit der Gewißheitshantel arbeiten, stellt der Humor sogleich den Spiegel der Abweichung, des Einzelnen entgegen. Der Humor impliziert eine ausgesprochen demokratische Sicht, denn demokratisch bedeutet nicht Gleichmacherei, sondern die Akzeptanz der Unterschiede bei gleichem Anspruch, weil er das Einmalige, Besondere bis zum Kauzigen schätzt

---

[3] Timm: Überlegungen, S. 306. Die folgenden Zitate im Fließtext beziehen sich auf diese Angabe.

[4] Uwe Timm: Kopfjäger. München 2008, S. 46.

> und die Entwürdigten, von Natur oder Gesellschaft Benachteiligten, in ihrer Bedeutung ins rechte Licht rückt.[5]

Im Schreiben Uwe Timms gibt es so viele Beispiele eben dieses humanitären Einsatzes des Humors. In *Der Mann auf dem Hochrad* gilt er Onkel Franz Schröder, der mit anfänglicher Begeisterung, später mit Verbissenheit zu seiner Überzeugung von der inhärenten Vorteilhaftigkeit des Hochrads zu einer Zeit hält, in der der Kampf gegen das Niederrad schon verloren war. Aber die Leidenschaft der kleinen Gruppe von Hochrädlern in Coburg fesselt den Leser mit den Geschichten von abenteuerlichen Fahrten bergab und der Heraufbeschwörung der Eleganz der Cyclisation weit mehr als der eintönig wirkende Sieg des Safetys. Im selben Roman werden mit verständnisvollem, leichtem Humor zwei aufregende Episoden im Leben des sonst zu langweiligem Dienst am Hof verurteilten Fräuleins von Götze, einer heruntergekommenen Adligen, veranschaulicht. Zum einen verliebt sich die sonst so korrekte Hofdame stürmisch in den Kammerherrn des Schlosses, was bei den beiden sonst zum extremsten sozialen Dekorum verurteilten Liebhabern in unglaublich lustvollen Szenen kurzfristig dazu führt, dass

> sich die beiden in dunklen Gängen, abgelegenen Kammern, auf dem Dachboden, in Kellerverliesen, auf zusammengerollten Teppichen, aufgerissenen pieksenden Roßhaar-Ottomanen, ja sogar auf Mehlsäcken, in rasender Eile verknoteten und wieder auseinanderfielen, weil immer irgendein ahnungsloser Kammerdiener, Kutscher, Stallknecht oder Küchenjunge sie aufstörte; dann hetzten sie, zerwühlt, rotverschwitzt und bekleckert weiter, einem neuen Winkel, einer neuen Kammer entgegen [...].[6]

Nach dem durch den plötzlichen Tod des Kammerherrn forcierten Ende dieses Verhältnisses wendet sich die im Stillen leidenschaftliche Dame dem Hochradfahren zu, dessen Erlernen eine weitere Runde komischer Anfängererfahrungen mit sich bringt. Während Anna Schröder, eine gesellschaftliche Außenseiterin, der Konvention durch ihre Entwicklung des ersten Hosenanzugs offen trotzen kann, muss Fräulein von Götze als Junge getarnt heimlich ihre Radrunden drehen. Durch Humor gelingt es Timm auf alles andere als trocken-pädagogische Art und Weise, die strengen sozialen Konventionen zu veranschaulichen, die Frauen der damaligen Zeit einengten.

Die in den letzten Tagen des Zweiten Weltkriegs spielende Novelle *Die Entdeckung der Currywurst* (1993) dreht sich um eine ganz besondere Frau, Lena Brücker, die – um die Chance einer unerwarteten späten Liebe überhaupt wahrnehmen zu können – nicht nur gegen die etablierte Moral, sondern auch gegen die NS-Reglementierung des Alltags verstößt. Sie belügt den ihretwegen fahnenflüchtig gewordenen Seemann Bremer, indem sie ihm das Ende des Krieges in Hamburg verschweigt. Sein Aufenthalt bei ihr, der früher hätte wirklich gefährlich sein

---

[5] Timm: Überlegungen, S. 310.

[6] Timm: Mann, S. 74.

können, wird jetzt – aus ihrer und der Leser Sicht – komisch, da er in der Wohnung unnötigerweise weiterhin Socken trägt:

> Der Krieg in Hamburg war aus und vorbei. Aber er geht weiterhin leise auf Socken herum. Es wurde nicht mehr gekämpft, und ich hatte einen in der Wohnung, der auf Strumpfsocken herumschlich. Nicht, daß ich mich über ihn lustig gemacht hab, aber ich fand ihn komisch [...] Wenn man jemanden komisch findet, muss man nicht aufhören, ihn gern zu haben, aber man nimmt ihn nicht mehr furchtbar ernst.[7]

Ein (hier) letztes und extremes Beispiel von der von Timm hervorgehobenen potenziellen Subversion des Humors bietet der Roman *Kopfjäger* in der Figur des Protagonisten Peter Walter, eines Hochstaplers, der sich Millionen von seinen Kunden erschwindelt hat. Anders als die 2008 und 2009 aufgeflogenen Schwindler der Wall Street ist Walter eine lebenslustige, äußerst sympathisch wirkende Person. Er wird nicht von seinen größten Opfern, sondern ausgerechnet vom kleinsten gestellt, einem Mann, der die Spielregeln der finanziellen Spekulation nicht kennt; die großen hat er darüberhinaus durch seinen Charme und vor allem durch seine Fähigkeit, komische Geschichten zu erzählen, verführt. Walters Faszination für die Oster-Inseln und vor allem für ihre kannibalistische Vergangenheit stellt ein weiteres Element der Relativierung dessen dar, was Walter begangen hat: Raubkapitalismus ist in etwa als moderner Kannibalismus mit anderen Mitteln zu verstehen.

Obwohl kein Werk Uwe Timms des Humors entbehrt, macht er in den meisten Fällen ein wichtiges Element der Narration unter anderen aus. In seinem bis jetzt einzigen Erzählungsband *Nicht morgen, nicht gestern* (1999) gibt es dagegen zwei Geschichten, die einen ausnahmsweise skurrilen Humor aufweisen, der dazu dient, „auch all die widersprüchlichen, dunklen, verworrenen Gefühle, Wünsche, Obsessionen, Ängste" verstehend darzustellen und auch „wie darüber geredet und erzählt wird".[8] In *Das Abendessen* wird der Erzähler durch ein Zufallstreffen mit Renate, einer alten Bekannten, an ein bizarres Abendessen bei ihr und ihrem damaligen Ehemann Ramm erinnert. Ramm, der Gastgeber, war dem Erzähler zuvor nur flüchtig als erfahrener und imponierender Geschäftsmann bekannt gewesen, der „freundlich, souverän, mit einem guten Sinn für Komik und Selbstironie" auftrat.[9] Der angenehm verlaufende Abend mit Ramm, seiner Frau Renate, dem Erzähler und dessen Freundin Gisela erfuhr eine unerwartete Wendung, als es beim Servieren des ersten Gangs nach verbranntem Horn roch. Als eine fette Kakerlake vom Rauchfang auf den Herd fiel und dort verbrannte, war die Quelle dieses Geruchs ausgemacht. Renate stürzte daraufhin aus dem Raum, fing an, sich unkontrolliert zu übergeben und schloss sich in der Toilette ein. Ramm zeigte sich kaum verständnisvoll, es sei „doch nicht so schlimm. In Afrika essen einige Stämme dauernd Kakerlaken. Eine gute Proteinquelle", sagte er Renate durch die Toilet-

---

7 Uwe Timm: Die Entdeckung der Currywurst. München 2007, S. 91.
8 Timm: Überlegungen, S. 307.
9 Uwe Timm: Das Abendessen. In: Ders.: Nicht morgen, nicht heute. Köln 1999, S. 11–28, 15.

tentür.[10] Auf weitere laute Würgegeräusche und „ein mitleiderregendes Röcheln" reagierte er mit dem lapidaren Kommentar an seine Gäste: „sie ist da etwas empfindlich ..." Alles andere als Selbstironie zeigend, setzte Ramm das Essen wie auch seine Bemerkungen zu Kakerlaken fort, während Gisela längst der Appetit vergangen war und nur noch der Erzähler „tapfer" und sogar „heroisch" an dem Essen teilnahm. Der Gastgeber dagegen aß genüsslich so, als ob nichts geschehen wäre, entwickelte sogar eine Theorie zur Erklärung des Benehmens des Ungeziefers, deren Wahrheit er durch das Hervorlocken von weiteren Kakerlaken bewies, was dazu führte, dass Gisela aus dem Raum lief und an die frische Luft musste. Renate blieb die ganze Zeit über in der Toilette.

Im Flugzeug nach Deutschland erfährt der Erzähler, dass der Kakerlaken-Abend Renate aus ihrer beklemmenden Ehe mit dem wesentlich älteren Ramm befreit hatte, der sie mit seinem Wunsch, sie ständig zu verwöhnen, u. a. mit einer kontinuierlichen Flut von Reizwäsche, zutiefst irritiert hätte. Am Abend des fatalen Essens sei sie aus der Toilette gekommen und Ramm sei sofort über sie hergefallen. Weil seine Haare aber stark nach Horn gerochen hätten, habe sie sich über seine Schulter noch einmal übergeben müssen. Am nächsten Morgen habe sie die Reizwäsche auf den Küchentisch aufgestapelt, sie mit dem ganzen Senf aus der Küche begossen, die Herdplatte voll aufgedreht, um die Kakerlaken hervorzulocken, und mit einer Mayonnaise-Tube auf die Küchenanrichte „Guten Rutsch!" geschrieben.

Durch die zeitliche Distanz und den gegenwärtigen, beruflichen Erfolg Renates als Fotografin wird hier der potenziell schwarze, sogar verletzende Humor der Geschichte in ein freundlicheres Licht gerückt, so dass man auch für den verliebten, verlassenen Ramm, der seine vergötterte Renate nicht verstehen konnte, ein gewisses Mitleid empfindet. Renate und der Icherzähler können jetzt über den Vorfall lachen, der unter anderem beweist, dass der Erzähler wegen seines oberflächlichen Kontaktes zu Ramm ein völlig falsches Bild von ihm gegeben hatte; von dessen Obsession, alles erklären zu müssen, hatte der Erzähler nichts gewusst, aber in der Rekapitulation des Abends wird die Idiosynkrasie Ramms in ein eher wohlwollendes, wenn auch nicht unkritisches Licht gerückt. Gleichzeitig ist die implizierte Kritik in der Geschichte keineswegs nur gegen Ramm gerichtet; auch der Erzähler wird mit seiner eigenen Unfähigkeit konfrontiert, mit der bizarren Situation fertig zu werden. Wegen seines Respekts für den älteren Ramm weiß er z. B. nicht, wie er sich gegenüber den beiden Frauen verhalten soll, und er verabschiedet sich sogar von der sich noch immer übergebenden Renate so, als ob der Abend normal verlaufen wäre.

In einer weiteren Erzählung, *Das Schließfach*, wird umso deutlicher, wie sehr Uwe Timm Humor als Selbstkritik begreift. Sie dreht sich um den Kollegen und Freund Steiner, der

---

[10] Ebd., S. 19.

> mit allen im Clinch, mit Hausbesitzern, mit Behörden, mit Steuerberatern, mit Ärzten, mit allen, die Geld von ihm wollen [liegt ...] Sein Ärger ist immer laut. Auf Klagedrohungen reagiert er nicht. Er lebt am Existenzminimum, schreibt verbohrt und beharrlich seine Bücher. In seiner Einzimmerwohnung findet kein Gerichtsvollzieher etwas Pfändbares, nur Stühle, eine Schreibmaschine, einen Schreibtisch und ein paar Bücher.[11]

Steiners Einstellung zur Welt bringt ihn öfters in verwickelte Situationen, im konkreten Fall ist sogar eine Sicherheitsnadel nötig. Steiner war am Vortag in München angekommen und hatte seine zwei Koffer in einem Schließfach abgestellt; am nächsten Tag muss er feststellen, dass die Uhr des Fachs falsch gelaufen ist, was die Eingabe von weiteren zwei Mark erfordert. Hier ist er sich seiner Rechte sehr bewusst und drängt auf die Rückerstattung des Geldes. Da er wegen der ihm unverständlichen Sturheit des Personals keinen Erfolg hat, dreht er durch und besteht darauf, seine Koffer abholen zu dürfen, obwohl er – wie sich erst jetzt herausstellt – Hausverbot hat. In dieser Situation wird es dem Erzähler so „peinlich", dass er zu vermitteln versucht. Aber ausgerechnet der gefasste, mit der Logik des Commonsense argumentierende Erzähler muss erleben, dass er es ist, der die Selbstbeherrschung verliert, er hört sich „plötzlich laut sagen, nein es war ein Brüllen: Über das Absurde diskutiere ich nicht mit Ihnen und schon gar nicht darüber, was schwer verständlich ist".[12] Eben weil der Kontrolleur äußerst gefasst bleibt, wird er für die Ichperson umso provozierender, bis diese „in einer wilden, ganz unbeherrschten Bewegung" um sich schlägt. Jetzt ist es ausgerechnet Steiner, der die Situation eindeutig verschärft hatte und der sogar von einem Polizeihund angegriffen worden war (die Hose wurde aufgeschlitzt, deswegen die Sicherheitsnadel), der versucht, den Erzähler zu beruhigen, es habe keinen Zweck, mit einer Anzeige zu drohen oder gegen den Griff des Polizeibeamten zu kämpfen. Jetzt lernt der Leser, dass Steiner den Tumult ausgenutzt hat, um seine Taschen trotz Hausverbots zu holen, er könne nicht länger bleiben, er wolle aber später anrufen: „Ich sag Bescheid, damit sich deine Familie keine Sorgen macht." Und dann gibt er seinem Freund eine Salami in die Hand, ruft ihm „Mach's gut" nach und geht. Und eben diese freundschaftlichen Abschiedsgesten haben zur Folge, dass sich der Erzähler „erschöpft und willig" abführen lässt.

Diese Erzählung enthält diverse von Uwe Timm hervorgehobene humoristische Elemente – sie ist insofern sozialkritisch, als hier in der Person von Steiner „das Eigensinnige", ja, sogar „das Kauzige" bei seinem kleinen Sieg über die Ordnungsinstanzen zelebriert wird, während trocken-bürokratischer Umgang mit dem „normalen" Bürger in ein kritisches Licht gerückt wird und die Unzulänglichkeit des spontanen, auf Humanität hinzielenden Benehmens des so genannten anständigen Bürgers vor der Obrigkeit auf komische, aber gleichzeitig zum kritischen Nachdenken einladende Art und Weise zum Ausdruck kommt.

---

11 Uwe Timm: Das Schließfach. In: Ders.: Nicht morgen, nicht heute. Köln 1999, S. 106–129, 112f.

12 Ebd., S. 126. Uwe Timm hat bekanntlich selbst über das Absurde bei Camus promoviert.

Die schon angesprochene Selbstkritik im Humor kommt vor allem in den Romanen *Kopfjäger* und *Johannisnacht* (1996) in der Form von Running-Gags zum Vorschein. In *Kopfjäger* wird in gewisser Weise die romantische Ironie reaktiviert in den abfälligen Bemerkungen des Protagonisten Peter Walter über seinen schriftstellerisch tätigen Onkel. Walter kann in etwa als das Negativ des Onkels gedeutet werden: Er ist wenig gebildet und hatte nur schlechte Jobs, bis er in eine Brokerfirma aufgenommen wurde, wo er zwar sehr viel Geld machte, aber nur durch Veruntreuung der Investitionen seiner Kunden. Der Roman stellt die Flucht vor der deutschen Justiz dar, und mit seiner Verhaftung auf der Oster-Insel endet das Buch. Der Onkel dagegen ist als Autor erfolgreich gewesen und kann inzwischen „auf Steuerkosten durch die weite Welt" reisen.[13] Seine Mutter irritiert Walter mit ihren vielen Geschichten vom (legal) erfolgreichen Onkel und „von der wunderschönen (natürlich) blonden Frau, [...] von den wunderschönen Kindern, der wunderschönen angeheirateten Familie mit den sechzigtausend Rindern, die ihre wunderschönen gehörnten Schädel über die wunderschöne familieneigene Pampa beugten".[14] Für Walter ist der Onkel in Wirklichkeit ein Ausbeuter, ein Vampir: „er saugt den Leuten ihre Lebensgeschichte aus", ja, allgemein saugen „diejenigen, die Bücher schreiben [...], allen und jedem das Leben aus, sitzen in ihren Grüften, schreibend, in einem Halbleben. Hin und wieder fliegen sie aus, auf der Suche nach Opfern, nach Nahrung".[15]

Aber der Kontrast zwischen den beiden täuscht. Wie Timm in seinen Paderborner Vorträgen und in *Der Freund und der Fremde* (2005) offen erzählt hat, musste er das familiäre Kürschnergeschäft sanieren, bevor er über den zweiten Bildungsweg am Braunschweiger Kolleg das Abitur machen durfte, darüber hinaus beschreibt er seine ersten Erzählversuche – von fiktiven Briefmarkenabenden, die sein neugieriges Herumstreifen auf der Reeperbahn tarnen sollten – als Schwindeln gegenüber seinen Eltern, ja, Erzählen an sich habe etwas Schwindlerisches an sich, meint er.[16] Und hier fällt die Parallelität zwischen den beiden besonders auf, da Walters Talent als krimineller Broker darin liegt, durch schöne, lustige Erzählungen die Zuneigung seiner Opfer zu gewinnen. Nicht nur bestehen Ähnlichkeiten zwischen den beiden, sondern Walters Interesse für die Geschichte des Kannibalismus schärft den Blick auf die Exzesse des Kapitalismus (im Jahre 2009 erst recht) als eine moderne Form des alltäglichen Kannibalismus, der uns wiederum zum so genannten Vampirismus des Onkels als Autor zurückführt. Schlussendlich kann der Roman als ein hinterlistiger, subversiver und humoristisch schräger Blick

---

13 Timm: Kopfjäger, S. 11.

14 Ebd. Die Nähe dieser ironischen Zusammenfassung des „wunderschönen" Lebens zu dem Uwe Timms ist unübersehbar.

15 Ebd., S. 281.

16 Timm bezieht sich hier auf Platons *Der Staat.* Siehe: Uwe Timm: Der Freund und der Fremde. Köln 2005, S. 11.

auf das „Innere des Landes" um 1990 verstanden werden, der seitdem nur an tragikomischer Relevanz gewonnen hat.

*Johannisnacht*, der erste Teil von Timms Berliner Romantrilogie,[17] zentriert erzählerisch vorwiegend um zwei Running-Gags, die dazu dienen, den Icherzähler dem Spott und der Selbstkritik auszusetzen. Der eigentliche Anfang des Romans besteht in den Schreibproblemen des Erzählers, die er nicht lösen kann, weswegen er ein gutbezahltes Gelegenheitsangebot annimmt, einen Artikel über die Kartoffel zu schreiben. Ihm wird von einem Freund empfohlen, in einem Privat-Archiv in Berlin zu forschen. In der kalten, regnerischen neuen Hauptstadt angekommen, fällt er dann sofort, auf das Wetter nicht entsprechend vorbereitet, einem italienischen Gaukler zum Opfer. Dieser hält an und bietet dem Passanten zwei Lederjacken zum Billigpreis an. Der – wofür er sich zu halten scheint – gewiefte Ex-Kürschner leugnet, dass er eine Kreditkarte hat, auch dass er eine Notreserve zu sich gesteckt hatte, strebt durch sachkundiges Gehabe die Oberhand zu gewinnen, prüft daher die Qualität des Leders, sogar der Nähte, bis er, einen Coup witternd, in den Kauf einwilligt: „Die Italiener sind, dachte ich, wunderbar, machen ihre kleinen Geschäfte, kleine Betrügereien, aber immer so, dass man selbst am Betrogenwerden noch seine Freude haben kann, wobei ich diesen netten Italiener ganz schön über den Tisch gezogen habe".[18] Er zieht sich die Jacke an, „wunderbar warm, endlich, in diesem regnerischen Wind, endlich. Was für ein guter Kauf, statt 1200 Mark nur 166 [...]." Aber schnell nimmt die Jacke Wasser auf, dann wird er von drei Halbstarken angegriffen: Das „Wasser spritzte aus der Jacke wie aus einem Schwamm [...]. Die drei starrten einen Moment verdutzt, ja entsetzt auf das Loch, aus dem es rot herausquoll". (S. 28f.) Er versucht sich damit zu trösten, dass die Jacke ihn wohl vor einer Verletzung geschützt hatte, aber beim näheren Hinsehen muss er feststellen, dass sie tatsächlich ausfranst:

> Nein, sie zerfasterte. Sie löste sich auf. Ich befingerte sie, zupfte etwas ab, eine glitschige Masse, wie von einem Löschblatt [...]. Das Innenfutter ließ sich in kleinen roten Klümpchen abzupfen. Immerhin, dachte ich, beim Betrachten der Finger, das Zeug färbt nicht ab, hat also auch nicht das Seidenjackett versaut. Ein junger Mann kam vorbei, nickte mir kurz freundlich zu und drückte mir eine Zigarettenpackung in die Hand [...]. Ich drückte die Packung einem der Obdachlosen in die Hand, zog die sich immer weiter auflösende, tropfende Jacke aus, stopfte sie, wo sie hingehörte – in einen Papierkorb und lief die Treppe zum Bahnsteig hoch. (S. 35f.)

Trotz dieser ersten Erfahrung, die den Erzähler darauf hätte aufmerksam machen müssen, dass er den Herausforderungen der neuen Hauptstadt nicht gewachsen ist, lässt er sich auf eine weitere Situation ein, aus der er erneut als Verlierer hervorgeht. Der Aufseher des Kartoffelarchivs ist der pensionierte Friseur Kramer, der sich rühmt, Ulbricht und anderen Politbüromitgliedern die Haare geschnitten zu

---

17 Die beiden anderen sind *Rot* (2001) und *Halbschatten* (2008).

18 Uwe Timm: Johannisnacht. Köln 1996, S. 25. Die folgenden Zitate im Fließtext beziehen sich auf diese Angabe.

haben. Der Erzähler, verunsichert durch Kramers Angebot, ihm durch einen Stützschnitt die Haare voller zu machen, versucht auf Distanz zu gehen, indem er von einem Bericht über einen später geflohenen Zahnarzt erzählt, der die Zähne von DDR-Prominenten systematisch sabotiert hatte; dazu Kramer: „Alltagssabotage. Klar doch [...] so wat hats jejeben. Immer contra jeben, jejen die da oben. Wirds auch immer jeben. Jottseidank." (S. 48) Wohl wegen dieser Offenheit und dadurch, dass er sich für seine Arbeit auf das Archiv angewiesen zu sein fühlt, willigt der Erzähler in den Haarschnitt ein, obwohl ihm, während Kramer mit einem altmodischen Rasiermesser am Hinterkopf arbeitet, etwas „unwohl" dabei ist. Später hört er Kramer und den Archivbesitzer über sich lachen, „und mir kam der Verdacht, dass sie unter einer Decke steckten, die lachen über dich, über den Wessi, der herkommt und sich wie ein Mondschaf scheren lässt." (S. 52f.) Und sein Verdacht erweist sich als berechtigt: Seine Pensionswirtin sagt ihm, er sei „völlig verschnitten", und im Spiegel entdeckt er, dass Kramer ihm drei strahlenförmige Streifen „von links unten nach rechts oben" hingeschnitten hat. Er resümiert: „Natürlich war das kein Zufall. Das Wort Alltagssabotage fiel mir wieder ein. Vielleicht lag es ja an meinem Jackett, dem Kramer angesehen hatte, dass es sündhaft teuer gewesen war, gerade weil es so schlicht wirkte. Ich starrte in dem Spiegel auf meinen Hinterkopf: Grotesk sah ich aus. Und lächerlich." (S. 69) Zum zweiten Mal wird der sich souverän wähnende Besucher aus einer anderen Welt auf den Arm genommen, weil er die Spielregeln des Milieus nicht kennt. Der smarte und teure Friseur im Westen der Stadt, bei dem er coiffeurische erste Hilfe sucht, bietet nicht zu Unrecht eine einfache Erklärung für Kramers Tat an: „Die armen Leute. Kein Wunder, dass die ne Mauer bauen mußten. Wahrscheinlich sind Sie das Opfer eines Racheakts geworden. Ein Haarschnitt, der sich gegen alle Wessis richtet, sozusagen eine symbolische Verstümmelung." (S. 164) Und der lakonische Erzählstil, zusammen mit dem Bewusstsein des Humorvollen in der persönlichen Erniedrigung verrät Verständnis für die Aktionen seiner Berliner Kontrahenten und daher Selbstkritik und -verständnis.

An dieser Stelle muss auf einen wichtigen Widerspruch in Uwe Timms eigenen Überlegungen zum Humor hingewiesen sein: Die bis jetzt aufgeführten Beispiele unterstreichen unisono seine Behauptung, Humor ziele eher auf Verstehen als auf Veränderung, vor allem was Toleranz für Idiosynkrasie und persönliche Schwäche angeht, aber er betont an anderer Stelle, dass Humor „etwas Subversives" habe, er richte sich sogar gegen Ideologien.[19] Dieser Punkt ist insofern wichtig, als sein am konsequentesten humorvolles Buch, *Die Entdeckung der Currywurst,* eben diese Art Humor exemplarisch beinhaltet, es stellt sogar mehr als jedes andere Werk Timms den Beweis dar, dass er, so lustig sein Erzählen auch ist, dennoch immer gleichzeitig auch sehr ernst sein kann. Der Ich-Erzähler der „Legende" fasst den Stoff sehr plastisch zusammen: es gehe um

---

[19] Timm: Überlegungen, S. 310.

> we[n] und was alles eine Rolle gespielt hatte bei der Entdeckung der Currywurst: ein Bootsmann der Marine, ein silbernes Reiterabzeichen, zweihundert Fehfelle, zwölf Festmeter Holz, eine whiskytrinkende Wurstfabrikantin, ein englischer Intendurrat und eine englische rotblonde Schönheit, drei Ketchupflaschen, Chloroform, mein Vater, ein Lachtraum und vieles mehr.[20]

Indem sie eine späte, vorm kommenden Alter schützende Liebe ins Zentrum stellt, trotzt die schöne, bewegende Beziehungsgeschichte zwischen Lena Brücker und dem ungewollt fahnenflüchtigen Bootsmann Bremer in fast Böll'scher dem NS-Staat konformen Benehmen der Mitbewohner und Arbeitskollegen Lenas; und die Szenen nach der Kapitulation Hamburgs, in denen der unwissende Bremer immer noch auf Socken in der Wohnung herumgeht, sind – wie Lena es selber empfindet – besonders komisch. Aber der von den Eskapaden des begnadeten Kochs Holzinger herrührende Humor stellt Subversion eines intensiveren Kalibers dar, durch die Holzinger bewusst sein Leben riskiert. Er hatte, schon bevor er nach Hamburg versetzt wurde, Aufmerksamkeit durch seine die Kriegsmoral zersetzenden Kochkünste auf sich gezogen. Als neuer Leiter der Kantine des Reichssenders in Königsberg in den ersten Kriegsjahren hatte er sich relativ schnell sehr verdächtig gemacht:

> Wenige Monate später litten mehrere Rundfunksprecher und Redakteure unter Brechdurchfall, auffälligerweise immer dann, wenn es galt, militärische Siege zu melden. Der Sieg über Frankreich wurde gefeiert [...], aber der Kommentator des Reichssenders in Königsberg kniete in der Toilette und kotzte [...]. Es gibt – ich habe sie mir vorspielen lassen – eine mitgeschnittene Radioaufnahme, in der ein Sprecher bei den Worten *unsere siegreichen Fallschirmjäger* zu würgen beginnt, nach *Kreta* kommt ein akustisches Loch, das Mikrophon wird vom Sprecher kurz abgeschaltet, dann folgt ein gerülpstes *erobert*, das in Kotzgeräusche mündet. (S. 52f.)

Holzinger wurde bald zur Gestapodienststelle befohlen, konnte dann den Verdacht entkräften, wurde aber doch entlassen und nach Hamburg versetzt, wo Lena Brücker die Kantinenleitung übernommen hat. Sie wird von der Gestapo zu Holzinger ausgefragt, singt aber nur ein hohes Lied auf seine Kochkünste. Sofort entsteht danach ein enges, wenngleich unausgesprochenes Gesinnungsverhältnis zu Holzinger, und sie initiiert ihrerseits eine kleine Sabotagekampagne gegen den Gauredner Grün. Sie bestellte z. B.

> jedesmal Fisch, wenn, wie heute, Gauredner Grün kam. Der Vater von Grün hatte einen Fischladen, und Grün hatte mehrmals betont, daß ihm, wenn er Fisch auch nur rieche, übel werde. Als Junge habe er nämlich Fische aus dem Frischwasserbottich keschen, dann mit einem Schlag auf den Kopf betäuben, aufschlitzen und ausnehmen müssen. (S. 54)

Für den nächsten Besuch des Redners versucht sie daher, schon wieder Fisch zu bekommen, was aber nicht klappt, weil die Briten das Elbeufer besetzen. Wegen der Explosion einer Luftmine neben einem Bauernhof gebe es aber jede Menge Pansen. Holzinger schlägt sofort vor, Kutteln zu machen, sagt aber Frau Brücker,

---

[20] Timm: Entdeckung, S. 16. Die folgenden Zitate im Fließtext beziehen sich auf diese Angabe.

sie solle „auf keinen Fall etwas von der Terrine vom Vorstandstisch" nehmen, er möchte nämlich dem Publikum eine Rede ersparen. (S. 56) Es ist dies „das einzige Mal, daß Holzinger einen Hinweis auf seine Küchensabotage gab", und die Wirkung auf die prominenten Gäste tritt fast sofortig und heftig ein:

> Lena Brücker schöpfte die Kutteln dem Gauredner in den Teller und hörte: Halten, schon, aber natürlich kämpfen, panzerbrechende Waffen, klar, aber, wie das duftet, sagte er. Kutteln. Ahh, und Kümmel, ahh. So viele Ahhs, aber auch so viele Abers, sagte Frau Brücker, das fiel mir damals auf, die waren neu. Schnaps ist Schnaps und Dienst ist Dienst, sagte ein Regierungsrat am Tisch [...]. Gauredner Grün sprang unvermittelt auf und stürzte, die Hand vor dem Mund, hinaus. Dr. Fröhlich hastete würgend hinterher. (S. 56f.)

Die durch Holzingers gastronomische Sabotage erzeugte Komik erinnert auch in der unterschwelligen Botschaft an Oskar Matzeraths Zertrommeln der Nazi-Großkundgebung in Grass' *Die Blechtrommel*, sie enthält nämlich das, was Uwe Timm in seinen Paderborner Vorträgen den „wunderbaren Konjunktiv" nannte, suggeriert also: so „könnte es gewesen sein".[21] Gleiches gilt für die in *Erzählen und kein Ende* enthaltene Erzählung seines Kürschnermeisters, er habe den Persermantel der Frau von Ribbentrop so subtil subversiv „ausgebessert", „dass die Frau des großkotzigen Nazi-Außenministers mit dem Sowjetstern auf dem Rücken herumlief".[22] Obwohl Timm aus familiären Gründen erst zehn Jahre nach *Die Entdeckung der Currywurst* in *Am Beispiel meines Bruders* das höchstpersönliche Problem von der Entscheidung seines älteren Bruders, sich freiwillig zur Waffen-SS zu melden, aufgreifen konnte, griff er es schon in *Die Entdeckung der Currywurst* sozusagen von der Kehrseite an, indem er zeigte, wie durch Humor kleine, an sich gar nicht gewichtige Widerstandsakte gegen den Nationalsozialismus möglich waren, die heute zu erzählen „das Vergangene sichtbar macht und in die Gegenwart projiziert, aber nicht ausdeutet".[23] Diese knappe und treffende Bezeichnung dessen, was Uwe Timm hier, wie in den meisten seiner Werke, zu erreichen versucht, stellt dann auch im Humorvollen zwangsläufig die Frage: ob es doch nicht hätte anders sein können.

---

21 Uwe Timm: Erzählen und kein Ende. Köln 1993, S. 126.
22 Ebd., S. 96f.
23 Hans-Herbert Räkel: Könnte es so gewesen sein? In: Süddeutsche Zeitung. 30/31.8.2008.

# III. Gesellschaftliche Rollen und die Gefahr der Lächerlichkeit

DANIEL FULDA (Halle-Wittenberg)

# Die Gefahr des Verlachtwerdens und die Fähigkeit, über sich selbst zu lachen

## Wissenschaft, Gesellschaft und Lächerlichkeit in der frühen und mittleren Aufklärung

In der frühen und mittleren Aufklärung befand sich die moderne Wissenschaft noch in ihrer Formierungsphase: Empirische und experimentelle Methoden begannen sich erst durchzusetzen; die Universität war noch Teil der Ständegesellschaft, nicht Forschungsstätte; die Ausdifferenzierung wissenschaftlicher Disziplinen mit eigener Methodik und eigenen Institutionen setzte gerade erst ein.[1] Modern war schon der für die Wissenschaft erhobene Anspruch auf praktische Nützlichkeit, ja Weltgestaltung und Fortschritt; jedoch war Wissenschaft noch nicht als autonomes System etabliert, das gesellschaftlichen Nutzen dadurch erbringt, dass es seinen eigenen Regeln folgt. Es handelt sich, etwas plastischer formuliert, um den historischen Moment, nachdem der Gelehrte seine Studierstube verlassen hatte (das „hochgewölbte, enge, gotische Zimmer" der ersten Szene des *Faust*) und bevor er sich, zum Forscher verpuppt, wieder aus der Gesellschaft in Labore oder Archive zurückzog, „Einsamkeit und Freiheit" (Wilhelm von Humboldt) zu Bedingungen wissenschaftlicher Erkenntnis erhebend. Dass sie sich in einer Übergangsphase befanden, registrierten schon die Autoren des späten 17. und der ersten Hälfte des 18. Jahrhunderts, wurde die traditionelle Gelehrsamkeit, die mehr auf Verwaltung und Strukturierung gegebenen Wissens denn auf Schaffung von neuem ausgerichtet war, doch weithin als unzureichend bewertet. Was an deren Stelle treten würde, stand den Zeitgenossen naturgemäß weniger deutlich vor Augen.

Aus der so entstandenen – und wahrgenommenen – Offenheit der Situation erwuchs ein erhöhtes Bedürfnis nach Verständigung über die Leistungen der Wissenschaft und die Rolle ihrer Protagonisten, das sich unter anderem in einer Flut von Anleitungen zum rechten Verhalten des Gelehrten, aber auch von gelehrtenkritischen Texten äußerte. „Es ist davon auszugehen, daß sich in der Zeit von 1680 bis 1730 mehrere hundert Texte mit den Un- und Eigenarten der Gelehrten auseinandergesetzt haben."[2] Eine so extensive wie intensive Selbstverständigung mit

---

1 Vgl. Rudolf Stichweh: Selbstorganisation in der Entstehung des modernen Wissenschaftssystems. In: Ders.: Wissenschaft, Universität, Professionen. Soziologische Analysen. Frankfurt/M. 1994, S. 84–98; exemplarisch Hubert Steinke: Irritating Experiments. Haller's Concept and the European Controversy on Irritability and Sensibility 1750–90. Amsterdam et al. 2005.

2 Martin Gierl: Pietismus und Aufklärung. Theologische Polemik und die Kommunikationsreform der Wissenschaft am Ende des 17. Jahrhunderts. Göttingen 1997 (Veröffentlichungen des

relativ hoher Öffentlichkeit hat die Wissenschaft später, so mein Eindruck, nie wieder unternommen, vermutlich weil das Bedürfnis daran zurückging, sobald der Übergang zur modernen Wissenschaft vollzogen war. Im ‚Normalbetrieb' ist das Bedürfnis nach Selbstverständigung eben geringer als in offeneren Zeiten:[3] Ein etabliertes System sichert sein fortwährendes Funktionieren durch Ausführung bewährter Operationen und Einübung seiner nachwachsenden Akteure in scheinbar selbstverständliche und alternativlose, häufig sogar unausgesprochene Regeln.[4] Grundsatzdebatten um Zweck und Legitimation der Wissenschaft sind dagegen nur dann sinnvoll, wenn deren (bisherige) gesellschaftliche Funktion nicht (mehr) gesichert oder nicht (mehr) sinnvoll erscheint.

Aber ist nicht auch unsere Gegenwart von einer auffällig intensivierten und grundsätzlichen Diskussion um die Aufgaben der Universität und die Rolle ihrer Akteure gekennzeichnet? Selbst die Textgattung der Verhaltenslehren und der Anstandsliteratur wird neuerdings (ironisch) wiederaufgenommen, im 2006 erschienenen *Campus-Knigge* sogar mit einem analytischen Anspruch hinsichtlich gesellschaftlicher Statusgefüge und Umgangsformen, der dem Titelbezug auf den originalen ‚Knigge' (*Über den Umgang mit Menschen*, 1788) ungeahnte Berechtigung verleiht.[5] Ob dies als Zeichen dafür verstanden werden darf, dass wir uns erneut in einer Übergangssituation mit erhöhtem Selbstverständigungsbedarf befinden? Wenn ja, so kann ein Rückblick auf die Formationsphase der modernen Wissenschaft vielleicht nicht nur historische Einsichten bieten.

Der vorliegende Beitrag setzt dazu beim Phänomen des lachenden und belachten Gelehrten in der frühen und mittleren Aufklärung an. Denn die Selbstverständigung der Gelehrten über ihre Rolle ist in dieser Zeit zentral auf die Kategorie der Lächerlichkeit bezogen, und zwar nicht allein in literarischen Gattungen wie der Satire oder Komödie, die traditionell Lächerliches darstellen, um dem Leser oder Zuschauer Vergnügen zu bereiten und zugleich ein ‚Laster' zu strafen, sondern auch in Texten der akademischen Selbstverständigung (I.). Als lächerlich werden in allen diesen Texten Verhaltensweisen dargestellt und gebrandmarkt, die bestimmten vorausgesetzten Normen nicht entsprechen. Diese Wahrnehmungsweise und Sanktionierungstechnik hat im späten 17. und in der ersten Hälfte des 18. Jahrhunderts freilich nicht nur im literarisch-gelehrten Diskurs besondere Bedeutung,

---

MPI für Geschichte 129), S. 546. Innerhalb der Frühen Neuzeit ist der genannte Zeitraum die Zeit der lebhaftesten Schriftenproduktion zu Tun und Sitten der Gelehrten, vgl. die entsprechende Massierung im Quellenkorpus bei Pascale Hummel: Mœurs érudites. Étude sur la micrologie littéraire. Genf 2002 (Histoire des idées et critique littéraire 395).

3 Vgl. Isabelle Stengers: Die Erfindung der modernen Wissenschaften. A. d. Frz. von Eva Brückner-Tuckwiller und Brigitta Restorff. Frankfurt/M., New York, Paris 1997 (Edition Pandora 31), S. 15f. mit Bezug auf Michael Polanyi und Thomas S. Kuhn.

4 Vgl. Pierre Bourdieu: Homo academicus. Übers. von Bernd Schwibs. Frankfurt/M. 1988, S. 75.

5 Vgl. Miloč Vec et al. (Hg.): Der Campus-Knigge. Von Abschreiben bis Zweitgutachten. München 2006.

sondern auch in der gesellschaftlichen Praxis, besonders bei Hofe. Sich lächerlich zu machen, ist eine Gefahr, die allen droht, die das *decorum* – das in der jeweiligen Situation sich Geziemende – verfehlen (II.). Der Gelehrte ist dieser Gefahr aber in besonderem Maße ausgesetzt, weil sein traditioneller Habitus in grundsätzlicher Opposition zu der positiven Norm steht, von deren Standpunkt aus Lächerlichkeit konstatiert wird, nämlich zur Norm eines adressatenorientierten, sich selbst und die vertretene Sache zurücknehmenden Kommunikationsstils. Ein Wissenschaftsideal, das diese Kluft überbrückt, wurde um 1700 von Thomasius entwickelt und zusammen mit seinen Schülern mehr oder weniger durchgesetzt: das Ideal einer ‚galanten' Wissenschaft, zu der sich „Verstand / Gelehrsamkeit / ein gute[s] judici[um], Höfflichkeit / und Freudigkeit" verbinden.[6]

Wer dieses Ideal verfehlte oder sogar ablehnte, wurde leicht als lächerlich wahrgenommen (III.). Als Anpassung an die Verhaltensnormen der ‚guten Gesellschaft' war das ‚galante' Wissenschaftsideal indes nicht unumstritten. Heute – im Horizont der aktuellen Wissenschaftsforschung – lässt sich die Frage, ob die ‚galante' eine ‚solide' Gelehrsamkeit sein könne, mit Gewinn wieder aufnehmen: Werden Gesellschaftlichkeit, Kommunikation und Darstellung als unhintergehbare Bedingungen von Wissenschaft anerkannt, so stellt sich die galante Geltungsorientierung weniger als Vernachlässigung intern wissenschaftlicher Verfahrensregeln denn als Reflexionsimpuls von genuin wissenschaftlicher Relevanz dar (IV.). Dieser Impuls veranlasst nicht zuletzt dazu, Wissenschaft als das Rollenspiel zu sehen, das sie ist. Rollenbewusstsein und damit Selbstdistanz zu gewinnen, geht aber Hand in Hand mit der Fähigkeit, über sich selbst, das eigene Tun und die eigene Gruppe lachen zu können (V.). An diesem Punkt transformiert sich das Verlachen aus beanspruchter Überlegenheit in ein Lachen, das die Bereitschaft zur Selbstkritik impliziert. Der Beitrag schließt mit einer Analyse des *Jungen Gelehrten* von Lessing als vermutlich elaboriertesten Beispiels für gelehrte Selbstkritik im Medium des Lachens. Denn die Titelfigur vereinigt noch einmal (fast) alle Fehler, die den seine Wissenschaft verabsolutierenden Gelehrten seit einem halben Jahrhundert als lächerlich erscheinen ließen, während die positive Norm nach wie vor wesentlich vom Ideal der ‚galanten' Gelehrsamkeit geprägt ist (VI.).

---

6 Christian Thomasius: […] Discours, Welcher Gestalt man denen Frantzosen in gemeinem Leben und Wandel nachahmen solle? [1687] In: Ders.: Kleine Teutsche Schriften. Vorw. v. Werner Schneiders. Personen- u. Sachreg. v. Martin Pott. Hildesheim, Zürich, New York 1994 (Ausgewählte Werke 22), S. 1–52, hier S. 15.

## I. „Gelehrte Narren […] die grösten Narren zu seyn pflegen.“[7] Literarische und akademische Gelehrtenkritik

Dem Literaturhistoriker geläufig ist der lächerliche Gelehrte in der Komödie und in weiteren von der frühen und mittleren Aufklärung besonders geschätzten Gattungen wie der Satire (mit Rabener, Liscow und Hagedorn als wichtigsten Vertretern) und den Moralischen Wochenschriften.[8] Die dort immer wieder vorgebrachten Kritikpunkte sind gelehrte Detailversessenheit und Verwechslung von Hauptsache und Nebendingen (konkretisiert z. B. in überbordenden Fußnoten), Erfahrungsarmut im Leben wie in der Wissenschaft (versäumte Empirie), mangelnde Nutzbarkeit des gelehrten Wissens in der Praxis, Buchgelehrsamkeit und Autoritätsgläubigkeit, Streitsucht, Ruhmsucht und Ruhmredigkeit, Eitelkeit, Ungeselligkeit und ungehobelte Sitten (bis hin zur Nachlässigkeit in Körperpflege und Kleidung[9]). Alle diese Eigenschaften geben, zumal in überspitzender Darstellung, Anlass zum Lachen, und sie werden dadurch als zu meidende bzw. abzulegende Fehler gekennzeichnet, so wie Gottsched es programmatisch für die Komödie formulierte: „das Lächerliche[,…] die seltsame Aufführung närrischer Leute, macht sie auslachenswürdig“.[10] Intendiert ist also ein ‚herabsetzendes‘, nicht ein ‚karnevalistisches‘ Lachen;[11] zu belachen sind Verhaltensweisen, die bestimmten vorausgesetzten Normen nicht genügen.

Wie aber können literarische Texte der Selbstverständigung von Wissenschaft dienen? Zu erinnern ist zunächst an ein generelles Charakteristikum frühneuzeitlicher Literatur: ihre Gebundenheit an Gelehrsamkeit.[12] Auch die ‚schöne Literatur‘ wurde in aller Regel von Gelehrten verfasst, mitunter von regelrechten Universitätsangehörigen wie z. B. Gottsched, zumindest aber von akademisch mehr oder weniger gründlich Gebildeten (von Christian Reuter bis Lessing gewissermaßen);

---

7 Christian Thomasius: Kurzer Entwurf der Politischen Klugheit [1707]. Vorw. v. Werner Schneiders. Personen- u. Sachreg. v. Kay Zenker. Hildesheim, Zürich, New York 2002 (Ausgewählte Werke 16), S. 45 (im Original hervorgehoben).

8 Vgl. Wolfgang Martens: Von Thomasius bis Lichtenberg. Zur Gelehrtensatire der Aufklärung. In: Lessing Yearbook 10 (1978), S. 7–34; Gunter E. Grimm: Letternkultur. Wissenschaftskritik und antigelehrtes Dichten in Deutschland von der Renaissance bis zum Sturm und Drang. Tübingen 1998 (Studien und Texte zur Sozialgeschichte der Literatur 60), S. 162–236; Alexander Košenina: Der gelehrte Narr: Gelehrtensatire seit der Aufklärung. Göttingen 2003, passim.

9 Vgl. Matthias Georg Schröder: Dissertatio historico-moralis De Misocosmia eruditorum, vulgo Schmutzigen Gelehrten. Leipzig 1717.

10 Johann Christoph Gottsched: Versuch einer Critischen Dichtkunst […]. 4. sehr verm. Aufl. Leipzig 1751, S. 652.

11 Vgl. die entsprechende Unterscheidung bei Bernhard Greiner: Die Komödie. Eine theatralische Sendung. Grundlagen und Interpretationen. Tübingen 1992 (UTB 1665), S. 97–114.

12 Vgl. Gunter E. Grimm: Literatur und Gelehrtentum in Deutschland. Untersuchungen zum Wandel ihres Verhältnisses vom Humanismus bis zur Frühaufklärung. Tübingen 1983 (Studien zur deutschen Literatur 75).

als ‚Gelehrte‘ wurden im 18. Jahrhundert beide Gruppen bezeichnet.[13] Literatur zu verfassen setzte ebenso gelehrte Kenntnisse voraus wie sie zu rezipieren; davon ausgenommen waren nur wenige Textgruppen wie manches Repertoire der Stegreiftruppen, das erst retrospektiv, von der Literaturwissenschaft, zur Literatur gerechnet wird. Die Wissenschaft wiederum bildete noch kein abgeschlossenes System, in dem ausschließlich Universitäten oder Akademien Platz haben, sondern konstituierte sich regelmäßig auch aus nicht-professionellen Beiträgen. Dieser Verflechtung entsprechend ist es weitgehend dieselbe Phänomenologie kritikwürdiger Eigenschaften, die einerseits den literarischen Satiren und mahnenden Charakterbildern der Moralischen Wochenschriften und andererseits der akademischen Selbstkritik an Pedantismus oder, als Gegenteil davon, gelehrter ‚Marktschreierei‘ zugrunde liegt, und vor denselben Verfehlungen suchen auch die präskriptive bzw. präventive Anstandsliteratur[14] sowie die akademische Propädeutik der Historia literaria oder Schuloratorien ihre Leser bzw. Hörer zu bewahren. Kritisiert werden in allen Textgattungen zum einen

> solche Leute, die den Wissenschaften so eifferig obliegen, dass sie anständige Sitten und Manieren hintenan setzen; die sich in den Umgang mit Welt-Menschen nicht zu schicken wissen, und wenn sie darein gerathen, sich blöd und verstört anlassen. Oder auch solche, die bey einer geringen Wissenschaft eine hohe Einbildung führen und auf eine ungeschickte Weise sich damit allenthalben hervor zu thun suchen; die bey ihren vorgefaßten Meinungen hartnäckig beharren, dieselben iedermann aufdringen und gegen andere behaupten wollen, daneben zänkisch, neidisch und stürmisch sind und niemand neben sich leiden können.[15]

Zum anderen stehen diejenigen in der Kritik, die es mit der Selbstdarstellung und Publikumsorientierung übertreiben. Sie werden mit Schauspielern verglichen, die nach dem Applaus des Publikums (dem „Beyfall des Pöbels“) gieren und ihr Verhalten danach ausrichten,[16] oder mit der lächerlichen Figur des Harlekin[17] und werden „Charletans oder Marcktschreyer“ genannt, weil „sie nichts wissen, und dabey so arglistig sind, daß sie andern blaue Dünste vor die Augen machen, und ihnen eine gute Meinung von ihrer Geschicklichkeit beyzubringen suchen“.[18]

---

13 Vgl. noch Johann Christoph Adelung: Grammatisch-kritisches Wörterbuch der hochdeutschen Mundart. Bd. 1–5. Wien 1811–18, Bd. 2, S. 531 (s. v. gelehrt).

14 Vgl. Manfred Beetz: Der anständige Gelehrte. In: Sebastian Neumeister, Conrad Wiedemann (Hg.): Res Publica Litteraria. Die Institutionen der Gelehrsamkeit in der frühen Neuzeit. Teil 1. Wiesbaden 1987 (Wolfenbüttler Arbeiten zur Barockforschung 14,1), S. 153–174.

15 [Heinrich Zedler:] Großes vollständiges Universal-Lexikon aller Wissenschaften und Künste. Bd. 1–64 u. 4 Suppl.-Bde. Halle 1732–54, Bd. 35, Sp. 1546 (s. v. Schul-Fuchs).

16 Johann Burckhard Mencke: Zwey Reden von der Charlatanerie oder Marcktschreyerey der Gelehrten, Nebst verschiedner Autoren Anmerckungen. [...] nach der letzten vollständigsten Auflage übersetzt [...]. Leipzig 1727, S. 2.

17 Vgl. Johann Gottfried Büchner: Schediasma historico-literarium de vitiorum inter eruditos occurentium scriptoribus, additis insimul quibusdam horum vitiorum causis specialibus, exemplis, et horum librorum usu. Leipzig [1718], S. 134 mit einem Paragraphen „de Machiavellismo literario & Charlataneria seu Harleqvinismo“.

18 [Zedler:] Universal-Lexikon Bd. 26, Sp. 191 (s. v. Pädanterey). Vgl. auch die Titelsammlung und Auswertung bei Leonard Forster: „Charlataneria eruditorum“ zwischen Barock und Auf-

Zur weitgehenden motivischen Überschneidung zwischen literarischer und akademischer Gelehrtenkritik kommt ein Transfer von Darstellungstechniken hinzu. Auch der Professor, der eine akademische Rede über die Torheiten der Gelehrten hält, kann seinen Gegenstand wie eine Komödie inszenieren. So erläutert der deutsche Übersetzer von Menckes Reden *De charlataneria eruditorum*, die Absicht des Autors sei es gewesen,

> durch Aufführung etlicher wenigen kurtzweiligen Personen seinen Zuhörern die Augen zu öffnen, und ihnen durch wohl angebrachte Beyspiele solche Reguln an die Hand zu geben, wodurch sie vor sich selbst geschickt werden mögen, auf eben die Weise auch die Verrichtungen vieler hundert andern unter gleicher Masque spielenden Personen tieffer einzusehen, und vernünfftig zu beurtheilen. [...] Dich nemlich und andre zu belehren, wie man gar nicht Ursache habe iedweden halb ehrbaren Peter-Sqventz so bald auf das erste Hand-Klatschen etlicher par terre herum irrenden Crethi und Plethi, vor das Muster einer viel bedeutenden Haupt-Person, auf dem Schauplatze der gelehrten Welt anzusehen.[19]

Aber sind die Eigenschaften und Verhaltensweisen des lächerlichen Gelehrten nicht zumeist topische Attribute stehender Figuren (wie sie gerade für die Komödie kennzeichnend sind)? Sind die Gelehrtensatiren – und zwar nicht nur die literarischen – überhaupt auf ‚reale' Probleme bezogen? Den Gelehrten als Narren darzustellen und ausgerechnet beim theoretisch Klügsten einen Mangel an Praxiswissen festzustellen, hat in der Tat eine lange Tradition, die bis in die Antike zurückreicht und seit dem Humanismus als eigene Gattung gepflegt wurde.[20] Ihr topischer Charakter macht es indessen nicht unmöglich, dass die karikierten Fehler einen realen, zeitspezifischen Missstand markieren. So überspitzt die Laster und Schrulligkeiten der Gelehrten dargestellt werden, so genau werden damit Dysfunktionalitäten getroffen, die spezifisch im Übergang von der traditionalen, ‚gelehrten' zur modernen, forschenden Wissenschaft auftreten. Denn die satirisch ausgestellten Fehler sind Mängel, die sich entweder dem alten, polyhistorischen Gelehrsamkeitsideal mit seiner Philologielastigkeit und Praxisferne zuordnen lassen und von den Autoren teilweise auch explizit so zugeordnet werden,[21] oder sie

---

klärung in Deutschland. In: Sebastian Neumeister, Conrad Wiedemann (Hg.): Res Publica Litteraria, S. 203–220 sowie Gierl: Pietismus und Aufklärung, S. 543–574.

19 Mencke: Zwey Reden von der Charlatanerie oder Marcktschreyerey der Gelehrten, S. ):(3.

20 Vgl. Košenina: Der gelehrte Narr, und Hans Blumenberg: Das Lachen der Thrakerin. Eine Urgeschichte der Theorie. Frankfurt/M. 1987 (stw 652), der die Anekdote über Thales von Milet, der, die Sterne beobachtend, in einen Brunnen fällt und von einer Magd ausgelacht wird, durch die Jahrhunderte verfolgt, wenngleich mit wenig Interesse an Lächerlichkeit und Verlachen.

21 Vgl. Conrad Wiedemann: Polyhistors Glück und Ende. Von Daniel Georg Morhof zum jungen Lessing [1967]. In: Ders.: Grenzgänge. Studien zur europäischen Literatur und Kultur. Hg. v. Renate Stauf u. Cord-Friedrich Berghahn. Heidelberg 2005 (Beiträge zur neueren Literaturgeschichte 221), S. 107–132; besonders differenziert und weitsichtig: Wilhelm Kühlmann: Gelehrtenrepublik und Fürstenstaat. Entwicklungen und Kritik des deutschen Späthumanismus in der Literatur des Barockzeitalters. Tübingen 1982 (Studien u. Texte zur Sozialgesch. d. Lit. 3), S. 423–454; vgl. auch die Polyhistor-Gedichte von Johann Adolf Schlegel und Gellert in: Ale-

weisen durch übermäßige Selbstinszenierung und Geltungsorientierung auf die Habitusunsicherheit jener Übergangssituation.

Ein weiteres, in der Forschung kaum beachtetes Bindeglied zwischen literarischer Gelehrtenkritik und der gesellschaftlichen Praxis dieser Zeit ist das Wertungsprinzip des Verlachens. Anlässe zum Lachen gibt der Gelehrte nicht erst, wenn er als Komödienfigur die Bühne betritt oder zum Gegenstand der Satire wird – also nicht erst durch literarische Zurichtung. Lächerlich zu erscheinen ist seit etwa 1700 vielmehr die große Gefahr, der er bereits in der Praxis ausgesetzt ist. So dekretiert Christian Thomasius lakonisch: „Es ist eine einige [einzige] Regel de methodo. Ordne eine Erweisung oder Erfindung der Warheit wie du willst / mache es nur nicht ungeschickt und lächerlich. [...] sonsten wird man dich ebenso auslachen".[22] Und noch 1748 warnt der Jenaer Philosoph Gottlieb Stolle in seiner *Kurtzgefaßten Lehre der Allgemeinen Klugheit*: „Wahre Wissenschaften werden durch ungeschickte Minen und Geberden bey vielen zum Gelächter."[23]

## II. „Daß man von niemandem ausgelachet werde". Verlachensdrohung und Verhaltenssteuerung

Der Gefahr der Lächerlichkeit war nicht allein der Gelehrte ausgesetzt. Vielmehr handelt es sich um einen Sanktionierungsmodus, der auf allen Feldern gesellschaftlicher Interaktion angewandt wurde: „Denn alle *Prudentia Civilis* dahinaus läufft / daß man sich in dem gemeinen Leben so auffführen soll / daß man von niemandem ausgelachet werde", warnt Erdmann Neumeister, der Sorauer Superintendent und spätere Hamburger Pastor, der auch als Poetiker hervorgetreten ist.[24] Mit Verlachen wird bestraft, wer sich nicht an jene gesellschaftlichen Regeln hält, die weder in den Bereich der Moral (des *honestum*) noch in den der Gesetze (des

---

xander Košenina (Hg.): Charlataneria eruditorum. Satirische und kritische Texte zur Gelehrsamkeit. Mit e. Nachw. St. Ingbert 1995 (Kl. Archiv des achtzehnten Jh. 23), S. 24–30.

22 Christian Thomasius: Einleitung zur Vernunftlehre. Nachdr. der Ausg. Halle 1691. Vorw. v. Werner Schneiders. Personen- u. Sachreg. v. Frauke Annegret Kurbacher. Hildesheim, Zürich, New York 1998 (Ausgewählte Werke 8), S. 273f.

23 Gottlieb Stolle: Kurtzgefaßte Lehre der Allgemeinen Klugheit. Mit einer Vorrede Vom Reformiren der Wissenschafften und Anwenden der Philosophie auf andere Theile der Gelahrheit. Jena 1748, S. 160.

24 Erdmann Neumeister: Raisonnement über die Romanen (1708). In: Eberhard Lämmert et al. (Hg.): Romantheorie. Dokumentation ihrer Geschichte in Deutschland. Bd.1: 1620–1880. Frankfurt/M. 1988, S. 62–68, hier S. 68. Vor der Gefahr, sich durch schlechte Manieren lächerlich zu machen, warnt auch Julius Bernhard von Rohr: Einleitung zur Ceremoniel-Wissenschafft der Privat-Personen / Welche Die allgemeinen Regeln / die bey der Mode, den Titulaturen / dem Range / den Complimens, den Geberden, und bey Höfen überhaupt / als auch bey den geistl. Handlungen, in der Conversation, bey der Correspondenz, bey Visiten, Assembleen, Spielen, Umgang mit Dames, Gastereyen, Divertissemens, Ausmeublirung der Zimmer / Kleidung, Equipage, u.s.w. Insonderheit dem Wohlstand nach von einem jungen Teutschen Cavalier in Obacht zu nehmen / vorträgt. 2., verm. Aufl. Berlin 1730, S. 182.

*justum*) fallen, die also ‚nur' das Geziemende oder Anständige (das *decorum*) betreffen.[25] Welches Verhalten ‚sich gehört', ist weniger eindeutig kodifiziert als die Ge- und Verbote der Moral und des Rechts, denn es ist stark von der jeweiligen Situation und den Beteiligten abhängig: Stets gilt es zu beachten, ob man es mit Herren oder Dienern, mit Höhergestellten oder niederem Volk zu tun hat, ob man in Geschäften oder als Privatmensch handelt, ob man Bittender oder Gebetener ist usw. Unendlich viele Möglichkeiten gibt es hier, etwas falsch zu machen, weil man sich oder seine Gegenüber falsch einschätzt, weil man sich zu sehr hervortut oder übertrieben schweigsam bleibt, weil man die falsche Kleidung trägt, sich unangemessen bewegt oder gestikuliert oder seine Worte ungeschickt wählt. Solches Fehlverhalten verstößt, wie gesagt, zumeist nicht gegen Gesetz und Moral; es wird gleichwohl Gegenstand der gesellschaftlichen Normierung und Sanktionierung, denn es prägt die alltägliche Interaktion weit mehr als gravierendere Devianzen. Lächerlich zu erscheinen gilt mitunter sogar als größte Furcht der gesellschaftlichen Akteure und daher als stärkster Hebel, ihr Verhalten zu beeinflussen: „Le ridicule déshonore plus que le déshonneurs."[26] Zu der „Komödie" harmonischer Sozialität, die man sich in der ‚guten Gesellschaft' vorspielt,[27] gehört gewissermaßen gattungsgerecht auch das Verlachen.

In der Frühen Neuzeit bildet die Zeit um 1700 den Höhepunkt dieses Typs von sozialer Steuerung individuellen Verhaltens.[28] Am französischen Hof erfährt das Konzept der Lächerlichkeit aufgrund einer Verletzung des Decorums seine Ausformulierung und es breitet sich mit der gesamteuropäischen Vorbildlichkeit dieses Hofes aus.[29] Zugleich diffundiert es in sozialer Hinsicht: Die ursprünglich nur für

---

25 Vgl. Georg Braungart: *Le ridicule*: Sozialethische Normierung und moralische Sanktionierung zwischen höfischer und bürgerlicher Gesellschaft – Kontinuitäten und Umwertungen. In: Lothar Fietz, Joerg O. Fichte, Hans-Werner Ludwig (Hg.): Semiotik, Rhetorik und Soziologie des Lachens. Vergleichende Studien zum Funktionswandel des Lachens vom Mittelalter bis zur Gegenwart. Tübingen 1996, S. 228–238, hier S. 232.

26 La Rochefoucauld: Maximes. Suivies des réflexions diverses, du portrait de La Rochefoucauld par lui-même et des remarques de Christine de Suède sur les Maximes. Texte établi, avec introd., chronologie, bibl., notices, notes, documents sur la genèse du texte, tableau de concordance, glossaire et index par Jacques Truchet. 3. éd. rev. et augm. Paris 1992 (Classiques Garnier), S. 80 (Maxime Nr. 326). Vgl. Rohr: Einleitung zur Ceremoniel-Wissenschafft der Privat-Personen, S. 25: „Versiehet es bißweilen ein junger Mensch im Spielen / bey dem Dantzen, bey einem Compliment u.s.w. so wird von manchen Leuten ein grösser Verbrechen daraus gemacht, als wenn er wider göttliche und weltliche Gesetze gesündiget hätte."

27 Vgl. Karl-Heinz Göttert: Kommunikationsideale. Untersuchungen zur europäischen Konversationstheorie. München 1988, S. 196.

28 Vgl. A[nton] Hügli: Lächerliche (das). In: Historisches Wörterbuch der Philosophie. [...] in Verb. mit Günther Bien [u. a.] hg. v. Joachim Ritter, Karlfried Gründer u. Gottfried Gabriel. Bd. 1–13. Darmstadt 1971–2007, Bd. 5, Sp. 1–8, hier Sp. 2f.

29 Vgl. Fritz Schalk: Das Lächerliche in der französischen Literatur des Ancien Régime. Köln 1954 (Arbeitsgemeinschaft für Forschung des Landes Nordrhein-Westfalen: Geisteswissenschaften 19); zur deutschen Rezeption Eckart Schörle: Die Verhöflichung des Lachens. Lachgeschichte im 18. Jahrhundert. Bielefeld 2007 (Kulturen des Komischen 4), S. 55–57, 128–148.

die Adelssphäre konzipierte Verhaltensregulierung soll zunehmend auch für Bürger gelten. Der Abbé de Bellegarde, einer der maßgeblichen Gesellschaftsethiker der ludovizianischen Zeit und der Régence, stellte seine Verhaltenslehre unter den Titel *Réflexions sur le Ridicule, et sur les moyens de l'eviter* (zuerst 1696, zahlreiche Auflagen, dt. als *Betrachtungen über die Auslachens-würdigkeit und über die Mittel, selbige zu vermeiden*, zuerst 1708, ebenfalls mehrere Auflagen). Lächerlichkeit sei das, wovor man sich, so Bellegarde, am meisten hüten müsse, weil der Mensch auf die Schätzung seiner Mitmenschen existentiell angewiesen sei, denn „die Menschen seynd zu der Gesellschafft gebohren". Entsprechend dringend ist es zu wissen, wie man Lächerlichkeit vermeidet: „dahero ist unter allen Wissenschafften diese die nützlichste, welche lehret, wie man leben soll. Man muß wider die Auslachenswürdigkeit auf steter Hut seyn." („Les hommes sont nez pour la societé; ainsi la plus utile de toutes les Sciences est celle qui apprend à vivre: Il faut être perpetuellement en garde contre le Ridicule.")[30] Am Hof ist Lachen nicht weniger als „ein möglicher Ersatz direkter Gewalt".[31]

Ebenso wie die anderen Theoretiker des Decorums ist sich Morvan de Bellegarde darüber im klaren, dass der Tadel und die Ablehnung, die das Verlachen ausdrückt, nicht auf die ‚inneren' Qualitäten eines Menschen bezogen sind, sondern ihn lediglich darin treffen, wie er sich anderen präsentiert: „Man kan in die Auslachens-würdigkeit gerathen, wenn man auch schon Verstand, persönliche Verdienste, schöne Eigenschafften und rare Gemüths-Gaben besitzet, soferne man dieselben nicht zu gebrauchen weiß", lautet gleich der erste Satz seiner *Betrachtungen* („On peut tomber dans le Ridicule avec de l'esprit, du merité personnel, de belles qualitez, de rares talens, si l'on ne sait pas les mettre en œuvre").[32] Gerechtfertigt wird diese Maßgeblichkeit der ‚Oberfläche' zum einen dadurch, dass sich die Beurteilung durch andere notwendig auf das ihnen dargebotene Äußere (der Sitten, des Redens, der Kleidung usw.) beziehe. Zum anderen kann eben auch das Sich-Präsentieren im gesellschaftlichen Umgang als eine persönliche Leistung verstanden werden: Man muss, wie Bellegarde schreibt, seine guten Eigenschaften anzubringen wissen; auch das Decorum zu wahren ist eine Kunst!

---

30 [Morvan de] Bellegarde[, Jean-Baptiste]: Betrachtungen über die Auslachens-würdigkeit, und über die Mittel, selbige zu vermeiden, Darinnen die unterschiedlichen Gemüths=Beschaffenheiten und Sitten derer Personen dieser Zeit vorgestellet werden. Nach der siebenden Frantzösichen Edition in die Deutsche Sprache übersetzet, und mit einigen Anmerckungen vermehret, Durch den Verfasser der Europäischen FAMA [d. i. Philipp Balthasar Sinold, gen. von Schütz]. Leipzig 1708, S. 1; ders.: Reflexions Sur Le Ridicule, Et Sur Les Moyens De L'Eviter Ou Sont Representez les differens Caracteres & les Mœurs des Personnes de ce Siécle. Amsterdam 1707, S. 2. Zum Profil der Bellegardeschen Gesellschaftsethik im Entwicklungskontext der frühneuzeitlichen Verhaltenslehren vgl. Göttert: Kommunikationsideale, S. 75–88. Die Übersetzung ‚Auslachenswürdigkeit' für *le ridicule* erscheint heute entlegen, ist der Zeit aber geläufig. Im Komödienkapitel der *Critischen Dichtkunst* verwendet Gottsched das entsprechende Adjektiv passim als Synomym für ‚lächerlich'.

31 Schörle: Die Verhöflichung des Lachens, S. 134.

32 Bellegarde: Betrachtungen, frz. S. 1.

Dem Gelehrten fordern solche Verhaltensmaximen vielleicht mehr ab als allen anderen Ständen und Berufen. Denn er gründet sein Selbstbewusstsein auf Kompetenzen, die ausgesprochen ‚innerlich' sind. Weder kann er den Reichtum seines Wissens hinreichend anschaulich machen, noch wird die Autorität, die er beansprucht, durch Machtzeichen verbürgt, wie Fürsten, Adlige oder Offiziere sie einsetzen.[33] Im gesellschaftlichen Verkehr wiederum sind die Gelehrten wenig geübt, treten sie doch, wenn sie nicht ohnehin einsam über ihren Büchern sitzen, anderen zumeist als Belehrende gegenüber (beides vermerkt der bereits zitierte Zedler-Artikel). So sind, kritisiert Bellegarde,

> diese so geschickte Leute zu allem Unglücke zum öfftern sehr poßirlich in dem weltlichen Umgange. Sie wissen alles, was die Alten gethan haben, und wissen nicht mit denen heutigen Menschen zu leben. Wenn sie aus ihrem Cabinet hervor kriechen, so scheinet es, als ob sie in eine andere Welt kämen, deren Manieren und Sprache sie nicht wissen. Ein jeder Schritt und Tritt, welchen sie thun, bringet sie in Gefahr, von denen nicht so geschickten und gelehrten Leuten ausgelachet zu werden. (par malheur, ces hommes si habiles sont souvent fort sots dans le commerce du monde: ils savent tout ce que faisoient les Anciens, & ils ne savent point vivre avec les Modernes: Quand ils sortent de leur cabinet, il semble qu'ils tombent dans un autre monde, dont ils ignorent les manieres & le langage; chaque démarche qu'ils font, les expose à la risée des gens moins habiles.)[34]

In Gesellschaft ist der ‚innere Reichtum' gelehrten Wissens geradezu gefährlich, weil er dazu verleiten kann, mehr davon ‚vorzuzeigen', als ein Gegenüber zu schätzen vermag. Denn von den eigenen Verdiensten darf man keinesfalls „zuviel [...] sehen lassen", damit niemand Unterlegenheitsgefühle und deshalb Antipathie entwickelt:[35]

> Die Begierde sich mit demjenigen, was man weiß und verstehet, sehen zu lassen, und die Welt durch die prächtige Auslegung derer Waaren einer aufgeblasenen Gelehrsamkeit zu verblenden, ist das Kennzeichen einer thörichten Eitelkeit. Ein Mensch, welcher Vernunfft hat, redet mit denen Leuten nach Beschaffenheit ihres Zustandes. Er ist leutseelig und erniedriget sich zu rechter Zeit und Gelegenheit. Er will nicht gelehrter zu seyn scheinen, als diejenige, mit welchen er redet, und ohne sich mit einer eitelen Wissenschafft zu zieren oder groß zu machen, so bequemet er sich nach dem Sinne anderer Leute, und machet, daß sie mehr Verstand bey sich finden, als sie von Natur haben. Dieses Mittel, wodurch sie ihren eigenen Verstand gefunden haben, gefället einem überaus wohl, und verursachet, daß sie einem dermaßen bequemen und liebreichen Menschen günstig werden. Dergestallt, daß sie besser mit uns [ihm, D. F.] zu frieden seynd, als wenn er sich durch seine Gelehrsamkeit beliebet gemachet hätte. (L'envie de faire parade de ce que l'on sait, & d'éblouïr le monde par le pompeux étalage d'une érudition fastueuse, est la marque d'une sotte vanité. Un homme qui a de la raison, parle aux gens selon leur caractere; il s'humanise & s'abbaisse à propos. Il ne veut point paroître plus savant que ceux à qui il parle; & sans se parer d'une vaine Science, il entre dans le genie des autres, &

---

[33] Zu den daraus entstehenden Konflikten vgl. Marian Füssel: Gelehrtenkultur als symbolische Praxis. Rang, Ritual und Konflikt an der Universität der Frühen Neuzeit. Darmstadt 2006 (Symbolische Kommunikation in der Vormoderne); zur habituellen Fremdheit zwischen Gelehrten und guter Gesellschaft vgl. Steven Shapin: The Man of Science. In: The Cambridge History of Science. Bd. 3: Katharine Park, Lorraine Daston (Hg.): Early Modern Science. Cambridge et al. 2006, S. 179–191, hier S. 190.

[34] Bellegarde: Betrachtungen, S. 154, frz. S. 103f.

[35] Ebd., S. 2.

leur fait trouver plus d'esprit qu'ils n'en ont naturellement; cette découverte les flatte, & les affectionne à un homme si commode & si complaisant: Ils sont bien plus contens de lui, que s'il les eût charmé par son savoir.)[36]

Lächerlich ist also nicht allein die Selbstüberschätzung aufgrund einer übertriebenen Meinung von den eigenen Fähigkeiten und Verdiensten, sondern darüber hinaus auch die Ausstellung durchaus vorhandener Gelehrsamkeit, wenn dies kommunikativ inopportun ist – und dies ist es eigentlich immer! Als *superbia* steht die Selbstüberschätzung seit jeher unter moralischem Verdikt. Neu und bezeichnend für die Gesellschaftsethik um und nach 1700 ist jedoch die Forderung an den Gelehrten, dass er Gesichtspunkte kommunikativer Opportunität über sein Standesethos stelle, ein Bekenner (lat. *professor*) seiner Wissenschaft zu sein.

Es gibt Zeugnisse darüber, dass die Kategorie der Lächerlichkeit tatsächlich auch in der Praxis die Wahrnehmung von Gelehrtenverhalten bestimmte. So beschreibt der bei Thomasius ausgebildete Privatgelehrte Zacharias Conrad von Uffenbach seinen Eindruck von dem englischen Geologen John Woodward, den er 1710 in London besuchte, wie folgt:

D. Woodward zeigte uns alle seine Sachen mit solchen gezwungenen Minen und verdrehten Augen, daß man sich des Lachens nicht enthalten kan [...]. Seiner Meynung de diluvio & generatione antediluviana & lapidum postdiluviana muß man bis zum Eckel zuhören. Er sagt ganze Blätter aus seinen Schriften her, die er mit ständigen Lobeserhebungen begleitet. Das thörichste ist, daß er in allen Zimmern viele Spiegel hangen hat, darinnen er sich unaufhörlich besiehet. Er stellet sich in allem, wie ein Weib und hochmüthiger Narr.[37]

Woodward wird von Uffenbach als „gelehrter Charlatan" abqualifiziert. Der Besucher konnte sich, wie er nicht nur einmal vermerkt, „des Lachen kaum enthalten". Ähnlich die Wahrnehmung und das Urteil bei Gottlieb Stolle anlässlich eines Besuchs bei dem Leidener Latinisten Jacob Perizonius: In seinem Reisetagebuch aus den Jahren 1703/04 vermerkt Stolle – der ebenfalls ein Thomasius-Schüler ist – Perizonius' „erschrecklich zerzauste perruque", sein schlechtes Latein sowie sein aufdringliches Anpreisen der eigenen, überteuerten Bücher und hält fest: er „prostituirt sich auf eine recht lächerliche Weise."[38]

---

[36] Ebd., S. 152f., frz. S. 102f.

[37] Zacharias Conrad von Uffenbach: Merkwürdige Reisen durch Niedersachsen, Holland und Engelland. Bd. 3. Ulm 1754, S. 237, Hinweis bei Forster: „Charlataneria eruditorum", S. 210. Die folgenden Zitate bei Uffenbach: ebd., S. 235 u. 236.

[38] Zit. n. Martin Mulsow: Eine Reise durch die Gelehrtenrepublik. Soziales Wissen in Gottlieb Stolles Journal der Jahre 1703–1704. In: Ulrich Johannes Schneider (Hg.): Kultur der Kommunikation. Die europäische Gelehrtenrepublik in der Epoche von Leibniz und Lessing. Wiesbaden 2005 (Wolfenbütteler Forschungen 109), S. 185–201, hier S. 198.

III. Galante Wissenschaft: Verstand, Gelehrsamkeit, ein gutes Judicium, Höflichkeit, Freudigkeit

Prinzipiell ist die Wirkungsorientierung, auf die die Spiegelmanie des Dr. Woodward verweist, keineswegs ein lächerlicher Fehler. Ganz im Gegenteil: In einer Zeit, die immer wieder thematisiert, wie sehr der einzelne von seinen Mitmenschen und deren Schätzung abhängt, ist sie nur zu berechtigt. Mit den leitenden Gesichtspunkten ‚Ansehen', ‚Erfolg' oder ‚Geltung' wird das individuelle Selbstwertgefühl um 1700 dominant an gesellschaftliche Akzeptanz gebunden. Folglich gilt es weithin als unverzichtbare Fähigkeit, andere durch Höflichkeit und gute Sitten für sich einzunehmen, und für Gelehrte wird dabei keine Ausnahme gemacht. In seiner Zeitschrift *Monatsgespräche* postulierte Thomasius bereits einige Jahre vor Bellegarde, „daß ein Mensch / der noch so gelehrt / darbey aber von ungeschickten moribus und übler conduite sey / in der Welt vielweniger fortkommen könne / als ein anderer / der ohne Gelehrsamkeit artige und höffliche Sitten an sich habe."[39] (Indem die *Monatsgespräche* Neuerscheinungen und andere wissenschaftliche Themen mittels einer fiktiven Konversation präsentieren, sind sie übrigens ihrerseits nach dieser Maxime gestaltet.) Und er warnt speziell die „gelährten Menschen" davor, dass

> einer in dem gemeinen Lebens-Wandel sich verstellet / und so wohl in Kleidungen / im Einhergehen / im Gesicht / und Bewegung des Leibes / wie auch in seinem Reden etwas singulaires affectiret / und gegen das allgemeine Urtheil sich dergestalt aufffühtret / daß andere Leute nur darüber was zu lachen haben.[40]

Der Theologe Johann Franz Budde folgte Thomasius, wenn er „nicht allein eine gute Gelahrtheit / sondern auch eine kluge / vernünfftige / und geschickte conduite" für erforderlich hält.[41] Selbst August Hermann Francke, der Vorkämpfer des Hallischen Pietismus, konzedierte,

> daß derjenige seine erlernete Wissenschaften bequemer an den Mann bringen / auch selbst den guten Grund und Schatz seines Hertzens zu besserem Nutzen des Nächsten anwenden kan /

---

39 Christian Thomasius: Freimüthige, lustige und ernsthafte, jedoch vernunftmässige Gedanken oder Monatsgespräche über allerhand, fürnehmlich aber neue Bücher. Bd. 2: Juli–Dezember 1688. Frankfurt/M. 1972, S. 647.

40 Christian Thomasius: Einleitung zur Hof-Philosophie [1710]. Vorw. v. Werner Schneiders. Personen- u. Sachreg. v. Frank Grunert. Hildesheim, Zürich, New York 1994 (Ausgewählte Werke 2), S. 296 (Einleitung zu Ulrich Huber: Freye Rede Von der Pedanterey).

41 Johann Franz Budde: Moralischer Discours von dem Elend und Mängeln der Gelehrten [...]. In: Martin Musig: Licht Der Weisheit. Bd. 2 / in welchen Die Sitten-Lehre / das Natur u. Völcker-Recht / wie auch die Staats-Klugheit / Nach Anleitung derer Philosophischen Grund-Sätze Herrn Io. Franc. Buddei [...] abgehandelt werden [...]. Frankfurt/M., Leipzig 1711, nicht paginiert, § 24.

der auch die äuserlichen Anstöße nach Vermögen aus dem Wege räumet / und iedermann mit gebührender Bescheidenheit und Klugheit zu begegnen weiß.[42]

Lächerlich ist bei Woodward demnach ‚nur' das Übertriebene seiner Aufführung und die Entleerung seiner Adressatenorientierung: Statt seine Rede tatsächlich nach dem erwartbaren Interesse seiner Gäste auszurichten und seine Themen entsprechend zu wählen, hat sich sein Wirkenwollen zur Selbstinszenierung verselbständigt – vor Spiegeln, nicht vor leibhaftigen Zuhörern, außer sich selbst! Was Woodward meilenweit verfehlt, sind die beiden wichtigsten Regeln zur Ausführung des Außenwirkungsprinzips, nämlich in keine Richtung zu übertreiben – in topischer Metaphorik: sich auf der „Mittel-Strasse" zu halten[43] –, und trotz aller Anstrengung stets den Eindruck von Natürlichkeit und Ungezwungenheit zu erwecken, wie es das höfische Verhaltensideal seit Castigliones *sprezzatura* fordert. Denn auch „durch eine allzu mühsame Beobachtung des Wohlstandes [*decorum*] fehlet man wider den Wohlstand".[44]

Uffenbachs Beschreibung des Londoner Professors schließt mit der unentschiedenen Eingruppierung: „Zu einem Pedanten ist er zu galant und kostbar."[45] Das Adjektiv ‚kostbar' dürfte in Anlehnung an frz. *précieux* gewählt sein, was mit Bezug auf Verhalten oder Stil heute eher als ‚geziert' zu übersetzen wäre – *Les Précieuses* sind seit Molières so betiteltem Lustspiel aber *ridicules*. Schillernder ist die Rubrizierung ‚galant'. Neutral bis positiv bezeichnet der Begriff um 1700 die eben angesprochene prinzipielle und erfolgreiche Orientierung auf den Beifall der Mitmenschen.[46] Als Leitkonzept für Gelehrte wird Galanterie in Deutschland von Thomasius eingeführt. In der programmatischen Ankündigung seines „Collegiums über des Gratians Grund-Reguln / Vernüfftig / klug und artig zu leben" von 1687 bezeichnet er damit die „manier zu leben / so am Hofe gebräuchlich ist", nämlich

---

42 [August Hermann Francke:] Nützliche und nöthige Handleitung Zu Wohlanständigen Sitten / Wie man sich In der Conversation, auf Reisen / im Briefschreiben und Einrichtung der Geschäfte sittig / bescheiden / ordentlich und klüglich verhalten solle: Zum Gebrauch des Paedagogii regii zu Glaucha an Halle abgefaßet. Halle 1706, S. 13f. Zur ambivalenten Stellung der Pietisten zu höfischen, d. h. als veräußerlicht verdächtigten Verhaltensnormen vgl. Markus Steinmayr: Menschenwissen. Zur Poetik des religiösen Menschen im 17. und 18. Jahrhundert. Tübingen 2006 (Communicatio 35), S. 208–210.

43 So etwa bei [Morvan de] Bellegarde[, Jean-Baptiste]: Betrachtungen über die Artigkeit derer Sitten, Nebst einigen Grund-Regeln Vor die Bürgerliche Gesellschafft. Oder Der Andere Theil Derer Betrachtungen über die Auslachenswürdigkeit, nach der siebenden Frantzösichen Edition verdeutscht und mit einigen Anmerckungen vermehret durch den Verfasser der Europäischen FAMA [d. i. Philipp Balthasar Sinold, gen. von Schütz]. Leipzig 1708, S. 418. Ähnlich Rohr: Einleitung zur Ceremoniel-Wissenschafft der Privat-Personen, S. 26f.

44 Rohr: Einleitung zur Ceremoniel-Wissenschafft, S. 26.

45 Uffenbach: Merkwürdige Reisen durch Niedersachsen, Holland und Engelland. Bd. 3, S. 237.

46 Vgl. Rohr: Einleitung zur Ceremoniel-Wissenschafft, S. 6: „Ich glaube daß man die Galanterie am besten erklären kan, durch eine Geschicklichkeit bey seinem äusserlichen Wesen, den meisten oder doch den vornehmsten, zu gefallen." Übergreifend vgl. Jörn Steigerwald: Galanterie. Die Fabrikation einer natürlichen Ethik der höfischen Gesellschaft (1650–1710). Habilitationsschrift Bochum 2006; erscheint voraussichtlich 2009 im Heidelberger Winter-Verlag.

„aus Verstand / Gelehrsamkeit / einen guten judicio, Höfflichkeit / und Freudigkeit zusammen gesetzet". Entsprechend dem *sprezzatura*-Ideal ist der so verstandenen Galanterie „aller zwang / affectation, und unanständige Plumpheit zu wider".[47] Häufig wird der Begriff jedoch auch pejorativ verwandt (z. B. von Uffenbach), um sich von einer zu starken Geltungsorientierung sowie den daraus resultierenden Verhaltensweisen abzugrenzen, vor allem von Oberflächlichkeit und dem Nachäffen adliger, womöglich französischer Sitten.[48] Besonders in der Wissenschaft ist damit ein schwerwiegender Vorwurf verbunden, denn es bedeutet, einem Gelehrten sowohl die nötige Gründlichkeit als auch den Primat des Sachbezuges abzusprechen. Vor allem Wolffianer versuchten auf diese Weise, den Spieß umzudrehen und den Vormarsch der kommunikativ orientierten Wissenschaftler zu stoppen.[49] Dazu gehört auch die Beschwerde über den adligen Stutzer, der auf der Universität weniger studiert als poussiert hat und seine Gelehrsamkeit durch nichts anderes als durch einige in die Konversation eingestreute lateinische Brocken beweisen kann.[50]

„Gelächter" indes scheint für die Verteidiger der Schulweisheit weniger das zu sein, dem sie ihre galanten Gegner auszusetzen versuchen, als das, was sie als ihrerseits erfahrene Misshandlung durch die „polite Welt" beklagen.[51] Die Schulgelehrten mögen weder selbst belacht werden noch über andere lachen.[52] Jemanden als lächerlich darzustellen hieße aus dem Blickwinkel der ‚strengen Wissenschaft' betrachtet in der Tat, sich dem Gegner anzuschließen, denn es bedeutet, ein Phänomen zum „Schauspiel"[53] zu machen und der Beurteilung der unbeteiligten Zuschauer auszusetzen. So scheinen denn die Galanten, wenn sie belacht wurden, vor allem von anderen kommunikativ orientierten Gelehrten belacht worden zu sein (wie Woodward von Uffenbach), nämlich weil sie das rechte Maß verfehlten:

> Denn wenn einer auch sonst alle darzu gehörige stücke, als nemlich die galantesten wissenschaften und manieren, in grosser menge besitzet, aber dabey einen mangel an judicio hat,

---

47 Christian Thomasius: Discours Welcher Gestalt man denen Frantzosen in gemeinem Leben und Wandel nachahmen solle?, S. 15.

48 Der Artikel ‚galant' in Jacob und Wilhelm Grimm: Deutsches Wörterbuch. Hg. v. d. Dt. Akad. d. Wiss.n zu Berlin. Bd. 1–16 (in 32). Leipzig 1854–1960, Bd. 4,1,1 (1878), Sp. 1156–59 hat irreführenderweise vorwiegend pejorative Belege, bedingt durch ein einseitig ausgewähltes, überwiegend aus literarischen Texten gezogenes Quellenkorpus.

49 Grimm: Letternkultur, S. 205–209 mit zahlreichen Quellentiteln in den Fußnoten.

50 Vgl. Martin Schmeitzel: Versuch Zu einer Historie Der Gelehrheit [...]. Jena 1728, S. 189f.

51 Johann Justus Fahsius: Atrium Eruditionis. Oder Vorgemach Der Gelehrsamkeit [...]. T. 1–3. Goslar: König 1718–21, T. 1, Vorbericht, S. )()()(6v, zit. nach Grimm: Letternkultur, S. 208.

52 Nur scheinbar ein Beleg wolffianischen anti-galanten Verlachens das Gedicht Matthias Georg Seyferts, das in Gottscheds *Sammlung einiger ausgesuchten Stücke der Gesellschaft der Freyen Künste zu Leipzig* erschien (Bd. 1, Leipzig 1754, S. 449–452) und das Košenina: Der gelehrte Narr, S. 64f. als ein Beispiel „karikaturistischer" Satire auf die „galanten Stutzer" anführt. Der dort karikierte Student hat jedoch nichts spezifisch Galantes an sich, sondern steht mit seinen schein-logischen Schlüssen ganz allgemein für eine ebenso oberflächliche wie arrogante Gelehrsamkeit.

53 Fahsius: Atrium Eruditionis, ebd.

[…] so ist nichts fähiger, ihn zum spott und gelächter zu machen, als eine solche quasi galante gelehrsamkeit, mit welcher er zur zeit und zur unzeit sich will sehen lassen.[54]

Die Kategorie der Lächerlichkeit diente demnach nicht allein der Abwertung einer grundsätzlich anderen Wissenschaftsauffassung und -praxis, sondern auch der fraktionsinternen Regulierung. Allzu viel Weltzugewandtheit macht ebenfalls „lächerlich", wie der Nordhäuser Rektor Johann Andreas Fabricius, ein weiterer Thomasianer, seine Schüler warnt, damit keiner dieser ‚jungen Gelehrten'

auf den Trunck geräth, dazu seine liebliche Stimme erhebet, oder auf allerhand Spiele mit Karten und Würfeln verfället, oder wol gar vor einer vermeinten Venus die Knie beuget, die doch wenn es hoch komt, eine ihrer Dienerinnen von der untersten Sorte ist, der man *amo* wil *conjugi*ren lehren, da man kaum *virgam* hat decliniren gelernet.[55]

Für sich genommen, wäre eine solche Warnung nicht mehr als topisch; sie folgt bei Fabricius indes auf ein kräftiges Lob des Thomasius, der trotz seines „mächtigen Studirgeistes" ein Mann „von dem angenehmsten Umgange, so gar bey Hofe, gewesen" sei und „bessere Regeln zum weltartigen Umgange gegeben" habe als jeder andere.[56]

## IV. „elegans doctrina [...] eruditioni solidae non opponitur"[57]

Wie wissenschaftlich kann „galante Gelehrsamkeit" sein? Der Wolff-Schüler Rohr unterscheidet sie streng von „solider Gelehrsamkeit":

Es bestehet aber die galante Gelehrsamkeit darinnen, daß man sich vornehmlich diejenigen Wissenschafften bekandt mache, die zu der Zeit bey den Hof- und Welt-Leuten in besondern Credit stehen, und aus mancherley andern Wissenschafften das artigste heraus lese, dadurch das Gemüthe mehr belustiget, in angenehme Verwendung gesetzt, als mit allzusauern und mühsamen Nachsinnen beschwehret werde, und dasselbe zu rechter Zeit und an rechten Ort anbringen lerne.[58]

Stützen konnte sich diese Trennung von ‚wahrer Wissenschaft' einerseits und Auswahl daraus nach außerwissenschaftlichen Gesichtspunkten andererseits auf den Vorlauf des galanten Gelehrsamkeitskonzepts in den höfischen Verhaltens-

---

54 Balthasar Gracians Oracul, das man mit sich führen und stets bei der Hand haben kan, Das ist: Kunst-Regeln der Klugheit […] / Aus dem Span. Orig., welches durch und durch hinzu gefüget worden, ins Dt. übers., mit neuen Anm. [...] v. August Friedrich Müller. Leipzig 1715–17, Bd. 1, S. 142 (22. Maxime, Kommentar Müllers).

55 Johann Andreas Fabricius: Rede, die er bey seinem Antritte den 30. Oct. 1753 gehalten und Ode auf die nächst verwichene der Kirche und Republik heilige Zeit vom 25. Dec. 1753 bis den 6. Jener 1754, nebst einem Vorberichte von seinen Vorlesungen. Nordhausen 1754, S. 18.

56 Ebd., S. 4.

57 Justus Christoph Böhmer: Prolusiones IIII publicarum lectionum auspiciis in Academia Iulia praemissae. Helmstedt 1709, S. 28 (Prolusio IIII: De paedantismo).

58 Rohr: Einleitung zur Ceremoniel-Wissenschafft, S. 6.

lehren: Dem ‚Weltklugen', der sich in der guten Gesellschaft günstig darstellen möchte, ist es in der Tat nicht um Beiträge zur Wissenschaft zu tun, sondern um deren punktuelle Nutzung zu eigenen Zwecken. „Der nöthige vorrath, mit welchem kluge leute sich durch die welt helffen müssen, ist eine galante und den geschmack der leute vergnügende gelehrsamkeit, eine zu unterhaltung angenehmer discourse dienliche wissenschaft von allem, was zu wissen mode ist", heißt es in Baltasar Graciáns *Handorakel* in der deutschen Übersetzung August Friedrich Müllers, eines Leipziger Juristen und späteren Professors der Philosophie (1715–17, span. Original von 1647/55).[59] Erklärtermaßen handelt es sich um „eine Sparte der Wissenschaft [...], die nicht in den Büchern steht und die man nicht in der Schule lernt".[60] Der leitende Gesichtspunkt ist hier kommunikatives Gelingen und Karriere-Erfolg, und Wissenschaft kommt – in ‚klug' ausgewählten Stücken – erst sekundär als Mittel dazu in Betracht.

Versteht man das Galante mit dessen historischen Kritikern als bloße Äußerlichkeit, so wird man ihm wissenschaftsgeschichtlich und -theoretisch nicht viel abgewinnen können. In diesem Sinne urteilt Gunter E. Grimm, es handle sich um „ein von außen an die Wissenschaften herangetragenes Element [...], das der Weiterentwicklung der Wissenschaft nicht diente und ausschließlich an den gesellschaftlichen Zustand des Feudalismus gebunden war".[61] Ob man ein ‚Eigentliches' der Wissenschaft derartig von ihrem gesellschaftlichen Kontext sowie ihrer eigenen Sozialität abtrennen kann, stellt sich im Licht neuerer Wissenschaftsforschung indessen als sehr zweifelhaft dar. So wurde am (etwa 100 Jahre früheren) Beispiel Galileis aufgewiesen, dass die von der höfischen Gesellschaft vorgegebenen Strukturen wie Mäzenatentum, Protektion, Konversation und konkurrentielles Streben nach Ehre durchaus konstituierend in den Prozess wissenschaftlicher Erkenntnis hineinwirkten.[62] Auch die Verhaltensweisen innerhalb der ‚Gelehrtenrepublik' waren durch Muster der Adelsgesellschaft geprägt. Wie Anne Goldgar für die Gelehrtenwelt Frankreichs, der Niederlande und Großbritanniens um 1700 gezeigt hat, hing die Anerkennung ‚wissenschaftlicher Leistung' wesentlich von der Geschicklichkeit ab, mit der man die Nähe etablierter Kollegen suchte, Patronagebeziehungen nutzte, Lob auf Gegenseitigkeit spendete usw.[63] Ebenso unabdingbare Voraussetzung für die Zugehörigkeit zur wissenschaftlichen *community* war die Aneignung bestimmter Weisen des Umgangs und der Selbstdarstellung. Goldgar geht so weit, von einem Vorrang der Verfahren vor den Gegenständen zu

---

59 Balthasar Gracians Oracul, Bd. 1, S. 135 (22. Maxime).

60 In Graciáns *Discreto* ist ihr ein ganzes Kapitel gewidmet, vgl. Baltasar Gracián: Der kluge Weltmann (El Discreto). A. d. span. Orig. v. 1646 ins Dt. übertr. u. mit e. Anhang vers. v. Sebastian Neumeister. München 2004, S. 34–39, das Zitat S. 34.

61 Grimm: Letternkultur, S. 150.

62 Vgl. Mario Biagioli: Galileo, Courtier. The Practice of Science in the Culture of Absolutism. Chicago, London 1993.

63 Vgl. Anne Goldgar: Impolite Learning. Conduct and Community in the Republic of Letters, 1680–1750. New Haven, London 1995.

sprechen; daher seien bestimmte Verhaltensweisen keine Äußerlichkeit, sondern das Fundament gelehrter Identität gewesen:

> The concentration in all fields of scholarship on form rather than content, exchange rather than the thing exchanged, moderation rather than vituperation in argument, suggests that civility was of much more fundamental importance to the Republic of Letters than merely a demonstration of party affiliation. [...] the most important common concern of members of the Republic of Letters was their own conduct.[64]

Ob es sinnvoll ist, mit Goldgar von einem *Vorrang* der Form vor dem Inhalt zu sprechen, kann man bezweifeln, und zwar schon deshalb, weil es bedeutet, den tradierten Dualismus von Innen und Außen der Wissenschaft fortzuschreiben und lediglich die Rangfolge der beiden Seiten umzukehren. Mit wissenschaftstheoretischer Grundsätzlichkeit ist die Gegenüberstellung von Wissenschaft und Gesellschaft von Steven Shapin und anderen in Frage gestellt worden: „Innerhalb der wissenschaftlichen Laboratorien und innerhalb der Entwicklung wissenschaftlichen Wissens gibt es ebensoviel Gesellschaftliches wie außerhalb."[65] Auch können die ‚Sachen' der Wissenschaft nicht als unabhängig von den mit ihnen beschäftigten Personen angesehen werden: „Knowledge is a collective good", hält Shapin fest, um ganz im Sinne des galanten Wissens über Klippen und Regeln des gesellschaftlichen Umgangs auf die „ineradicable role of people-knowledge in the making of thing-knowledge" hinzuweisen.[66]

Dementsprechend hat die Wissenschaftsforschung „die Aufmerksamkeit von der Theorie der Wissenschaft *auf ihre Praxis* verschoben".[67] Zu dieser Praxis gehören wiederum auch Darstellung und Kommunikation, ohne die keine Wissenschaft auskommt, weder intern noch extern. Denn Wissenschaft muss ihr Wissen darstellen, um es überhaupt denkbar zu machen, und muss Adressaten erreichen (andere Wissenschaftler ebenso wie externe Abnehmer), damit es diskutierbar

---

64 Ebd., S. 7f. u. 6. Ihr folgt Gierl: Pietismus und Aufklärung, S. 572. Am Rande kommt Goldgar auch auf Lächerlichkeit als drohende Sanktion für falsches Verhalten zu sprechen, vgl. ihr Zitat aus einem Brief des aus Frankreich nach London emigrierten hugenottischen Philosophen Pierre Des Maizeaux: „Authors only make themselves ridiculous when they stray from the Manners of sensible & polite men of the World." (S. 240)

65 Steven Shapin: Die wissenschaftliche Revolution. A. d. Amerik. v. Michael Bischoff. Frankfurt/M. 1998, S. 19. Mit Blick auf die Gegenwart vgl. Mark Erickson: Science, Culture an Society. Understanding Science in the Twenty-first Century. Cambridge 2005, S. 217.

66 Steven Shapin: A Social History of Truth. Civility and Science in Seventeenth-century England. Chicago, London 1994, S. xxv u. xxvi. Shapins Buch handelt von dem Vertrauen in andere Wissenschaftler, das nötig ist, damit wissenschaftliche Thesen und Befunde als ‚Wahrheit' anerkannt werden. Für dieses Vertrauen wiederum war – und man könnte hinzufügen: ist – ein gemeinsames Fundament von allgemeinverbindlichen Verhaltensweisen unabdingbar. Im 17. Jahrhundert bildete in Großbritannien der Gentleman das auch für Wissenschaftler maßgebliche Leitbild, also früher als in Deutschland, was mit der im Vergleich mit den deutschen Universitäten weitaus größeren Nähe z. B. der Royal Society zur Adelsgesellschaft zu tun haben dürfte.

67 Bruno Latour: Die Hoffnung der Pandora. Untersuchungen zur Wirklichkeit der Wissenschaft. A. d. Engl. v. Gustav Roßler. Frankfurt/M. 2002 (stw 1595), S. 360f.

wird. Dabei ist Wissenschaft nie ‚reiner Sachbezug', sondern Wissenschaftler wollen ihre Gegenstände – und damit sich selbst – immer auch zur Geltung bringen. Noch die esoterischste Forschung ist an ein Publikum adressiert, im Extremfall an einen einzigen Fachkollegen oder an die Nachwelt. Wie groß auch immer der Adressatenkreis ist: Kommunikation ist unumgänglich, ja konstitutiv. Martin Gierl, der eine Pionierstudie zu den (institutionalisierten) Kommunikationsformen und Medien der Wissenschaft um 1700 vorgelegt hat, hält in diesem Sinne fest: „Tatsächlich ist Wissenschaft eine Frage der Kommunikation [...]. Wissen ist Macht. Das heißt: Wissen ist, was man daraus macht."[68] Man kann das bis in die kleinen Tricks durchdeklinieren, die anscheinend immer gleich bleiben: „Mancher vortrag ist in einem sinnreichen schertze weit glücklicher anbracht worden als wenn man es auch mit der ansehnlichsten gravität hätte versuchen wollen", übersetzt Müller aus der 22. Maxime des *Handorakels*.[69]

Die Aufmerksamkeit für Kommunikation, gesellschaftliche Geltung und Verhaltensnormen kann daher weder als von Außen Kommendes noch als etwas spezifisch ‚Feudalistisches' abgetan werden, auch wenn die entsprechenden Impulse um 1700 tatsächlich der höfischen Kultur entstammten. Normalerweise blieben die in der gelehrten Welt geltenden Verhaltensregeln implizit, wie Martin Mulsow betont: „Was anständig, höflich, ehrenwert, schicklich war, das beherrschte man, aber man definierte es nicht."[70] Damit bricht der galante Diskurs. Neu ist um 1700 nicht, dass es Verhaltensregeln gibt (und in weniger von der Universitätsgelehrsamkeit geprägten Ländern sind diese auch im 17. Jahrhundert schon am aristokratischen Habitus orientiert); neu ist vielmehr, dass sie explizit gemacht und begründet werden. Der galante Diskurs leistet dies, weil das galante Streben nach dem Beifall der anderen konsequenterweise ein Bedenken der wissenschaftsinhärenten Kommunikativität sowie jener Darstellung von Sachen wie Personen anstößt, ohne die Wissenschaft nicht auskommt. Erbrachte die ‚galante' Tendenz in den Wissenschaften des beginnenden 18. Jahrhunderts also einen Gewinn an wissenschaftlicher Selbsterkenntnis, d. h. einen Bewusstheitsgewinn nicht nur hinsichtlich Karrierestrategien, sondern in Bezug auf die immanenten wie gesellschaftlichen Bedingungen von Wissenschaft? Von einem ‚wissenschaftstheoretischen' Reflexionsgewinn könnte man sprechen, wenn jener Impuls so weit

---

68 Martin Gierl: Korrespondenzen, Disputationen, Zeitschriften. Wissensorganisation und die Entwicklung der gelehrten Medienrepublik zwischen 1670 und 1730. In: Richard van Dülmen, Sina Rauschenbach (Hg.): Macht des Wissens: Die Entstehung der modernen Wissensgesellschaft. Köln, Weimar, Wien 2004, S. 417–438, hier S. 417.

69 Balthasar Gracians Oracul, Bd. 1, S. 135f. (22. Maxime). Mit dem hier angesprochenen Vortrag ist natürlich kein akademischer Vortrag gemeint, sondern jegliches Reden.

70 Martin Mulsow: Unanständigkeit. Mißachtung und Verteidigung der guten Sitten in der Gelehrtenrepublik der Frühen Neuzeit. In: Ders.: Die unanständige Gelehrtenrepublik. Wissen, Libertinage und Kommunikation in der Frühen Neuzeit. Stuttgart, Weimar 2007, S. 1–26, hier S. 3.

trug, dass Darstellung und Kommunikation als unablösbare Bestandteile noch der ‚solidesten' Wissenschaft erkannt wurden.

Eben dahin verschob sich die ‚galante Gelehrsamkeit' höfischer Provenienz in der deutschen akademischen Rezeption. Den ersten Schritt dahin bildete das Postulat, ‚solide' und ‚galante' Wissenschaft müssten sich verbinden, nämlich in der Person des Gelehrten, der je nach Adressaten ‚solide' oder ‚galant' agiert. Mit dieser – genuin ‚galanten' – Überlegung fordert Müllers Kommentar zu Graciáns 22. Maxime ‚solide' Gelehrsamkeit als Fundament der ‚galanten':

> Es erhellet aber hieraus, daß diese so genante galante gelehrsamkeit keineswegs diejenige sey, dadurch man ein amt würdig verwalten, und darinnen GOtt und der welt rechtschaffene dienste leisten soll, vielweniger diejenige, dadurch man sein gemüth vollkommen und glücklich machen kan. Sie ist eine art von gelehrsamkeit, die in der that mit unter die moden gehöret, und welche wirklich geschickte leute nur euserlich, als einen zierrath, an sich spühren lassen. Ein gescheuter mensch demnach muß solide oder reelle, und galante gelehrsamkeit weißlich mit einander verbinden, um jene in affairen, und gleichsam zu hause, wenn er mit sich selbst, oder in selecten gesellschaften mit wahrhaftig weisen leuten beschäfftiget ist, nützlich gebrauchen zu können, diese aber, um sich damit der welt in gesellschaft zu zeigen [...].[71]

Der zweite, noch wichtigere Schritt wurde mit dem Postulat getan, dass umgekehrt auch das ‚Fundament' der ‚soliden' Wissenschaft auf die ‚Schauseite' (den „zierrath") der ‚galanten' angewiesen sei. Da Thomasius und seine Nachfolger den Menschen von seiner Gesellschaftlichkeit und Wissenschaft von ihrer praktischen Wirksamkeit in der Gesellschaft her denken,[72] fordern sie von der ‚soliden' Wissenschaft eine galant-gefällige Außenwirkung, denn „das Decorum ist die Seele der Menschlichen Gesellschafften"[73]: „Wer keine Fähigkeit hat, durch Minen und Geberden sich bey andern beliebt zu machen, der wird auch durch seine Erkenntnis keinen grossen Nutzen stifften."[74] Und mehr noch: Thomasius bestimmt die Vernunft selbst als sprachlich und daher auch gesellschaftlich verfasst: „Die Vernunfft ist niemahls ohne Rede / [...] Die Rede ausser der Gesellschafft hat keinen Nutzen / [...] und die Vernunfft giebt sich ausser der Gesellschafft nicht hervor."[75] Hiernach gehört das von den Kritikern als Oberflächlichkeit und sekun-

---

71 Balthasar Gracians Oracul, Bd. 1, S. 137.

72 Vgl. Kühlmann: Gelehrtenrepublik und Fürstenstaat, S. 428–432; Friedrich Vollhardt: ‚Abwege' und ‚Mittelstraßen': Zur Intention und Programmatik der *Höchstnöthigen Cautelen zur Erlernung der Rechts=Gelahrheit.* In: Heiner Lück (Hg.): Christian Thomasius (1655–1728). Wegbereiter moderner Rechtskultur und Juristenausbildung. Rechtswissenschaftliches Symposion zu seinem 350. Geburtstag an der Jurist. Fak. der Martin-Luther-Univ. Halle-Wittenberg. Hildesheim, Zürich, New York 2006, S. 173–198, hier S. 181f.

73 Christian Thomasius: Erinnerung Wegen derer über den dritten Theil seiner Grund-Lehren / Bißher gehaltenen Lectionum privatissimum [...]. In: Ders.: Auserlesene deutsche Schriften Zweiter Teil [1716]. Hg. v. Werner Schneiders. Personen- u. Sachreg. v. Frank Grunert. Hildesheim, Zürich, New York 1994 (Ausgewählte Werke 24), S. 193–220, hier S. 213f.

74 Stolle: Kurtzgefaßte Lehre der Allgemeinen Klugheit.

75 Christian Thomasius: Göttliche Rechtsgelahrheit [1709]. Vorwort v. Frank Grunert. Personen- u. Sachreg. v. Kay Zenker. Hildesheim, Zürich, New York 2001 (Ausgewählte Werke 4), S. 117 (im Original hervorgehoben). Den Hinweis auf diese Stelle verdanke ich Frank Grunert.

däre Ausschlachtung geschmähte Galante konstitutiv zur Wissenschaft dazu, weil diese von vornherein als durch interpersonale Kommunikation bedingt sowie in soziale Zwecke und Strategien eingebunden gesehen wird. Das Geschick, Wissenschaft zu kommunizieren, kann so als dieser selbst und nicht nur als dem Weltklugen dienlich begriffen werden. Wissenschaft derart nicht allein von Erkenntnissen her zu denken, sondern auch von den kommunikativen, sozialen und ästhetischen Prozessen und Techniken der Erkenntnisproduktion und -vermittlung, bedeutet einen Reflexionsgewinn, der in der Wissenschaftsforschung erst neuerdings wieder eingeholt wurde[76] und den nachzuvollziehen sich auch heute noch lohnt.

## V. Wissenschaft als Rollenspiel und die Fähigkeit zur Selbstdistanz

So, wie der galante Impuls von Thomasius und seinen Gefolgsleuten aufgenommen wurde, veranlasst er dazu, Wissenschaft auch als das Rollenspiel zu sehen, das sie ist. Er schneidet dem Gelehrten – oder heute: dem Forscher – die bequeme, aber trügerische Möglichkeit ab, die eigene Tätigkeit allein von ‚der Sache selbst' her zu begründen und als Kontrollinstanz allein die Idee der ‚Wahrheit' anzuerkennen, denn er lenkt den Blick auf die kommunikative und soziale Fabrikation sowohl des vermeintlich Objektiven als auch der jeweils anerkannten Wahrheiten.[77] Die galante Orientierung an der Wirkung bei anderen lässt es nicht zu, den persönlichen sowie den sozialen Faktor zu leugnen, sondern leitet dazu an, Persönliches und Soziales planvoll in ein Wechselspiel zu bringen. Thomasianisch verstanden heißt dies, die Aufmerksamkeit für Darstellung, Interaktion und Vermittlung mit einem genuinen Erkenntnisinteresse zu verbinden. Gelingt diese Verbindung, so ist nicht Abzweckung von Wissenschaftsbrocken für persönliche Positionsgewinne und gesellige Unterhaltungsbedürfnisse die Folge (das ist das von Gracián formulierte Interesse des Hofmannes). Der Effekt ist vielmehr sowohl eine praktische Verbesserung, weil die Produkte der Wissenschaft besser rezipierbar werden, und zwar in der Wissenschaft wie in der Gesellschaft, als auch eine verbesserte Selbsterkenntnis, und zwar sowohl systemisch als auch beim einzelnen Wissenschaftler: Vom Gelehrten Selbstkontrolle zu fordern, hat bei Thomasius nicht bloß nur taktische Gründe, sondern gilt als Voraussetzung für vorurteilsfreie Erkenntnis.[78] Der Verdacht der Gegner – nämlich dass die kommunikative Orientierung Wissenschaft auf externe Ziele ablenke – traf u. U. im konkreten Fall, nicht aber im Grundsätzlichen, denn das Streben nach Geltung wird vom galanten Wissenschaftskonzept nicht als neues Prinzip in die Wissenschaft einführt, son-

---

[76] Vgl. Dominique Pestre: Pour une histoire sociale et culturelle des sciences. Nouvelles définitions, nouveaux object, nouvelles pratiques. In: Annales HSS 50 (1995), S. 487–522.

[77] Vgl. Lorraine Daston, Peter Galison: Objektivität. A. d. Amerik. v. Christa Krüger. Frankfurt/M. 2007.

[78] Vgl. Kühlmann: Gelehrtenrepublik und Fürstenstaat, S. 430.

dern ‚nur' bewusst gemacht, und zwar nicht bloß als charakterliche Verfehlung, sondern als unhintergehbare Bedingung von Wissenschaft wie anderer gesellschaftlicher Interaktionen. Dieser Gewinn im Grundsätzlichen wird nicht dadurch geschmälert, dass die Chance, sich die Rollenspiele der Wissenschaft bewusst zu machen, oft genug nicht genutzt wurde, nämlich wenn die galanten Verhaltensmuster ihrerseits als vermeintlich ‚natürliche', selbstverständliche Rollen ergriffen wurden.

Das eigene berufliche Tun als ein soziales Rollenspiel zu erkennen, bringt zugleich eine Selbstdistanzierung mit sich: In einem Verhalten, das als nicht ‚natürlich' oder von ‚der Sache selbst' vorgegeben erkannt ist, kann sich der Akteur in seinem Tun beobachten. Gerade bei Thomasius lässt sich studieren, wie die Berücksichtigung der gesellschaftlichen Funktion, in der Wissenschaft steht bzw. stehen soll, zu einer kritischen Rückwendung des Subjekts auf sich selbst führt, und zwar als Forderung nach Erkenntnis des Selbst in seiner Bedingtheit durch gesellschaftliche Anforderungen wie Prägungen.[79] Zum Charakterbild des Pedanten hingegen gehört typischerweise auch die Unfähigkeit zur Selbsterkenntnis.[80] Selbstdistanzierung ist wiederum eng mit der Fähigkeit verbunden, über sich selbst lachen zu können. Die „Fähigkeit zur Selbstdistanz ist geradezu der Prüfstein des Humors und seine eigentliche Quelle", schreibt Helmuth Plessner.[81] Beides fördert einander: Über sich selbst zu lachen und sich dadurch zumindest momentweise in Frage zu stellen, setzt die Fähigkeit zur Selbstdistanzierung voraus und unterstützt sie zugleich. Offenbar tun sich die Akteure der Wissenschaft damit besonders schwer, und dies nicht ohne Gründe, da der für ihre Selbstlegitimation zentrale Gegenstandsbezug gerne als „strenge Sachlichkeit" (so die Verdeutschung des Duden für ‚Objektivität' als „Ideal wissenschaftlicher Arbeit"[82]) inszeniert und ihre wissenschaftliche Autorität üblicherweise durch Ernsthaftigkeit zur Anschauung gebracht wird. Wird das löbliche Prinzip, ‚mit Ernst bei der Sache' zu sein, wörtlich genommen, so sind Rollendistanz und Lachen gleichermaßen fern. Pierre Bourdieu erkennt im Lob akademischer „Ernsthaftigkeit" sogar nicht weniger als eine Verdrängung, nämlich die Verdrängung jeder Grundlagenreflexion auf die Bedingungen, unter denen Wissenschaft arbeitet, denn diese „typisch soziale Tugend" sei auf „Vorhersehbarkeit und Berechenbarkeit" des wissenschaftlichen Arbeitens, also auf die Exekutierung des ‚Normalen' orientiert.[83]

---

79 Vgl. Kühlmann: Gelehrtenrepublik und Fürstenstaat, S. 428f.

80 Vgl. [Zedler:] Großes vollständiges Universal-Lexikon Bd. 26, Sp. 191 (s. v. Pädanterey).

81 Helmuth Plessner: Der vermittelte Charakter des Weines. In: Ders.: Philosophische Anthropologie. Lachen und Weinen, das Lächeln, Anthropologie der Sinne. Hrsg. u. mit e. Nachw. von Günter Dux. Frankfurt/M. 1970, S. 128.

82 Duden. Bd. 5: Fremdwörterbuch. 6. [...] Aufl. Hg. u. bearb. v. Günther Drosdowski, Werner Scholze-Stubenrecht u. Matthias Wermke. Mannheim et al. 1997, S. 561.

83 Bourdieu: Homo academicus, S. 74.

Zu betonen ist, dass Lachen nicht zwingend dadurch dem Ernst opponiert, dass es Unernst im Sinne von Beliebigkeit und mangelnder Wertschätzung von Menschen oder Dingen ausdrückte. „Kann man nicht auch lachend sehr ernsthaft sein?" – so reklamiert Minna von Barnhelm die Möglichkeit zu lachen, ohne den Sinn für die Realität zu verlieren.[84] Die Fähigkeit zu lachen – und besonders über sich selbst – signalisiert vielmehr

> eine vernünftige Offenheit, die nie bedeutet, dieses oder jenes einfach zu tun oder zu lassen, sondern die bedeutet, seine Person und Perspektive, die zunächst ihre Geltung hat, zur Disposition stellen zu können in Auseinandersetzung und Austausch mit Alternativen, und sie im Falle von guten Gegengründen variieren und korrigieren zu können.[85]

Thorsten Sindermann bezeichnet den Humor daher „als eine flexible, undogmatische, relativierbare, ‚dialogische' Haltung", kurzum als „Tugend epistemischer Selbstdistanz".[86] Historisch steht nicht zuletzt die eklektische Wissenschaftsauffassung und -praxis des Thomasius für eine solche Haltung.

Wie distanzierende Rollenreflexion und Lachen in der Wissenschaft Hand in Hand gehen können, zeigt der Lächerlichkeitsdiskurs in der frühen und mittleren Aufklärung, der sich an Thomasius' Ausrichtung der Wissenschaft auf gesellschaftliche Wirkung anschloss. Aber fanden wir dort nicht eher ein Verlachen anderer als ein Über-sich-selbst-Lachen? So stellt es sich mit Blick auf einzelne Autoren dar. Auf die Gesamtheit der Gelehrten und auch auf bestimmte Richtungen des gelehrten Selbstverständnisses bezogen, handelt es sich jedoch um ein Lachen über ‚sich selbst', nämlich mit Bezug auf Prinzipien, die man auch für sich selbst anerkennt. Das gilt sowohl für die Pedantenkritik, die mit ihren überquellenden, aber keineswegs ironisch gemeinten Fußnoten mitnichten frei war von Pedantismus,[87] als auch für das Lachen der Thomasianer über Gelehrte, die es mit der Selbstdarstellung und der Hinwendung zur Welt übertrieben. Einen Fall noch direkteren Lachens über sich selbst stellt Lessings Komödie *Der junge Gelehrte* dar („verfertiget im Jahre 1747", wie es auf Titelblatt heißt, und von Caroline Neuber sogleich in Leipzig aufgeführt; erster Druck 1754).[88] Dazu nun ein letzter Abschnitt.

---

[84] Gotthold Ephraim Lessing: Werke. In Zus.arb. mit Karl Eibl hg. v. Herbert G. Göpfert. Bd. 1–8. Darmstadt 1996, hier Bd. 1, S. 676 (IV,6). Mehr zum Verhältnis von Lachen und Ernsthaftigkeit bei Minna in der Einleitung zu diesem Band.

[85] Thorsten Sindermann: Über praktischen Humor. Oder eine Tugend epistemischer Selbstdistanz. Würzburg 2009 (Epistemata. Reihe Philosophie 460), S. 162.

[86] Ebd., S. 163. Explizit wünscht sich die Wissenschaftsforscherin Isabelle Stengers ein solches humorvolles Lachen, ermöglicht durch die Einsicht in die Historizität wissenschaftlicher Standards und im Unterschied zu einem ironisch überlegenen Lachen, das sich dem als bedingt Erkannten enthoben dünkt (vgl. Stengers: Die Erfindung der modernen Wissenschaften, S. 34, 104).

[87] Vgl. Forster: „Charlataneria eruditorum", S. 206.

[88] Im Folgenden mit Akt-, Szenen- und Seitenangabe im Text zitiert nach der Ausgabe Lessing: Werke, Bd. 1, S. 279–374.

## VI. „Er hat alles gelesen, nur kein Komplimentierbuch.“ Selbstkritik des Gelehrten in Lessings frühem Lustspiel

In der Titelfigur des Damis versammeln sich alle Unarten pedantischen Gelehrtentums in zugespitzter Weise: Wortklauberei statt Realien- oder Problemorientierung, Scholastik, Ruhmsucht und Selbstüberschätzung, Vielschreiberei und Allzuständigkeitsansprüche, aber Steckenbleiben im Nebensächlichen, Lebensfremdheit, Ungeselligkeit und grobe Sitten, keinerlei Selbstdistanz. Alle diese Motive waren damals nicht neu, sondern hatten schon ein halbes Jahrhundert lebhafter Gelehrtenkritik und -satire geprägt. Und nicht nur mit den Negativeigenschaften der Titelfigur, sondern auch mit den komplementären Normen, wie sie sowohl aus den Verfehlungen des Damis als auch aus den besseren Eigenschaften seines Gegenspielers Valer zu schließen sind, stellt sich Lessing in die aufgezeigte Tradition. Das gilt zum einen für das Ideal der praktischen Nützlichkeit – Valer ist bestrebt, nach seinem Studium „dem Staate nützliche Dienste zu leisten“, was Damis ausdrücklich ablehnt –, zum anderen aber auch für die dazu nötige kommunikative Öffnung – Valer hat sich, wie Damis beklagt, „in den Kopf setzen lassen, daß man sich vollends durch den Umgang, und durch die Kenntnis der Welt, geschickt machen müsse“ (II,12, S. 331f.). Besonders diesem zweiten Aspekt der positiven Norm hat die Forschung viel weniger Beachtung geschenkt als den Fehlern des jungen Gelehrten und ihren wissenschaftsgeschichtlichen Bezügen (vor allem zum Polyhistorismus).[89] Jedoch gehört, wie wir sahen, beides zusammen: Dass die Bücher für Damis die liebsten „Gesellschafter“ sind und dass er selbst bei Tisch noch liest (vgl. I,4, S. 291 u. III,1, S. 337), verweist nicht allein auf gelehrte Selbstbezogenheit, sondern ebenso – ex negativo – auf das ‚galante‘ Ideal einer kommunikativen Wissenschaft, zu dem auch die Beherrschung gesellschaftlicher Umgangsformen gehört. Wie weit Damis davon entfernt ist, demonstriert gleich die erste Szene, wo er nicht nur seinen Bedienten geradezu gewohnheitsmäßig als „Schurken“ anredet, sondern auch seinen Vater als „alten Idioten“ bezeichnet (I,1, S. 281 u. 283, vgl. II,4, S. 318, III,7, S. 351, III,19, S. 374). Unmissverständlich für zeitgenössische Ohren spricht der Bediente aus, dass es die Höflichkeit der galanten Verhaltenslehren ist, die Damis fehlt: „Er hat alles gelesen, nur kein Komplimentierbuch.“[90] (I,1, S. 281)

---

[89] Vgl. Wiedemann: Polyhistors Glück und Ende, S. 130f.; Grimm: Letternkultur, S. 189–191; Košenina: Der gelehrte Narr, S. 71–74. Ronald Dietrich: Der Gelehrte in der Literatur. Literarische Perspektiven zur Ausdifferenzierung des Wissenschaftssystems. Würzburg 2003 (Epistemata. Reihe Literaturwiss. 425), S. 166–190 bezieht Damis auf die Ausdifferenzierung moderner Wissenschaft sensu Luhmann.

[90] Umfassend zur Gattung des Komplimentierbuchs in der ersten Hälfte des 18. Jahrhunderts vgl. Manfred Beetz: Frühmoderne Höflichkeit. Komplimentierkunst und Gesellschaftsrituale im altdeutschen Sprachraum. Stuttgart 1990 (Germanistische Abhandlungen 67).

Dieser Gelehrte verweigert Kommunikation ganz ausdrücklich: In Anwesenheit seines Vaters gibt er vor, so ins Lesen versunken zu sein, dass er ihn gar nicht bemerkt (vgl. I,6, S. 298), und seinen früheren Freund Valer weist er mit den Worten ab: „verdient denn Ihr Geschwätz, daß ich darauf höre?“ (III,7, S. 351) Kommunikation so zu verweigern, ist unmittelbar ‚lächerlich‘ im Sinne von ‚komisch‘, denn die Gespräche mit Damis geraten konsequenterweise immer wieder in Situationen der Interferenz und des Aneinandervorbei (besonders massiv in I,2). Freilich hat Damis in gewisser Hinsicht gute Gründe für solche Gesprächsverweigerung, denn einem geschickten Gesprächspartner wie der Dienerin Lisette ist er hilflos ausgeliefert (vgl. I,4): Wegen seiner Eitelkeit gelingt es ihr mühelos, „ihn um den Finger [zu] wickeln“ (I,8, S. 305) oder zu provozieren und im Rededuell zu besiegen (vgl. III,3). Sein Diener wiederum hat ihn fast schneller durchschaut, als er sich verstellen kann (vgl. I,6). Kommunikativ geht diesem Gelehrten jegliches Geschick ab: Er ist überaus gelehrt, und „erst zwanzig Jahre alt“, wie ihm Lisette fünfmal schmeichelt, um beim sechsten Mal zu höhnen: „Hören Sie recht zu, Herr Damis: Sie sind noch nicht klug, und sind schon zwanzig Jahre alt!“ (III,3, S. 343). Selbstbehauptung in Gespräch und Umgang ‚gelingt‘ ihm allein dort , wo er starr auf seiner Meinung beharrt (nämlich dass er „eine böse Frau“ heiraten will, die ihm „helfen soll, [s]einen Ruhm unsterblich zu machen“, III,4, S. 346). Derartig ‚asoziale’ Gelehrsamkeit macht ihren Träger zu einem „Narren“, der ‚auslachenswürdig‘ ist sowohl im Sinne von gesellschaftlicher Sanktionierung als auch, weil er lachen macht: Sie lässt ihn als einen „überstudierten Pickelhering“ dastehen (S. 348), also als die komische Figur des Lachtheaters.

Mit all dem repräsentiert Damis, in komisch-satirischer Überspitzung, genau die Haltung, gegen die sich das galante Gelehrsamkeitskonzept der Thomasianer wendete, und die Kritik an ihm erfolgt meistenteils auf der Grundlage dieses Konzeptes (das demnach als „die eindeutige Norm“ des Stücks gelten kann, die in der Forschung vermisst wurde).[91] Darauf ist Lessings Komödie nicht nur durch die in komischen Episoden demonstrierten Fehler der Titelfigur bezogen, sondern auch durch die Anlage des Stücks, also durch die ‚anderweitige Handlung‘ (soweit sie keine komödienübliche Liebeshandlung ist): Ausgangspunkt ist ein Brief, den Damis aus Berlin erwartet, weil er hofft oder vielmehr selbstverständlich davon ausgeht, für seine Antwort auf die von der Akademie ausgeschriebene philosophische Frage den ersten Preis zu erhalten (vgl. I,1, III,15, S. 367). Damis ist geradezu

---

[91] Peter J. Brenner: Gotthold Ephraim Lessing. Stuttgart 2000 (RUB 17622; Literaturstudium), S. 93. Rolf Christian Zimmermann: Die Devise der wahren Gelehrsamkeit. Zur satirischen Absicht von Lessings Komödie *Der junge Gelehrte*. In: Dt. Vierteljahrsschrift 66 (1992), S. 283–299, hier S. 291–296 sieht den Maßstab, an dem Damis gemessen wird, in einem eher empfindsam grundierten Konzept von Bildung, einschließlich der Gefühlsbildung und gesellschaftlicher Verantwortung. Im Text gibt es jedoch nur wenige Anzeichen, die in die Richtung dieses Bildungsideal der hohen Aufklärung weisen; die (weitgehend) tugendhaften Vorbildfiguren Valer und Juliane bleiben dafür zu blass.

süchtig nach dem – erst gegen Dramenende eintreffenden – Brief, denn er giert nach Anerkennung.[92] Zu seinem Verlangen nach ungestörter Einsamkeit (vgl. III,3, S. 341) sowie zu seiner Behauptung, an nichts als an seinen Büchern interessiert zu sein (vgl. III,1, S. 337), steht dies zwar in ebenso scharfem wie komischem Gegensatz. Es entspricht hingegen dem Ausgang der kommunikativ orientierten Verhaltenslehren und Wissenschaftskonzepte eben vom menschlichen Bedürfnis nach Anerkennung bzw. der Geltung bei anderen.[93] Lessings junger Gelehrter bestätigt, gegen die eigene Rhetorik der Selbstgenügsamkeit, diese sozialbezogene Auffassung von menschlichen Verhaltensmotiven im Allgemeinen und wissenschaftlichem Arbeiten im Besonderen. An der Figur des Damis erscheint der ‚reine' Gegenstandsbezug der ‚soliden' Wissenschaft (um noch einmal die Begriffe der frühaufklärerischen Diskussion aufzunehmen) als bloße Rhetorik zur Verdrängung eines durchaus vorhandenen – und durch seine Verdrängung sogar noch gesteigerten – Geltungsbedürfnisses.

Der Brief, der schließlich eintrifft, kommt nicht von der Berliner Akademie, sondern von einem Freund, der die eklatanten Schwächen der von Damis verfassten Abhandlung offen benennt (vgl. III,15, S. 368). Kritik kann der junge Gelehrte aber erst recht nicht vertragen, und er beschließt, sein „undankbares Vaterland [zu] verlassen" (S. 369). Eine Besserung der Lasterfigur und ihre Reintegration in die Gesellschaft kommen daher nicht zustande. Dadurch weicht *Der junge Gelehrte* auffällig vom Gattungsmodell der Sächsischen Typen- oder Verlachkomödie ab. Als Ausschluss aus der Gesellschaft statt als Heilung war dagegen jenes Lachen gedacht, das nicht bloß theatral-modellhaft, sondern real sanktionierend diejenigen treffen sollte, die das Decorum nicht zu wahren wussten.[94] Auch mit ihrem zwar guten und gesellschaftsstützenden – Doppelhochzeit! –, nicht aber alle versöhnenden Schluss schließt sich Lessings Komödie also der gesellschaftsethischen Tradition von Lächerlichkeit an.

Den jungen Lessing derart in einer Tradition zu verorten, die etwa ein halbes Jahrhundert zuvor zunächst im höfischen Frankreich fundiert und dann von deutschen ‚Reformgelehrten' adaptiert wurde, soll nicht die Differenzen und Veränderungen im Detail ausblenden, die *Der junge Gelehrte* ebenfalls erkennen lässt. Bereits Morvan de Bellegarde sah die Gelehrten in der akuten Gefahr, „ausgelachet

---

92 Vgl. III,4, S. 344: „*Chrysander.* […] Höre einmal, mein Sohn; hier habe ich einen Brief bekommen, der mich – – *Damis.* Wie? einen Brief? einen Brief? Ach lieber Anton! einen Brief? Liebster Herr Vater, einen Brief? von Berlin? Lassen Sie mich nicht länger warten; wo ist er? Nicht wahr, nunmehr werden Sie aufhören an meiner Geschicklichkeit zu zweifeln? Wie glücklich bin ich!" Vgl. auch II,9, III,2/3.

93 Vgl. Christoph August Heumann: Der politische Philosophus, das ist / Vernunftmäßige Anweisung Zur Klugheit Im gemeinen Leben. Frankfurt/M., Leipzig 1714, S. 153: „Bemühe dich bey denen Leuten das Ansehen zu erlangen / daß du vor andern weise / gelehrt / klug und geschickt seyst." (im Original hervorgehoben)

94 Vgl. Braungart: *Le ridicule*, S. 237.

zu werden“, weil sie im Umgang mit Menschen nicht geübt seien (wie zitiert) und wegen ihrer Selbstüberschätzung:

> Was will Damis [diesen galanten Modenamen trägt der übermäßig eingebildete Gelehrte schon bei Bellegarde, D. F.][95] mit seinen einbildischen Geberden, mit seinem Auslachens-würdigen Stoltz, mit seinem Wohlgefallen andeuten, welches er gegen alles dasjenige bezeiget, was er redet, und mit seinem Eckel gegen alles, was andere Menschen sagen? Will er dadurch verursachen, daß man ihn suchen soll, weil er sich vor so herrlich und kostbar hält? [...] Diejenige, welche stets unter allen hervor scheinen, und sich bey andern Leuten zum Wunder machen wollen, erwerben sich selten eine Liebe. (Que pretend *Damis* avec son air suffisant, avec cette fierté ridicule, cette complaisance qu'il a pour tout ce qu'il dit & ce dégoût pour tout ce que les autres disent? Veut-il se faire rechercher, en faisant le rencheri & le précieux? [...] Ceux qui veulent toujours briller, & se faire admirer des autres, s'en font rarement aimer; nous avons un secret dépit contre les personnes qui nous effacent.)[96]

Als Differenz zwischen Bellegarde und Lessing zeichnet sich hier ab, dass der französische Gesellschaftsethiker noch ganz offen mit dem eigenen Vorteil argumentierte, den derjenige am besten erlange, der bei anderen – geradezu kaufmännisch – den Eindruck zu erwecken wisse, dass er ihnen einen Vorteil bringe: „Wenn man die Gemüther derer Menschen einnehmen will, so muß man ihnen, so viel als möglich, darzu helfen, daß sie ihre Gemüths-Gaben an den Mann bringen können.“ („Pour s'insinuer dans l'esprit des hommes, il faut les aider, autant qu'on peut, à développer leurs talens“.)[97] Lessing dagegen propagiert – neben der an Damis als unverzichtbar aufgezeigten ‚Lebensart‘ – eine tendenziell altruistische Dienstethik, nämlich durch das gute Beispiel Valers. Während Bellegarde auf den Vorteil wies, den man daraus ziehen könne, anderen zu schmeicheln, gelangt in Lessings Stück nicht die List der schmeichelnden Lisette zum Ziel, sondern die Bereitschaft zum Verzicht. Denn erst, als Valer auf Julianes Vermögen verzichtet zugunsten ihres Vormunds Chrysander, willigt dieser in die Verbindung der beiden Liebenden ein (vgl. III,18, S. 373). Die ersehnte Hochzeit vor Augen, möchte Valer nicht einmal mehr seinen lächerlichen Rivalen verlachen: „*Juliane*. Und wir lachen ihm [Damis] nicht nach? *Valer*. Nein, Juliane; eine bessere Freude mag uns jetzt erfüllen; und beinahe gehört eine Art von Grausamkeit dazu sich, über einen so kläglichen Toren lustig zu machen.“ (III,9, S. 353). Das Lachen, das der gelehrte Narr nicht zu knapp geerntet hat, wird plötzlich gestoppt. Komödiengeschichtlich gesehen, deutet sich hier nichts Geringeres als die Wende vom satirischen, die Überlegenheit des Lachenden voraussetzenden Verlachen eines Verhaltensdefizits zu einer Empfindsamkeit an, die allenfalls noch ein sympathetisches Mitlachen

---

95 Der Name Damis ist auch in der französischen und nachfolgenden deutschen Komödientradition nicht selten. Dass der Name von Bellegardes eingebildetem Gelehrten bei Lessing wiederkehrt, stellt daher keinen Beweis für eine Abhängigkeit des späteren Autors vom früheren dar.

96 Bellegarde: Betrachtungen, S. 155 u. 154; frz. S. 104.

97 Ebd., S. 154; frz. S. 104.

kennt.[98] Im *Jungen Gelehrten* hat die werttragende Figur allerdings noch kaum Gewicht gegenüber der zu verlachenden Titelfigur. Noch sind die Änderungen gegenüber der galanten Tradition bloß marginal und geben gewissermaßen nur einen Ausblick auf das weitere Werk Lessings.

Weil der junge Lessing selbst ein junger Gelehrter war, ist seine erste aufgeführte Komödie zugleich ein Fall selbstreflexiven Lachens; oder genauer: weil der Autor ein junger Gelehrter des karikierten Typs war, als er nach fünfjährigem Besuch der Meißner Eliteschule St. Afra nach Leipzig kam, reich an philologischem Wissen, aber ganz unkundig der Welt außerhalb der Schule und ohne jeden gesellschaftlichen Schliff.[99] „Ein *junger Gelehrte*, war die einzige Art von Narren, die mir auch damals schon unmöglich unbekannt sein konnte", leitet er den ersten Druck des Stücks ein.[100] Noch weit selbstkritischer hat er sich gut ein Jahr nach seiner Ankunft auf der Universität in einem Brief an seine Mutter beschrieben:

> Ich komme jung von Schulen, in der gewißen Uberzeugung, daß mein ganzes Glück in den Büchern bestehe. Ich komme nach Leipzig, an einen Ort, wo man die ganze Welt in kleinen sehen kan. [...] Stets bey den Büchern, nur mit mir selbst beschäfftigt, dachte ich eben so selten an die übrigen Menschen, als vielleicht an Gott. [...] Doch es dauerte nicht lange, so gingen mir die Augen auf: [...] Ich lernte einsehen, die Bücher würden mich wohl gelehrt, aber nimmermehr zu einen Menschen machen. Ich wagte mich von meiner Stube unter meines gleichen. Guter Gott! was vor eine Ungleichheit wurde ich zwischen mir und andern gewahr. Eine bäuersche Schichternheit, ein verwilderter und ungebauter Körper, ein gäntzliche Unwißenheit in Sitten und Umgange, verhaßte Minen, aus welchen jederman seine Verachtung zu lesen glaubte, das waren die guten Eigenschafften, die mir, bey meiner eigenen Beurtheilung übrig blieben. Ich empfand eine Schahm, die ich niemals empfunden hatte. Und die Würkung derselben war der feste Entschluß, mich hierinne zu beßern, es koste was es wolle.[101]

---

[98] Vgl. Lessing: Werke Bd. 4, S. 362f. (28. und 29. Stück der Hamburgischen Dramaturgie); Christian Neuhuber: Das Lustspiel macht Ernst. Das Ernste in der deutschen Komödie auf dem Weg in die Moderne von Gottsched bis Lenz. Berlin 2003 (Philologische Studien und Quellen 180); Agnes Kornbacher-Meyer: Komödientheorie und Komödienschaffen Gotthold Ephraim Lessings. Berlin 2003 (Schriften zur Literaturwissenschaft 21), S. 80–98.

[99] Diesen Aspekt betont, etwas einseitig, Zimmermann: Die Devise der wahren Gelehrsamkeit, S. 286–292. Dass *Der junge Gelehrte* sowohl eine persönliche Erfahrung seines Autors als auch ein Epochenproblem behandelt, betont, m. E. zu Recht, Jürgen Stenzel in seinem Kommentar zu Gotthold Ephraim Lessing: Werke und Briefe. Bd. 1. Hg. v. J. St. Frankfurt/M. 1989, S. 1055. Hugh Barr Nisbet: Lessing. Eine Biographie. A. d. Engl. übers. v. Karl S. Guthke. München 2008, S. 77 verweist besonders auf Lessings Erfahrungen an der Leipziger Universität.

[100] Gotthold Ephraim Lessing: Vorrede zum dritten und vierten Teil der *Schriften* (1754), zit. nach Werke Bd. 2, S. 639. Lessing setzt hier fort, als sei er selbst von dieser Narretei aber nicht betroffen gewesen: „Unter diesem Ungeziefer aufgewachsen, war es ein Wunder, daß ich meine ersten satyrischen Waffen wider dasselbe wandte?" Im nachfolgend zitierten Brief bezieht er sich hingegen ausdrücklich in die Narrengruppe der ‚jungen Gelehrten' ein.

[101] Gotthold Ephraim Lessing: Sämtliche Schriften. Hg. v. Karl Lachmann. 3., aufs neue durchges. u. verm. Aufl., besorgt durch Franz Muncker. Bd. 17. Leipzig 1904, S. 7 (20. Januar 1749). Der Brief ist einige Zeit nach dem *Jungen Gelehrten* verfasst, er spiegelt daher nicht unbedingt nur Lessings Motive beim Verfassen des Stücks, sondern auch eine nachträgliche Rechtfertigung. An Lessings Option für eine bessere Lebensart ändert diese Unsicherheit nichts.

Diese Selbstbeschreibung bestätigt noch einmal, dass Lessing nicht allein gelehrte Unarten als Problem im Blick hatte, sondern auch das Ideal eines kompetenten ‚Umgangs mit Menschen'. Die Norm, der er seinen Habitus anzupassen sucht, ist die des galanten *savoir-vivre*:

> Ich lernte tanzen, fechten, voltigiren [...] und ich suchte Gesellschafft, um nun auch leben zu lernen. Ich legte die ernsthafften Bücher eine zeitlang auf die Seite, um mich in denjenigen umzusehen die weit angenehmer, und vielleicht eben so nützlich sind. Die Comoedien kamen mir zur erst in die Hand. [...] Ich lernte daraus eine artige und gezwungene, eine grobe und natürliche Aufführung unterscheiden. Ich lernte wahre und falsche Tugenden daraus kennen, und die Laster eben so sehr wegen ihres lächerlichen als wegen ihrer Schändlichkeit fliehen.[102]

Mit der Einheit von Lächerlichkeit und Verfehlen einer Norm, die der Lachende einklagt, klingt dies ganz gottschedisch. Wie wir sahen und wie auch der Kontext der Briefstelle zeigt, handelt es sich aber nicht allein um eine poetologische Regel, sondern ebenso um eine in der gesellschaftlichen Praxis wirksame Koppelung – gerade in dem guten halben Jahrhundert vor Lessings Komödie und auch in der Wissenschaft.

---

[102] Ebd., S. 7f.

NORBERT WICHARD (Köln)

# Über das Lachen in Goethes *Wilhelm Meisters Lehrjahren*

Liest man Goethes *Lehrjahre* von ihrem Ende her, so redet Wilhelm seiner Glücksgeschichte selbst das Wort: „Ich kenne den Wert eines Königreichs nicht, versetzte Wilhelm, aber ich weiß, daß ich ein Glück erlangt habe, das ich nicht verdiene, und das ich mit nichts in der Welt vertauschen möchte."[1] Nicht zu Unrecht wird der glückliche Ausgang der *Lehrjahre* in der Forschung häufig thematisiert: Obgleich Wilhelm mit seiner Laufbahn als Schauspieler letztlich scheitert und sein Bestreben nach Repräsentation und Öffentlichkeit in einer Aporie endet, schließen die *Lehrjahre* für Wilhelm mit einem für ihn „selbst kaum faßbare[n] Glück".[2] Wenn man Goethes Roman als eine Auseinandersetzung mit den ästhetischen Diskursen vom Theater, der Poesie und der Architektur sowie mit den Bedingungen von Kunst insgesamt liest, ist das Ende des Romans nicht nur als eine notwendige teleologische Zuspitzung zu verstehen, die durch die familiäre Harmonie repräsentiert wird, sondern der ‚Bildungsweg' Wilhelms legt einen veränderten Umgang mit der Kunst offen – sowohl in praktischer als auch in rezeptiver Hinsicht.[3] Durch die ironische und weit verzweigte symbolische Struktur des Romans[4] wird dieser zudem selbst zur komplexen Antwort auf die Frage nach der Lage der Kunst.

Das letzte Lachen des Romans ist an prominenter Stelle, am Ende der *Lehrjahre* platziert; es geht den zu Beginn zitierten Worten Wilhelms unmittelbar voran; Natalies Bruder Friedrich sagt zu seinem Schwager in spe: „Die Zeiten waren gut,

---

1 Johann Wolfgang Goethe: Wilhelm Meisters Lehrjahre. In: Ders.: Sämtliche Werke. Briefe, Tagebücher und Gespräche (Frankfurter Ausgabe). 40 Bd. Hg. v. Friedmar Apel et al. Abt. I, Bd. 9: Wilhelm Meisters Theatralische Sendung. Wilhelm Meisters Lehrjahre. Unterhaltungen deutscher Ausgewanderten. Hg. v. Wilhelm Voßkamp, Herbert Jaumann unter Mitw. v. Almuth Voßkamp. Frankfurt/M. 1992 (Bibliothek deutscher Klassiker 82), hier S. 992. Die folgenden Zitate im Fließtext beziehen sich auf diese Angabe.

2 Uwe Steiner: Wilhelm Meisters Lehrjahre. In: Bernd Witte et al. (Hg.): Goethe Handbuch in vier Bänden. Bd. 3: Prosaschriften. Stuttgart, Weimar 1997, S. 113–152, hier S. 151.

3 Gerade Walter Pape hat die *Lehrjahre* im Kontext der Kunstdiskurse, insbesondere bezüglich der Architektur untersucht, vgl. u. a. Walter Pape: „Was der Mensch sei und was er sein könne": Aesthetics of Architecture, Interior, and Decoration in Goethe. In: Ders. (Hg.): A View in the Rear-Mirror. Romantic Aesthetics, Culture, and Science Seen from Today. Festschrift for Frederick Burwick on the Occasion of His Seventieth Birthday. Trier 2006 (Studien zur Englischen Romantik 3), S. 121–136.

4 Vgl. z. B. Hans-Jürgen Schings: Wilhelm Meisters schöne Amazone. In: Jahrbuch der deutschen Schillergesellschaft 29 (1985), S. 141–206; Hans-Egon Hass: Goethe. Wilhelm Meisters Lehrjahre. In: Benno von Wiese (Hg.): Der deutsche Roman. Vom Barock bis zur Gegenwart. Struktur und Geschichte. Bd. 1. Düsseldorf 1963, S. 132–210.

und ich muß lachen, wenn ich dich ansehe, du kommst mir vor wie Saul, der Sohn Kis, der ausging seines Vaters Eselinnen zu suchen, und ein Königreich fand.“ (S. 992) Die Funktion des Lachens ist an dieser Stelle nicht eindeutig, so wie ebenfalls nicht sicher zu bestimmen ist, ob Friedrich tatsächlich lacht oder nur über einen Zwang zum Lachen redet. Dass jedoch der an sich bereits vielstimmige Roman auch mit einer Mehrdeutigkeit und Vagheit zum Komplex des Lachens endet, lässt dieses Thema an Relevanz gewinnen. Es soll nun die Bedeutung des Lachens in den *Lehrjahren* – insbesondere mit Bezug auf Wilhelm – herausgestellt werden, sodass auch das Lachen des Romanschlusses in einen ästhetischen Funktionszusammenhang gestellt werden kann.

## I. Die ungewollte Rolle: kränkendes Gelächter

Friedrichs Anspielung auf die Bibel und die Geschichte von Saul, Jonathan und David führt direkt zurück in das erste Buch der *Lehrjahre* und zur berühmten Puppenspiel-Erzählung Wilhelms:

> Den andern Tag, da eine Gesellschaft Kinder geladen war, hielten wir uns trefflich, außer daß ich in dem Feuer der Aktion meinen Jonathan fallen ließ, und genötigt war, mit der Hand hinunter zu greifen, und ihn zu holen: ein Zufall, der die Illusion sehr unterbrach, ein großes Gelächter verursachte, und mich unsäglich kränkte. Auch schien dieses Versehn dem Vater sehr willkommen zu sein, der das große Vergnügen, sein Söhnchen so fähig zu sehen, wohlbedächtig nicht an den Tag gab, nach geendigtem Stücke sich gleich an die Fehler hing, und sagte, es wäre recht artig gewesen, wenn nur dies oder das nicht versagt hätte.
> Mich kränkte das innig, ich ward traurig für den Abend, hatte aber am kommenden Morgen allen Verdruß schon wieder verschlafen, und war in dem Gedanken selig, daß ich, außer jenem Unglück, trefflich gespielt habe. (S. 373)

Lothar Bluhm weist darauf hin, dass die zahlreichen Bezüge auf den biblischen Stoff im ersten Buch der *Lehrjahre* nicht die von Friedrich zitierte positive Geschichte Sauls, in der dieser König wird, fokussiert. Vielmehr werden Elemente des Niedergangs Sauls bzw. die Geschichten seines Sohns Jonathan und von dessen Freund David thematisiert: „Wenn man den Bruch im figuralen Rückgriff betonen will, wie es die ‚Zerstörungs-Lesart‘ allemal favorisieren würde, erweist sich das Verheißungsmoment in Friedrichs Schlussrede als ein höchst unsicheres Versprechen.“[5]

Diese strukturelle Vagheit, die sich aus dem Stoffkomplex ergibt, wird durch das Lachen in der zitierten Episode zusätzlich angereichert. Widersetzt sich am Ende des Romans Wilhelm dem Lachen Friedrichs, so erscheint er als Erzähler

---

5 Lothar Bluhm: „Du kommst mir vor wie Saul, der Sohn Kis’...“ *Wilhelm Meisters Lehrjahre* zwischen ‚Heilung‘ und ‚Zerstörung‘. In: Lothar Bluhm, Achim Hölter (Hg.): „daß gepfleget werde der feste Buchstab“ Festschrift für Heinz Rölleke zum 65. Geburtstag am 6. November 2001. Trier 2001, S. 122–140, hier S. 129.

Mariane gegenüber vom unbeabsichtigten „Gelächter" der Zuschauer ebenfalls distanziert und zudem gekränkt. Explizit wird die Ursache des Lachens als Illusionsbruch bestimmt. Eine weitere Episode, ein Theaterspiel des jungen Wilhelm aus dem für die gesamten *Lehrjahre* bedeutenden Stoffkomplex von Tankred und Chlorinde, ist ebenso strukturiert; auch über diese Erlebnisse berichtet Wilhelm Mariane:

> Indessen war es Abend geworden, man hatte die Lichter angezündet, die Mägde und Kinder saßen auf ihren Plätzen, das Stück sollte angehn, die ganze Heldenschar war angezogen; nun spürte aber jeder zum erstenmal, daß er nicht wisse, was er zu sagen habe. In der Hitze der Erfindung, da ich ganz von meinem Gegenstande durchdrungen war, hatte ich vergessen, daß doch jeder wissen müsse, was und wo er es zu sagen habe; und in der Lebhaftigkeit der Ausführung war es den übrigen auch nicht beigefallen: sie glaubten sie würden sich leicht als Helden darstellen, leicht so handeln und reden können, wie die Personen, in deren Welt ich sie versetzt hatte. Sie standen alle erstaunt, fragten sich einander, was zuerst kommen sollte? und ich, der ich mich als Tancred vorne an gedacht hatte, fing, allein auftretend, einige Verse aus dem Heldengedichte herzusagen an. Weil aber die Stelle gar zu bald ins Erzählende überging, und ich in meiner eignen Rede endlich als dritte Person vorkam, auch der Gottfried, von dem die Sprache war, nicht herauskommen wollte; so mußte ich eben unter großem Gelächter meiner Zuschauer wieder abziehen, ein Unfall, der mich tief in der Seele kränkte. (S. 380)[6]

Bemerkenswert ist es, dass wiederum die Zuschauer auf Grund einer Zerstörung der Theaterillusion in ein Gelächter verfallen und die intendierte Emphase der Theaterkommunikation gebrochen wird.[7] Beide Stoffkomplexe, Saul-Jonathan-David sowie Tankred-Chlorinde, sind naturgemäß keine Komödienthemen, sondern sind typische Tragödienstoffe, sodass das Lachen traditionell nicht erwünscht ist. Durch die wiederholte Verknüpfung mit dem Lachen lassen sich jedoch beide Aufführungen aus der Kindheit Wilhelm Meisters auf der Ebene der Romankomposition als Komödien auffassen. Die Begründung liegt nicht darin, dass auch im ersten Buch der *Lehrjahre* von ‚Komödien' die Rede ist: Wilhelm selbst steckte sich „ein geschriebenes Büchelchen [ein], worin die Komödie von David und Goliath aufgezeichnet war [...]" (S. 371). Schließlich ist der Begriff ‚Komödie' hier in einem weiten Sinn, nämlich allgemein als Theaterstück zu verstehen.[8]

Entscheidend ist hingegen jeweils die Rolle Wilhelms: Der unbeabsichtigte Illusionsbruch macht ihn zur verlachten, komischen Figur. Anders als inszenatorisch geplant, funktionalisiert das Publikum das Gesehene selbst zu einem komischen Stück, die tragische Handlung rückt damit in den Rang eines Spiels im Spiel

---

6 Als spontanes Alternativstück führen Wilhelm und seine Spielgenossen im Folgenden erneut den Stoff von David und Goliath auf.

7 Zur „Komik der Emphase" vgl. Martin Andrees Beitrag in diesem Band.

8 Vgl. die Beispiele im Goethe-Wörterbuch: Armin Giese: Art. Komödie. In: Goethe-Wörterbuch. Hg. von der Berlin-Brandenburgischen Akademie der Wissenschaften, der Akademie der Wissenschaften in Göttingen u. der Heidelberger Akademie der Wissenschaften. Bd. 5, 5. Lieferung. Stuttgart 2007, Sp. 542–544, hier Sp. 542.

einer Komödie.[9] Auch für Goethe sind wie für Wilhelm unbeabsichtigte Reaktionen ein prinzipielles Ärgernis. Als Leiter des Weimarer Hoftheaters ist er stets darauf bedacht, die gewünschte Rezeption zu erzielen. Unbotmäßiges, komisches Spiel der Schauspieler duldet er nicht. In den *Regeln für Schauspieler* (1803) formuliert er: „Eine solche [eine ‚reine und vollständige Aussprache'] suche sich der Schauspieler anzueignen, indem er wohl beherzige, wie ein verschluckter Buchstabe oder ein undeutlich ausgesprochenes Wort oft den ganzen Satz zweideutig macht, wodurch denn das Publicum aus der Täuschung gerissen und oft, selbst in den ernsthaftesten Scenen, zum Lachen gereizt wird."[10]

Die Reaktionen der Zuschauer versucht Goethe im Dienste einer reinen Bühnenkunst zu kontrollieren; Eduard Devrient berichtet in seiner *Geschichte der deutschen Schauspielkunst* (1848) von unerwünschten Zuschauerverhaltensweisen in Weimar. Dabei wird nicht nur das Bühnengeschehen verlacht:

> Eine ähnliche Scene führte *1802* die Aufführung des *Alarcos* von Fr. Schlegel herbei, die dem Publikum denn doch als eine zu starke Zumuthung erschien und bei dem ergebenen Beifall der loyalen Partei eine starke Lachopposition hervorrief; da erhob sich Goethe wieder und rief mit donnernder Stimme: ‚man lache nicht!'[11]

Ein Lachverbot hätte sich Wilhelm wohl ebenfalls gewünscht. Die Pannen bei den Aufführungen, der Fall der Puppen sowie die verpatzten Auftritte, sorgen für eine possenhafte Komik, die nicht rückgängig zu machen ist. Die Illusionsbrüche werden von den erwachsenen Zuschauern sicherlich auch als Fehler des Theaterspiels der Kinder begriffen, das Verhalten kann jedoch zugleich – wie erwähnt – auch als Teil einer Publikumsreaktion, wie sie für Komödien üblich ist, interpretiert werden. Diese Perspektive ist der Gesamtstruktur des Romans geschuldet: Bereits in frühen Jahren bildet Wilhelm nicht nur sein Interesse für das Theater aus, sondern er wird, ohne dass er sich dessen bewusst wäre, selbst zu einer Figur. Diese Form

---

9 Zumbrink stellt ebenfalls die Erfahrung des Gelächters mit anderem Akzent in den Gesamtzusammenhang des Romans. Vgl. Volker Zumbrink: Metamorphosen des kranken Königssohns. Die Shakespeare-Rezeption in Goethes Romanen „Wilhelm Meisters Theatralische Sendung" und „Wilhelm Meisters Lehrjahre". Münster 1997 (Zeit und Text. Münstersche Studien zur neueren Literatur 10), hier S. 454f.

10 Johann Wolfgang Goethe: Regeln für Schauspieler. 1803. In: Ders.: Goethes Werke (Weimarer Ausgabe). Hg. im Auftrage der Großherzogin Sophie von Sachsen. Abt. I, Bd. 40, Weimar 1901, hier S. 141. Vgl. Klaus Schwind: „Man lache nicht!" Goethes theatrale Spielverbote. Über die schauspielerischen Unkosten des autonomen Kunstbegriffs. In: Internationales Archiv für Sozialgeschichte der deutschen Literatur 21/2 (1996), S. 66–112.

11 Eduard Devrient: Geschichte der deutschen Schauspielkunst. Bd. 3. In: Ders. Dramatische und dramaturgische Schriften. Bd. 7. Leipzig 1848, hier S. *262. Vgl. auch Schwind: Spielverbote, S. 90f.; sowie Jens Roselt: Chips und Schiller. Lachgemeinschaften im zeitgenössischen Theater und ihre historischen Voraussetzungen. In: Werner Röcke, Hans Rudolf Velten (Hg.): Lachgemeinschaften. Kulturelle Inszenierungen und soziale Wirkungen von Gelächter im Mittelalter und in der Frühen Neuzeit. Berlin, New York 2005 (Trends in Medieval Philology 4), S. 225–241, hier S. 225f.

des Dilettantismus wird bekanntlich zum beherrschenden Antrieb großer Teile seiner Lehrjahre.

Hinzu kommt ein wichtiger Parallelismus, der die Gattungsgrenzen verwischt. Wilhelm erfährt mit den selbst erzählten Theateranfängen eine erneute Niederlage. Als Erzähler realisiert er seine Jugendjahre als ausufernde Binnenerzählung, die zur Selbstdarstellung des eigenen Lebens wird. Sein Erzählstil taugt aber nicht einmal zu einer unbeabsichtigten Komik, die Marianes Aufmerksamkeit fesseln könnte. Lediglich die mitgebrachten Puppen und Wilhelms Ungeschicklichkeit sorgen bei ihr für Vergnügen: „Wie verwunderte sich Mariane, wie entsetzte sich Barbara, als die aufgebundene Serviette einen verworrnen Haufen spannenlanger Puppen sehen ließ. Mariane lachte laut, als Wilhelm die verworrenen Drähte auseinander zu wickeln und jede Figur einzeln vorzuzeigen bemühet war." (S. 366)

Wilhelms Begeisterung für seine eigene Lebensgeschichte lässt ihn die zunehmende Müdigkeit und Ermattung Marianes übersehen. Seine erzählerische Inszenierung erreicht seine Zuhörerin nicht, da die darin enthaltenen komischen Elemente – anders als noch bei den mitgebrachten Puppen – einzig Teil seiner Erzählung sind:

> Während dieser Erzählung hatte Mariane alle ihre Freundlichkeit gegen Wilhelm aufgeboten, um ihre Schläfrigkeit zu verbergen. So scherzhaft die Begebenheit von einer Seite schien, so war sie ihr doch zu einfach, und die Betrachtungen dabei zu ernsthaft. Sie setzte zärtlich ihren Fuß auf den Fuß des Geliebten, und gab ihm scheinbare Zeichen ihrer Aufmerksamkeit und ihres Beifalls. (S. 375f.)

Waren die Theateraufführungen der Jugend noch ungewollt komisch, so sind die ‚scherzhaften Begebenheiten' als Erzähltes allzu ‚ernst' vorgetragen. Ein solches ironisches Arrangement vor dem Hintergrund des Komplexes ‚Lachen' findet seine Fortsetzung im Theaterdilettanten Wilhelm – auch als solcher bemerkt er die ungewollte Komik seines Handelns nicht.[12]

## II. Die eigene Rolle: Der Theaterdilettant

Wilhelms Verhältnis zur Kunst ist – positiv ausgedrückt – eigenwillig, aus der Perspektive des Künstlers oder gar des Kunsttheoretikers äußerst problematisch. Man kann an ihm das Phänomen des Dilettantismus ablesen. Als „spiritus rector" verfasste Goethe gemeinsam mit Friedrich Schiller und Johann Heinrich Meyer die Schemata *Über den Dilettantismus* (1799) als wichtigen Teil der „kunsttheoreti-

---

[12] Ergänzend sei hier auch auf Hans Reiss' Arbeit verwiesen, der insgesamt das Verhältnis von Lustspiel und *Lehrjahren* vermisst. Ders.: Lustspielhaftes in *Wilhelm Meisters Lehrjahre*. In: Gerhart Hoffmeister (Hg.): Goethezeit. Studien zur Erkenntnis und Rezeption Goethes und seiner Zeitgenossen. Festschrift für Stuart Atkins. Bern, München 1981, S. 129–144.

schen und zeitkritischen Intentionen des Weimarer Klassizismus".[13] Die Aufklärung hatte Ende des 18. Jahrhunderts durch Verbreitung ihres Bildungsideals ihre Wirkung längst entfaltet: Man glaubte an die grundsätzliche „Erlernbarkeit jeder Kunst", die zur universalen Ausbildung der Individualität gehörte, und der Dilettantismus wurde so zu einem „gesellschaftlichen Phänomen".[14]

Eine Kennzeichnung des Dilettanten ist dabei nur aufgrund eines Maßstabs möglich: Er ist lediglich als ein „Komplementärereignis echter Kunst"[15] zu identifizieren. Jedoch scheut ein Dilettant „allemal das Gründliche", statt einer Ausbildung „überspringt" er gleich die Aneignung „nothwendiger Kenntnisse". Zu alldem „verwechselt [der Dilettant] die Kunst mit dem Stoff". Verfolgt „der Künstler, der ächte Kenner" ein „unbedingtes ganzes Interesse", geht es dem Dilettanten dagegen lediglich um ein „Spiel", einen „Zeitvertreib",[16] der den Effekt überbetont:

> Weil der Dilettant seinen Beruf zum Selbstproduciren erst aus den Wirkungen der Kunstwerke auf sich empfängt, so verwechselt er diese Wirkungen mit den objektiven Ursachen und Motiven, und meint nun den Empfindungszustand, in den er versetzt ist, auch produktiv und praktisch zu machen, wie wenn man mit dem Geruch einer Blume die Blume selbst hervorzubringen gedächte.[17]

Insbesondere der im Dilettantismus inhärente Subjektivismus, vor allem die Identifikation des Stoffes mit der eigenen Person, bildet aber einen Gegensatz zum ästhetischen Ideal der Klassik.[18] Dieses dem Dilettanten unbewusste Wechselspiel

---

13 Michael Niedermeier: Dilettantismus. In: Bernd Witte et al. (Hg.): Goethe Handbuch in vier Bänden. Bd. 4/1: Personen. Sachen. Begriffe. A–K. Stuttgart, Weimar 1998, S. 212–214, hier S. 213. Vgl. insgesamt Hans Rudolf Vaget: Dilettantismus und Meisterschaft. Zum Problem des Dilettantismus bei Goethe: Praxis, Theorie, Zeitkritik. München 1971.

14 Petra Maisak: Der Zeichner Goethe oder „Die practische Liebhabery in den Künsten". In: Sabine Schulze (Hg.): Goethe und die Kunst [Ausstellungskatalog]. Stuttgart 1994, S. 104–148, hier S. 107.

15 Helmut Koopmann: Dilettantismus. Bemerkungen zu einem Phänomen der Goethezeit. In: Helmut Holtzhauer, Bernhard Zeller (Hg. unter Mitw. v. Hans Henning): Studien zur Goethezeit. Festschrift für Liselotte Blumenthal. Weimar 1968, S. 178–208, hier S. 179.

16 Johann Wolfgang Goethe: [Über den Dilettantismus.] In: Ders.: Goethes Werke (Weimarer Ausgabe). Hg. im Auftrage der Großherzogin Sophie von Sachsen. Abt. I, Bd. 47, Weimar 1896, hier S. 302f. (aus den Schemata).

17 Ebd., S. 319 (dieser Textauszug stammt aus einem weiteren Textentwurf im Rahmen des Dilettantismusprojektes, vgl. Vaget: Dilettantismus, S. 183–191).

18 Die vorgebrachte Kritik am Dilettantismus wird jedoch auch differenziert: In ihr wird neben den beschriebenen negativen Effekten des Dilettantismus auch dessen nützliche Funktionen herausgestellt, wozu beispielsweise für den dilettierenden Zeichner die „Ausbildung des Sehorgans, die complizierten Formen zu bemerken", anzuführen ist (Goethes Werke, Bd. I, 47, S. 300, aus den Schemata). Dass so die Kritik am Dilettantismus relativiert wird, ist möglicherweise auch eine Konsequenz aus Goethes eigenen zeichnerischen (und naturwissenschaftlichen) Arbeiten; im Gegensatz zu Schiller, der den Dilettantismus deutlicher ablehnte; vgl. Koopmann: Dilettantismus, S. 189. Jochen Golz betont zudem, dass der Dilettant für (den späten) Goethe ein geeigneter „Repräsentant eines bildungswilligen und bildungsfähigen Publikums" ist, vgl. Jochen Golz: „Dilettantismus" bei Goethe. Anmerkungen zur Geschichte

von Distanz und Nähe zur eigenen Person macht ihn potentiell zu einer komischen und verlachbaren Figur.

In den *Lehrjahren* wird vor allem der Theaterdilettantismus Wilhelms zum zentralen Thema: Für Jarno ist es „entschieden: daß, wer sich nur selbst spielen kann, kein Schauspieler ist". Wilhelm habe nur deshalb einige Rollen wie den Hamlet „recht gut gespielt", weil „Ihnen Ihr Charakter, Ihre Gestalt und die Stimmung des Augenblicks" halfen. Dies reiche aber lediglich für ein „Liebhabertheater" (S. 931).[19] Deutlicher als diese Worte Jarnos, die er zu Wilhelm nach dessen Aufnahme in die Turmgesellschaft, also nach dessen Abschied vom Theater spricht, ist eine Dilettantismuskritik kaum denkbar. Wilhelms Interesse für die Figuren Shakespeares ist zuvor außergewöhnlich gewesen. Bald verhält er sich schon „auf Prinz Harry's Manier" (S. 572), denn: „Höchst willkommen war ihm das Ideal, womit er seinen gegenwärtigen Zustand vergleichen konnte, und der Selbstbetrug, wozu er eine fast unüberwindliche Neigung spürte, ward ihm dadurch außerordentlich erleichtert." (S. 571) Konsequent unternimmt er nun auch alles, um seinen Hamlet, seine Lebensrolle, auf die Bühne bringen zu können. Letztlich kann er sich über die Inszenierung mit Serlo einigen, der ihn sogar für seine Probenarbeit mit den anderen Schauspielern lobt (S. 677).[20]

Die Beschreibung der Premiere durch den Erzähler kann ironisch, das heißt zweideutig gelesen werden: „Wilhelm" ist es, der „einige Schritte schaudernd" zurücktritt, nicht Wilhelm in der Rolle des Hamlet. Persönlich ist er auch von der Stimme des Geistes betroffen, glaubt er doch, seinen Vater zu hören (S. 691). Wilhelm spielt also keine Rolle, er bringt seine eigene Person auf die Bühne. Alle anderen Rollen müssen daher hinter dieser guten, aber nur vermeintlich schauspielerischen Leistung zurückbleiben. Am Ende werden das Stück, sein Engagement und sein Spiel also nur deshalb zum Erfolg, weil er sich, wie Jarno später sagen wird, nur selbst spielte. Ein wahrhafter Schauspieler, wie ihn die Klassiker Schiller und Goethe fordern, „transzendiert seine subjektive Individualität und verwandelt sie in die Objektivität der Rolle".[21] Diese Objektivierung des Schauspielers der Rolle gegenüber gelingt Wilhelm nicht.

Wilhelm hat entsprechend schwärmerische Vorstellungen vom Leben als Schauspieler: Er kennt „keinen Stand, der so viel Annehmlichkeiten, so viel reizende Aussichten darböte, als den eines Schauspielers", sagt er zu Melina. „Man sieht, daß Sie keiner gewesen sind", antwortet dieser daraufhin pointiert (S. 405), um ihn anschließend über die Schwierigkeiten eines Schauspielers, seinen Unter-

---

des Begriffs. In: Stefan Blechschmidt, Andrea Heinz (Hg.): Dilettantismus um 1800. Heidelberg 2007, S. 27–39, hier S. 37.

19 Vgl. Vaget: Dilettantismus, S. 178. Jarnos Diktum entspricht auch den Forderungen des Theaterleiters Goethe an seine Schauspieler in Weimar, vgl. Dieter Borchmeyer: Goethe. Der Zeitbürger. München, Wien 1999, hier S. 86f.

20 Vgl. auch Zumbrink: Metamorphosen, S. 272–289.

21 Vaget: Dilettantismus, S. 179.

halt zu bestreiten, aufzuklären. Wilhelm fehlt also die innere Distanz zum Theater, aber ebenso die Einsicht in das reale Theaterwesen seiner Zeit. In dieser Hinsicht ist Serlo eine Gegenfigur. Dieser wohl professionellste Schauspieler unter den Romanfiguren[22] ist „auf dem Theater geboren und gesäugt" worden (S. 632). Sein ganzer Werdegang zum angesehenen Theaterdirektor ist einerseits von einem hohen Maß an Talent geprägt, aber zudem auch von Fleiß und dem Willen sich durchzusetzen. „Auf diesem Wege kam er nach und nach dazu, natürlich zu spielen und doch immer verstellt zu sein." (S. 636) Er schafft hiermit den Balanceakt zwischen gespielter Rolle und Natürlichkeit, die gerade nicht mit dilettantischer Identifikation verwechselt werden darf. Außerdem besitzt er auch das Geschick, mit seinem Beruf für sein finanzielles Auskommen zu sorgen.

Wilhelms Bild vom Theater verhindert auch eine distanzierte Erwartung an das Publikum, wozu auch das Lachen zählt. Dies zeigt das Gespräch mit Narziss von der Seiltänzertruppe, aus der Wilhelm Mignon herauskaufen wird. Obwohl Narziss bei den Zuschauern einen großen Erfolg erzielt, kalkuliert er ziemlich nüchtern:

> Als ihm Wilhelm zu dem großen Beifall Glück wünschte, dessen er sich zu erfreuen hatte, äußerte er [Narziss] sich sehr gleichgültig darüber. Wir sind gewohnt, sagte er, daß man über uns lacht, und unsre Künste bewundert; aber wir werden durch den außerordentlichen Beifall um nichts gebessert. Der Entrepreneur zahlt uns, und mag sehen, wie er zurechte kömmt. (S. 457)

Diese Argumentation erinnert auch an Wilhelms viel späteren Abschied vom Theater, als er die Annäherung der Truppe an den Publikumsgeschmack durch Serlo und Melina kritisiert, denn beide – nicht wie Wilhelm finanziell abgesichert – streben lukrative Aufführungen von Opern an (S. 720f.). Steht das Gespräch mit Narziss noch am Beginn von Wilhelms Theaterlaufbahn, so rechnet er am Ende mit dem Stand des Schauspielers Jarno gegenüber ab. Die Schauspieler betrieben ein „Geschäft ohne Nachdenken", alle glaubten, „wunder Original" zu sein, und Wilhelm ergänzt: „Mit welcher Heftigkeit wirken sie gegen einander! und nur die kleinlichste Eigenliebe, der beschränkteste Eigennutz macht, daß sie sich mit einander verbinden." (S. 810) Aus Jarnos Sicht entlarvt Wilhelm immer noch selbst seine Einstellung, das Theater stelle eine Gesellschaft dar, die von der übrigen getrennt sei. Selbst in der Negation des Theaters gelingt es Wilhelm nicht, eine adäquate Perspektive zu entwickeln. Wie in seiner Kindheit wird er ungewollt zum Gespött:

> Wilhelm holte Atem, um seine Litanei noch weiter fortzusetzen, als ein unmäßiges Gelächter Jarno's ihn unterbrach. Die armen Schauspieler! rief er aus, warf sich in einen Sessel und lachte fort; die armen guten Schauspieler! Wissen Sie denn, mein Freund, fuhr er fort, nachdem er sich einigermaßen wieder erholt hatte, daß Sie nicht das Theater, sondern die Welt beschrieben haben, und daß ich Ihnen aus allen Ständen genug Figuren und Handlungen zu Ihren harten Pinselstrichen finden wollte? Verzeihen Sie mir, ich muß wieder lachen, daß Sie glaubten, diese schönen Qualitäten seien nur auf die Bretter gebannt. (S. 811)

---

[22] Der Schauspieler Friedrich Ludwig Schröder kann als Vorbild für die Figur Serlo angesehen werden. Vgl. z.B. Steiner: Lehrjahre, S. 125.

Die von Jarno kritisierte Lebensferne Wilhelms lässt ihn weiterhin als eine verlachbare Figur erscheinen, da er distanziert bleibt vom tatsächlichen Leben – obwohl er sich von seiner Rolle als aktiver Theaterdilettant verabschiedet hat.[23]

## III. Die ernste Rolle: Ankunft im Leben

Spätestens mit der Ankunft Wilhelms bei Natalie – im Haus des Oheims – gewinnt Wilhelms neue Kunstrezeption an Bedeutung, die von großer Ernsthaftigkeit geprägt ist: „Er trat in das Haus, und fand sich an dem ernsthaftesten, seinem Gefühle nach, dem heiligsten Orte, den er je betreten hatte.“ (S. 892) Und auch am nächsten Tag ist Wilhelm von seinen Eindrücken positiv gefangen:

> Den andern Morgen, da noch alles stille und ruhig war, ging er sich im Hause umzusehen. Es war die reinste, schönste, würdigste Baukunst, die er gesehen hatte. Ist doch wahre Kunst, rief er aus, wie gute Gesellschaft; sie nötigt uns auf die angenehmste Weise das Maß zu erkennen, nach dem und zu dem unser Innerstes gebildet ist. (S. 896)[24]

Die Huldigung an das Gebäude, das offensichtlich von einem „italiänischen Baumeister“ (S. 773) errichtet wurde, erinnert an Goethes Enthusiasmus für Andrea Palladio, jenen berühmten Architekten des 16. Jahrhunderts, dessen Bauten Goethe in Norditalien studierte: „Es ist wirklich etwas Göttliches in seinen Anlagen [...]“, so wird Palladio in der *Italienischen Reise* gefeiert.[25] Bereits die Ich-Erzählerin im 6. Buch der *Lehrjahre* ist beim Betreten des Hauses voller „Bewunderung“ und berichtet von dem „ernsten und harmonischen Eindruck, [...] der sich in jedem Saal und Zimmer verstärkte“ (S. 773f.).

Die Frage nach der Lage der Kunst am Ende der *Lehrjahre* wird in der Forschung intensiv erörtert: Teils wird das „Ende der Kunst“[26] postuliert, zumindest aber ihr „Schicksal“[27] oder ihre mögliche „Austreibung“[28] diskutiert. Die Künstlerfiguren des Romans scheinen alle zu scheitern: Mignon und Harfner sterben als Vertreter einer vergangenen Zeit, Wilhelm verabschiedet sich nicht nur von seinen eigenen dichterischen Versuchen, er kehrt vor allem dem Theater endgültig den Rücken zu. Serlos und Melinas Theatertruppe liefert sich schließlich selbst

---

23 Wilhelm ist in dieser Hinsicht mit einer Verlachfigur vergleichbar, insbesondere mit dem jungen Gelehrten Damis aus Lessings früher Komödie: Der fehlende Lebensbezug des karikierten Gelehrtentyps, wie ihn Damis repräsentiert, steigert sich (anders als bei Wilhelm) bis zu dessen Flucht vor der Gesellschaft. Kritische Distanz zu sich selbst, die das Lachen ermöglicht, offenbart Damis im Gegensatz zum Autor Lessing nicht. Vgl. hierzu ausführlich Daniel Fuldas Beitrag in diesem Band.

24 Vgl. insbesondere Pape: Was der Mensch sei, S. 130f.

25 Johann Wolfgang Goethe: Italienische Reise. In: Ders.: Sämtliche Werke. Briefe, Tagebücher und Gespräche. (Frankfurter Ausgabe) 40 Bd. Hg. v. Friedmar Apel et al. Abt. I, Bd. 15/1: Italienische Reise. T. 1. Frankfurt/M. 1993 (Bibliothek deutscher Klassiker 88), hier S. 57.

26 Hannelore Schlaffer: Wilhelm Meister. Das Ende der Kunst und die Wiederkehr des Mythos. Stuttgart 1980.

27 Steiner: Lehrjahre, S. 146.

28 Jürgen Jacobs, Markus Krause: Der deutsche Bildungsroman. Gattungsgeschichte vom 18. bis zum 20. Jahrhundert. München 1989 (Arbeitsbücher zur Literaturgeschichte), hier S. 97–99.

dem Publikumsgeschmack aus und betont das (lediglich mit-berechtigte) Kriterium der Wirtschaftlichkeit. Die Turmgesellschaft hat zudem gar keinen Künstler in ihren Reihen; der Oheim war zwar kein Künstler, jedoch Kunstkenner und förderte zum Beispiel durch den Bau des Saals der Vergangenheit „einige geschickte Künstler" (S. 921). Die nachfolgende Generation scheint in keinem aktiven Verhältnis mehr zur Kunst zu stehen; kein Künstler ist unter ihnen, genauso wenig ein Mäzen. Sie beschränken sich auf die Kunstrezeption.

Gerade im Umgang mit der Kunst liegt also Wilhelms Bildung; er wandelt sich von einem aktiven Dilettanten zu jemandem, der – zumindest im Bereich der Baukunst – zu einer geschulten, angemessenen Position finden kann. Durch die Lösung vom Dilettantismus verlässt er (zumindest scheinbar) selbst die Rolle als eine komische Figur; er ist in dieser Hinsicht nicht mehr verlachbar, vielmehr beginnt er mit Natalie und seinem Sohn Felix ein neues, aktives Leben. Der Abschlussgesang der Jünglinge am Ende der Totenfeier für Mignon lässt sich vor dem Hintergrund seiner neuen, selbst gewählten Lebens-Rolle als Programm lesen: „[...] Schreitet, schreitet ins Leben zurück! nehmet den heiligen Ernst mit hinaus, denn der Ernst, der heilige, macht allein das Leben zur Ewigkeit." (S. 959)

Diese Perspektive Wilhelms macht erklärbar, warum er am Ende der *Lehrjahre* auf Friedrichs Vergleich mit der – wie gesehen – vielschichtigen Saul-Geschichte distanziert und kühl reagiert. Wilhelm will sich auf seinem neuen Weg nicht mehr irritieren lassen und zukünftig seine Glücksgeschichte leben. Die neue Ernsthaftigkeit lässt ihm eine glückliche Zukunft greifbar erscheinen. Doch der Mehrdeutigkeit des Romans ist auch im Zusammenhang dieses Komplexes eine Vielschichtigkeit eingeschrieben. Fraglich bleibt nämlich, ob dieses Konzept Wilhelms von Dauer sein wird. Friedrichs Sicht auf die Welt ist ironisch gebrochen und er steht als Figur in der Tradition des Harlekins bzw. allgemein einer komischen Figur. Natalie charakterisiert ihren Bruder entsprechend, er sei „[...] zwar eine sehr lustige, leichtfertige Natur, und da man ihn nicht abgehalten hatte, in der Welt herumzufahren, so weiß ich nicht, was aus diesem losen, lockern Wesen werden soll" (S. 901).[29]

Friedrich wird zu der Figur, die anspielungsreich ausspricht, was andere nur denken. Dazu gehört auch die Liebe zwischen Natalie und Wilhelm. So treibt Friedrich ihr Glück mit voran:[30]

---

[29] Für Lothar Bluhm ist Friedrich zu Recht der „unstete und in seinen Urteilen stets schwankende narrenhafte Bruder Natalies", der schließlich „durch Aussprechen der Wahrheit die [...] zuletzt doch noch gefährdete glückliche Lösung erst zustande bringt [...]", vgl. Bluhm: Saul, S. 130.

[30] Vgl. auch die einflussreiche Deutung des Romanschlusses von Gerda Röder: Glück und glückliches Ende im deutschen Bildungsroman. Eine Studie zu Goethes „Wilhelm Meister". München 1968 (Münchner Universitäts-Schriften 2), hier S. 154–161. Röder stellt (ebd., S. 159f.) fest, dass Friedrich nicht tatsächlich handelt, sondern Vergangenes sprachlich in den Vordergrund rückt bzw. Feststehendes aufdeckt. Man könnte ergänzend feststellen, dass gerade im Sprechen und Lachen sich Friedrichs Aktivität produktiv äußert.

> Die Gesellschaft kam immer Abends zusammen, und Friedrich, der ausgelassene Mensch, der gewöhnlich mehr Wein als billig trank, bemächtigte sich des Gesprächs, und brachte nach seiner Art, mit hundert Zitaten und eulenspiegelhaften Anspielungen, die Gesellschaft zum Lachen, und setzte sie auch nicht selten in Verlegenheit, indem er laut zu denken sich erlaubte. (S. 987f.)

Friedrich hat aber auch einen kritisch-ironischen Blick auf Wilhelms Wandel. Mit dem Saul-Vergleich ironisiert er auf doppelte Weise Wilhelms Weg; er spielt implizit auch auf das unrühmliche Ende Sauls an und betrachtet Wilhelm aus einer distanzierten Perspektive als Figur.[31] Damit rückt die Frage in den Fokus des Romans, ob die Rollenhaftigkeit nicht generell ein Lebensmerkmal und ob Wilhelms Ernsthaftigkeit nicht wiederum eine Rolle mit anderem Vorzeichen sei. Es ist traditionell der Vorzug und die Berechtigung der komischen Figur, an der Schnittstelle zwischen den Figuren, aber auch in der Kommunikation mit den Zuschauern eine solche Wahrheit aussprechen; Wilhelm kann den Harlekin Friedrich nicht vertreiben: Sein Lachen bzw. sein ‚Lachzwang' bleibt. Auf eigene Weise antwortet der Roman so auf die berühmte Frage von Lessings Minna, ob man nicht auch „lachend sehr ernsthaft" sein könne.[32]

---

[31] Ebenso nimmt Friedrich Bezug auf die Verbindung zwischen dem Bild vom kranken Königssohn und Wilhelm und Natalie, vgl. Goethe: Lehrjahre, S. 988.

[32] Gotthold Ephraim Lessing: Minna von Barnhelm. In: Ders.: Werke und Briefe in zwölf Bänden. Hg. v. Wilfried Barner zusammen mit Klaus Bohnen et al. Bd. 6: Werke. 1767–1769. Hg. v. Klaus Bohnen. Frankfurt/M. 1985 (Bibliothek deutscher Klassiker 6), S. 82.

ANTJE ROEBEN (Köln)

# Selbstreferentialität durch Lachen

## Unterhaltung in *Die deutschen Kleinstädter* und *Bogs der Uhrmacher*

### I. Die Kunst der Unterhaltung

Dass „Komik und Lachen gerade für eine moderne Kulturwissenschaft [...] der ideale Gegenstand“[1] seien, stellen Walter Pape, Friedrich Block und Helga Kotthoff in *LachArten* fest. Beides strukturiere die gesellschaftliche und kulturelle Ordnung mit und reflektiere sie gleichzeitig. In der ‚Sprache des Lachens‘ wird auf die je spezifische Wahrnehmungssituation referiert, die sich gerade im Literaturkontext, z. B. in Komödie und Satire, als eine das Lachen erwartende Rezeptionssituation zeigt. Walter Pape wendet das sogenannte Kipp-Moment,[2] durch das eine Situation lachhaft wird, in seiner eigenen Wissenschaftsparodie *Die tiefere Bedeutung des Wurststurzes*[3] an. Dabei zeigt sich das Lachen deutlich als ein in Alltagssituationen unerwartetes und spontanes, im Theater hingegen oder durch den Paratext gekennzeichnetes Lachen, vom Leser als ein erwartetes und unterhaltendes. Das Lachen referiert hier nicht nur auf den Genrekontext, sondern auch auf seine Wirkungsabsicht, wie es Plumpe und Werber formulieren: „Unsere Behauptung ist: *die Funktion der Kunst ist es, zu unterhalten.*“[4] Unterhaltung ist offensichtlich eine Grundkategorie der Literatur, eine Funktion des Literatursystems; mit diesem Ansatz wird die sogenannte Dichotomie von hoher Literatur und Trivialliteratur aufgelöst.[5] Ohnehin ist nicht von der Hand zu weisen, dass Kotzebue-Dramen, und insbesondere *Die deutschen Kleinstädter*, beliebte Bühnenstücke waren. Ludwig Börne schreibt in seinen *Dramaturgischen Blättern* 1818 über Kotzebues Unterhaltungsliteratur:

> Bedenkt man, daß dessen Lustspiele schon dreißig Jahre alle deutschen Bühnen versorgen, daß unter denen, die ihnen zugehört, niemand ist, den sie nicht ergötzten; zählt man die fröhlichen

---

1 LachArten. Zur ästhetischen Repräsentation des Lachens vom späten 17. Jahrhundert bis zur Gegenwart. Mit e. Auswahlbibliografie. Hg. v. Arnd Breise, Ariane Martin u. Udo Roth. Bielefeld 2003 (Kulturen des Komischen 1), S. 1.

2 Nach Wolfgang Iser: Das Komische. Ein Kipp-Phänomen. In: Wolfgang Preisendanz u. Rainer Warning (Hg.): Das Komische. München 1976 (Poetik und Hermeneutik 7), S. 299–401.

3 Vgl. Walter Pape: Die tiefere Bedeutung des Wurststurzes: Zur Hypersemantisierung performativer Akte und des Kontingenten in Nestroys Komödien aus kulturwissenschaftlicher Sicht. Ein Projekt für das 21. Jahrhundert. In: Nestroyana 25/1–2 (2005), S. 5–12.

4 Gerhard Plumpe, Niels Werber: Literatur ist codierbar. Aspekte einer systemtheoretischen Literaturwissenschaft. In: Siegfried J. Schmidt (Hg.): Literaturwissenschaft und Systemtheorie. Positionen, Kontroversen, Perspektiven. Opladen 1993, S. 9–43, hier S. 33.

5 Dass diese verknappte Behauptung auch ihre Tücken birgt, zeigt Manuela Günter: Im Vorhof der Kunst. Mediengeschichten der Literatur im 19. Jahrhundert. Bielefeld 2008, S. 22–30.

> Stunden zusammen, die sie jedem einzelnen sowohl als beim Vorstellen gemacht, dann kommt die große Rechnung heraus, daß ein einzelner Mann der Schöpfer eines glücklichen Jahrhunderts war.[6]

Kotzebues Komödie *Die deutschen Kleinstädter* ist deshalb erfolgreiche Unterhaltung, weil sie genretypisch am Regelkonsens und an einer Störung orientiert ist und das Lachen so für alle Rezipienten gewissermaßen garantiert werden kann; und auch der Verlachte ist eine bekannte Größe: der selbsternannte Gelehrte, hier Sperling, der die Bürgermeisterstochter Sabine an Olmers aus der Residenzstadt verliert. Die sich daraus ergebende Satire wird zwar komödientypisch aufgelöst, diese Lösung bleibt gleichwohl bei Kotzebue eine scheinbare, was noch zu besprechen sein wird. Brentanos und Görres' Text *Bogs der Uhrmacher* geht in jeder Hinsicht darüber hinaus: Als innovative Weiterführung von Satire, als Übertreibung der Form scheint diese Philister- und Gelehrtensatire ‚Unterhaltungsliteratur für Experten' zu sein, und dadurch letztlich ist der innerhalb des Textes Verlachte ein Abbild des *Bogs* lesenden Textrezipienten, der höchstens selbstironisch ins Lachen kommt. Der Rezipient, der nach einer eindeutigen Lesart dieser Satire sucht, macht sich gewissermaßen selbst lächerlich.

Beide Texte verbindet ihre Aktualität: So schreibt Schiller in einem Brief an Kotzebue, dass die Revidierungen, die Goethe vorgenommen hatte, der Entschärfung des „Partheigeist[s]" dienten, dass die Spitzen unter die „Freiheit der Comödie" fallen und dass Kotzebue sein Lustspiel also „ohne Bedenken, so wie es jetzt ist, […] spielen lassen" könne.[7] August von Kotzebue schreibt sich zumal nicht ohne Selbstbewusstsein die Fähigkeit zu polemischer Schärfe und präzisem Witz zu: In einer Passage, in der er der Misogynie frönt, verkneift er es sich nicht zu sagen, dass die Feindseligkeit mancher Damen daher rühre, dass er sich „nicht begnügte, im Stillen über sie zu lächeln, sondern bei jeder Gelegenheit ihr Unwesen laut verspottete". Und darüber hinaus: „denn ich besitze leider die Gabe, das Lächerliche an einer Sache schnell aufzufinden und scharf heraus zu heben."[8] Kotzebues literarische Tätigkeit und seine Erfolge wie seine satirischen Seitenhiebe auf die Zeitgenossen haben regelrechte Parodien- und Satiren-Schlachten ausgelöst. „Kotzebue zu verspotten gehört zum guten Ton unter literarisch Gebildeten",[9] heißt es bei Alfred Liede über das 19. Jahrhundert. Bei aller Angriffslust überschätzt Kotzebue seine Texte nicht im Mindesten. Er begründet selbst das Kriterium, nämlich Popularität, das er an seine Stücke legt: „[...] wann so wenige

---

6 Ludwig Börne: Sämtliche Schriften. Neu bearb. u. hg. v. Inge u. Peter Rippmann. 5 Bde. Düsseldorf 1964. Bd. 1, S. 261.

7 Zit. nach: Aus August von Kotzebue's hinterlassenen Papieren. Hg. v. Paul Gotthelf Kummer. Leipzig 1821, S. 361f.

8 Ebd., S. 86.

9 Alfred Liede: Dichtung als Spiel. Studien zur Unsinnspoesie an den Grenzen der Sprache. 2. Aufl. Mit e. Nachtrag Parodie, ergänzender Auswahlbibliographie, Namenregister u. einem Vorwort neu hg. v. Walter Pape. Berlin, New York 1992, S. 385.

unserer Musterstücke für die Bühne taugen? – weil sie unpopulär sind."[10] Die Unterhaltungsliteratur um 1800 ist mit der Zielgruppe des „gehobenen Bürgertums"[11] nicht nur insofern von Bedeutung, als sie kulturhistorischen bzw. literaturgeschichtlichen Wert hat. Zu Recht sprechen York-Gothart Mix und Nina Birkner angesichts der Dichotomie von exklusiver Höhenkammliteratur und nachfrageorientierter populärer Literatur von „simple[n] Klassifizierungen"; aber diese Ansätze verkennen „nicht nur die zeitgleiche Konkurrenz divergenter ästhetischer Funktionssysteme, sondern ignorieren auch signifikante Spezifika zeitgenössischer Medialisierung".[12] Eine solche kritische Betrachtungsweise ist auch für die *Kleinstädter* von Belang.

Gerade der „fremde Blick der Komik"[13] auf die so zu nennende Wirklichkeit lässt genügend Spielraum zu, wirkungsästhetische und absatzorientierte literarische Formen als selbstreferentielle Reflexion auf die eigene Form, also das eigentliche Kennzeichen von Kunst, in der Literatur zu verhandeln – in Form von intertextuellen Bezügen und auch in Form von ‚über die Ufer getretenen' Gattungsgrenzen, wie es der Untertitel des *Bogs* bereits andeutet: als performative Erzählung, als Prosadrama. Volker Klotz beispielsweise nennt die *Kleinstädter* eine „szenische Satire".[14] So wird in den *Kleinstädtern* die Wirkung von populärer Literatur wie dem Ritterroman verhandelt. In *Bogs dem Uhrmacher* geht es um die Ökonomisierung von Autoren bei der Veröffentlichung in Journalen und um Wissenschaftsparodie: Die breite zeitgenössische Diskussion um Literaturvermittlung, ihre Medien und Distributionswege lässt eine vergleichende Betrachtung dieser Texte besonders interessant erscheinen. Damit ist in beiden die hochgradige Selbstrefentialität auf die Produktions- und Rezeptionsbedingungen von Literatur benannt, die schlimmstenfalls als Abgrenzung gegen die bloße Fremdreferenz von Unterhaltungsliteratur dient. Während Manuela Günter neue Spielräume für die populären Lesestoffe gerade durch ihre Ausgrenzung aus dem ästhetischen Diskurs feststellt,[15] betont Martin Huber, dass dramatisches Erzählen (wie ich es für die Aufführungssituation im *Bogs* festhalte) und Erzählung im Drama popularisiert werden, indem sie flächendeckendes Strukturelement in kanonisierter und gegen-

---

[10] August von Kotzebue: Fragmente über den Recensenten-Unfug. Eine Beylage zu der Jenaer Literaturzeitung. Leipzig 1797, S. 68.

[11] Peter Nusser: Unterhaltung und Aufklärung. Studien zur Theorie, Geschichte und Didaktik der populären Lesestoffe. Frankfurt/M. 2000, S. 13.

[12] York-Gothart Mix, Nina Birkner: Dilettantismus und Meisterschaft. Zur Kulturökonomie der Almanach- und Taschenbuchmode des 18. Jahrhunderts. In: Stefan Blechschmidt u. Andrea Heinz (Hg.): Dilettantismus um 1800. Heidelberg 2007 (Ereignis Weimar – Jena 16), S. 112.

[13] Walter Pape: Der fremde Blick der Komik. Das Vertraute und das Fremde in Komik und Komödie. In: Eijiro Iwasaki (Hg.): Begegnung mit dem ‚Fremden'. Grenzen – Traditionen – Vergleiche. Bd. 6: Fremdheit in der Literatur. Rezeption. München 1991, S. 106–116.

[14] Volker Klotz: Bürgerliches Lachtheater. Komödie, Posse, Schwank, Operette. 4., aktual. u. erw. Aufl. Heidelberg 2007 (Beiträge zur neueren Literaturgeschichte 239), S. 25.

[15] Manuela Günter: Im Vorhof der Kunst, S. 40–42.

kanonischer Literatur sind (wie ich an der Integration des Ritterromans in Kotzebues Komödie zeigen will).[16]

## II. Die deutschen Kleinstädter: Sperling

Sperling, der Herr Bau-, Berg-, und Weginspektorssubstitut, designierter Runkelrübenkommissionsassessor, soll Binchens Mann werden. Es handelt sich um die geplante Pflichtheirat von Seiten Sabines und offensichtlich um eine Liebesheirat von Seiten Sperlings, der sein Herz vor Sabine ausbreiten will und sich dabei einer katachretischen Bildlichkeit ohne jegliches Feingefühl bedient. Als Sabine ihn auf die Metapher des Herz-Ausbreitens hin befragt: „Ausbreiten? es ist ja kein Mantel", antwortet der Dilettant: „Poetischerweise allerdings ein Mantel, aber ohne Falten, ohne alle Falten. Schönste Sabina! versuchen Sie es! wickeln Sie sich darein bei Sturm und Frost."[17]

Die Gelehrtensatire gegen Sperling, der immerhin „die neuere Ästhetik studiert"[18] hat, findet ihren Höhepunkt darin, dass Sabine und Olmers Sperling zum Dramaturgen gegen sich selbst einsetzen. Um sich ungestört treffen zu können, planen Sabine und Olmers ein Stelldichein, von dem der Nebenbuhler Sperling natürlich nichts erfahren darf. Sabine und Olmers geben vor, einen Ritterroman zu schreiben, und bitten ihn um Ideen für ein Stelldichein der Verliebten in der Romanfiktion. Während Sperling Vorschläge dafür macht, wird der Ritterroman als Spiel im Spiel gewissermaßen in Drama umgesetzt. Mit diesem Trick versuchen beide ein gemeinsames heimliches Treffen in einer Kleinstadt zu arrangieren, die überall Augen und Ohren hat. Es geht aber nicht nur darum, den Nebenbuhler auszuspielen, sondern vor allem die Tugendhaftigkeit der Geliebten nicht in Frage zu stellen. Sperling macht dann mit großer Begeisterung Lösungsvorschläge für, wie er meint, den Roman, er entlarvt damit seine Unfähigkeit, über das Wörtliche hinaus zu denken, von sich selbst Distanz zu nehmen[19]: „Ich verstehe, hä! hä! hä! hä! hä!", sagt Sperling,[20] während sowohl für Sabine und Olmers wie auch für den Zuschauer kein Zweifel besteht, dass er nichts versteht.

> Bei allen Anlässen, die das Lachen vorbereiten, muß die Norm, die der Abweichung als Hintergrund dient, mitgestaltet werden bzw. mitvorausgesetzt werden können. [...] Keine andere

---

[16] Martin Huber: Der Text als Bühne. Theatrales Erzählen um 1800. Göttingen 2003. Martin Huber nennt dies in seinem Zusammenhang theatrales Erzählen und Sehen, vgl. z.B. S. 131f.

[17] August von Kotzebue: Schauspiele. In: Ders.: Die deutschen Kleinstädter. Mit e. Einführung v. Benno von Wiese. Hg. u. komm. v. Jürg Mathes. Frankfurt/M. 1972, S. 389–466, hier II, 9, S. 430.

[18] Ebd., I, 5, S. 405.

[19] Vgl. dazu ausführlich Daniel Fuldas Beitrag in diesem Band.

[20] Kotzebue: Schauspiele (wie Anm. 17), hier III, 13, S. 448. Aus dieser Szene außerdem die Folgezitate.

> Unterhaltungsform ist daher mit ihrer Wirkung so stark wie die belustigende an die Voraussetzungen gebunden, die der Rezipient mitbringt und die dem historischen Wandel unterliegen.[21]

In der Komödie werden also Abweichungen von der Regel „durch das Lachen ‚bestraft'."[22] Lachen ist vor allem im Kontext der Aufklärung domestiziertes Lachen; Eckhart Schörle spricht von der Gemeinschaft „geselligen Lachens".[23] Hier natürlich ist das Lachen Sperlings eine ungewollte Selbstausgrenzung aus der Gesellschaft (aus der Gemeinschaft der Liebenden ohnehin), da es der Anlass für das Verlachen seiner Figur angesichts solcher Kurzsichtigkeit ist. Auch sein rhetorisches Ungeschick ist damit verknüpft; so Gert Ueding über das Lachen:

> Es hat auch nicht gefehlt, das Lachen seiner lautlichen Erscheinung nach zu beschreiben und zu deuten, also etwa das „Haha"-Gelächter als offen, befreiend, herzhaft, das „Hihi"-Kichern als verschmitzt und schadenfroh [...]. Auch wenn es überzeugende Beispiele gibt, so erschließt sich aber wie in der Sprache so auch in der Rede des Lachens die Bedeutung einer Sequenz nicht durch die isolierte Analyse ihrer Bestandteile, sondern durch den gesamten rhetorischen Kontext der Rede, d.h. durch die rhetorischen Beziehungen der Einzelelemente untereinander und nach außen.[24]

Im Zusammenhang betrachtet, steht dies fehlende Gespür für übertragene Rede und Bildlichkeit in Diskrepanz zum selbst ernannten Titel des Dichters und wird vorgeführt an Sperlings möglichst unpassenden Metaphern, kryptischen Sentenzen, albernen Zitaten. Der Dramaturg Sperling gibt schließlich auch sein Ende selbst vor: „Vielleicht könnte man es auch so einrichten, daß der Nebenbuhler dabei auf eine lächerliche Weise hinter das Licht geführt würde?" Ebenso deutlich steht ihm vor Augen, wie diese Liebesszene am Abend auf der Straße unter den Augen des nichts ahnenden Nebenbuhlers wirken muss: „Da gibt es etwas zu lachen." Und es kommt noch schlimmer: „Man könnte ihn sogar selbst mit lachen lassen", schlägt Sabine vor, woraufhin Sperling prompt laut herauslacht. Das Machtpotential der Satire stellt Helmut Arntzen so dar: „Wenn der Angegriffene auch nicht unmittelbar von Verletzung und Tod bedroht ist, so droht doch der soziale Tod: Lächerlichkeit kann töten."[25]

Spurlos geht die Szene also nicht an Sperling vorbei: „Kam es mir doch beinahe vor, als ob er sich lustig über mich machte?"[26] Allerdings bezieht er sein ungutes Gefühl auf, wie er findet, Olmers dilettantische und gleichzeitig überhebliche Art

---

21 Nusser: Unterhaltung und Aufklärung, S. 26.
22 Ebd., S. 30.
23 Eckhart Schörle: Die Verhöflichung des Lachens. Lachgeschichte im 18. Jahrhundert. Bielefeld 2007 (Kulturen des Komischen 4), S. 266.
24 Gert Ueding: Aufklärung über Rhetorik. Versuche über Beredsamkeit, ihre Theorie und praktische Bewährung. Tübingen 1992 (Rhetorik-Forschungen 4), S. 17.
25 Helmut Arntzen: Satire in der deutschen Literatur. Geschichte und Theorie. Bd. 1: Vom 12. bis zum 17. Jahrhundert. Darmstadt 1989, S. 7.
26 Kotzebue: Die deutschen Kleinstädter, III, 14, S. 449.

der Selbstinszenierung. Goethe und Schiller beschreiben 1799 den Schaden, den Dilettanten, eher als dass sie nützten, anrichten können, und finden klare Worte:

> Weil der Dilettant seinen Beruf zum Selbstproduzieren erst aus den Wirkungen der Kunstwerke auf sich empfängt, so verwechselt er diese Wirkungen mit den objektiven Ursachen und Motiven, und meint nun den Empfindungszustand in den er versetzt ist auch produktiv und praktisch zu machen, wie wenn man mit dem Geruch einer Blume die Blume selbst hervorzubringen gedächte.[27]

Sie charakterisieren im ‚Dilettantismusprojekt' in einem Stichwort, was auch den Kern des Dilettanten Sperling ausmacht: „Dilettant wird nie den Gegenstand, immer nur sein Gefühl über den Gegenstand schildern."[28] So werden sie schließlich recht eindeutig: „Der Dilettant verhält sich zur Kunst, wie der Pfuscher zum Handwerk."[29] Sperlings Einmischung „Purer klarer Scherz im Gefolge der Grazien"[30] ist als der dilettantische Versuch einer Selbstinszenierung als Dichter – dessen Muse Sabine zu sein hat – aufzufassen, wie sie Goethe in Verse fasst: „Euch, o Grazien! legt ein Dichter die wenigen Blätter / Auf den reinen Altar, Knospen der Rose dazu. / Und er tut es getrost."[31] Auf das Ganze gesehen sind Dilettanten für Goethe und Schiller

> Plagiarii. Sie entnerven und vernichten jedes original schöne in der Sprache und im Gedanken, indem sie es nachsprechen, nachäffen und ihre Leerheit damit ausflicken. So wird die Sprache nach und nach mit zusammen geplünderten Phrasen und Formeln angefüllt, die nichts mehr sagen [...].[32]

Für solcherlei Selbstdarstellung ist Sperling in der Kleinstadt berühmt; Sabines Vater, der Bürgermeister, weiß: „Sentenzen sprudelt er von sich, und Fragmente würgt er heraus; den will ich sehen, der sie toller macht als er."[33] Wie Walter Pape an Nestroys Komödien gezeigt hat, sind es besonders Emporkömmlinge aus dem Komödienpersonal, die sich in unpassenden Sentenzen äußern. Lächerlich und selbstentlarvend erscheint die Sentenz also nicht nur aus dem Munde eines x-beliebigen Bildungseiferers, Sentenzen dürfen sich außerdem nicht in ungebührlichem Maße häufen, so Walter Papes Lesart Quintilians.[34] Die „emblematischen

---

[27] Johann Wolfgang Goethe: Über den Dilettantismus. In: Ders.: Sämtliche Werke nach Epochen seines Schaffens (Münchner Ausg.). 21 Bde. Hg. v. Karl Richter. Bd. 6.2: Weimarer Klassik 1798-1806. Hg. v. Victor Lange et al., München 1988, S. 151–177, hier S. 174.

[28] Ebd., S. 270.

[29] Ebd., S. 256.

[30] Kotzebue: Die deutschen Kleinstädter, II, 10, S. 431.

[31] Johann Wolfgang Goethe: Römische Elegien: Elfte Elegie. In: Ders.: Sämtliche Werke nach Epochen seines Schaffens. (Münchner Ausg.). 21 Bde. Hg. v. Karl Richter. Bd. 3.2: Italien und Weimar 1786-1790. Hg. v. Hans J. Becker et al., München 1990, S. 55.

[32] Goethe: Dilettantismus, S. 168f.

[33] Kotzebue: Die deutschen Kleinstädter, I, 5, S. 406.

[34] Walter Pape: ‚Wart nur Sprichwort, ich bring dich noch ganz um den Credit.' Sprichwort und Sentenz in Tragödie und Komödie von Gryphius bis Nestroy. In: Claudia Meyer (Hg): Bis zum Lorbeer versteig ich mich nicht. Fs. für Jürgen Hein. Münster 2007, S. 269–282, hier S. 271.

Qualitäten“[35] von Sentenzen bedeuten konventionalisierte Lesbarkeit, die wir gerade in diesem Falle nicht vorfinden, denn nicht nur Sabine versteht Sperlings ‚poetische Sprache‘ nicht, auch der Rezipient gerät ins Deuteln angesichts des Gefolges der Grazien. Sperling beherrscht die Kunst der Rede nicht, Innovation, Bekanntes für einen Wiedererkennungseffekt und etwas Unverständlichkeit im Sinne der Wissenschaft so zu mischen, wie es für den ‚gelehrten Narren‘ gilt: „Nur gefällige Schönredner, affige Rhetoren und Tiefsinn prätendierende Wichtigtuer haben eine Chance, in Wissenschaft und Kunst gehört und wahrgenommen zu werden.“[36]

Eckhart Schörle stellt heraus, dass die ‚Lach-Diskussion‘ – Gemeinschaft oder Ausgrenzung – gerade im Zusammenhang mit der Konstituierung von Bürgerlichkeit eine große Rolle spielt, denn in einer gemeinschaftlichen „kollektiven Lachpraxis konnte die bürgerliche Gesellschaft sich ihrer selbst versichern.“[37] Aus einer, allerdings diffusen und nicht reflektierten, Not zur Selbstvergewisserung, wie Volker Klotz sie an den mangelhaften Kommunikationsstrukturen der kotzebueschen Kleinstädter festmacht, entstehen die Neurosen des Lächerlichen. Gerade bürgerliches Selbstbewusstsein, das sich nur aus einer stabilen Identität (innerhalb des Konzepts der Individualität) entwickeln kann, fehlt den Kleinstädtern, die vielmehr an „Ich-Verklemmung“[38] leiden. Dass diese Problematik bis zum Schluss nicht gelöst werden kann, zeigt die Rolle Olmers, der gut lachen hat als Außenseiter mit (!) Titel, der nachher ausschlaggebend ist für die Heirat. Diese selbst ist also nicht etwa auf eine Besserung der Titelsucht der Kleinstädter zurückzuführen. Wenngleich in einer deutschen Kleinstadt, in dem nicht lokalisierbaren Krähwinkel angesiedelt, trifft die Satire auf Philister und Gelehrte gerade dadurch und im Allgemeinen zu. Die Komödie *Die deutschen Kleinstädter* trägt mit Krähwinkel (wenn auch dieser fiktive Ort nicht Kotzebues, sondern Jean Pauls Feder entstammt) wesentlich zur Prägung dieses Gemeinplatzes bei, so als Vorlage für Nestroys *Freiheit in Krähwinkel*. Die Kleinstadt Krähwinkel erfährt eine so ausführliche, faktenreiche Charakterisierung wie selten ein Handlungsschauplatz; über das von Olmers und den Einwohnern eingefangene Stadtbild werden ein empfindsames Landschaftsbild und der praktische Nutzen von Kulturlandschaft kontrastiert:

> OLMERS: Ich habe eine liebliche Anhöhe bemerkt.
> FRAU MORGENROTH: O die ist ganz vortrefflich zum Wäschetrocknen.
> OLMERS: Und das Tal so malerisch mit Gebüschen bestreut.
> FRAU BRENDEL: Die schönsten Erdbeere wachsen dort.
> SPERLING (mit einem Blick auf Sabinen): Gewürzig und purpurrot wie gewisse Lippen.
> OLMERS: In der Tiefe schlängelt sich ein Fluß.
> FRAU STAAR: Mit Forellen und Karauschen.

---

[35] Ebd., S. 272.

[36] Alexander Košenina: Der gelehrte Narr. Gelehrtensatire seit der Aufklärung. Göttingen 2003, S. 37.

[37] Schörle: Die Verhöflichung des Lachens, S. 304.

[38] Klotz: Bürgerliches Lachtheater, S. 29.

OLMERS: Ein schattenreicher Wald beherbergt ein Heer von Nachtigallen.
HERR STAAR: Der Wald ist dick genug, aber das Holz wird doch alle Jahr teurer.
OLMERS: Treibt das Städtchen einen starken Handel?
FRAU STAAR: O ja, mit Meerrettich.[39]

Volker Klotz' „Störenfriedformel"[40] besagt, dass die im Untersuchungszusammenhang bürgerliche Ordnung durch eine Figur von außerhalb, den Außenseiter Olmers also, maßgeblich beeinträchtigt wird und diese Spannung sich in Satire und Komik entlädt.

Die Frage, ob die Gelehrtensatire auf Sperling als Angriff auf August Wilhelm Schlegel letztlich dadurch, dass sie komödientypisch unschädlich ist, auch oberflächlich bleiben muss, wie Doris Maurer feststellte, ist sicherlich innerhalb der Diskussion um die ‚Unterhaltungsliteratur' anzusiedeln.[41] Unbestritten scheint mir, dass der Text unter dem Lachen auf der Oberfläche einen ernst zu nehmenden Subtext generiert, den Volker Klotz als den ‚Zwiespalt bürgerlicher Lebenswelt' benennt und der letztlich dadurch in den Mittelpunkt der Betrachtung geraten muss, dass er als neuralgischer Punkt bürgerlicher Konstituierungsprozesse gekennzeichnet ist. Christian Garve bringt es in *Warum läutert sich der Geschmack im Ernsthaften früher, als im Komischen?* auf den Punkt,

> daß nämlich das Komische, besonders auf dem Theater, die Verschiedenheit der Stände und ihrer Sitten voraussetzt, und fast immer nur die Sitten des untern oder mittlern Standes dem höchsten und verfeinertsten zum Verlachen darstellt. So wie sich der König- und Fürstenstand des tragischen Theaters bemächtigt hat, so hat das Komische sich eigentlich den Bürger und die bürgerlichen Sitten ausgewählt. – Ein großer Theil des Lächerlichen in denselben besteht in der ungeschickten Nachäffung der Sitten der Großen.[42]

## III. Der Uhrmacher und die bürgerliche Schützengesellschaft

Die Imaginierung des Ritterromans in den *Kleinstädtern* und ihre Umsetzung ist insofern erfolgreich, als die Störungen durch den Eintritt Olmers in die Ordnung und durch den getricksten Verzicht Sperlings auf Sabines Hand beseitigt worden sind. Bei *Bogs dem Uhrmacher* ist die Konstellation von vornherein eine andere, der Eintritt des Uhrmachers in die Schützengesellschaft ist geplant und annonciert und die Störungen bewirken keine Erschütterungen der Ordnung, sondern verlagern sich sukzessive und wörtlich ins Innere des Menschen. Die bürgerliche Schützengesellschaft, in die der Uhrmacher Bogs aufgenommen werden will, ersetzt den

---

39 Kotzebue: Die deutschen Kleinstädter, II, 2, S. 422.

40 Klotz: Bürgerliches Lachtheater, S. 24.

41 Vgl. Doris Maurer: August von Kotzebue. Ursachen seines Erfolges. Konstante Elemente der unterhaltenden Dramatik. Bonn 1979 (Bonner Arbeiten zur deutschen Literatur 34), S. 133.

42 Christian Garve: Popularphilosophische Schriften über literarische, ästhetische und gesellschaftliche Gegenstände. Im Faksimiledruck hg. v. Kurt Wölfel. Bd. 2. Stuttgart 1974, S. 1212.

‚Menschen'. In der Anzeige der Schützengesellschaft für neue Mitglieder wird eine Gesellschaftsmetapher verwendet, die ähnlich katachretisch ist wie die Herzmetaphern in den *Kleinstädtern*. Es geht nämlich um den Baum, der im Sinne bürgerlicher Normvorstellungen kultiviert und beschnitten werden muss:

> [...] so dürfen wir doch nicht verzweifeln, daß der ungeschickte Baum, [...] in dessen unendlichem Gezweige sich jene losen Vögel, Zifferfeinde und Ungeziefer eingenistelt, mit seinem dumpfen mistischen Schatten uns die Sonne gänzlich entziehen [...] möge, denn es ist noch ein Gottda [sic], der alle Morgen ein Blatt fallen läßt, damit ein Stral [sic] nachfalle, und so werden wir nächstens jenes Gesindel schußrecht bekommen, in den Baum werden sodann einige geblendete und getäubte privilegierte Singevögel, nach der besten Klassifikation in geschmackvollen Käfigen klassisch aufgehängt werden, die Nachtigallen aber können des verbotenen Einfangens wegen nicht in Person geliefert werden, doch werden ihre Werke auf Pränumeration nicht allein in Druck und Papier, sondern auch in Druckpapier zu haben seyn. Statt lebendiger Nachtigallen wird, sobald der Baum etwas gereinigt, und ihm das fatale Nachwachsen abgewöhnt worden, eine Kompagnie getaufter Juden hineingesetzt und gehängt werden, welche die Nachtigallen perfekt nachahmen können. Zu solchem Vogelschießen läßt eine löbliche Schützengesellschaft [...] höflich einladen.[43]

Zweifellos wird durch diese Annonce der bürgerlichen Schützengesellschaft der Philister, der später sogenannte Spießbürger das Ziel der Satire. Die Philistersatire der Romantiker nun war, nach Hans Schumacher, „viel mehr Satire ihres konstruierten Bildes vom Philister als des echten Philister selbst."[44]

Doch der Philister scheint nicht allein im Zentrum des Textes zu stehen, zeichnet sich die Satire doch, was in besonderem Maße zu Brentanos (der selbst zu den Kotzebue-Parodisten zu zählen ist) und Görres' Text passt, durch ihren, allerdings umstrittenen Gattungsursprung als *satura* und damit als Mischgattung aus. Dadurch, dass die Bestandteile des Textes jeweils eine andere Rezeptionsorientierung haben, verändert sich der Sprachstil fortwährend: „[...] an die Stelle der Darstellung einer Welt tritt die Darstellung einer ‚verkehrten Welt', an die Darstellung (sprachlichen) Bewußtseins tritt die ‚verkehrten' Bewußtseins."[45] Dass die fiktive Welt des Uhrmachers in mehrfachem Sinne eine verkehrte ist, ist offensichtlich. Dass es Brentano und Görres bei diesem Auf-den-Kopf-Stellen der Welt unabhängig von der Genreform Satire vor allem um Sprachspiele geht, ist ebenso offensichtlich. Das Sprachspiel steht zum Einen auf dem Fundament der im Titel bereits angekündigten, wunderbaren Ereignisse. Damit ist insbesondere das Musikkonzert

---

43 Clemens Brentano, Joseph Görres: Entweder wunderbare Geschichte von Bogs dem Uhrmacher, wie er zwar das menschliche Leben längst verlassen, nun aber doch, nach vielen musikalischen Leiden zu Wasser und zu Lande, in die bürgerliche Schützengesellschaft aufgenommen zu werden Hoffnung hat, oder die über die Ufer der badischen Wochenschrift als Beilage ausgetretene Konzert-Anzeige: nebst des Herrn Bogs wohlgetroffenem Bildnisse und einem medizinischen Gutachten über dessen Gehirnzustand. Nachdr. [der Ausg. Heidelberg], Mohr & Zimmer 1807. Mit e. Nachw. v. Armin Schlechter. Heidelberg 2006, S. 11f.

44 Hans Schumacher: Materialien. In: August von Kotzebue: Die deutschen Kleinstädter. Ein Lustspiel in vier Akten. Text und Materialien zur Interpretation besorgt v. Hans Schumacher. Berlin 1964 (Komedia 5), S. 92.

45 Arntzen: Satire, S. 17.

gemeint, eine Probe für den Uhrmacher, sich bürgerlich angemessen zu verhalten und nicht in die befürchteten ‚Tollheiten' zu verfallen. In diesem fiktionsinternen Schauspiel wird ein zeitgenössisches Publikum bloßgestellt, das sich von Bogs Uhren verkaufen lässt – ein Selbstschutz des Uhrmachers, der aber letztlich doch von der Musik fortgerissen wird.
Dies führt zu einem weiteren ‚wunderbaren' Ereignis anderer Art, der Untersuchung seines Gehirns, das sich im wahren Sinne als „totale Verkehrtheit", nämlich als unnatürlich und in zwei Persönlichkeiten, den Melancholiker und Choleriker gespalten, herausstellt. Wunderbar ist die Untersuchung insofern, als die Ärzte direkt durch die Nase ins Gehirn leuchten können und dort sämtliche Phantasien verlebendigt finden. Doctor Sphex steigt im Eifer der Entdeckungen (wörtlich zu nehmend) selbst in die vierte Hirnhöhle. Unglücklicherweise bleibt er dort verschollen, bis er schließlich ausgeschneuzt wird. Diesen anspielungsreichen ‚wunderbaren Ereignissen' läuft ihre narrative Vermittlung entgegen: Der Uhrmacher erzählt durchweg seine Geschichte und gibt die Dokumente über sich, die Annonce und das Dekret, selbst heraus.
Somit kommentiert kein übergeordneter Herausgeber die Briefe eines naiven Uhrmachers, sondern der scheinbar, wenngleich doppelt codierte, unreflektierte Sprachduktus eines vermeintlichen Rhetors[46] dominiert den Erzählrahmen, wie besonders Bildbrüche dieser Art zeigen: „Anfangs wollte ich mein Herz und meinen Kopf zu Hause lassen, aber zuletzt mußte ich doch ersteres der Courage und letzteres des Hutes wegen mitnehmen." Gerade der Bericht des Konzerterlebnisses wird zunehmend assoziativ – es erschiene im Kontext der hier angestellten Überlegungen nur konsequent, wäre der Uhrmacher in einer Körperreaktion auf den Auslöser Musik in Lachen ausgebrochen, denn wie es in der *Kritik der Urteilskraft* heißt: „Musik und Stoff zum Lachen sind zweierlei Arten des Spiels mit ästhetischen Ideen, oder auch Verstandesvorstellungen, wodurch am Ende nichts gedacht wird und die bloß durch ihren Wechsel *und dennoch* lebhaft vergnügen können [...]";[47] und auch weiter führt Kant aus, dass das körperliche Wohlbefinden angesichts des Lachens ein „Affekt aus der plötzlichen Verwandlung einer gespannten Erwartung in nichts" sei.

Darüber hinaus verlagert Caroline Welsh den Blickpunkt auf eine andere Seite dieser Satire, den vierten Teil des Textes nämlich, von dem sie als einer Gelehrtensatire d. h. Medizinersatire spricht.[48]

---

[46] Im Text sagt der Uhrmacher von sich: „Auch verlieh mir Gott das Talent der Beredsamkeit". Brentano, Görres: Bogs der Uhrmacher, S. 13, Folgezitat S. 21.

[47] Immanuel Kant: Kritik der Urteilskraft. In: Ders.: Werke in sechs Bänden. Hg. v. Wilhelm Weischedel. Bd. 5: Kritik der Urteilskraft und Schriften zur Naturphilosophie. Darmstadt 1963, S. 436; Folgezitat: S. 437.

[48] Vgl. Caroline Welsh: Die Akte des Uhrmachers. In: Christoph Hoffmann u. Caroline Welsh (Hg.): Umwege der Lesens. Aus dem Labor philologischer Neugierde. Berlin 2006, S. 61–78, hier S. 72f.

> Die Gelehrtensatire wollte die Weltungewandtheit, die Unverträglichkeit, den Stolz, die Eitelkeit, die Rechthaberei, die Ruhmsucht der Zunft treffen, die Wissenschaftsparodie hingegen komisiert den Kontrast von Aufwand und Ergebnis, Anstrengung und Nutzen neben den allgemeinen Gebrechen der Wissenschaft wie Wissenschaftssprache, Zitatensucht und Fußnotenhalden.[49]

Welsh führt die außerliterarischen Wissenschaftsdiskurse empirischer Erfahrungsseelenkunde mit zeitgenössischen gerichtsmedizinischen Gutachten und medizinischen Körper-Erkenntnislehren zusammen. Diese „Diskursivierung der Psyche“[50] geschieht in einem ungewöhnlichen literarästhetischen Format, beides hängt strukturell zusammen. Indem allerdings die empfindsame Selbstaussprache und die sprachliche Sezierung des eigenen Inneren aufs Korn genommen werden, bleibt diese Psychenproduktion lediglich an der Oberfläche ihres pragmatischen Ziels, der Aufnahme in die bürgerliche Schützengesellschaft, und veräußert sich nur im janusköpfigen Aussehen des Uhrmachers als Entwurf eines Gegenmodells des Philisters.

> Es ist eine alte satirische Tradition, das Lachhafte, das ein Monstrum anscheinend an sich hat, nicht gegen dieses zu verwenden, sondern – andersherum – als ein positives Ziel zu markieren. Und zwar mit dem Effekt, daß man diejenigen auslacht, die das Monstrum per Lachen aus der Ordnung der Natur oder der menschlichen Gesellschaft ausschließen wollten.[51]

So einfach markiert ist Brentanos und Görres’ Text aber nicht: Die Satire ist keineswegs unmittelbar eingängig – mit ihrem barocken Titel ohne eindeutiges Gattungsangebot und somit ohne Erwartungshorizont. Auf der Handlungsebene wird genau diese Diskrepanz durchgespielt: Die spießbürgerlichen Forderungen nach Normeinhaltung, „die Regression ins Unkomplizierte“[52] stehen einem hochkomplizierten und zumal schizophrenen Uhrmacher entgegen, der als Klotz’scher ‚Störenfried‘ integriert werden soll und muss (letztlich wird nur die eine Hälfte integriert). In dieser *wunderbaren Geschichte* ist der Leser durch das über die Ufer getretene Sprachspiel zu einem Distanzierungsprozess gezwungen. Diese Verbindung von Sprachspiel und Satire verstehen Michael Glasmeier und Thomas Isermann so, „dass die Satiren, nach eigenem Anspruch, jeden und deshalb niemanden angreifen, ziellos bis zur Selbstsatire in alle Richtungen schießen, und dennoch nicht nur in den Details – etwa der Ärzte- und Philisterkarikatur – sehr zielgenau die ‚bür-

---

49 Vgl. Walter Pape: ‚In der Wissenschaft ist alles wichtig‘. Wissenschaft der Komik – Komik der Wissenschaft. In: Peter Hanau et al. (Hg.): Engagierte Verwaltung für die Wissenschaft. Festschrift für Johannes Neyses, Kanzler der Universität zu Köln zum 60. Geburtstag. Köln 2007, S. 371–380, hier S. 375.

50 Welsh: Die Akte des Uhrmachers, S. 63.

51 Maximilian Bergengruen: Das Geheimnis der vierten Hirnhöhle. Zum zirkulären Zusammenhang von Physiologie, Teratologie und Synästhesie in Brentanos und Görres‘ Bogs. In: Ulrike Landfester u. Ralf Simon (Hg.): Gabe, Tausch, Verwandlung. Übertragungsökonomien im Werk Clemens Brentanos. Würzburg 2009, S. 185–206, hier S. 200.

52 Nusser: Unterhaltung und Aufklärung, S. 40.

gerliche' Gesellschaft aufs Korn zu nehmen verstehen.“[53] Distanz in anderer Hinsicht nimmt Brentano mit seinen Philistersatiren auch zu der sogenannten Unterhaltungsliteratur ein, wie sie zeitgenössisch bewertet wird; so schreibt er 1810 in *Der Philister vor, in und nach der Geschichte* über diese:

> Sie können kein ursprüngliches Dichterwerk begreifen, verspotten und parodieren es und schreiben dann doch wässrige Nachahmungen. Sie haben dem ‚Werther‘ die empfindsamen Romane, dem ‚Götz‘ die Ritterstücke, dem ‚Ardinghello‘ und ‚Meister‘ die Künstlerromane, der ‚Lucinde‘ die transzendentalen *Lubrica*, den Schlegeln, Novalis und Tieck die glaubtraubschraubichten, honigseimleimschleimschlingenden Sonette und Kanzonen (Ganzohnen) nachfolgen lassen [...].[54]

Eben diese Teilung von Kunst und deren minderwertige Nachahmungen sind vordringliches Diskussionsthema; in diesem Sinne liest sich Goethes Rat: „Und wenn nun eure Kinder dichten, / Bewahre sie ein gut Geschick / Vor Ritter-, Räuber- und Gespenstergeschichten.“[55] Die Kunst der Unterhaltung und ihre Binnendifferenzierung ist in einem angriffslustigen Text wie *Bogs dem Uhrmacher* stückinternes Thema. Aber auch in den *Kleinstädtern* wird nur auf den ersten Blick Kotzebues „perfekte Kenntnis der Theatereffekte [Übers. AR]“[56] in Szene gesetzt. Auf den zweiten Blick wird gerade die Stellung populärer Lesestoffe neu verhandelt und kritisch reflektiert.

---

53 Michael Glasmeier u. Thomas Isermann: Nachwort. In: Clemens Brentano u. Joseph Görres: Uhrmacher, Bärnhauter und musikalische Reisen. Hg. v. Michael Glasmeier u. Thomas Isermann. Berlin 1988, S. 155–183, hier S. 180.

54 Clemens Brentano: Der Philister vor, in und nach der Geschichte. In: Ders.: Werke. 4 Bde. Hg. v. Wolfgang Frühwald, Bernhard Gajek u. Friedhelm Kemp. Zweiter Band hg. v. Friedhelm Kemp. München 1980, S. 1000.

55 Johann Wolfgang Goethe: Den Vereinigten Staaten. In: Ders.: Sämtliche Werke nach Epochen seines Schaffens (Münchner Ausg.). 21 Bde. Hg. v. Karl Richter. Bd. 18.1: Letzte Jahre 1827–1832. Hg. v. Gisela Henckmann und Dorothea Hölscher-Lohmeyer. München 1997, S. 13.

56 Vgl. im Original: „une intelligence parfaite des effets du théâtre“ bei Anne Louise Germaine de Stael-Holstein: De l'Allemagne. Seconde Edition. Paris 1814, S. 238.

# IV. Lachen und Leben

ELMAR BUCK (Köln)

# Vom Lachen im Theater

*Was haben Sie denn gegen das Lachen? Kann man denn auch nicht lachend sehr ernsthaft sein?* Nein. Schön wäre es. Aber dazu steht in der *Minna von Barnhelm* zu viel auf dem Spiel. Gegen Ende des vierten Aufzugs spitzt sich die Lage zu. Beider Versuch, sich heiter zu geben, ist gründlich missraten. So entsteht eine windschiefe Szene. Minna spielt Lachen. Tellheim will nicht, nein: kann nicht lachen, und als er lacht – *Ha, ha, ha!* –, ist Minna entsetzt: *Ersticken Sie dieses Lachen, Tellheim! Ich beschwöre Sie!* Auch der Leser dürfte bei der Lektüre wohl kaum lachen. Ich frage mich, ob ich beim Lesen je gelacht habe? Vielleicht war ich amüsiert und goutierte den Witz der Figuren, den der Situation, aber herzhaft gelacht habe ich nicht. Die solistische Situation der Lektüre ist dem Lachen auch nicht gerade förderlich. Ebenso fehlt die unmittelbare sinnliche Anschauung des Vorgangs. Und schließlich fehlt jemand, der mitlacht. Lachen steckt an.

Nun ist die *Minna von Barnhelm* ein Schauspiel und somit zur Aufführung vor Zuschauern geschrieben. Wird das Stück aber dadurch auf der Bühne zu einem Triumph der Komik? Bei den gängigen Inszenierungen, die von einer Umsetzung des Textes und seines Sinnes geleitet sind, wird angesichts Lessings Lustspiels selten gelacht. Das schließt einzelne Lacher während einer Aufführung – gewollte oder ungewollte – nicht aus. *Einen Lacher soll man nie verachten.* Allerdings wird die Komödie dadurch nicht zum Lachtheater.

Die Bühne als Stätte des Lachens ist dem durchaus gemäß und war über lange Zeit ihr Programm. Aber trotzdem fand das Lachen erst im Kino seinen Ort. Hier feierte und feiert es Orgien. Hier habe auch ich gelacht – schrecklich gelacht.

Ich erinnere mich: Es war 1960, als Erwin Leisers Film *Mein Kampf*, der die Gräueltaten des NS-Regimes erstmals mit filmischen Originaldokumenten auf die Leinwand brachte, in die Kinos kam. Ich war damals 15 Jahre und wusste wie meine Mitschüler so gut wie nichts über die NS-Vergangenheit (Hitler, der hat doch die Autobahnen gebaut). So wurden wir Ahnungslosen von den Lehrern zu einer Sondervorstellung ins Kino geführt. Ich erinnere mich – schrecklich – an jene Sequenz, in der eine unüberschaubare Zahl gerade in den Gaskammern ermordeter Juden, deren nackte Körper – bis auf Haut und Knochen abgemagert – über eine Holzrutsche wie Gegenstände in eine Erdgrube purzelten. Da habe ich im Kino gelacht. Und ich war nicht der Einzige. *Man lache nicht!* Die pädagogische Zurechtweisung erfolgte auf der Stelle, und das bald einsetzende Gefühl der Scham verfolgte mich lange.

Ein zweiter Fall. 1965 gastierte in Berlin das Living Theatre, die – wegen ihrer zumeist nonverbalen körperintensiven Aktionen – damals weltweit provokanteste Theatergruppe. In der Akademie der Künste traten sie mit *Mysteries* vor die Zuschauer. Kaum jemand wusste, was ihn erwartete. Das zu dieser Zeit moralisch schon gut gerüstete Publikum der Akademie amüsierte sich köstlich während des zweiten Bildes. Auf der Mitte der sonst leeren Bühne befand sich zu Beginn – dicht gedrängt – eine Gruppe fast nackter Menschen. Nach einiger Zeit begannen die ersten nach Luft zu ringen, und im Lauf der Aktion nahmen sie immer verzerrtere Haltungen ein. Dann drifteten sie auseinander und brachen schließlich an irgendeiner Stelle des Zuschauerraums – auch mitten unter ihnen – zusammen, wo sie bewegungslos liegenblieben. Die erstarrten Körper wurden daraufhin von anderen Mitspielern weggetragen und auf der Bühne dicht auf dicht zu einem Körperhaufen aufgeschichtet. Wie gesagt, das Publikum war höchst amüsiert. Ich lachte dieses Mal nicht. Ich wusste bereits, dass dieses Bild mit *Tod in den Gaskammern* betitelt war. Auch dem damaligen Publikum blieb mit der Zeit das Lachen im Halse stecken, was immerhin fast eine Viertelstunde brauchte. Daraufhin blieb dem Publikum nur noch schamvolles Schweigen.

Zwei ähnliche Situationen – im Kino 1960 und im Theater 1965 – mit zwei ähnlichen Fehlleistungen der Zuschauer durch unpassendes Lachen.

Zur Beurteilung darf man ausschließen, dass es sich bei diesem Lachen um eine bewusste Provokation gehandelt hat. Nein, dieses Lachen war echt: eine spontane Reaktion auf das Gesehene. Das heißt aber auch, dass in der nämlichen Filmsequenz und dem Theaterspiel des Living Theatre exponiert Momente enthalten sein mussten, die sonst – an dieser Stelle! – zur Komik eingesetzt werden, das Publikum zum Lachen bringen sollen. Was hier versagt hat, war die normalerweise funktionierende Selbstkontrolle, die das Lachen in einem bestimmten Kontext verbietet. Sie war blockiert durch mangelnde Kenntnis des Zusammenhangs bzw. ein Missverstehen. Zudem verhinderte der Ort des Geschehens – ein Kino, ein Theaterraum – eine frühzeitige Einsicht. Hätte ich in der Realität Zeuge eines entsprechenden Vorgangs werden müssen, hätte ich möglicherweise aus Angst geweint. Hier aber habe ich nur das Signal zum Lachen aufgenommen.

Was auf den ersten Blick nur als ein Fehlverhalten der Zuschauer schien, wäre im Grunde also entschuldbar, zumal die anschließende Betroffenheit ja Einsicht zeigte. Wieso aber die anhaltende Scham? Möglicherweise ist diese nicht so sehr darin begründet, dass gelacht wurde und in welchem Kontext, als darin, dass überhaupt gelacht wurde. Vielleicht gibt es ein unbewusstes Wissen, eine Ahnung dessen, worüber man sonst so lacht. Und dessen schämt man sich.

Seit Freud, Grotjahn und anderen könnten wir wissen, wie es um das Lachen bestellt ist. Ein für uns belastendes Wissen. Die Genannten haben immer wieder auf das Zwanghafte des Lachreflexes hingewiesen, der sich der bewussten Steuerung entzieht. Das physiologische Moment im Lachen ist allein darin zu erkennen, welche Wortverbindungen die deutsche Sprache in seinem Kontext dazu bereit hält: man lacht sich krank, man verfällt in einen Lachkrampf, man kann sich vor Lachen bepissen und schließlich lacht man sich tot. In der Analphase der menschlichen Entwicklung entsteht der Sinn für Komik; also in einer Phase, in der die eigene Körperbeherrschung gelernt werden muss und diese Beherrschung zum Gebot wird, ja alles davon Abweichende einer Normverletzung gleichkommt. Die mangelnde Körperbeherrschung löst den Lachreflex aus, einmal als Schadenfreude über das Defizit anderer und andererseits als Freude an der eigenen Körperbeherrschung. Allerdings folgt auf dieses Überlegenheitsgefühl sofort auch die Strafe, indem das Lachen durch seine möglichen Folgen den Lachenden darauf aufmerksam macht, wie labil es um seine eigene Körperbeherrschung steht. Das heißt aber auch, dass Komik und Lachen stets der Sphäre der elementaren Körperlichkeit angehören, womit Sexual- und Fäkalmomente integriert sind, zumindest potentiell.

Europas erstes und bis heute überzeugendstes Lachtheater, die Commedia dell'arte, hat sich das von Anfang an zunutze zu machen gewusst. Die Commedia dell'arte verstand es, sich das ganze Repertoire körperlicher wie seelischer Abnormitäten zu eigen zu machen. Welch Potential birgt die im Alter krumm gewordene Nase des venezianischen Kaufmanns Pantalone? Welch komischen Möglichkeiten stecken in dem stattlichen, in Gürtelhöhe getragenen Dolch des Arlecchino? Und dann erst der sinnlos zwischen den Beinen baumelnde Degen des großsprecherischen Capitano? Die jeweiligen Darsteller wussten dieses Potential auszureizen. In einer Folge von 24 Stichen zu *Balli Sfessania* hat uns das 1621 Jacques Callot in seiner skurrilen Obszönität bildlich vorgeführt. Diese Bilder gingen auf die Reise und kamen beim Publikum an, sodass die Commedia dell'arte-Truppen, wenn sie schließlich den fernen Ort erreichten, wussten, was und wie sie zu spielen hatten.

Hanswurst war der deutsche Name des französischen Jean Potage oder des englischen Pickelherings, den dominierenden Figuren dieses Lachtheaters. Allein schon durch ihre Namen wird auf die Bedeutung von Essen und Körperlichkeit für diese Figuren aufmerksam gemacht. Um beides ging es in diesem Theater. Von dem jeweiligen Harlekin-Darsteller wurde im 17. Jahrhundert erwartet, dass er während der Vorstellung mindestens einmal dem Publikum seinen nackten Arsch entgegenhält. Bisweilen legte Hanswurst einen solchen zur Gaudi des Publikums auch auf die Bretter. Über solche Späße lachte man damals, und darüber lachte man vielleicht auch noch heute – wenn man es sich nicht verböte.

Dem auf den Ernst des Lebens bedachten und inzwischen zivilisierten Bürgertum des 18. Jahrhunderts war das gar nicht recht, es war ihm peinlich, zumindest wollte man so etwas nicht öffentlich auf der Bühne sehen. Für sie hatte man anderes im Sinn: moralische Anstalt. Die berühmt-berüchtigte Harlekin-Verbannung bzw. -Verbrennung des Jahres 1737 in Leipzig durch die Neubersche Truppe unter Anleitung des Professors Gottsched war im Grunde nicht mehr als eine lokale

Theaterintrige und im Übrigen wirkungslos. Sie wurde aber zum Fanal für die deutsche Theatergeschichte, da sie in ihrer Programmatik dem Zeitgeist entsprach. So wurde dem Theater erfolgreich der Spaß und das Lachen ausgetrieben. *Man lache nicht!* Ob Goethe je diesen kolportierten Zwischenruf im Theater getätigt hat, ist nicht zweifelsfrei verbürgt. Allein, er wurde zum geflügelten Wort.

Die Dramatiker waren als erste gefordert, Komik durch Moral zu ersetzen und Witz bestenfalls als Erfüllungsgehilfen der Moral zu akzeptieren. Im Ergebnis missachteten sie zunächst einmal damit den theatralen Aspekt des Theaters. Aber gerade dadurch, dass sie dabei so erfolgreich waren, betrieben sie gleichzeitig sein Aufleben. Denn die Bühne und vor allem das Publikum forderten nun umso stärker ihr Recht. Und damit kam die Stunde, in der die Stücke zu einem Eigenleben fanden. Mit oder auch gegen ihren vermeintlichen Sinn; ein Prozess, in dem entscheidend das anwesende Publikum mitspielte.

Schon in dem Lustspiel *Minna von Barnhelm*, in dem es wenig zu lachen gibt, erinnern einige Szenen – wie etwa die Riccaut-Szene – daran, dass es in ihm noch eine andere Sphäre gibt. Von einzelnen Lachern war bereits die Rede, so etwa wenn der historische Text des Dramas in der Aufführung vom Publikum als aktuelle Anspielung verstanden wird. Auch könnte es der Regie einfallen, in der Szene im zweiten Akt, in der Minna und Franziska den Major sehnsüchtig erwarten (II,7), etwa wie folgt zu inszenieren: *Franziska: Er kann den Augenblick hier sein. – Sie sind noch in Ihrem Negligé, gnädiges Fräulein.* (Minna lässt ihr Negligé fallen und legt sich nackt auf das Bett.) *Franziska: Wie wenn sie sich geschwind ankleideten?... Minna: Geh... Er wird mich von nun an öfter so sehen...* Minnas unerwartete Reaktion in Kombination mit diesem Text ist durchaus für einen Lacher gut. Und einen Lacher auf der Bühne sollte man nie verachten. Schließlich könnte man das ganze Stück, jenes Lustspiel vom Soldatenglück, durchaus auch in einem Puff spielen lassen, ohne dass den Protagonisten des Dramas klar ist, wo sie sich befinden. Der König von Portugal als Garnisonsbordell unter der Kontrolle der Geheimpolizei; gewissermaßen als Salon Kitty in der Burgstraße, Berlin 1767. Auch aus einer solchen – nicht nur abwegigen – Konzeption ergäben sich mit Sicherheit etliche Missverständnisse im Laufe des Spiels und damit etliche Lacher. Allerdings stünde damit das Lustspiel in der Gefahr, dass in ihm nicht nur gelacht wird, sondern die ganze Aufführung verlacht wird.

Derartige Mätzchen der Regie werden in der Regel vom Publikum honoriert, von der Kritik aber nicht goutiert. Machtlos ist die Kritik allerdings gegenüber komischen Einlagen von Schauspielern – auch wenn sie nicht im Text stehen. Jeder Schauspieler ist ein potentieller Komiker, weil dieser durch die Lacher der Zuschauer am unmittelbarsten erfährt, wie er und sein Spiel gerade ankommen. Er hat es dann in der Hand, je nach der momentanen Wirkung, den komischen Effekt zu wiederholen oder gar noch zu steigern. Er hat es in der Hand, dem Affen Zucker zu geben.

Einen Lacher, hieß es, sollte man auf der Bühne nicht verachten, und es ist kein Zufall, dass dieser Satz in dem Film *Sein oder Nichtsein* durch einen Kleindarsteller fällt. Deren Traum ist es. Auf der Bühne erleben sie allerdings selten dieses Glück, denn dort ist es ein Privileg der Protagonisten, und allein ihnen ist es vorbehalten, die sonstige Disziplinierung durch das Stück, die Rolle und das mitspielende Ensemble zu missachten. Fast immer bewegen sie sich mit ihren Kisten aber an der Grenze des sittlichen Anstands, des guten Geschmacks.

Von dem Regisseur Fritz Kortner wird berichtet, dass dieser 1961 während einer Probe mit Curt Bois – der Komischste von allen, die ich erleben durfte – durch dessen Spiel in einen Lachkrampf versetzt wurde, und als er dann wieder zu sich kam, gesagt haben soll: *Bois, das lassen Sie aber bitte bei der Premiere.* Der anwesende Assistent wendete ein: *Herr Kortner, Sie haben aber doch gelacht.* Worauf dieser antwortete: *Ja, aber unter meinem Niveau.* Schön wäre es, aber das geht nicht. Man kann nicht unter seinem Niveau lachen, auch wenn die meisten das gerne so hätten. Wenn man lachen muss, ist genau das Niveau getroffen, das einem entspricht. Und gerade das zu erkennen, ist einem meistens peinlich.

Für den Anfang des 20. Jahrhunderts aufkommenden Film und seine Komik war die Frage des Niveaus noch kein Problem. Sein Publikum war primär in dem sozialen Unten angesiedelt, zumindest umfasste es alle Klassen, die dann kollektiv zu einem homogenen Kino-Publikum geeint wurden. Hier galt kein gesellschaftliches Diktat, zumal man im Dunkeln saß. So konnte sich jeder fast jeder Art der zwanglosen Reaktion hingeben: Weinen und Lachen. Hollywood und Slapstick.

Im Grunde war der Slapstick eine zeitgemäße Fortführung der Tradition der Commedia dell'arte. Wie sie basiert er auf einem festen Figurenrepertoire, auf Figuren, die Stereotypen sind und die ebenso – wie etwa ihre berühmteste: Charlie – in stets wiederkehrender Maske bzw. Kostüm auftraten. Auch bei ihnen ging es wieder um Liebe und Hunger: bisweilen obszön, aber stets komisch, gnadenlos komisch. Was der Film durch seine medialen Konditionen – also die verschiedenen Einstellungsgrößen, die verschiedenen Kameraperspektiven, die Möglichkeit zu Zeitraffer/Zeitdehnung und vor allem die der Montage – zu Gunsten der komischen Wirkung auszureizen verstand. Wie die Commedia agierte der Slapstick in kurzen Szenen, die sich mehr oder weniger wortlos vor allem aus der Dynamik der Bewegung entwickelten. Slapstick, das war also nicht so sehr der spätere Chaplin oder der spätere Keaton (die quasi als Philosophen vor ein kineastisches Publikum traten), sondern Slapstick, das waren die obszönsten, banalsten Späße eines Fatty Arbuckle oder die der Keystone-Cops, wenn diese unaufhaltsam mit ihren Schlagstöcken auf irgendetwas eindroschen. Slapstick, das war die Komik einer Männerwelt, in der Gewalt zur sexuellen Stimulanz diente und fast alles als Anzüglichkeit verstanden und belacht wurde. Auch hier waren es Späße unterhalb der Gürtellinie.

Und das Fernsehen? Im Fernsehen war zunächst vom Programm her mehr Niveau gefragt. Andererseits amüsieren wir uns zu Tode – im Drei-Minuten-Takt. Die kurzen lustigen Spots des Mediums erinnern an die Commedia und den Slapstick: weiterhin volkstümliche Späße. Wobei nun das Volk selbst mit eingesandten Homevideos zum Spaßmacher wird. Welch unerwartetes Missgeschick die Gefilmten auch immer trifft, lustig sollen diese sein. Sicherheitshalber läuft eine akustische Lachkulisse als permanenter Hintergrund. So disponiert wird niemand nach etwaigen Folgen der Jokes fragen. Diese werden aber keineswegs vom Fernsehen ausgeklammert – sie werden sogar gesendet: Allerdings in einem anderen Format, dem des Reality-TV. Hier laufen teilweise dieselben Videos bei denselben Sendern – freilich ohne die Lachkulisse, dafür mit wenigen zusätzlichen Bildern, die die Folgen der besagten Missgeschicke zeigen. Sie werden nun als zufällig gefilmte Katastrophen-Videos präsentiert.

Wie im richtigen Leben liegen Lachen und Weinen eng beieinander, und es ist eine Frage des Formats, der ästhetischen Formung und deren Perspektive, die darüber entscheidet, ob es sich um eine Komödie oder eine Tragödie handelt. Diese Entscheidung trifft bei einem Drama oder einem Film der Autor. Lessing hat, bevor er sich für das eine oder das andere entschied, zunächst den zu bearbeitenden Fall in verschiedenen, szenischen Fragmenten ausprobiert – als Lustspiel oder auch Trauerspiel. In jedem Fall folgte das fertige Stück aber derselben dramaturgischen Ökonomie, wie ernst oder heiter es dabei auch im Einzelnen zugeht. Also kann man auch lachend sehr ernsthaft sein? Nein und abermals nein! Mögen Lachen und Ernst auch noch so eng beieinander liegen, mag der Übergang vom einen zum anderen noch so schnell sein, *als der Übergang vom Guten zum Bösen*, beides wird nicht eins. Das Lachen ist ein kurzzeitiges Moratorium des Ernstes. Dass beides gleichzeitig zusammenfände, ist eine Utopie.

Aber ist es nicht gerade die Stärke des Theaters, uns solche Utopien vorzuspielen?

Jürgen Hein (Münster)

# „Amor war kein Stockerauer"

## Über den Dialekt in der Posse

Sind *Max und Moritz* oder *Struwwelpeter* im jeweiligen Lokaldialekt oder regionaler Umgangssprache komischer, „lustiger" als im hochdeutschen Original? Offenbar kann schon die einfache Übersetzung einer sprachlichen Äußerung oder eines Textes in einen Dialekt – ohne schon parodistisch im engeren Sinn zu wirken – eine Quelle der Komik sein.[1] Wann finden wir den Dialekt komisch, wann selbstverständlich, und kann man in der Mundart auch ernsthaft sein? Sind Dialektsprecher per se komisch, in welchen Kontexten und (Kommunikations-)Situationen werden sie es? Basiert die Komik nur auf dem Kontrast zur Standardsprache, und deutet sie mit dem Normverstoß Unzulänglichkeit an? Andererseits gibt es genügend Beispiele für die witzig-überlegene Dialogführung von Dialektsprechern. Hat der Dialekt eine eigene Komik? Jürgen Macha hat von der komischen Kraft der Wörter gesprochen.[2] Dialektverwendung deutet auch auf die Sprachlichkeit selbst, vor allem in der Komödie, zum Beispiel auf die „Komödie der Sprache", die Siegfried Brill bei Nestroy untersucht hat.[3] Ähnlich kann man die Komödie des Dialektsprechens in den Blick nehmen, zum Beispiel die Möglichkeiten des Verstellens und Entstellens zwischen Alltagsmundart und hochsprachlichem „Fey'rtagsgwandl", das sich Sprecher und Sprache überziehen.[4]

Dialektologie und Literaturwissenschaft haben unterschiedliche Erkenntnisinteressen. Was „gute", „reine", „echte" Mundart ist, welche Abweichungen zum hochdeutschen Wortschatz oder zur Syntax festzustellen sind, ist weniger relevant als Untersuchungen, die sich auf Kommunikationssituationen beziehen und auch Aufschlüsse bieten über das Sprechen im Drama mit seiner intendierten Mündlichkeit. Dialekt nur als Varietät, Kontrast, Abweichung oder Opposition (zur Standardsprache) zu sehen, lässt noch nicht die spezifischen ästhetischen und stilistischen Funktionen erkennen. Neuere linguistische Ansätze zur Erforschung des Registerwechsels in der gesprochenen Sprache sind auch für den Dialekt im Drama

---

1 Die Begriffe Dialekt und Mundart werden synonym verwendet, ebenso Hochsprache und Standardsprache.

2 Jürgen Macha: Sprache und Witz. Die komische Kraft der Wörter. Bonn 1992.

3 Siegfried Brill: Die Komödie der Sprache. Untersuchungen zum Werke Johann Nestroys. Nürnberg 1967.

4 Johann Nestroy: Sämtliche Werke. Historisch-kritische Ausgabe. Hg. von Jürgen Hein et al. Bd. 17/I: *Der Talisman*. Wien 1993, S. 49; vgl. Walter Pape: „Da heißt's jeder Red' a Fey'rtagswandl anzieh'n". Sprache und Gebärde, Verstellung und Verkleidung in Nestroys Komödien, in: Nestroyana 25 (2005), S. 16–30; Volker Klotz: Rolle und Reichweite der Mundart. In: Ders.: Bürgerliches Lachtheater. Komödie, Posse, Schwank, Operette. 4. aktualisierte u. erweiterte Aufl. Heidelberg 2007, S. 155–157.

aufschlussreich, etwa die Suche nach dem „Spaßfaktor" der „Dialektstilisierung" in den Unterhaltungssendungen und „Reality-Shows" des Fernsehens.[5] Unter „Dialektstilisierung" versteht man mit Susanne Günthner die auffällige Verwendung von Dialektmerkmalen, deren spezifische Auswahl häufig mit Übertreibung und „punktueller Überhöhung im Kontext sozialer Orientierung und kommunikativer Handlungen" verbunden ist.[6] Helga Kotthoff hat die Konstitution von „Lachgemeinschaften" untersucht und geht davon aus, dass „soziale Gruppen [...] miteinander eine geteilte Haltung zur Welt aus[handeln], und dabei spielt Humor eine Rolle", und weiter: „Lachgemeinschaften sind soziale Gebilde von unterschiedlicher Größe, Struktur und Stabilität", die u. a. auf gemeinsamen Wissenshintergründen, Werthorizonten, Interpretationen und der Fähigkeit basieren, „ein Thema von seiner leichten Seite zu nehmen".[7] Auch das Volkstheater bildet eine solche Lachgemeinschaft, z. B. im Wien des 19. Jahrhunderts das Theater in der Leopoldstadt, das als „Lachtheater Europas" bezeichnet wurde.

Die Sprache des Lachens (und Auslachens) gewinnt aus der Sprachspannung zwischen Dialekt, Umgangssprache und Hochsprache sowohl Anlässe für das Verlachen von Normverstößen als auch für artistisches Sprachspiel. Man lacht mit und man lacht aus. Dialekt kann dabei als Medium des Einverständnisses wie der Distanz und Konfrontation dienen. Der Sprachwitz entsteht aus einem dialektischen Verhältnis von Bewahrung und Dekonstruktion der Mundart und aus der Spannung verschiedener Sprachebenen und Stilschichten. Horizonte des Komischen ändern sich in Zeiten, Gesellschaften und Kulturen. Anlässe des Lachens sind soziokulturell bedingt und geschichtlich bestimmt. Was komisch ist, darüber entscheidet das historisch sich ändernde Normenbewusstsein der Gesellschaft. Inwieweit dabei Lokales, Regionales, Mentalitäten – Lebensart als geistige Haltung – eine Rolle spielen, ist noch kaum erforscht. Walter Hinck konstatiert, dass es einen erheblichen Komik-Bestand gibt, der allen Kulturen gemeinsam ist, aber auch einen Rest an Komischem, der Eigentum der jeweiligen Kultur bleibt.[8] Beklagt wird das Fehlen einer „Ethnographie des Lachens".[9] Gerade am Wechsel zwischen abwertender und aufwertender Haltung zum Dialekt lassen sich Spezifika unterschiedlicher Spaßkulturen betrachten, z. B. zwischen Nord und Süd – grob gesprochen –, die etwa die Differenzierung zwischen Wiener „G'spaß", Wiener „Schmäh" und Berliner Witz be-

---

5 Karin Birkner, Peter Gilles: Dialektstilisierung im Reality-Fernsehen (Manuskript) 2007.

6 Susanne Günthner: Stimmenvielfalt im Diskurs. Formen der Stilisierung und Ästhetisierung in der Redewiedergabe. In: Gesprächsforschung 3 (2002), S. 59–80.

7 Helga Kotthoff: Konversationelle Karikaturen. Über Selbst- und Fremdstilisierungen in Alltagsgesprächen. In: Werner Röcke, Hans Rudolf Velten (Hg.): Lachgemeinschaften. Kulturelle Inszenierungen und soziale Wirkungen von Gelächter im Mittelalter und in der Frühen Neuzeit. Berlin, New York 2005, S. 331–351.

8 Walter Hinck: Die deutsche Komödie. Düsseldorf 1977, S. 13.

9 Vgl. Beatrix Pfleiderer: Anlächeln und Auslachen. Zur Funktion des Lachens im kulturellen Vergleich. In: Dietmar Kamper, Christoph Wulf (Hg.): Lachen – Gelächter – Lächeln. Reflexionen in drei Spiegeln. Frankfurt/M. 1986, S. 338–349.

trifft.[10] Die Thematisierung von Wiener und Berliner Humor – weitgehend an den sprachlichen Ausdruck gebunden – ist in den Lokalstücken und im Feuilleton des 19. Jahrhunderts an der Tagesordnung; ein Beispiel bietet Karl von Holteis Posse *Berliner in Wien* (1824, 1. Szene):

> CÄSAR *(am Fenster)*. Also, des is Wien! - Hm, seht schön, ne wirklich, sehr schön! Ick bin weiter nich froh, daß ick aus Berlin fort bin. Hier bin ick doch sicher, daß ick meinen olen eklichen Bruder nich begegne. Und hier jefällt es mich och weit besser wie in Berlin. Des is doch 'mal 'ne Abwechslung. In Berlin sehen die Häuser enen Tag aus wie den andern. - Und des is Allens hier jemacht worden!?
> KELLNER. Alles! *(für sich)* Na das is weiter kei Dalk!
> CÄSAR. Und wie heeßt des Gasthaus?
> KELLNER. Zum silbernen Knedel, Ihr' Gnaden!
> CÄSAR. Knedel? Wat is des für en Vieh?
> KELLNER. Das is kei Viech, das is a Mehlspeis'n. Knedel is a runde Mehlspeis'n, wie a Kugel zum Kegelscheib'n.
> CÄSAR. Ach des is en Kloß – wat wir Klöße nennen. – Wie verschieden die Ausquetschungen seynd!
> KELLNER. Schau'n Ihr Gnaden, das kommt halt daher: i red *Deutsch* und Se red'n *Preußisch*. Werden 'S' was anschaffen, Ihr Gnaden?[11]

Dem Dialekt wird eine besondere Disposition für das Komische nachgesagt.[12] Er kann u.a. auch markieren: Lokalität, regionale Identität, Authentizität, Realismus, Natürlichkeit, Andersheit, Direktheit, Emotionalität, Bodenständigkeit, Kindheit, Volkstümlichkeit, Soziale Rolle, Alltäglichkeit, Spiel mit den Normen der Standardsprache, Registerwechsel, Künstlichkeit.

Selbst wenn man davon ausgeht, dass der Dialekt in der Literatur – anders als in der Alltagskommunikation – immer im fiktionalen Kontext steht, also Kunstprodukt ist, für dessen Betrachtung und Bewertung eigene Maßstäbe angelegt werden müssen, ist doch seine sprachliche Grundlage – soweit dies möglich ist – genau zu bestimmen. Je nach Abgrenzung und Bewertung des komplexen Verhältnisses zwischen Dialekt, Umgangssprache, Hochsprache, Schriftsprache und Literatursprache und je nach der unterschiedlichen regionalen Entwicklung in Sprach- und Literaturgeschichte können verschiedene Formen der Auseinandersetzung des Dialektsprechers mit der Standardsprache sichtbar gemacht und befragt werden, warum Dialekt gesprochen wird, welche Personen dies tun, zu wessen oder welcher Kennzeichnung dies geschieht (z. B. Situation, Milieu, Motiv usw.), welche Dialekte und deren Charakteristik bzw. Bewertung vorkommen, welche Autor- bzw. Leserbezüge sichtbar gemacht werden können usw. Wenig geklärt ist, ob die

---

[10] Jürgen Hein: Wienerlied und Wiener Schmäh – eine Annäherung, vor allem mit Blick auf das „Wiener Volktheater". In: Ilona Slawinski et al. (Hg.): Der Mnemosyne Träume. Festschrift zum 80. Geburtstag von Joseph P. Strelka. Tübingen 2007, S. 125–135.

[11] Karl v. Holtei: Theater. Breslau 1845, S. 46.

[12] Vgl. Jürgen Hein: Darstellung des Dialektsprechers in der neueren deutschen Dichtung. In: Werner Besch et al. (Hg.): Dialektologie. Ein Handbuch zur deutschen und allgemeinen Dialektforschung. 2. Halbbd. Berlin, New York 1983, S. 1624–1636.

Mundart nicht eine eigene sprachliche Schicht der Literatur darstellt und ob die sich im Laufe der Literarisierung von den primären Merkmalen entfernte Sprachform noch als Dialekt zugelassen werden kann. Walter Schenker spricht in diesem Zusammenhang von „simuliertem Dialekt".[13] Dialekt stellt in literarischen Texten immer eine „Künstlichkeit" her, die authentisches Sprechen nachahmt. Der Einwand: „So spricht hier niemand" übersieht die poetische Stilisierung bis zum ‚Kunstdialekt'.

Dialektsprecher finden sich in der hochsprachlichen Dichtung bereits im 16. und 17. Jahrhundert, und zwar zuerst im Bereich des Dramas. Sprecher sind dabei in erster Linie Bauern. Schon in den frühesten Zeugnissen gibt es eine Verbindung von regionaler und sozialer Komponente. Ferner ist eine Ambivalenz von realistischer und komischer Funktion erkennbar, wobei die Antinomie zwischen Dialekt und Hochsprache regionale Gegensätze als soziale im Medium des Sprachlich-Ästhetischen sichtbar macht. Komisch-dramatische und realistische Funktion sind eng miteinander verbunden. In der weiteren Entwicklung drängen die Normierungsvorgänge der neuhochdeutschen Schriftsprache die Dialekte zurück, jede Abweichung, jeder Rückfall in Provinzialismen wurde aus sprachlichen und poetologischen Gründen verurteilt. Das Streben nach sprachlicher Korrektheit führte zu einer Abwertung der Dialekte, deren literarische Verwendung als vulgär galt. Dem antwortete die Lokaldichtung mit einer Aufwertung, zum Beispiel bei Adolf Glaßbrenner, der das Volk selbst zur Sprache bringen wollte:

> Unterhaltung zweier Zeitungsleser
> DUSE. Darüber können wir jar nich urtheilen.
> SPITZIG. Warum nich?
> DUSE. I wir sind ja Leute, die nich mal hochdeutsch reden, die in ihrem Berliner Dialekt sprechen.
> SPITZIG. Aber, Duse, Duuse! Darum kann man doch mehr Verstand un Geist haben, als so Mancher, dem des Alles einjetrichtert is! Un was is denn das Hochdeutsche anders, als ein Dialekt, den sich die sojenannten jebildeten Leute jemacht haben? – Die Lutherschen Werke und des Nibelungen-Lied, das ich neulich jelesen, sind ooch nich in unserm Hochdeutsch jeschrieben, un doch is da mehr poetische Kraft un Jesundheit drinn, als in alle die jetzigen Romane, wo eenen vor lauter Vornehmheit so zu Muthe wird, als hätte man vierzehn Dage hinternander nischt als Thee jesoffen. Wahrheit is de Hauptsache, un was sich nich schickt, das bleibt.[14]

Die Normierung machte erst möglich, die Dialekte in bewussten Gegensatz zur Hochsprache zu stellen und die aus dem Kontrast entspringenden Funktionen literarisch zu nutzen. Solche, gegen die Norm der Schriftsprache gerichtete Dia-

---

13 Walter Schenker: Dialekt und Literatur. In: Zeitschrift für deutsche Philologie 96 (1977), Sonderheft, S. 34–48.

14 A. Brennglas [Adolf Glaßbrenner]: Berlin wie es ist und – trinkt. Heft 13: Komische Szenen und Gespräche. Leipzig 1842, S. 16; vgl. Jürgen Hein: Der Satiriker Adolf Glaßbrenner (1810–1876). In: Christian Bunners, Ulf Bichel, Jürgen Grote (Hg.): Humor und Satire in den Werken von Fritz Reuter, John Brinckman, Ludwig Reinhard, Adolf Glaßbrenner und Wilhelm Busch (Beiträge der Fritz Reuter-Gesellschaft 17). Rostock 2007, S. 109–130.

lektverwendung als Symptom einer allgemeinen Auflehnung gegen Normen ist in der dramatischen Dichtung des Sturm und Drang zu beobachten. Ferner tritt neben die satirisch-parodistische Funktion des Dialektsprechers (Normabweichung als Kritik an den Normen) eine mehr idealisierend-idyllische Funktion. In der Biedermeierzeit und im beginnenden Realismus gibt es unterschiedliche Abweichungen, Kontrastierungen und Interferenzen von Dialekt und hochdeutscher Literatursprache. Dabei verbindet sich nicht selten ein antiquarisches Interesse (Sammeln dessen, was vergessen zu werden droht), ein Schwärmen der Gebildeten für die Sprache des Volks, mit der Entdeckung der funktionalen Verwendungsmöglichkeiten von Dialekt im Literarischen (zur Charakteristik des Lokalen, der Herkunft, eines Standes, eines Berufs, von Situationen usw.). Mehr als die Realisten haben sich die Biedermeierdichter die Ergebnisse der zeitgenössischen Mundartforschung (Dialekt als gesprochene Sprache des Alltags und der Heimat) zunutze gemacht. Daneben ist die Blütezeit der lokalen Dichtung zu erwähnen, die den entstandenen Freiraum (wo zum Zwecke der Komik gegen die Normen verstoßen werden darf) nutzt. Die Stücke der Volkstheater werden meist zu Unrecht unter der Rubrik „Mundartschauspiel" geführt; in der Mehrzahl handelt es sich aber um vielschichtige sprachliche Gefüge, in denen der Kontrast von Dialekt und Hochsprache eine große Rolle spielt.

Hermann Bausinger hat betont, der Dialekt erhalte in der Dichtung nicht ausschließlich und nicht einmal primär eine realistisch-naturalistische Funktion, sondern sei ein kunstvoll und bewusst kontrastiv eingesetztes Verfremdungsmittel. Diese Funktion sei auch in der neueren Literatur vorhanden, werde aber durch „quasi-naturalistische Einpassung der dialektsprechenden Gestalten" verdeckt.[15] Unter dem Einfluss soziolinguistischer Ansätze war das Volksstück der 70er Jahre des 20. Jahrhunderts bestrebt, auch sprachlich ein Abbild der ‚kleinen Leute' zu vermitteln („restringiertes Sprechen"; Dialekt als „Sprachbarriere") und geriet in das Dilemma zwischen Sprachnähe und literarischem Gestaltungswillen.[16]

Der Stilkontrast hat aber auch noch andere Funktionen. Er kann z. B. das gestische Sprechen verstärken oder den Gegensatz zwischen der offiziellen und der privaten-vertrauten Kommunikation verstärken. Dabei wird der atmosphärische Reiz des Dialekts, sein Stimmungspotential, ebenso stilistisch genutzt wie seine sozialen, regionalen und regionalistischen Qualitäten. Der Dialekt erhält eine kritisch kommentierende Funktion, ohne dass seine Sinnlichkeit dabei verloren ginge.

Dialektsprecher in der hochsprachlichen Dichtung haben verschiedene Funktionen. Sie können Distanzierung und Kritik artikulieren, Authentizität signalisie-

---

15 Hermann Bausinger: Mundart und Verfremdung. In: Volks- und Hochkunst in Dichtung und Musik. Saarbrücken 1966, S. 41–48.

16 Vgl. Harald Burger, Peter v. Matt: Dramatischer Dialog und restringiertes Sprechen, F.X. Kroetz in linguistischer und literaturwissenschaftlicher Sicht. In: Zeitschrift für Germanistische Linguistik 2 (1974), S. 269–298; Anne Betten: Sprachrealismus im deutschen Drama der siebziger Jahre. Heidelberg 1985.

ren, aber auch ein Moment des Artifiziellen (Poetisierung durch Abweichung) bedeuten, sie dienen der Darstellung von sozialem (gruppenspezifischen) Sprachverhalten. Dialektverwendung kann Rückfall ins Provinzielle zeigen, aber auch Ausdruck regionaler Differenzierung und Abgrenzung sein (Charakter, Temperament, soziale Stellung der Personen, Kennzeichnung von Situation und Milieu, Abgrenzung der Eingesessenen gegen die Fremden); ferner kann sie Kontrastfunktion übernehmen (Gegenbild gegen verwaltete, zivilisierte und bedrohte Umwelt; Naivität und Volkstümlichkeit gegen Bildung und Entfremdung; Akzentuierung von Heimat und Region in bewahrender Absicht einerseits und mit kritisch-aggressiven Intentionen andererseits). Bei den Versuchen differenzierter Darstellung regionaler und sozialer Wirklichkeit werden sowohl die Grenzen des Dialekts wie der Hochsprache sichtbar. Die Mündigkeit des Dialektsprechers ergibt sich jeweils aus der Arbeit an diesem Gegensatz.

Auch die Ausprägung einer spezifischen Bühnensprache war im Zuge der Normierung durch die Auseinandersetzung mit dem Dialekt bestimmt. Man wollte zwar Natürlichkeit, aber keine Verstöße gegen die hochsprachliche Norm. Im *Allgemeinen Theater-Lexikon* heißt es unter dem Stichwort „Dialect, Mundart“:

> [...] So unangenehm der D. in edler gehaltener Rede auch wirkt, so vortheilhaft ist er dem Eindruck des Localen. Wer kennt nicht die wiener, berliner, hamburger und frankfurter Localstücke, die eben nur im D. ihr Element finden? Frankreich und England haben wohl Charaktere mit D.en, aber keine so durchaus verschiedenen provinziellen D.-Stücke als Deutschland: denn die *pièces grivoises* der kleinern pariser Bühnen bewegen sich nur in pariser *Patois*. Sehr vortheilhaft für den komischen Schausp. ist sowohl das natürliche Talent zur Nachahmung der verschiedenen deutschen und fremdländischen D.e, als, wo dieses Talent nicht von Natur vorhanden ist, das Studium derselben. [...] Unter den deutschen D.en sind besonders zu beachten: der jüdische, der märkische (Bornemann's Gedichte), der niederdeutsche (mecklenburgisch-hamburgisch-pommerisch), der westphälische, der sächsische, berlinische, schlesische, schwäbische, wienerische (Castelli's Gedichte), der tyrolerische, schweizerische, baierische, nürnbergische (Grübel's Gedichte) und frankfurtsche. Die Verschiedenheit dieser D.e beruht aber nicht allein auf der Aussprache, den Tönen, den Abkürzungen, Vor- und Nachsylben; sondern auch auf ganzen Redensarten, den Provinzen eigenthümlichen Wörtern und dem ganzen Bau der Rede. [...][17]

Ergänzend findet sich unter dem Stichwort „Local (örtlich, Aesthet.)“ zum Dialekt: „Die glückliche Benutzung des l.en Jargons bewirkt in L.-Stücken einen Hauptreiz und vermehrt ihren Werth, indem er charakteristische und eigenthümliche, bis dahin vielleicht wenig bekannte Dialektformen zur allgemeinen Kenntniß bringt.“[18]

Heinrich Theodor Rötscher trat für entschiedene Dialektfreiheit in der dramatische Darstellung ein und meinte, „schon im gewöhnlichen Leben ist es verletzend, einen

---

[17] Robert Blum, Karl Herloßsohn, Hermann Marggraff (Hg.): Allgemeines Theater-Lexikon [...]. Neue Ausgabe. Altenburg, Leipzig 1846. Bd. 3, S. 16 f.

[18] Ebd., Bd. 5, S. 148.

geistigen Inhalt in der unangemessenen Form eines Dialekts zu vernehmen" und „selbst einem bedeutenden Talente" bleibe

> immer nur der einzige und zwar nur sehr beschränkte Kreis eines Lokalkomikers übrig; eine Stellung, wodurch es doch in gewissem Sinne von dem Boden echter Kunst ausgeschlossen ist; weil der Begriff des Lokaltheaters und einer Lokalkomik dem Wesen der dramatischen Kunst entschieden widerspricht. [...] Der Dialekt, der uns statt des allgemeinen Menschen sogleich einen der Scholle noch nicht entwachsenen Spezial-Menschen zeigt, erscheint daher auch bei dem darstellenden Künstler wie eine Kette, welche er hinter sich schleift, und die ihn als Gefangenen eines beschränkten Lokalgeistes innerhalb der Nation bezeichnet. So schöpferisch daher auch ein durch die Naturschranke des Dialekts zum Lokalkomiker ausgebildetes Talent in seinem engen Kreise bewegen mag, so erscheint uns doch, mit einem von dieser natürlichen Schranke freien Künstler verglichen, immer nur als ein Wesen einer untergeordneten Stufe, welche zwar in höchster Meisterschaft vertreten werden kann, aber doch den Begriff der dramatischen Kunst nie vollständig zu realisieren vermag.[19]

Und weiter führt er aus:

> Der Dialekt in der Aussprache verhält sich mithin zur reinen Aussprache, wie der zurückgebliebene Lokal-Geist zu dem freigewordenen allgemeinen Nationalgeist. Die Farbe eines Dialekts versetzt also den Hörer sogleich in eine bestimmte Landschaft und verengt seinen Sinn, während ihn die reine Aussprache zur Anschauung des Nationalgeistes erhebt. [...] nur die leichte Form der Konversation, an die wir nicht die strengen Anforderungen der Kunst machen", hebe uns über die Unangemessenheit des Dialekts hinweg. Ja, es kann sogar im Munde eines lieblichen, weiblichen Geschöpfs der Dialekt, den wir plötzlich in heiterer und sinnvoller Unterhaltung mit einer reizenden Naivität aussprechen hüten, einen gewissen Zauber über uns ausüben, aber nur darum, weil er uns die Anschauung einer individuellen Geistesform erweckt, welche in die auf dem Niveau der formellen Bildung sich bewegende Konversation eindringt.[20]

Weder Raimund noch Nestroy verstanden sich nur als „Lokalkomiker", Raimund strebte gar das ernste Fach an. Bei ihm und bei Nestroy erhält das Lokale und mit ihm der Dialekt gegenüber der älteren Wiener Posse durch Stilmischung, Sprachspiel und Selbstreferenzialität eine neue Qualität.

Es ist das Verdienst von Karl Kraus, den Blick auf den „sprachverbuhlte[n] Humor" Nestroys gelenkt zu haben, bei dem der Dialekt beides leisten kann: Abbild der wirklich gesprochenen Volkssprache und artifiziell verwendetes Medium zu sein. In diesem Sinn ist sein Verdikt zu verstehen, Nestroy sei kein „österreichischer Dialektdichter", sondern ein „deutscher Satiriker", der Dialekt „Kunstmittel, nicht Krücke".[21] Daher wandte er sich auch gegen eine wienerische Einfärbung Nestroys.[22] Kraus meinte: „Nestroy ist der erste Satiriker, in dem sich die Sprache

---

[19] Heinrich Theodor Rötscher: Die Kunst der dramatischen Darstellung (1841). Mit einem Geleitwort von Oskar Walzel. Berlin 1919, S. 40.

[20] Ebd., S. 77.

[21] Karl Kraus: Nestroy und die Nachwelt. In: Die Fackel Nr. 349/50 (1912), S. 1–23, hier S. 7 u. 15.

[22] Vgl. Gerald Stieg: Ist Nestroy ein Wiener Dialektdichter? In: Gerald Stieg, Jean-Marie Valentin (Hg.): Johann Nestroy (1801–1862). Vision du monde et écriture dramatique. Asnières, [Paris] 1991, S. 157–164.

Gedanken macht über die Dinge",[23] und man darf hinzufügen: in dem die Sprache über sich selbst nachdenkt – auch im Dialekt. Der Dialekt akzentuiert das witzige Spiel mit Sprachwissen und Weltwissen. Charakteristisch für die Wiener Posse ist ein dialektaler Grundton – wie überhaupt die „Verwienerung" in allen Themen und Strukturen – und auch die Bewahrung eines spezifischen mundartlichen Wortschatzes,[24] darunter auch Sprichwörter und Redensarten im Wechselspiel mit hochsprachlichen Wendungen.[25] Der Wirklichkeits- und Gesellschaftsbezogenheit der Komik entspricht eine ebensolche der Sprache; das Maß an Künstlichkeit ist allerdings ebenso schwer zu bestimmen wie das der umgangssprachlichen Echtheit zu jener Zeit. Es ist eine künstliche und künstlerische, wenn auch lokal- und wirklichkeitsbezogene Sprache. Sie entspricht als Komödiensprache der Komödienwelt, d. h. einer Spielwelt mit ihren eigenen Gesetzen. Dialekt und dialektgefärbte Sprache vermögen das Spiel ‚wirklich' zu machen. Sie enthält zudem unverbrauchte Ausdrucksmittel, die der Sprachkonvention noch nicht verfallen sind und so zu einer Satire der Sprache selbst eingesetzt werden können.

Nestroy modelliert den Dialog durch die verschiedenen Möglichkeiten der Sprache zwischen Dialekt und Hochdeutsch.[26] Sprachebene und Spielebene der Figuren entsprechen sich. Die Zentralfiguren sind im vollen Sinne des Wortes mündig und sprachfähig, sie beherrschen Dialekt und Standardsprache. Darin drückt sich ihre geistige Überlegenheit aus, weil sie alles Lokale auf die Ebene des Allgemeinen transponieren können, ohne lächerlich zu wirken. Komisch und gespreizt wirkt dagegen das Hochdeutsch im Mund der übrigen Figuren, z. B. in der Sprache der Liebespaare, im falschen Pathos und in den geschraubten Wendungen sich wichtig dünkender Figuren. Die Unangemessenheit einer Sprachebene zeigt sich besonders dort, wo diese Figuren immer wieder in den Dialekt zurückfallen. Siegfried Brill beobachtet ein Schweben zwischen Dialekt und Hochsprache; das Wienerische lege über die Sprache den Schein der Gemütlichkeit.[27] Was allerdings das „Wienerische" bei Nestroy ist, welche Figuren „österreichisches Deutsch" und welche Dialekt („lokal") sprechen, wäre noch differenzierter zu untersuchen. Die Stimmenvielfalt resultiert auch aus der Sprachspannung zwischen Metropole, Vorstädten und Umland. Ansgar Hillach entdeckt eine spezifische Künstlichkeit

---

23 Kraus: Nestroy und die Nachwelt, S. 12.

24 Vgl. Richard Reutner: Lexikalische Studien zum Dialekt im Wiener Volksstück vor Nestroy. Mit einer Edition von Bäuerles *Die Fremden in Wien*. Bern et al. 1998.

25 Vgl. auch Walter Pape: „Wart nur Sprichwort, ich bring dich noch ganz um den Credit". Sprichwort und Sentenz in Tragödie und Komödie von Gryphius bis Nestroy. In: Claudia Meyer (Hg.): „Bis zum Lorbeer versteig ich mich nicht". Festschrift für Jürgen Hein. Münster 2007, S. 269–282.

26 Vgl. Jürgen Hein: Spiel und Satire in der Komödie Johann Nestroys. Bad Homburg v.d.H. 1970, S. 42–46.

27 Vgl. Brill: Die Komödie der Sprache, S. 113.

mit Zwischentönen, um gesellschaftliche Schichtungen kenntlich zu machen.[28] Ein Vergleich mit dem „Bildungsjargon" in den Volksstücken von Ödön von Horváth liegt nahe, zeigt aber vor allem Unterschiede hinsichtlich eines Sprachrealismus.[29]

Bei Nestroy gibt die sprachliche Fähigkeit einer Figur Auskunft über ihre Stellung im Komödiengeschehen und bestimmt Art und Grad der Komik, welche sie auslöst. Franz H. Mautner beobachtet z.B. die sprachliche Differenzierungskunst in *Der Talisman* und erkennt eine „hierarchische Abstufung der Sprachebenen: Frau von Zypressenburg spricht geziert-‚literarisch', die Kammerfrau Constantia hochdeutsch, die Gärtnerin Flora österreichisch-mundartlich, der schlecht behandelte, aber scheinhaftes Getu [sic!] durchschauende Gartenknecht Plutzerkern mundartlich vulgär mit sarkastischer Tönung".[30] Die Ausdrucksskala des Schauspielers Pitzl in *Umsonst* (1857) reicht vom Dialekt über das Hochdeutsche bis zur gespreizten Theatersprache. Wenn die Zentralfigur vom Dialekt ins Hochdeutsche wechselt, abstrahiert sie von der Handlung, um sich der Reflexion zu widmen. Oft geschieht das in den Menschen und Welt satirisch betrachtenden Monologen. Der Registerwechsel zeigt so den Standpunktwechsel der Figur an. Der Dialekt kann in kontrastierender Weise die Nichtigkeit einer hochdeutschen Schlag- und Fremdwortsprache satirisch entlarven. Ähnlich meinte Karl Kraus: „Ich vermeide Lokalismen nicht, wenn sie einer satirischen Absicht dienen".[31] Oft werden dabei die Wörter zugleich mit den Sachen satirisch vernichtet, wie z. B. in der Entlarvung der Freiheits- und Revolutionsphraseologie in *Freiheit in Krähwinkel* (1848) oder bei den wienerisch sprechenden Häuptlingen und Menschenfressern Abendwind und Biberhahn in *Häuptling Abendwind oder Das gräuliche Festmahl* (1862), welche die Fragwürdigkeit der Schlagworte Fortschritt, Kultur, Zivilisation und Nationalismus demonstrieren.[32] Wienerische Gemütlichkeit, Kannibalismus und aktuelle politische Wirklichkeit werden satirisch betrachtet. Nicht mehr der „edle Wilde" übt Kritik am zivilisierten Europa, sondern der Europäer muss sich in der Maske des zivilisationsbeflissenen „Wilden" erkennen, der letztlich doch Kannibale bleibt. Der Dialekt lässt ihn dabei gemütlich und heimisch erscheinen, was die Wirkung noch verstärkt.

Eine andere Funktion des Dialekts ist die Demonstration des Natürlichen gegen das Übertriebene, des Volkstons gegen die gestelzte Bildungs- und Theatersprache,

---

[28] Vgl. Ansgar Hillach: Die Dramatisierung des komischen Dialogs. Figur und Rolle bei Nestroy. München 1967, S. 169 f.

[29] Vgl. Klaus Kastberger: 200 Jahre Bosheit. Nestroy und Horváth – ein forcierter Vergleich. In: Nestroyana 26 (2006), S. 62–76.

[30] Franz H. Mautner: Johann Nestroy *Der Talisman*. In: Benno v. Wiese (Hg.): Das deutsche Drama. Düsseldorf 1958. Bd. 2, S. 23–43.

[31] Karl Kraus: Werke. Hg. von H. Fischer. Bd. 3. München 1960, S. 114.

[32] Vgl. auch Walter Pape: Vom *Gedächtnißmahl* zum *gräulichen Festmahl*: Kannibalismus als Metapher und Motiv bei Nestroy, Novalis und Kleist. In: Lothar Bluhm, Achim Hölter (Hg.): Romantik und Volksliteratur. Beiträge zum Wuppertaler Kolloquium zu Ehren von Heinz Rölleke. Heidelberg 1999 (Beihefte zum Euphorion 33), S. 145–160.

zum Beispiel in *Theaterg'schichten durch Liebe, Intrige, Geld und Dummheit* (1854; II,4):

> DAMISCH. Ob sie mir was sagen oder nit, das verschaffet mir keine Linderung. Sie haben Keine die Sprach' die zum Herzen dringt.
> LISI. Diese Behauptung können wir durch Thatsachen dementieren.
> MALI. Wir haben schon zu curiose Herzen gesprochen.
> DAMISCH. Aber Sie haben eine – locale – Mundart, und Localität zerstört jede Poesie. *(pikant)* Amor war kein Stockerauer.
> MALI *(die Pikanterie erwiedernd)*. Potsdamer is er aber auch keiner g'west.
> DAMISCH. Das soll eine Anspielung auf die Göttersprache –
> LISI. Der affectierten Rosaura seyn.
> DAMISCH *(mit Begeisterung)*. Die spricht keinen irdischen Dialect; sie redt himmlisch, überirdisch, Rosaurisch! Wann mir eine sagt: *(in Local-Dialect)* „I lieb di, du bist mein All's auf der Welt" – was hab' ich da davon? Wenn aber Eine sagt: *(übertrieben hochdeutsch.)* „Du bist das Ideal meiner Träume, alle Regungen meines Herzens verweben und verschlingen sich mit dir" – ! das is a anders Numero.
> MALI. Na, wann's Ihnen g'fallt in der Sprach' anplauscht z' werd'n
> LISI. s is gar keine Spur von Natur drinn.[33]

Der Einfachheit der Mädchen steht die Gespreiztheit des Möchtegern-Schauspielers Damisch gegenüber, die sich selbst entlarvt; denn auf sein Beispiel einer hochdeutschen Liebeserklärung folgen die mundartlichen Worte „das is a anders Numero". Der Dialekt ist das Maß, mit dem die Echtheit des Gesagten gemessen wird; vor der Natürlichkeit des Dialekts wird die gespreizte Rhetorik zunichte. Das Hochdeutsche wirkt im Kontrast zum Volkston „übertrieben", was die Regieanweisung hervorhebt. Die beiden Mädchen treiben das Spiel noch weiter; ihre Überlegenheit drückt sich am Ende der Passage in einem Wortspiel Malis aus: „So fein red't eine Gebildete, wenn sie grob seyn will".[34]

Bei der Lokalisierung der zahlreichen Übersetzungen und Adaptierungen aus dem Französischen lässt sich übrigens das Erzielen ‚eigener' Komik aus der Sprache und hier auch aus dem Dialekt besonders gut beobachten.

Auch Raimund spielt mit dem Registerwechsel. In *Das Mädchen aus der Feenwelt oder Der Bauer als Millionär* (1826) gibt er für den Auftritt der „Jugend" in II,6 ausdrücklich die Anweisung: „Sie spricht im hochdeutschem Dialekte mit einem Anklange des preußischen." In *Der Diamant des Geisterkönigs* (1824) findet sich gleich zu Beginn (I,1) folgende Passage:

> FEE APRIKOSA. Und richtet er nicht das ganze Reich nach der Erde ein. Wir werden noch alle Moden von Paris und Wien herauf bekommen.
> FEE AMARILLIS. Ja wenn nur an seinem Zauberreiche noch franz[ö]sisch gesprochen würde, daß wäre doch nobel, aber seit er in Wien war, spricht er wienerisch, und wir sollen es nachmachen.
> ZWEITER ZAUBERER. Ich habs schon nachgemacht.

---

33 Johann Nestroy: Sämtliche Werke. Historisch-kritische Ausgabe. Hg. von Jürgen Hein et al. Bd. 33. Wien 1992, S. 49.

34 Ebd., S. 50; vgl. auch Herbert Hunger: Das Denken am Leitseil der Sprache. Johann Nestroys geniale wie auch banale Verfremdungen durch Neologismen. Wien 1999, S. 38–41.

FEE AMARILLIS. Schämen Sie sich, wenn man das im Auslande erfährt. Das wird entsetzlich werden.

ERSTER ZAUBERER, FEE APRIKOSA (zugleich). Ja unerhört.

ZWEITER ZAUBERER. Ich weiß, es kommt ein Krieg aus bloß wegen den. Aber wissens er denkt halt so, und so sollen manche denken, besser schön lokal reden als schlecht hochdeutsch.[35]

Und ein weiteres Beispiel aus Ernst Elias Niebergalls Darmstädter Posse *Datterich* (1841):

DATTERICH *(wichtig)*. Mei Name is Datterich. Gäjewertig bin ich ohne Amt – *(hochtrabend.)* früher bekleidete ich eine Stelle im Finanzwesen – ich hab se niddergelehkt, dann Sie misse wisse - *(geheimnißvoll.)* ich hatt en Große zum Feind – mei Verdienste um des Finanzielle sinn vakennt worn. Ich wollt beferdert sey – nix da! Da hobt er aach Deß, haw-ich gesagt *(mit einer Bewegung, als würfe er etwas hin.)* un hab mich in's bescheidene Brivatläwe zurickgezoge.[36]

Volker Klotz behauptet, dass „in den Wiener und in den hessischen Possen die Bösewichte regelmäßig hochdeutsch, norddeutsch oder preußisch" sprächen.[37] Dieser Befund ist angesichts des differenzierten sprachlichen Erscheinungsbildes zu überprüfen und zu revidieren. Die Lokalsprache ist vielschichtiger und bietet mehr als nur Kontrast und Opposition zum Normierten und Institutionalisierten. Recht hat Klotz damit, dass eine „ausgeprägte und scharf umgrenzte sprachliche Verkehrsordnung" geradezu nach „komischer Deplacierung" schreie; hier habe die Posse „ihre große Chance, über szenische Situationskomik hinaus charakteristische Sprachkomik zu entfesseln".[38]

Nestroys Dramaturgie, die Wirklichkeit auf dem Theater in eine Posse verwandelt, entspricht eine Komödiensprache, die das Sprechen thematisiert. Als solches ist es nicht einfach Abbildung von Kommunikation oder gibt Aufschluss über die psychischen Beweggründe der Handelnden, sondern inszeniert Gelingen und Misslingen von Sprechen in einem fiktiven Handlungssystem. Nestroy setzt rhetorische und stilistische Elemente ein, die die Fiktionalität des Sprechens hervorheben, Sprachreflexion ermöglichen und die Possensprache in Distanz zur Sprache der Realität bringen. Dies gilt auch für den Zusammenhang von Dialekt und Hochsprache. Die Dialektverwendung ist Teil einer übergreifenden Theatersprache. Es bleiben allerdings Fragen: Wie steht es um die ‚Echtheit' von Dialekt und wienerischer Umgangssprache, wie lassen sich die Unterschiede zwischen der auf dem Wiener Volkstheater üblichen Verwienerung, realen sprachgeschichtlichen Befunden und Dialekt als Literatursprache (Künstlichkeit, Simulation) bestimmen? Anzunehmen ist, dass der Dialekt in den Possen in der gleichen Weise fiktiv und realistisch ist wie die Posse

---

35 Zitat nach der im Entstehen begriffenen neuen historisch-kritischen Ausgabe.

36 Ernst Elias Niebergall: Datterich. Des Burschen Heimkehr oder: Der tolle Hund. Hg. v. Horst Denkler, Volker Meid. Stuttgart 1975, S. 97.

37 Klotz: Rolle und Reichweite der Mundart, S. 156.

38 Ebd.

selbst. Er dient der ästhetischen Distanzierung, vermittelt aber zugleich den Anschein des Wirklichen und Authentischen. Dafür spricht, dass Nestroy im Nebentext den Registerwechsel, z. B. das Abweichen von der Mundart oder das übertriebene Sprechen in der Hochsprache, besonders markiert. Wie er selbst die lokale Bindung im Streben nach überregionaler Wirkung einschätzte, zeigt ein Brief an Charlotte Birch-Pfeiffer (12. Februar 1843):

> [...] nur muß ich die Bemerkung beyfügen, daß meine Stücke durchaus nicht auf die Localität Wien berechnet sind, daß daher, wenn dieselben nicht die gewünschte Wirkung hervorbringen die Ursache durchaus nicht im Publikum, sondern durchaus nur in den schlechten, vor ihrer Aufgabe gar keinen Begriff habenden Komikern, zu suchen ist.
> Sollten Sie in dieser Beziehung nicht mit guten Individuen versehen seyn, so rathe ich Ihnen lieber den Jux gar nicht zu geben.[39]

Lokalton und „lokales Gepräge" (Karl Malss) sind Kennzeichen der Posse, allerdings wird die ‚Bodenständigkeit' gegenüber der älteren Forschung heute differenzierter und im Kontext des internationalen Unterhaltungstheaters gesehen.[40] Hans Peter Bayerdörfer meint, das universelle Komikprinzip sei gleichsam das Überlokale der Lokalposse: „In der Tat besagt die dramaturgische Lokalformel der Posse, dass sie ihre dramatische und ihre theatrale Virulenz im Benehmen mit dem Publikum durch Zugehörigkeits- und Ausschluß-Verfahren herstellt".[41] Dabei erhält der Dialekt eine nicht zu unterschätzende Bedeutung. Für Volker Klotz ist „die Mundart des Ortes, an dem und von dem sie [die Posse, J.H.] handelt", die Sprache als „unverwechselbare und unverzichtbare Verständigungsform jener sozialen Schicht, die das Hauptpersonal" stellt und ist in dieser Weise „authentisch".[42] Bereits Moritz Gottlieb Saphir hat in seiner Definition der Posse die „Lächerlichmachung der Thorheiten oder Zeitunbilde [...] in der Sphäre eines Ort-Dialekts" hervorgehoben.[43] Im Vorwort zu seiner Posse *Das Stelldichein im Tivoli* (1832) meint Karl Malss: „Es ist außer Zweifel, daß ein eigentliches Lokalstück nicht bloß durch das Idiom allein, son-

---

39 Johann Nestroy: Sämtliche Briefe. Hg. v. Walter Obermaier. Wien 2005 (HKA), S. 52.

40 Vgl. Hans-Peter Bayerdörfer: Die Bedeutung der „Lokalformel" für die Entwicklung der Berliner Posse zwischen 1815 und 1860. In: Rainer Schöwerling, Hartmut Steinecke (Hg.): Die Fürstliche Bibliothek Corvey. Ihre Bedeutung für eine neue Sicht der Literatur des frühen 19. Jahrhunderts. München 1992, S. 294–318; Hans-Peter Bayerdörfer: ‚Lokalformel' und ‚Bürgerpatent', Ausgrenzung und Zugehörigkeit der Posse zwischen 1815 und 1860. In: Theaterverhältnisse im Vormärz. Forum Vormärz Forschung. Jahrbuch 7 (2001), S. 139–173; Hans-Peter Bayerdörfer: Nichts als Possen? Lachtheater in Zeiten der Turbulenz: Wiener Kongreß und Nachmärz. In: Franz Norbert Mennemeier, Bernhard Reitz (Hg.): Amüsement und Schrecken. Studien zum Drama und Theater des 19. Jahrhunderts. Tübingen 2006, S. 247–267; Jürgen Hein: „Eine Posse sehen, heißt für den Gebildeten gleichsam Lotterie spielen". Produktions- und Wirkungsbedingungen der Wiener Posse im internationalen Kontext. In: Wolfgang Jansen (Hg.): Unterhaltungstheater in Deutschland. Geschichte – Ästhetik – Ökonomie. Berlin 1995, S. 29–53; Klotz: Rolle und Reichweite der Mundart, S. 99–169.

41 Bayerdörfer: Die Bedeutung der „Lokalformel", S. 300.

42 Klotz: Rolle und Reichweite der Mundart, S. 155f.

43 Moritz Gottlieb Saphir: Ausgewählte Schriften. 3. Aufl. Brünn, Wien 1865. Bd. 6, S. 207 (Kritik zu Nestroys *Die verhängnisvolle Faschingsnacht*, S. 199–209).

dern vielmehr auch durch Auffassung der Eigentümlichkeiten des bürgerlichen Familienlebens, der besonderen Sitten öffentlichen Treibens an einem gegebenen Ort bedingt ist."[44]

Im Stück selbst, einer Bearbeitung einer Berliner Vorlage (Karl Wilhelm Goldschmidt *Die Lokalposse*, 1828), will der Dichter Splitt die Gespräche auf den „Sammelplätze[n] des Völkchens" belauschen, um Stoff und Figuren zu finden:

> SPLITT *(allein)*. Aber, Splitt, willst du denn wieder dein Werk dem vornehmen Hohnlächeln derer hingeben, die da meinen, eine Lokalposse sei kein würdiger Vorwurf für die Kunst? – ja, ganz dreist! Denn da ihr Leutchen die Posse überhaupt doch einmal statuieren müßt, so kann auch nur dies die Nase rümpfen machen, daß die Lokal-Posse meist Menschen niederen Standes vorführt, weil jetzt von diesen allein das Gepräge des Örtlichen noch nicht abgeschliffen ist. Aber sind nicht die Glieder jeder, anscheinend noch so geringen Menschenklasse, für künstlerische Auffassung geeignet und derselben würdig? Nein, Ihr sollt mir die Lust nicht vergällen, die ich empfinden werde, sollte es mir etwa gelingen, auch nur ein Dienstmädchen so charakteristisch darzustellen, daß selbst der ihr am fernsten steht, selbst ein Fürst, von der innern Wahrheit der Darstellung frappiert, sich überzeugt hielte, in ihr eine echte Repräsentation ihrer Gattung zu sehen. Mögt Ihr euch dafür an Fürsten ergötzen, wie sie heutzutage meist über die Bretter gehn, die sich selbst ein Dienstmädchen von willigstem Glauben nicht als echte würde aufdrängen lassen. [...][45]

Der von den Jungdeutschen verbreitete Vorwurf der „Gemeinheit" der Possen – Friedrich Hebbel sprach gar von den „Augiasställen", die Nestroy hinterlassen habe, Friedrich Theodor Vischer sah ihn „auf einer Stufe der Gemeinheit angekommen [...], daß man ihn mit einem Fußtritt von der Bühne hätte stoßen sollen" – beeinflußte auch die ästhetische Wertung der dialektgrundierten Volkstheaterdramatik.[46] Anders sah es Gottfried Keller: „Wenn die tragische Schauspielkunst täglich mehr in Verfall gerät, so hat sich dafür in der sogenannten niederen Komik eine Virtuosität ausgebildet, welche man früher nicht kannte" und erklärte: „Diese Wienerpossen sind sehr bedeutsame und wichtige Vorboten einer neuen Komödie".[47] Das Niedere, Gemeine, Vulgäre des Volkstheaters wurde auch auf seine spezifische Sprache, den Dialekt übertragen. Allerdings rächt sich in der Posse die Mundart, indem sie sich gegenüber der abstrakten und lebensfremden Standardsprache mit sinnlicher Natürlichkeit, Stimmenvielfalt und witzigem Widerstand behauptet.

---

44 Karl Malss: Frankfurter Mundartstücke. Neue Gesamtausgabe mit Nachwort, Erläuterungen und Glossar v. Volker Klotz, Erwin Th. Rosenthal, Rainer Schönhaar. Frankfurt/M. 1988, S. 420; vgl. auch Klotz : Rolle und Reichweite der Mundart, S. 101–103.

45 Malss: Frankfurter Mundartstücke, S. 118f.

46 Vgl. Martin Stern: Die Nestroy-Polemik des deutschen Vormärz – Vorspiel des „Poetischen Realismus". In: Gabriella Rovagnati (Hg.): Johann Nepomuk Nestroy. Tradizione e trasgressione. Milano 2002, S. 43–60.

47 Gottfried Keller: Gesammelte Briefe. Bd. 1. Hg. von Carl Helbling. Bern 1950, S. 332f.

JÜRGEN KNAACK (Henstedt-Ulzburg)

# Lachen und Weinen im Frühwerk Achim von Arnims

## Über die Duplizität von Ernst und Scherz

> Die grosse Arbeit, eine Lebensaussicht. Alles geschieht in der Welt der Poesie wegen, das Leben mit einem erhöhten Sinne und in einem erhöhten Sinne zu leben, die Geschichte ist der Ausdruck dieser allgemeinen Poesie des Menschengeschlechts, das Schicksal führt dieses große Schauspiel auf [...] nur wenige und das sind die Poeten, werden reich genug geboren, daß ihnen die Arbeit ein Spiel wird und diese sollen für die übrige Menschheit arbeiten, daß sie den Zweck ihres Lebens nicht verfehlen, daß jene für ihre Arbeit einen poetischen Genuß finden, nicht Langeweile mit Langeweile einkaufen, nicht umsonst für die Unsterblichkeit als Helden sterben, sondern durch den Eintritt in das höhere Leben die Unsterblichkeit in einem Augenblicke der Begeisterung fühlen. Wer sich Poet nennt in diesem Sinne, der ist nicht stolz, er weiht sich dadurch der höchsten Tugend und Aufopferung, er will dienen nachdem er geherrscht hat, er will nun arbeiten da er hätte spielen können, er beschränkt das Spiel seines Lebens indem er es einem Zwecke unterordnet, er ist ein echter Märtyrer und Einsiedler, er betet und kasteiet sich für andere, er stirbt damit sie das Leben haben, er ist der demütige Petrus, der die Himmelsschlüssel hat aber nicht eingeht, sondern an der Tür harret der Kommenden um ihnen den Weg zu weisen und die Tür zu öffnen. [...] Siehe Dichtkunst und Musik, zu ihnen scheint der große Baum der Poesie seine größten ausgebreiteten Äste zu verbinden, sie sind beide aufeinander gepfropft, so daß dem selben Aste hier in roten Rosen der Dichtkunst mit vielen Rosenkönigen erblüht, dort in weißen Rosen der Musik. Dieser Baum blüht ewig fort in der allgemeinen Geschichte aber der Sturm in allen dem gewaltsamen Drängen reißt die meisten schnell von ihm fort und die Rosen hauchen ihren Duft aus und sie riechen ihn nicht im Sturme und früh werden die Rosen vom Sturme entblättert. Unsre Arbeit sei den Sturm der Vernichtung abzuhalten, bis sie ihren Samen ausgestreut, Kotzebu'schen Mehltau, Lafontaineschen Honigtau.[1]

Mit diesen großen Worten beschreibt der 21-jährige Arnim seinen künftigen Lebensplan. Daraus lässt sich schließen, dass er sein gesamtes zukünftiges literarisches Schaffen in einem einzigen Zusammenhang sieht, und dass jedes Werk Teil eines Ganzen sein soll.

Christof Wingertszahn hat in seiner wunderbaren Arbeit *Ambiguität und Ambivalenz im erzählerischen Werk Achims von Arnim*[2] zwei wesentliche Aspekte dieses Gesamtwerks herausgearbeitet. Und zu dem ambivalenten Teil möchte ich noch einiges beitragen, das er so nicht berücksichtigt hat: Ernst und Scherz, Weinen und Lachen sind ambivalente Teile menschlichen Verhaltens und sie sind auch für das literarische Werk Arnims von grundlegender Bedeutung.

---

1 Ludwig Achim von Arnim: Werke und Briefwechsel. Historisch-kritische Ausg. (Weimarer Arnim-Ausgabe). In Zusammenarb. mit der Stiftung Weimarer Klassik hg. v. Roswitha Burwick et al. Bd. 31: Briefwechsel II (1802–1804), Hg. v. Heinz Härtl. Tübingen 2004, S. 57f.

2 Christof Wingertszahn: Ambiguität und Ambivalenz im erzählerischen Werk Achims von Arnim. St. Ingbert 1990.

„Was ist das Wesen des Lachens?“ Mit dieser Frage beginnt der französische Philosoph Henri Bergson sein Buch über *Das Lachen*.[3] Und er versucht in drei Kapiteln dem Komischen auf dem Grund zu kommen. Merkwürdigerweise wird in dieser wie auch in vielen späteren Untersuchungen zum Lachen, zum Komischen oder zum Humor der Gegenpart, das Ernste, Traurige nicht berücksichtigt. Neuere Hirnforscher meinen, „dass die unmittelbare Reaktion auf Lustiges im Gehirn fest verdrahtet ist“.[4] Aber dafür muss man erst einmal wissen, was denn für wen lustig ist.

In seinem „Gespräch über die Poesie“ schreibt Friedrich Schlegel:

> Dasselbe Element hat unser humoristischer Freund nur von einer anderen Seite ergriffen, und es in seinem ewigen Kampfe mit der prosaischen Wirklichkeit dargestellt; denn aller wahrhaft poetische Witz und dichterische Humor ist doch nur eine angewandte Phantasie; oder eine indirekte Äußerungsart derselben.[5]

So sieht der Theoretiker der Romantik den Humor in der Literatur; und in der Beurteilung von Arnims Leistung auf diesem Gebiet schreibt Gottfried Knapp: „Subjektive Bewältigung einer zeitgeschichtlich allgemeinen Thematik ist die Leistung von Arnims Humor als dichterischer Einbildungskraft“.[6] Beide Betrachtungsweisen beleuchten nur die eine Seite, den Humor. Bei Arnim steht das Lachen nie alleine, das Weinen ist auch immer schon da. Scherz und Ernst sind für ihn die zwei Seiten einer Medaille.

Er war, wie seine Schriften zeigen, ein ernster und humorvoller Mensch. Er wusste, dass Humor entspannende Lebenshilfe ist, und hat ihn sowohl in seinen Briefen, aber noch mehr in seinen literarischen Arbeiten oft eingesetzt. Es ist typisch für Arnims von den Naturwissenschaften geprägtes polares Denken,[7] dass er den Scherz und den Ernst als Einheit sieht.

Sein literarischer Erstling, der Roman *Hollin's Liebeleben*, war vom Ernst des Lebens durchdrungen, doch auch hier finden sich kurze Hinweise auf die Ambivalenz von Ernst und Scherz.

> Alle Wärme, alles Gefühl der Jahre, die bedächtig langsam mir auf den Schulbänken entflohen, drängte sich auf diese Minuten zusammen, eine neue Sonne schien mir aufgegangen, klar vor mir ausgebreitet war alles Künftige, Wissenschaft und wechselnd Leben

---

3 Henri Bergson: Das Lachen. Jena 1921, S. 5.

4 Philip Bethge: Die Macht der Pointe. In: Der Spiegel H 8/2009 (16.2.2009), S. 129.

5 Friedrich Schlegel: Gespräche über die Poesie. Fassung von 1823. In: Andreas Müller (Hg.): Kunstanschauung der Frühromantik. Bd. 22. Leipzig 1938, S. 315.

6 Gottfried Knapp: Groteske, Phantastik, Humor und die Entstehung der polyphonen Schreibweise in Achim von Arnims erzählender Dichtung. Diss. München 1972, S. 169.

7 Vgl. vor allem Roswitha Burwick: Ahndung, Combination und Metamorphose. Arnims Erklärung komplexer naturwissenschaftlicher und poetischer Zusammenhänge. In: Walter Pape (Hg.): Romantische Metaphorik des Fließens: Körper, Seele, Poesie. Schönburger Kolloquium der IAG (Schriften der Internationalen Arnim-Gesellschaft 6). Tübingen 2007, S. 155–165.

> buhlten um mich, da traten Philosophie und Poesie herbey, und Wissenschaft und Leben war verschwunden, mit Blüthen bekränzt war ernsthaft der Scherz und der Ernst Scherz geworden[8]

heißt es in einem Brief Hollins an seinen Freund Odoardo, als es ihm gut geht und er in aufbruchsvoller Stimmung ist. Später, als es ihm nicht mehr so gut geht, schreibt er:

> Will ich auf Menschen wirken, muß ich Menschen kennen, nicht bloß den biedern Kreis der Jugend und des Landvolks, auch die kalte seelenlose Welt der höheren Stände muß ich fassen, die Welt des Sprechens ohne Denkkraft, des freudenleeren Scherzes, der Formen inhaltleere Form, des Lachens lächerliches Reich. Ich schaudere zurück – durchs Fegefeuer geht der Weg zum Himmel, zu Marien.[9]

Das Lachen kann einem also auch im Halse stecken bleiben.

Schon Arnims zweites literarisches Werk sollte ein Lustspiel sein, „betitelt Porcius Procularius Porcellaniunoulus worin alle Personen vom Teufel besessen sind und indem man glaubt, alles sey einer frohen Auflösung nahe hört der Teufelsbann auf, der Sinn aller ist plötzlich geändert und der Vorhang fällt in der allergrösten Verwirrung aller",[10] so in einem Brief an Clemens Brentano vom 8. Dezember 1801. Und etwas später an seinen Freund August Winkelmann:

> 4) Daß ich an einem Lustspiele arbeite Das Fegefeuer betitelt, worin alle Personen vom Teufel besessen, am Ende sich sämtlich verlieben, in der Bezauberung ihr Glück für unmöglich halten, die Liebe treibt den Teufel aus, die Besitzung hört auf, der Priester segnet sie schnell ein und alle sind zufrieden beym Nieerfallen des Vorhangs. 5) Daß ich recht eigentlich mißvergnügt bin, während ich ein Lustspiel anfange, so wie die witzigen Leute, die Verfasser der einliegenden Schlittenfahrt, recht unwitzig wurden, indem sie recht witzig werden wollten, aber, indem sie in der doppelten Ironie dieses Witzes spotteten, wiederum echt komisch wurden.[11]

Außer diesen beiden Briefstellen und einem Hinweis im fragmentarischen Reise-Tagebuch vom November/Dezember 1801, wo er zu seinen fast durchgeführten Stücken „Ein Intriguenstück mit Gesang aus lauter vom Teufel besessenen Personen die durch ihre gegenseitigen Chikanen endlich sämtlich glückselig werden. Der Teufel kann nur durch glücklige Liebe ausgetrieben werden"[12] rechnete, ist nichts von diesem Werk erhalten, vielleicht auch weil, wie Arnim am 24.9.1801 an seinen Freund Stephan August Winkelmann schreibt: „Nichts veraltet schneller als Witz".[13] Wichtig ist nur, dass auf eine Tragödie auch im Lebenswerk eine Komödie folgen muss. Seine nächste gedruckte Arbeit war *Ariel's Offenbarungen*, die

---

8 Achim von Arnim: Hollin's Liebeleben. In: Ders.: Werke in sechs Bänden. Hg. v. Roswitha Burwick et al. Bd. 1 hg. v. Paul Michael Lützeler. Frankfurt/M. 1989, S. 15.

9 Ebd., S. 51f.

10 Ludwig Achim von Arnim: Werke und Briefwechsel. Historisch-kritische Ausg. (Weimarer Arnim-Ausgabe). In Zusammenarb. mit der Stiftung Weimarer Klassik hg. v. Roswitha Burwick et al. Bd. 30: Briefwechsel I (1788–1801), Hg. v. Heinz Härtl. Tübingen 2000, S. 193.

11 Ludwig Achim von Arnim: Briefwechsel 1802–1804, S. 16.

12 Ebd., S. 591f.

13 Ludwig Achim von Arnim: Briefwechsel 1788–1801, S. 182.

aus drei Teilen besteht. Als Anhang zum ernsthaften *Heldenlied von Herrmann und seinen Kindern* und zu *Heymars Dichterschule* hat Arnim ein lustiges Nachspiel *Das Sängerfest auf Wartburg* geschrieben, nach Jacob Minors Meinung ein

> Nachklang der ,Vögel' von Aristophanes und von Goethe [...] Zugleich hat Arnim in dieser Liebesgeschichte von dem jungen Schwan und der Taube, die ganz romantisch beginnt und zuletzt in ein gewöhnliches Prosa-Lustspiel ausläuft, das in echt Kotzebue'scher Weise jedem Mädchen einen Mann verschafft [...][14]

In einem Brief an Brentano kündigt Arnim sein zweites gedrucktes Werk so an:

> Dagegen werden olympische Spiele und Sängerfeste alle zwey Jahre auf Wartburg gefeiert, ich habe ein Lustspiel dieses Namens als Vorläufer geschrieben, es ist Parodie meines Trauerspiels und kommt mit demselben in Göttingen heraus, (Gelegentlich frage doch Winkelmann ob es in Göttingen angekommen und sage ihm, daß er mein lustiges Trauerspiel durchaus nicht ohne dieses ernsthafte Lustspiel ausgeben lassen möchte.)[15]

Auch hier wieder die Einheit oder Ambivalenz von Ernst und Scherz, die im Text mehrmals angesprochen wird. So in dem Brief der Kryoline, dem alter ego Arnims, an ihre Freundin Kyane: „Da lachten sie alle, und ich merkte, daß die Thränen bey den Menschen eine Erleichterung sind, wie das Lachen von etwas, was sie nicht aussprechen können, weil es nicht viel bedeutet."[16]

Im abschließenden Lustspiel kommentiert der Dichter selbst mit Hinweis auf Kotzebues 1789 zuerst gespieltes Ehebruchsdrama *Menschenhaß und Reue* den Zusammenhang von Ernst und Spaß: „Aber merken sie es denn nicht, es ist ja Alles bloßer Spaß, erst eine rührende Kinderscene, nun eine komische, das wird ihnen doch keinen Menschenhaß und keine Reue einflößen, bester Herr Finke."[17] Und die Ambivalenz von Lachen und Weinen zeigt sich z. B. auch in den Versen, die der Dichter spricht:

> Am Morgen mag ich nicht erwachen,
> Zu früh verschließt die Blume sich,
> Und über Liebe konnt' ich lachen,
> Und über Liebe weine ich.[18]

Neben dem abschließenden Lustspiel sollte es im *Ariel* auch noch einen parodistischen Teil geben, den Arnim in einem Brief an Brentano beschreibt.

> Ich denke es soll dir in meinem Ariel Spas machen, die Novelle vom Ritter St Georg mit der Schelle zu lesen, wie er mit seinem Knappen, der nachher zum Ritter geschlagen wird, aus zieht das ungeheure Allthier, den Lindwurm zu erstechen, in dem sie nach ihrer Meinung selbst wohnen und worin die Welten nur Blutkugeln sind, sie streiten also gegen ihr eignes Fleisch, durch Arschprügel in allen Elementen, kommen zurück und zeigen ungeheure Beulen

---

[14] Achim von Arnim: Ariel's Offenbarungen. Hg. v. Jacob Minor. Weimar 1912, S. 295.
[15] Ludwig Achim von Arnim: Briefwechsel 1802–1804, S. 205.
[16] Achim von Arnim: Ariel's Offenbarungen, S. 204.
[17] Ebd., S. 264.
[18] Ebd., S. 271.

> und Pflaster und ausgestochene Zähne zum Beweise, wie sie den Drachen besiegt haben und da es dem Prediger Jenisch zu weit liegt, um hinzu reisen bis zur entfernten Seele und den Cadaver selbst anzuschauen, so trägt er diesen Sieg in das heilige Buch der Universalhistorischen Entwickelung des Menschengeschlechts als eines fortrollenden Klumpens ein und sie werden an den Himmel unter die Heiligen versetzt. Schreib mir doch was deine Objektivität, der Unhold, von der Novelle hält, sie kommt mir in diesem Augenblick, wo ich sie erfunden, so närrisch vor [...].[19]

Von diesem Plan hat sich nur ein kurzes Textstück erhalten.[20] Nach Renate Moering diente dieser Plan einer „innerlichen Befreiung" Arnims von einem Streit, den er auf naturwissenschaftlichem Gebiet mit Ritter und Schelling führte. Auch hier wird die Parodie ambivalent benutzt, um einen ernsten Inhalt zu verarbeiten. Als ernsthafter Widerpart in diesem Gesamtkunstwerk des *Ariel*[21] kann dann die später separat erschienene Erzählung *Aloys und Rose* gelten, die Arnim sein „Heldengedicht über die Schweiz" nennt.[22]

In seinen 1803 in Friedrich Schlegels Zeitschrift „Europa" veröffentlichten *Erzählungen von Schauspielen* geht es auch um Trauer- und Lustspiele, vor allem auf Pariser Bühnen um 1800. Hier kommt Arnim unter anderem zu der Erkenntnis, dass

> das Lachen eines Deutschen und das Lachen eines Franzosen zwei ganz verschiedene Naturerscheinungen sind, sie verhalten sich zueinander, wie das Waldhorn zur Querpfeife, jenes betäubt mit seiner Innigkeit in einem engen Zimmer, diese ist schneidend mit ihren scharfen Tönen. Nichts ist so national wie das Komische [...].[23]

Auch hier wieder der Hinweis auf die Ambivalenz von Ernst und Scherz, wobei Arnim sogar soweit geht, dass es jeweils nur auf den Blickwinkel ankommt, wozu man was zählt:

> ERZÄHLER. Ersparen sie sich die kleine Bosheit, jene Sommernachtsträume sind mir sehr lieb, ich möchte ihnen ihre Gabe vergelten mit einer durchgängig komischen Ansicht des Hamlet, wo der ganze Spektakel von den verdorbenen Kuchen herkäme, die man nach Hamlets eigner Aussage vom Leichen- zum Hochzeitfeste aufgehoben, aber man hat im Durchschnitte in der Welt mehr Milde gegen das Traurige als gegen das Lustige, da es doch umgekehrt sein sollte. Es ist genug, wenn ich nur so viel daraus herleite, daß immer nur aus der allgemeinen Ansicht bestimmt werden kann, ob etwas Lustspiel oder Trauerspiel, daß aber nie ein Stück, was in einer dieser Ansicht ausgezeichnet war, in der andern mittelmäßig werden kann, sondern die entgegengesetzte Polarität mit gleicher Stärke erhält.[24]

---

19 Ludwig Achim von Arnim: Briefwechsel 1802–1804, S. 63.

20 Achim von Arnim: Sämtliche Erzählungen 1802–1817. In: Ders.: Werke in sechs Bänden. Hg. v. Roswitha Burwick et al. Bd. 3. Hg. v. Renate Moering. Frankfurt/M. 1990, S. 9f.

21 Vgl. zu dieser These Renate Moerings Kommentar ebd., S. 1026–1041.

22 Ludwig Achim von Arnim: Briefwechsel 1788–1801, S. 142.

23 Achim von Arnim: Schriften. Hg. v. Roswitha Burwick et al. Bd. 6. Frankfurt/M. 1990, S. 140.

24 Ebd., S. 142.

Wie sehr diese Ambivalenz bei Arnim unter der naturwissenschaftlichen Vorstellung von Polarität steht, zeigt die Aussage des Erzählers:

> Dann brennt das Licht über die Laterne hinaus, jeder der sie anfaßt verbrennt sich die Hand, zuckt und zeigt der Welt die Nervenzufälle, unter denen Europa leidet, dahingegen jenes Licht mit seiner Laterne endlich in eine unordentliche Masse zusammen schmelzen sehen, und das nennen wir Wahnsinn. Die Wahnsinnigen sind die modernen Helden, die zuckenden Nervenkranken, die für nichts, für kein heiliges Grab, für kein milderes Klima streitenden Völker; das ist in wenigen Worten der Zeitgeist. Europa ist also in diesem Zeitraume weder tragisch noch komisch, und ein kühner Dichter, der diesen Geist aufzufassen vermöchte und sich von allen Schlingen des bisherigen Theaterwesens losmachte, würde weder *Lachen noch Weinen*, sondern unmittelbar Nervenzuckung hervorbringen.
> DIE GESUNDE. Also ganz im Geiste des Galvanismus wirken.[25]

Eine gänzlich andere Erscheinungsform des Scherzes, die ebenfalls im Zusammenhang mit dem Ernst steht, zeigt sich in den Briefen Arnims an seinen Freund Brentano. Hier schimmert immer wieder auch in ernsthaften Zusammenhängen sowohl ein Wortwitz wie auch, noch wesentlich stärker, eine gewisse Zotenhaftigkeit durch. Eine ernst gemeinte Aussage kann er durchaus in einer zotenhaften Ausdrucksweise darstellen:

> Mir war dort [in Göttingen] alles in der Beschränktheit weit und geräumig, jezt bin ich beengt in der Weite, ich möchte zum Leben sagen wie der alte Marquis Fumelle zu einer alten Dame: einst war meine groß und ihre klein, jezt ist ihre groß und meine klein, wir haben eigentlich nie zusammengepasst.[26]

Während seines Aufenthaltes in Wien hätte Arnim gerne den Mediziner Johann Peter Frank und den von ihm sehr geschätzten Historiker Johannes von Müller getroffen. Auch hier wird der Ernst der nicht stattgefundenen Begegnung in eine Zote gekleidet:

> Ich habe in einem Rausch abwechselnder Freuden gelebt, Wien hat viel Schönes und viele Freude, ich habe es in allen Ständen kennen gelernt, was wirst Du aber sagen, daß ich weder Peter Frank noch Johannes Müller gesehen. Das sind Fastenspeisen, sie sind auch gut, nur zu ihrer Zeit. Sie gehören recht eigentlich beyde zusammen, Frank läst nichts zum Hintern hinaus und Müller steckt etwas hinein.[27]

Und sogar seinen Plan, mit Brentano zusammen ein gemeinsames Dichterleben zu führen, muss er mit einer Zote kommentieren: „Ein alter Franzose erzählt mir, wenn er jezt eine Prise Taback nehme und niese, so mache ihm das eben so viel Freude als sonst der Augenblick der Durchdringung beym Mädchen, so ist auch jetzt mein Plan [...].“[28] Die eher launige Beschreibung eines Meeresstrandes in

---

[25] Ebd., S. 143.
[26] Ludwig Achim von Arnim: Briefwechsel 1788–1801, S. 192. Es versteht sich, dass von Liebe die Rede ist.
[27] Ludwig Achim von Arnim: Briefwechsel 1802–1804, S. 33. Müller war bekanntermaßen homosexuell.
[28] Ebd., S. 174.

Boulogne endet ebenfalls mit einer Zote: „Das Holzwerk im Meere bekommt von der schweren Arbeit gegen das Meerwasser eine Art von harter Haut, einen Ueberzug gleichsam wie kleine Muscheln. Die Fischermädchen sollen einen ähnligen Ueberzug an ihrer Mese haben, und zwey Krebsscheren. Soviel von der Natur.“[29]

Über die Ambivalenz von Lachen und Weinen lässt Arnim sich auch in einem Brief an die ihm bekannte Schriftstellerin Juliane von Krüdener aus:

> Es hat mir leid gethan, daß Sie einige lebhafte Briefe über Gesellschaften ausgelassen, wahrscheinlich auf den Rath einiger alten grämligen Franzosen, man kann wohl in der Welt zu viel weinen aber nie zuviel lachen. Ihr Gustav ist jezt zu früh finster und weinend. Das Weinen ist dem gesunden Manne sehr schwer, das Weinen ist eine Herstellung des Gleichgewichts physischer Kräfte, die geistig bewegt worden, die Poesie sieht ihre Wirkung in ihnen vernichtet, sie sind daher nur da anzuwenden, wo sie selbst nicht höher steigen kann. Die Natur des Mannes erhebt das Schrecklige zur Poesie, die Natur des Weibes versenkt es in Thränen. Ein alter Spruch sagt: den Männern geziemt nicht Trauer sondern Angedenken.[30]

Arnims Urteil bezieht sich auf Frau von Krüdeners Roman *Valerie*, den sie Arnim zugeschickt hatte. In diesem Urteil zeigt sich erstmals eine Wertung in der Ambivalenz von Ernst und Scherz zugunsten des Lachens.

Ein erster Höhepunkt eines Gesamtkonzeptes im Sinne eines Gemischs aus Ernst und Scherz ist dann 1805 die zusammen mit Brentano veranstaltete Sammlung von Volksliedern in *Des Knaben Wunderhorn*. In seiner Programmschrift zu dieser Sammlung, dem Aufsatz *Von Volksliedern*, heißt es: „es war doch darin ein wahrer Ton, wie im derben Lachen aus Herzensgrund.“[31] Und etwas später: „Durch die lustige Schaar der Winzer zieht dann wohl ein Frankfurter mit der Guitarre, sie sammeln sich um ihn, sie staunen dem König von Tule, der Becher stürzt in den Rhein, der Ernst ihres Lebens wird ihnen klar [...].“[32] In der Nachschrift von 1818 zur zweiten Ausgabe des *Wunderhorns* dann noch: Die Dichter „erkannten, daß die literarische Welt, mit ihrem Ernst und Scherz, nicht die einzig bewohnte und belebte auf Erden sey.“[33]

Um sich von dem Gemisch aus Ernst und Scherz zu überzeugen, muss man das *Wunderhorn* einfach durchlesen, oder es reicht schon, Goethes Charakteristiken der einzelnen Lieder in seiner Rezension zum Wunderhorn in der Jenaischen Allgemeinen Literaturzeitung zu lesen, wo sich Bewertungen wie „vagabundisch, launig, lustig“ und „närrisch, ausgelassen, köstlich“ mit „dunkel romantisch“ und „protestantisch, höchst tüchtig“ immerzu abwechseln.[34]

Nach diesem epochalen Werk hat Arnim ebenfalls gemeinsam mit Brentano ein zweites Konzeptkunstwerk entworfen und herausgegeben, in dem sich Ernst und

---

29 Ludwig Achim von Arnim: Briefwechsel 1802–1804, S. 264.
30 Rose Burger: Frau von Krüdener und Achim von Arnim. In: Euphorion 28 (1927), S. 363f.
31 Des Knaben Wunderhorn. Hg. v. Heinz Rölleke. Bd. 1. Stuttgart 1979, S. 407.
32 Ebd., S. 436f.
33 Ebd., Bd. 3, S. 374.
34 Goethes Werke. Hg. im Auftrage der Großherzogin Sophie von Sachsen. Bd. 40. Weimar 1901, S. 337–359.

Scherz zu einer Einheit verschmelzen; es ist das Projekt der *Zeitung für Einsiedler* aus dem Jahr 1808. In der Vorrede zu der *Trösteinsamkeit* genannten Sammelausgabe der Zeitung fasst Arnim in seiner Schrift *An das geehrte Publikum* noch einmal den Charakter dieser Mischung zusammen: „Was ich darin wünschte, fröhliche Erzeugnisse des jugendlichen Lebens [...] und so ließ ich [...] allerley Lieder eingehn, allerley Stimmungen und Vorstimmungen vom Guten und Schlimmen der Zeit."[35] Einer der Mitarbeiter an dieser Zeitschrift, Joseph Görres, schreibt über die Entstehung des Blattes und Arnim als Herausgeber: „So heiter und frölich scherzhaft mit tiefem, sinnigen Ernst ohne allen Leichtsinn, kam er jedesmal an Tagen, wo sein Blatt erschien, um es, wie er sagte, meiner Frau zu Füßen zu legen."[36]

> Laß der lustigen Zeitungsanzeige einen ernsten Aufsatz folgen, der dir alle trefliche Gemüther gewinnen muß, zeige klar, herzlich und warm die Mishandlung, unter welcher das Vortrefliche und Geniale unsrer Literatur und Kunst immer nur langsam hervordringen kann, und durch welche das göttliche Kind oft wie Hunde verschlagen wird, und muthlos stirbt [...].[37]

Diesen Rat druckt Arnim schon in der dritten Ausgabe seiner Zeitung in einem Kommentar zu Jean Pauls *Denksprüchen aus einer Friedenspredigt an Deutschland* und verweist damit sehr deutlich auf seine Absicht, Scherz und Ernst zu mischen.

Auch in seinen späteren Werken hat Arnim dieses Prinzip der Mischung aus Ernst und Scherz weitergeführt, so im *Wintergarten* (1809), dem *Dolores*-Roman (1810) und der Schauspielsammlung *Schaubühne* (1813) bis hin zu seiner letzten Erzählungssammlung, dem *Landhausleben* (1826). Und sogar die viermonatige Herausgabe der Tageszeitung *Der Preußische Correspondent* (Oktober 1813 bis Februar 1814) stellt Arnim in seinem abschließenden Artikel *An die Leser* unter dieses Motto: „Auf seltsame Art erfüllte sich fast alles, was ich zum Troste der Zweifelnden voraussagte, was ich in Ernst und Scherz den Zeitgenossen vorlegte [...]."[38]

Soweit in aller Kürze zum Topos Ernst und Scherz in Achim von Arnims Werk. Das Konzept vom Lebenswerk als Gesamtkunstwerk löst sich mit zunehmendem Alter auf, aber auch noch in seinen letzten Lebensjahren verfolgte er seine Maxime von der Ambivalenz von Ernst und Scherz als Lebensprinzip. So schreibt er 1828 an seine Frau Bettine: „Die Kinder ermahne fleißig zum Guten, zum Ernst, zur Ausdauer, ist das vorhanden, wird sich Scherz und Freude von selbst zu ihnen gesellen."[39]

---

35 Arnims Trösteinsamkeit. Hg. v. Friedrich Pfaff. Freiburg 1883, S. 9.
36 Joseph von Görres: Gesammelte Briefe. Hg. v. Franz Binder. Bd. 2. München 1874, S. 108b.
37 Ebd., S. 31.
38 Der Preußische Correspondent. Nr. 17. (31.1. 1814), S. 4.
39 Achim und Bettina in ihren Briefen. Hg. v. Werner Vordtriede. Bd. 2. Frankfurt/M. 1961, S. 730.

ROGER PAULIN (Cambridge)

# „Lachen ist gesund".

## Christoph Wilhelm Hufelands Rezept zur Lebensverlängerung

Tippt man im Internet die Wörter ‚Lachen' und ‚Lebensverlängerung'[1] ein, so wird einem die andauernde Allgemeingültigkeit der alten Binsenwahrheit „Lachen ist gesund" bestätigt, jetzt aber mit besonderem Akzent auf ‚Anti-Aging'. „Lachen senkt den Blutdruck", „Eine Minute Lachen hat die gleiche Wirkung wie 45 Minuten Entspannungstraining", „Jedes Mal, wenn ein Mensch lacht, fügt er seinem Leben ein paar Tage hinzu", lauten einige Internet-Befunde. Nicht selten wird auf den Urheber der Lebensverlängerungstheorie hingewiesen, Christoph Wilhelm Hufeland, dessen zweibändiges Werk *Die Kunst das menschliche Leben zu verlängern* (zuerst 1796, später mit dem Zusatz *Makrobiotik*) nach wie vor als Schlüsseltext gilt.[2] Genauer: als *ein* Schlüsseltext unter vielen. Denn es ist allgemein bekannt, dass Hufeland nicht nur auf Kenntnissen der antiken Medizin, besonders Galens, und deren Regeln zur gesunden Lebensführung fußt. Er steht außerdem auf den Schultern von Francis Bacon und dessen *Historia vitae et mortis* (zuerst 1622/23), auf den er sich auch ausdrücklich bezieht (II, 65),[3] sowie früherer ‚Makrobiotiker' wie Luigi Cornaro, Leonard Lessius oder Johan Baptist van Helmont.

Hufeland, Professor in Jena, Hofmedikus in Weimar, Hausarzt der Familie Herder und Freund Goethes und Schillers, später Professor in Berlin und Charité-Direktor, ist für den Literaturhistoriker nach wie vor von Interesse, nicht nur deshalb, weil er im Schnittpunkt von Anthropologie und Literatur steht und das leibseelische Ganzheitsdenken des 18. Jahrhunderts vertritt,[4] sondern auch als Stimme

---

1 Allgemein zur Theorie der Lebensverlängerung siehe: Gerald J. Gruman: A History of Ideas about the Prolongation of Life. The Evolution of Prolongevity Hypotheses to 1800. Philadelphia 1966. (Transactions of the American Philosophical Society NS 59, 9. Teil); Donald Boyd Haycock: Mortal Coil. A Short History of Living Longer. New Haven, London 2008. Nützliche Besprechung von Haycock durch Steven Shapin in: London Review of Books 31/6 (26. März 2009), S. 29–31. Zu den Themen Lachen und Lebensverlängerung siehe die beiden Aufsätze von Harald Weinrich: Die ärztliche Kunst, das Leben zu verlängern (Hufeland). In: Ders.: Knappe Zeit. Kunst und Ökonomie des befristeten Lebens. München 2005, S. 46–49; Ders.: Was heißt: „Lachen ist gesund"? In: Wolfgang Preisendanz, Rainer Warning (Hg.): Das Komische. München 1976 (Poetik und Hermeneutik 7), S. 402–409.

2 Zu Hufeland siehe Klaus Pfeifer: Medizin der Goethezeit. Christoph Wilhelm Hufeland und die Heilkunst des 18. Jahrhunderts. Köln, Weimar, Wien 2000.

3 Alle Hufeland-Zitate nach Christoph Wilhelm Hufeland: Die Kunst das menschliche Leben zu verlängern. 2 Bde. Wien, Prag 1797. Zitate im Text (Bandzahl, Seite).

4 Hierzu allgemein: Der ganze Mensch. Anthropologie und Literatur im 18. Jahrhundert. DFG-Symposion 1992 (Germanistische Symposien. Berichtsbände 15). Hg. v. Hans-Jürgen Schings. Stuttgart, Weimar 1994.

in den Anti-Melancholie- und Schwärmerei-Debatten (Mesmer-Gegner) und als Autobiograph. Man kann seine Autobiographie sowie sein Hauptwerk, *Die Kunst das menschliche Leben zu verlängern*, ohne weiteres als literarische Texte lesen, als Produkte einer Zeit, als medizinische Zweckliteratur und populärwissenschaftliche Schriften noch fließende Grenzen hatten. Zu erinnern ist auch, dass einer der ‚Urtexte' der Makrobiotik, Luigi Cornaros *Discorsi della vita sobria* (zuerst Padua 1558), ursprünglich als autobiographischer Lebensbericht konzipiert ist, wenn er auch als moralisch-diätetisches Traktat eine größere Breitenwirkung erlebt hat. Ein typisches Zeugnis ist das Joseph Addisons in *The Spectator* vom 13. Oktober 1711:

> And here I cannot but mention an Observation which I have often made, upon Reading the Lives of the Philosophers, and comparing it with any Series of Kings or great Men of the same number. If we consider these Ancient Sages, a great part of whose Philosophy consisted in a temperate and abstemious Course of Life, one would think the Life of a Philosopher, and the Life of a Man, were of two different Dates. For we find that the generality of these wise Men were nearer an hundred than sixty Years of Age at the time of their respective Deaths. But the most remarkable Instance of the Efficacy of Temperance towards the procuring of long life, is what we meet with in a little Book published by *Lewis Cornaro* the *Venetian*, which I the rather mention, because it is of undoubted Credit [...]. *Cornaro*, who was the Author of the little Treatise I am mentioning, was of an Infirm Constitution 'till about forty, when by obstinately persisting in an exact course of Temperance, he recovered a perfect State of Health; insomuch that at fourscore he Published this Book, which has been translated into *English* under the title of *sure Way and certain Methods of attaining a long and healthful Life*. He lived to give a third or fourth Edition of it, and after having passed his hundredth Year, died without Pain or Agony, and like one who falls a-sleep. The Treatise I mention has been taken Notice of by several Eminent Authors, and is written with such a Spirit of Cheerfulness, Religion, and good Sense, as are the natural Concomitants of Temperance and Sobriety.[5]

Bei aller wissenschaftlichen Akribie – Hufelands Buch basiert auf einer Vorlesungsreihe in Jena (I, xi) – haftet *Die Kunst das menschliche Leben zu verlängern* dennoch etwas von der Populärphilosophie der moralischen Wochenschrift nach dem Muster des *Spectator* an (alle Punkte Addisons werden in Hufelands Diskurs angeführt).[6] Ein nahe liegender Vergleich wäre der mit Johann Georg Zimmermanns *Ueber die Einsamkeit* (zuerst 1756, dann 1773, 1784–85 vollständig),[7] und es ist gewiss kein Zufall, dass sich Hufelands sowie Zimmermanns Werk im 19. Jahrhundert im Heimatland Addisons, Shaftesburys und Chesterfields und der vielen englischen Populärmediziner wie Cheyne einer besonderen Beliebtheit erfreute.

---

5 The Spectator. Hg. v. Donald F. Bond. 5 Bde. Oxford 1965. Bd. 2, S. 266f.

6 Zur Überschneidung von Diätetik, Moralphilosophie und Ästhetik s. grundsätzlich Wolfram Mauser: Anakreon als Therapie? Zur medizinisch-diätetischen Begründung der Rokokoliteratur. In: Lessing Yearbook 20 (1988), S. 87–120.

7 Hans-Jürgen Schings: Melancholie und Aufklärung. Melancholiker und ihre Kritiker in Erfahrungsseelenkunde und Literatur des 18. Jahrhunderts. Stuttgart 1977, S. 217–225.

Hufelands allgemeine Ausrichtung ist, wie es im Vorwort heißt (I, viii), das Leben „nicht bloß medicinisch, sondern auch moralisch" zu erfassen und zu untersuchen. „Wäre ich doch so glücklich, auf diese Weise einen doppelten Zweck zu erreichen, nicht bloß die Menschen gesünder und länger lebend, sondern auch durch das Bestreben dazu, besser und sittlicher zu machen!" (I, ix) Dieser Wunsch geht mit der allgemeinen Einsicht der Zeit einher, dass „physische und moralische Gesundheit so genau verwandt sind wie Leib und Seele. Sie fließen aus gleichen Quellen, schmelzen in eins zusammen, und geben vereint das Resultat der *Veredelten und vollkommensten Menschennatur.*" (I,x)

Zur Erfüllung dieses Zwecks dienen nicht nur die vielen konkreten Empfehlungen und Tipps zur gesunden Lebensführung und zur Diätetik, zur „Lebensrestauration" (II, 153), für die das Buch bis heute brauchbar ist, sondern die Beispiele konkreter lebenskräftiger und langlebiger Figuren aus Wissenschaft (Euler, Kant, Fontenelle) und Literatur (Voltaire, Bodmer, Haller, Gleim, Uz, Wieland), deren Leben auf diese Weise eine Dimension zum Moralisch-Exemplarischen hin erhalten. (Im 19. Jahrhundert wird ein anderer Arzt, Carl Gustav Carus, mit dem Exempel Goethes Ähnliches zu erreichen trachten. Ein Hinweis im Internet aus unseren Tagen auf den „lachenden 102-jährigen Philosophen" Gadamer bringt Hufeland sozusagen auf den neusten Stand!) Einer schon fest etablierten Tradition gemäß wird auch die moderne ‚klassische' Literatur in den Dienst der Körper- und Seelenhygiene eingespannt. Hierzu dienen Zitate, das Goethe-Motto auf dem Titelblatt beispielsweise (*Egmont* V: „Süßes Leben! Schöne freundliche Gewohnheit des Daseyns und Wirkens! Von dir soll ich scheiden?"), ein ganzes Gedicht Bürgers (*Männer-Keuschheit*), ein Schiller-Zitat (das Epigramm *Der Vater*) und ein bukolisches Gedicht, Herder zugeschrieben, auf das ich noch zu sprechen komme.

Hufelands Werk zerfällt in zwei Teile, eine eher theoretische Darlegung seiner Hauptthese – „*Omnia mediocria ad vitam prolongandam sunt utilia*", „Der Mittelton in allen Stücken" (I, 130), die „*innere Ökonomie*" (150), „gemäßigte Leidenschaften" (173) – und einen eher praktisch-prophylaktischen Ratgeber gegen die traditionellen Laster im Sinne der Moralphilosophen und Dichter sowie die damaligen Zivilisationskrankheiten, die er mit Termini wie Ausschweifung, Geschäftigkeit, übermäßige Anstrengung und Überspannung, Müßiggang, Langeweile, kurz jede Art von „Unmäßigkeit" umschreibt.

In diesem zweiten Teil begegnen wir dem Thema des Lachens. Der Hinweis befindet sich in einem Abschnitt über die Freude, wo es heißt: „Doch versäume man nicht, jede Gelegenheit zur Freude aufzusuchen und zu benutzen, die rein und nicht zu heftig ist". (II, 186) Hier darf der körperliche Ausbruch der Freude, das Lachen, nicht unerwähnt bleiben. Es ist, nach Hufeland, „die gesündeste aller Lebensbewegungen, (denn es erschüttert Seele und Körper zugleich), befördert Verdauung, Blutumlauf, Ausdünstung, und ermuntert die Lebenskraft in allen Organen." (II, 187) Hierzu sind drei Faktoren zu berücksichtigen: Lachen als physiologischer Vorgang (Zwerchfellerschütterung) – gemäß dem medizinischen

Wissen der Zeit –,[8] Lachen als Ausdruck der Identität von Leib und Seele (nur der freudige Mensch lacht)[9] und Lachen als Seelenerschütterung, als Abwehrbewegung (gegen die oben genannten Krankheiten). Wichtig ist jedoch der weitere Kontext dieses Plädoyers für das Lachen, als „Ausbruch der Freude". In Hufelands Vokabular sind ‚Freude', ‚heiter'/‚Heiterkeit', ‚glücklich', ‚Frohsinn' austauschbar, als „frohe und mäßige Affecten" (I, 209), die, älterer Seelenlehre gemäß, starke Affektausbrüche, insbesondere die Melancholie, abwehren und entkräften. Dies erwirke einen „heitern frohen Sinn [,] gemäßigte Leidenschaften, guten Muth, genug die schönste Seelenanlage zur Longävitet" (II, 173). Nur in diesem Sinne ist Lachen gesund, nicht, wie es einige Zeitgenossen auffassten, das olympische Lachen Weimars – auf Kosten anderer; nicht das Vom-Stuhl-Fallen vor Lachen der Jenaer Romantiker – über Schillers *Glocke*; nicht das närrische und verrückte Lachen von Wielands Abderiten – mit katastrophalen Folgen; nicht das Sich-Totlachen Bonaventuras über die Absurdität der Menschheit. Hufelands Lachen vor Freude ist eher unschuldig, wertunabhängig, Lachen, nicht Verlachen, kein Hogarth oder ‚Höllenbreughel'.

Dass diese Ideen älterer Provenienz waren, wussten alle gebildeten Leser/innen der Zeit, ja Hufelands eigener Hinweis auf Bacon gestattet den Rückbezug. Die Bacon-Ausgabe seines Arztkollegen Christian August Struve aus dem Jahre 1799 macht Hufelands Anleihen offenbar und unterstreicht die Bacon-Hufeland'sche Lehre von den gemäßigten Affekten („too great joy shortens life", „zurückgehaltene und sparsam mitgeteilte Freude").[10] Auch die 1799 erschienene Schrift *Philosophische Arzneykunst* des Brownianers (und daher von Hufeland missbilligten) Melchior Adam Weikard entwickelt den Gedanken von „Frohsinn und gemässigte[r] Freude" weiter, mit dem Hinweis auf Dichter, die nur teilweise in Hufelands Kanon passen, Horaz und Montaigne sicher, Petronius und Rabelais vermutlich nicht.[11] Kants *Von der Macht des Gemüts, durch den bloßen Vorsatz*

---

8 Ähnliche Einsichten über die Wirkung der Freude oder des Lachens bei anderen Medizinern des 18. Jahrhunderts: „invigorate the nerves, accelerate the circulating fluids, promote perspiration, and assist digestion". James Mackenzie: The History of Health, and the Art of Preserving It. Edinburgh 1760, S. 389. „l'on sent une chaleur douce dans les entrailles". Antoine-Joseph Pernety: La Connoissance de l'homme moral par celle de l'homme physique. 2 Bde. Berlin 1776–7. Bd. 2, S. 64. „treffliche Würkung auf die ganze thierische Maschine". [Simon-Auguste-André-David] Tissot: Abhandlung über die Nerven und deren Krankheiten. Übers. v. Johann Christian Gottlieb Ackermann. 3 Bde. Leipzig 1781. Bd. 2.i, S. 346. „as a remedy, which agitates and enlivens the whole frame". A.F.M. Willich: Lectures on Diet and Regimen, being a Systematic Inquiry into the Most Rational Means of Preserving Health and Prolonging Life. London 1799, S. 532.

9 Gemäß der allgemeinen Vorschrift Galens: „Animo hilari ac tranquillo esto: quia hoc optimum longae vitae et sanitatis praesidium".

10 Bako von Verulam über die Lebensverlängerung. Übers. u. mit einigen Anmerkungen begleitet v. D. Christian August Struve. Glogau 1799, S. 181f.

11 Melchior Adam Weikard: Der philosophische Arzt. 3 Bde. Frankfurt/M. 1798–99. Bd. 3: Philosophische Arzneykunst oder von Gebrechen der Sensationen, des Verstandes, und des Willens, S. 206.

*seiner krankhaften Gefühle Meister zu sein*, der dritte Abschnitt von *Der Streit der Fakultäten* (1798), auf Hufelands Anregung hin entstanden, gibt im Grunde die leitenden praktischen Gesundheitsprinzipien der Makrobiotik wieder, aber ohne Hufelands Aufforderung zur Lebensfreude.[12] Zum Thema Lachen und Gesundheit wäre eher an A.F.M. Willichs *Lectures on Diet and Regimen* (1799) zu denken, von medizinischen oder moralphilosophischen Schriften aus dem 18. Jahrhundert, oft englischer Provenienz (Harwood,[13] Mackenzie) ganz zu schweigen. Auch der fiktive Dr. Fenk in Jean Pauls *Die unsichtbare Loge* weiß als Anti-Hypochondrist und Diätetiker, dass „Vergnügen unter allen Nerven-Hebmitteln das stärkste ist".[14]

Wie nicht anders zu erwarten, zitieren diese Quellen die Urtexte der ‚Longävitet', Cornaro, Lessius, Helmont u. a. m. Deren Einsichten, mit einer interessanten Vorwegnahme von Hufeland, findet man schon 1670 zusammengefasst in dem Abschnitt über Freude und Lachen („*Hope*, *Joy* and *Mirth*") des englischen Galenikers (und Tabak-Gegners) Everard Maynwaringe:

> But embrace and cherish these, as the *supports* of your *life*; which raiseth the *Soul* to the highest pitch, and stretcheth forth her *power* to the *utmost*. These enlivening affections are the greatest friends to, & preservatives of *health* and strength. In this *serene* state of the *Soul*, all her endowments and abilities are advanced, both *rational, sensitive*, and *natural*: the pleasantness and delight of the *Soul* puts the spirits upon activity, and excites them to a vigorous *operation* and *duty* in all the functions: preserves *youth* and *beauty*, and makes the body fresh, plump, and fat, by expanding the spirits into the external parts, and conveighing nutriment to repair and replenish the utmost borders and confines of the Macrocosm.
> ---- *dum fata sinunt vivite laeti*. Sen.[15]

Hufelands Befürwortung des Frohsinns und der Lebensfreude und ihres körperlichen Ausdrucks im Lachen ist indes nicht theoretisch oder kontextlos, sondern ist auf die Lebensverhältnisse seiner bürgerlichen Leser/innen und deren Erfüllungsbedingungen zugeschnitten. Er teilt mit seinen Vorgängern in der makrobiotischen und seelendiätetischen Literatur den Topos vom Lobe des Landlebens und der Städteflucht. Das ist einmal eine Reaktion auf reale Wohnbedingungen in den Städten des ausgehenden 18. Jahrhunderts und zum anderen ein locus communis der Idyllik, „Wunschbild Land und Schreckbild Stadt", wie es Friedrich Sengle einmal formuliert hat.[16] Ja, es ist zu überlegen, ob die Popularität von Hufelands Schrift auch damit zusammenhängt, dass er die literarischen Klischees seiner Zeit, seines Jahrzehnts, in den philosophisch-medizinischen Diskurs geschickt zu integ-

---

[12] Immanuel Kant: Werkausgabe. Hg. v. Wilhelm Weischedel. 12 Bde. Frankfurt/M. 1977. Bd. 11, S. 371–93.

[13] „calm chearfulness and mental serenity". Edward Harwood: Of Temperance and Intemperance: their Effects on the Body and Mind, and Their Influence in Prolonging or Abbreviating Human Life. London 1774, S. xi.; Mackenzie: Health, S. 389.

[14] Jean Paul: Werke. Hg. v. Norbert Miller. Bd. 1. München 1960, S. 374.

[15] E[verard] Maynwaringe: Vita Sana & Longa. The Preservation of Health, AND Prolongation of Life [...]. London 1670, S. 160.

[16] Friedrich Sengle: Wunschbild Land und Schreckbild Stadt. In: Studium generale 16 (1965), S. 619–631.

rieren weiß. Das Lob des Landlebens, der „Rusticationen" (Hufelands Wort II, 155), ist – wie ‚Frohsinn' oder ‚Heiterkeit' – selbstverständlich kein Alleinbesitz der idyllischen Literatur: Es figuriert nämlich auch in früheren makrobiotischen Schriften, etwa bei Cornaro oder Johann Baptist van Helmont.[17] Robert Burton – auch ein großer Befürworter des Lachens – empfiehlt in *The Anatomy of Melancholy* zur Melancholie-Abwehr die therapeutischen Wirkungen der ländlichen „recreation". [18]

Interessanterweise führt Hufeland zur Untermauerung und zur poetischen Ausschmückung seines Abschnitts „Das Land- und Gartenleben" ein längeres Zitat aus einem Gedicht Herders an. (Der Hausarzt zitiert seinen Patienten.) „Mir gefället des Freundes Entschluß, der dem Kerker der Mauern / Entronnen" heißt der Anfang. Damit erweist sich Hufeland als guter Kenner Herders, denn das Gedicht, im Stile des Horaz gefasst, ist tatsächlich aus der *Terpsichore* (1795) zitiert und ist eine Übersetzung einer neulateinischen Ode von Jakob Balde.[19] Hufeland will das Gedicht nicht unkommentiert lassen: „Tusculum", das frugale Landleben, der Kontrast Hütte–Palast, der Grundstoff der horazischen Bukolik, wird therapeutisch umfunktioniert, wenn es weiter heißt:

> der schöne Blick in die reine Natur, und die Stimmung von innrer Ruhe, Heiterkeit und Frohsinn, die sich dadurch über unsern Geist verbreitet, – welche Quellen von Lebensrestauration! Dazu kommt noch, daß das Landleben ganz vorzüglich dem Gemüthe denjenigen Ton zu geben vermag, welcher dem Leidenschaftlichen, Überspannten und Excentrischen entgegen ist, um so mehr, da es uns dem Gewühl, den Frictionen und Corruptionen der Städte, entzieht, die jenen Leidenschaften Nahrung geben könnten. (II, 153)

Hufeland, der „die romanhafte Denkart, die traurige Schwärmerey" (II, 51) als zu bekämpfende Modekrankheiten seiner Zeit anführt, hat hier eine doppelte Ausrichtung: einmal als Zivilisationskritiker, der auf die schädlichen Einwirkungen „wollüstiger Gedichte und Romane" (124) monierend hinweist, zum anderen als Melancholie-Gegner, wie der ihm eng verwandte Johann Georg Zimmermann. Landleben heißt aber nicht gleich Weltflucht. Ein bekanntes Beispiel: Werthers „romanhafte Denkart" ist nämlich daran erkennbar, dass er – sonst zu Lachen und Frohsinn wenig aufgelegt – in der Einsamkeit des Land- /Gartenlebens jene „wunderbare Heiterkeit" empfindet und damit nur eine Seite des Einsamkeits- und

---

17 Vgl. zwei englische Übersetzungen aus dem 17. Jahrhundert. „enjoyment of gardens". [Luigi Cornaro]: A Treatise of Temperance and Sobrietie. Übers. v. George Herbert. Cambridge 1636, S. L12r. „Happy therefore are they, and for the most part long-lived, who being far from the cares, usuries, busie affaires, and stormes of their age, can Till their fathers lands with their own Oxen in peace, and live cheerfully". John Baptista Van Helmont: ORIATRIKE, or, Physick Refined. London 1662, S. 754.

18 Robert Burton: The Anatomy of Melancholy. Hg. v. A. R. Shilleto. 3 Bde. London 1896. Bd. 2, S. 90f.

19 Johann Gottfried Herder: Das Stadt- und Landleben. An einen Rechtsgelehrten in Amsterdam, der sich aufs Land begab. Eine Rhapsodie. In: Ders.: Sämmtliche Werke. Hg. v. Bernhard Suphan. 33 Bde. Bd. 27: Poetische Werke. Bd. 3. Hg. v. Carl Redlich. Berlin 1881, S. 255–257.

Städtefluchtsgebots seines Jahrhunderts einlöst. Wenn Zimmermann wie Hufeland die Seelenruhe des die Gesellschaft Meidenden und das Gartenleben Suchenden betonen, fordern sie im Gegenzug gleichzeitig die Pflege der Geselligkeit und ihrer mäßigen Freuden.